"十二五"普通高等教育车辆工程专业规划教材

上海汽车工业教育发展基金会资助项目

汽车理论（第二版）

QICHE LILUN

吴光强　主编

人民交通出版社股份有限公司

China Communications Press Co.,Ltd.

内 容 提 要

本书共分7章,其主要内容包括:作用在汽车上的外力,汽车的动力性,汽车经济性和排放性,汽车的制动性,汽车的操纵稳定性,汽车的噪声与振动性能,汽车的通过性。

本书可作为普通高等院校车辆工程专业的教材,也可供相关专业的技术人员参考使用。

图书在版编目(CIP)数据

汽车理论 / 吴光强主编. —2 版. —北京:人民交通出版社股份有限公司,2014.8
"十二五"普通高等教育车辆工程专业规划教材
ISBN 978-7-114-11612-4

Ⅰ.①汽… Ⅱ.①吴… Ⅲ.①汽车工程—高等学校—教材 Ⅳ.①U461

中国版本图书馆 CIP 数据核字(2014)第 186942 号

"十二五"普通高等教育车辆工程专业规划教材

书 名:	汽车理论(第二版)
著 作 者:	吴光强
责任编辑:	夏 犇 时 旭
出版发行:	人民交通出版社股份有限公司
地 址:	(100011)北京市朝阳区安定门外外馆斜街 3 号
网 址:	http://www.ccpress.com.cn
销售电话:	(010)59757973
总 经 销:	人民交通出版社股份有限公司发行部
经 销:	各地新华书店
印 刷:	北京市密东印刷有限公司
开 本:	787×1092 1/16
印 张:	20.5
字 数:	470 千
版 次:	2007 年 2 月 第 1 版
	2014 年 8 月 第 2 版
印 次:	2018 年 5 月 第 2 次印刷 总第 4 次印刷
书 号:	ISBN 978-7-114-11612-4
定 价:	46.00 元

(有印刷、装订质量问题的图书由本公司负责调换)

"十二五"普通高等教育车辆工程专业规划教材

编委会名单

编委会主任

龚金科(湖南大学)

编委会副主任(按姓名拼音顺序)

陈　南(东南大学)	方锡邦(合肥工业大学)	过学迅(武汉理工大学)
刘晶郁(长安大学)	吴光强(同济大学)	于多年(吉林大学)

编委会委员(按姓名拼音顺序)

蔡红民(长安大学)	陈全世(清华大学)	陈　鑫(吉林大学)
杜爱民(同济大学)	冯崇毅(东南大学)	冯晋祥(山东交通学院)
郭应时(长安大学)	韩英淳(吉林大学)	何耀华(武汉理工大学)
胡　骅(武汉理工大学)	胡兴军(吉林大学)	黄韶炯(中国农业大学)
兰　巍(吉林大学)	宋　慧(武汉科技大学)	谭继锦(合肥工业大学)
王增才(山东大学)	阎　岩(青岛理工大学)	张德鹏(长安大学)
张志沛(长沙理工大学)	钟诗清(武汉理工大学)	周淑渊(泛亚汽车技术中心)

第二版前言

近年来,随着汽车工业的快速发展,中国已成为名副其实的汽车大国,但不是汽车强国,培养高素质的汽车人才依然是当务之急,此外,汽车理论,尤其是新能源汽车理论也在不断完善与发展过程中,因此,编写适应新形势的汽车理论教材具有重要的意义。与第一版相比,再版的《汽车理论》主要根据汽车的几方面性能,组织教材的内容,其主要特点包括以下几个方面。

(1) 各章按照"指标"——"分析和计算"——"综合评价"(其中包括实验)的框架组织和安排内容。

(2) 各章内容组织时,均融入了新能源汽车,包括电动汽车(EV)、混合动力汽车(HEV)与燃料电池电动汽车(FCV)的有关内容,主要有:

① 动力性部分,新增 EV、HEV 与 FCV 的动力性计算与评价;

② 经济性与排放性部分,新增 EV、HEV 和 FCV 的相关内容;

③ 制动性部分,新增新能源汽车的制动能量回收内容(复合制动),传统汽车部分增加发动机辅助制动内容,评价部分融入制动升温等的内容。

(3) 将传统的平顺性扩充为汽车的 NVH 性能,包括新能源汽车的特性。

(4) 新增汽车的通过性,对几何通过性、牵引通过性等作概述性的介绍。

第一版《汽车理论》于2007年问世,是"普通高等教育'十一五'国家级规划教材",出版后引起了良好的社会反响,曾于2008年荣获上海汽车工业教育基金会优秀著作二等奖,于2011年荣获上海普通高校优秀教材奖一等奖。

本书的编写分工为:第2章的2.6～2.7、第3章的3.6、第4章的4.7由赵治国编写;第6章由左曙光编写;第7章由陈辛波编写;其余章节由吴光强编写。全书由吴光强统稿与主编,余卓平主审。

本书得到上海汽车工业教育发展基金会资助,在此表示诚挚的谢意。该书的编写得到了上海大众汽车有限公司高全均和上汽集团技术中心张成宝以及我的多位研究生的帮助,在此一并致谢!

最后,限于学识与经验,书中难免存在不足和错误之处,殷切期望使用本教材的高校师生和广大读者不吝指教,多加批评指正,以便于将来修改与完善。

吴光强
2014 年 03 月于同济大学

第一版前言

汽车作为重要的运载器具，正在不断地改变着世界，影响社会与人们的生活。在一个短的时间内开发出新的车型对汽车工业企业至关重要，将影响市场的占有率和经济上的利益，关系到企业的生存与发展。汽车设计与制造过程中，需进行整车性能的分析，在产品开发初期就能对其性能做出预测与评价，并进行系统与结构的优化，以利用低成本、快速开发出高质量的汽车产品。在这个方面，车辆动力学的模型建立、数字仿真等手段具有日益增加的重要性，它可在开发的前期，在没有物理样机的条件下进行（数字）试验和评估。此外，汽车本身由于技术的发展、使用及不同用户更高的要求等原因，也出现了显著的变化，为此，需要在汽车、力学和自动控制等相关学科理论与方法的基础上，借助有关工具，进一步进行汽车理论的研究，这同时也是培养高素质汽车专门人才的需要。

本书在各章节具体内容的组织上，主要考虑和根据车辆坐标系的方向、驾驶员的操作输入及其他扰动的不同类型等。这样就使得其特色表现在以下几个方面：

①首先从充气轮胎力学、空气动力学入手，确定汽车行驶过程中所受到的外力；

②根据车辆坐标系的方向，分析与提出汽车性能的3个部分内容：纵向动力学相关的汽车性能（动力性、制动性），侧向动力学相关的汽车性能（低速时的转向性能与高速时的操纵稳定性），垂向动力学相关的汽车平顺性（振动与噪声）；

③增加了电动汽车经济性与混合动力等汽车排放性能的计算；

④融入主动与被动安全性的内容；

⑤增加了新能源汽车，包括电动汽车、混合动力及燃料电池汽车的相关理论。

这样既体现了本版《汽车理论》教材的编写特色，又不失现有的《汽车理论》教材中按汽车性能编写的整体思路。

该书编写的分工依章节的次序分别为：

第1章、第2章的2.6~2.10由张洪欣教授编写；第2章的2.1~2.5（初稿）由吴小清副教授编写；第3章由何东伟副教授编写；第4章由陈辛波教授编写；第5章、第8章由吴光强教授编写，并对第2章进行了修改与补充；第6章由孟宪皆副教授编写；第7章由朱西产教授编写。全书由吴光强教授统稿与审定。

在编写过程中，得到了杨伟斌、方杰等的帮助，在此表示感谢！此外，对引用文献和引用了但没有列出的作者表示真诚的谢意！

最后，热切地期望使用本教材的高校师生和读者批评指正，以便再版时修改完善。

编　者
2006年10月于同济大学

主编简介

吴光强，工学博士，同济大学汽车学院教授、博士生导师，（日本）东京大学生产技术研究所客员教授，曾任（德国）斯图加特大学工程与计算力学研究所访问教授、（美国）密歇根大学汽车研究中心访问教授，创建了"中日联合汽车先端技术研究中心"与"同济－萨克斯液力传动联合研究所"，并担任其负责人。

兼任国家科技进步奖励评审专家，国家"青年千人计划"评审专家，上海市科学技术委员会技术预见专家，中国机械工程学会流体传动与控制分会委员，上海市汽车专业高级专业技术职务评审专家，中国标准化汽车变速器标准化委员会委员，美国汽车工程师学会（Society of Automotive Engineers，SAE）高级会员，Load Simulation and Vehicle Performance: Nonlinear Components/Systems 分会的 Organizer，美国机械工程师学会（American Society of Mechanical Engineers，ASME）会员，国际杂志 International Journal of ITS Research 的责任编委等。

一直从事汽车先进设计与仿真理论及方法、汽车非线性系统与结构动力学及其智能控制，以及汽车主动安全性，特别是整车动力学集成控制及各种自动变速器等方面的理论与技术研究，包括新能源汽车的有关技术。在"Vehicle System Dynamics"，"International Journal of Vehicle Design"和《机械工程学报》等国内外重要学术刊物及国际学术会议上发表论文230余篇，且已有约100篇收录入SCI/EI；出版《车辆静液驱动与智能控制系统》、《汽车数字化开发技术》（机械工业出版社高水平著作基金资助）等专著，出版"Fahrzeugdynamik"译著，这些图书为美国、日本等国的多所著名大学图书馆所馆藏；主持过国家高技术研究发展计划（863）、国家自然科学基金项目、与美国及德国的国际合作课题等40余项，获国家发明专利18项、实用新型专利6项，获国家计算机软件著作权21项，负责制定国家标准2项、修订汽车行业标准3项，荣获霍英东教育基金会高等院校青年教师基金奖，作为第一完成人获省部级技术发明奖二等奖1项、三等奖1项，省部级科技进步奖二等奖2项、三等奖4项，省部级教学成果奖二等奖2项，上海普通高校优秀教材奖一等奖1项，上海汽车工业教育基金会优秀著作二等奖2项，并获中国汽车工业优秀青年科技人才奖、通用汽车中国高校汽车领域创新人才奖等。此外，被评为上海市第八届曙光学者。

吴光强教授与欧洲、美国及日本等地区及国家的一流大学及著名教授有着较广泛的合作与交往，在国际学术界具有较高的影响，其曾应邀在东京大学组织的MOVIC2010（The 10th International Conference on Motion and Vibration Control），SAE 2014 World Congress等多个重要国际学术会议上作大会报告（Keynote Address）或特邀报告（Invited Speech）。

常用符号表

第1章 作用在汽车上的外力

物理量	代号	单位	物理量	代号	单位
力	F	N	制动力系数	φ_b	
力矩	T	N·m	外倾角	γ	rad 或(°)
车速	v_a	km/h	附着系数	φ	
纵向力	F_x	N	侧偏角	α	rad 或(°)
侧向力	F_y	N	车轮半径	r	m
地面法向反作用力	F_z	N	自由半径	r_0	m
滚动阻力	F_f	N	静力半径	r_s	m
空气阻力	F_W	N	滚动半径	r_r	m
穿水阻力	F_{sch}	N	诱导阻力系数	C_{xi}	
前束阻力	F_v	N	气动侧向力系数	C_y	
气动阻力	F_{ax}	N	汽车与空气相对速度	v_r	m/s
诱导阻力	F_{xi}	N	汽车正投影面积	A	m²
外倾侧向力	$F_{y\gamma}$	N	俯仰力矩系数	C_{My}	
回正力矩	T_Z	N·m	汽车特征长度	L	m
滑动率	s		侧风速度	W	m/s
滚动阻力系数	f		来流侧偏角	β_w	rad 或(°)
侧偏刚度	k_α	N/rad	气动切向力系数	C_T	
外倾刚度	k_γ	N/rad			

第2章 汽车的动力性

物理量	代号	单位	物理量	代号	单位
汽车最高车速	$v_{a\max}$	m/s	动力因数	D	
道路坡度角	θ	rad 或(°)	道路阻力系数	ψ	
道路坡度	i_R		重力加速度	g	m/s²
汽车质量	m	kg	变速器输入轴转矩	T_g	N·m
汽车重力	G	N	电动机输出转矩	T_M	N·m
发动机转矩	T_e	N·m	变速器输入轴转速	n_g	r/min
发动机功率	P_e	kW	电动机转速	n_M	r/min
发动机转速	n_e	r/min	齿轮传动效率	η_c	
变速器传动比	i_g		齿轮传动比	i_c	

续上表

物理量	代号	单位	物理量	代号	单位
主减速器传动比	i_0		太阳轮转速	n_s	r/min
传动系机械效率	η_T		齿圈转速	n_r	r/min
传动系功率损失	P_T	kW	太阳轮转矩	T_s	N·m
旋转质量换算系数	δ		齿圈转矩	T_r	N·m
驱动力	F_t	N	行星排输出轴转矩	T_{out}	N·m
汽车质心高度	h_g	m	行星排输出轴转速	n_{out}	r/min
风压中心高度	h_w	m	汽车消耗的总能量	$E_m(t)$	J
坡度阻力	F_i	N	燃料支路消耗的能量	$E_f(t)$	J
加速阻力	F_j	N	电力支路消耗的能量	$E_e(t)$	J
道路阻力	F_ψ	N	车轮转速	ω_W	rad/s
车轮转动惯量	I_w	kg·m²	车轮转矩	T_W	N·m
飞轮转动惯量	I_f	kg·m²	燃料热值	H_{LHV}	kJ/kg
旋转质量惯性力	F_{jr}	N	燃料质量	m_f	kg
汽车轴距	l	m	蓄电池电流	I_b	A
汽车质心至前轴距离	l_f	m	蓄电池电压	U_b	V
汽车质心至后轴距离	l_r	m	蓄电池消耗功率	P_b	kW
液力变矩器的转速比	i		燃油消耗功率	P_f	kW
液力变矩器的变矩比	K		发动机排量	Le	L
泵轮转矩系数	λ_p	min²/(m·r²)	发动机转动惯量	I_e	kg·m²
液力变矩器透穿性系数	C		电机最高转速	n_{Mmax}	r/min
空气阻力系数	C_D		电机额定转速	n'_M	r/min

第3章 汽车经济性和排放性

物 理 量	代号	单位	物 理 量	代号	单位
燃料消耗率	b	g/(kW·h)	电动机过载系数	λ_M	
单位时间燃料消耗量	Q_t	mL/s	电动机最大转矩	T_{Mmax}	N·m
百公里燃料消耗量	Q_s	L/100km	电动机额定转矩	T'_M	N·m
百公里能耗	E	kW·h	电动机的扩大恒功率区系数	β_M	
续驶里程	S	km	平均行驶阻力功率	P_{av}	kW
汽油热值	ΔQ	MJ/SOCkg	燃料电池功率	P_{fce}	kW
百公里等效燃油消耗量	Q_E	L/100km	蓄电池功率	P_{bat}	kW
燃油消耗体积	V_ε	L	燃料电池汽车的混合度	H	
电机最大功率	P_{Mmax}	kW	发动机怠速转速	n_{eidl}	r/min
电机基速	n_b	r/min	APU标定输出功率	P_{APU}	kW
电机额定功率	P'_M	kW			

第4章 汽车的制动性

物 理 量	代号	单位	物 理 量	代号	单位
制动器摩擦力矩	T_μ	N·m	制动效能因数	K_{ef}	
制动器制动力	F_μ	N	制动器作动力作用半径	r_c	m
地面制动力	F_b	N	整车质心惯性力	F_j	N
制动踏板力	F_p	N	制动力分配系数	β	
附着力	F_φ	N	同步附着系数	φ_0	
制动减速度	a_b	m/s²	前轴利用附着系数	φ_f	
停车时间	T_b	s	后轴利用附着系数	φ_r	
制动距离	S_b	m	制动缸压力	$p(t)$	MPa
制动强度	z		制动器摩擦系数	μ	
附着系数利用率	ε		车轮转动角速度	ω	rad/s
峰值附着系数	φ_p		制动器增益	K_T	m³

第5章 汽车的操纵稳定性

物 理 量	代号	单位	物 理 量	代号	单位
转向半径	R	m	稳态横摆角速度增益	$\left.\frac{\omega_r}{\delta}\right|_s$	s⁻¹
轮距	S_t	m	质心总的速度	V	m/s
悬架质量中心高度	H_{cg}	m	整车质量	M	kg
转向轮等效转动惯量	I_s	kg·m²	悬架质量	M_s	kg
转向盘等效转动惯量	I_h	kg·m²	侧倾角速度	p	rad/s 或 (°/s)
转向系统刚度	k_s	N·m/rad	前回正力矩刚性	N_1	N·m/rad
转向盘等效阻尼系数	c_h	N·m/s	后回正力矩刚性	N_2	N·m/rad
转向轮等效阻尼系数	c_s	N·m/s	前侧倾转向系数	E_f	
质心侧偏角	β	rad 或(°)	后侧倾转向系数	E_r	
轮胎拖距	ξ_n	m	前悬架侧倾角阻尼	D_f	N·m·s/rad
主销后倾拖距	ξ_c	m	后悬架侧倾角阻尼	D_r	N·m·s/rad
转向盘力矩	T_h	N·m	前悬架侧倾角刚度	$C_{\phi 1}$	N·m/rad
电动机助力力矩	T_a	N·m	后悬架侧倾角刚度	$C_{\phi 2}$	N·m/rad
横摆角速度	ω_r	rad/s 或(°/s)	侧倾力臂长度	H_{cr}, h	m
转向轮转角	δ	rad 或(°)	稳定性因数	K	rad·s²/m²
前轮转角	δ_f	rad 或(°)	转向系统固有频率	W_s	rad/s
后轮转角	δ_r	rad 或(°)	临界车速	v_{cr}	m/s
转向盘转角	α	rad 或(°)	手、腕与转向盘间的等效刚度	k_h	N·m/rad
质心侧向速度	v	m/s	侧翻阈值	rT	
质心纵向速度	u	m/s	轴荷分配系数	rL	

续上表

物理量	代号	单位	物理量	代号	单位
前轮侧偏角	β_f	rad 或 (°)	侧倾力矩	M_b	N·m
后轮侧偏角	β_r	rad 或 (°)	侧倾刚度分配系数	rR_i	
侧偏力	F_Y	N	前后载荷转移系数	IdD_i	
绕 i 轴转动惯量	$I_i(i=x,z)$	kg·m²	转弯时外侧轮胎力的分配系数	IdU_{oi}	
前轴轮距	d_f	m	车辆转弯时内侧轮胎垂向力的分配系数	IdU_{ij}	
后轴轮距	d_r	m	悬架弹簧跨距	S_s	m
前胎侧偏刚度	k_f	N/rad	轮胎刚度(垂直)	K_t	N/m
后胎侧偏刚度	k_r	N/rad	气动侧向力	Y_w	N
质心侧偏角增益	$\left.\dfrac{\beta}{\delta}\right\|_s$		气动横摆力矩	N_w	N·m
静态储备系数	S.M.		横摆力矩系数	C_{MZ}	
固有圆频率	W_0	rad/s	侧风等效作用中心与车辆质心间距离	l_w	m
阻尼比	ζ		车辆 NSP 和车辆质心间距离	l_N	m
航向角	ψ	rad 或 (°)	侧向加速度	a_y	m/s²
侧倾角	ϕ	rad 或 (°)	侧向加速度稳态值	a_{ys}	m/s²
惯性积	I_{xz}	kg·m²	纵倾角	ρ	rad 或 (°)
悬架质量绕车身重心纵轴的转动惯量	I_{xc}	kg·m²	车轮纵向滑移率	s_x	

第6章 汽车的噪声与振动性能

物理量	代号	单位	物理量	代号	单位
声压级	L_p	dB	悬架质量分配系数	ε	
声功率级	$L_{\overline{W}}$	dB	频率指数	W	m
声强级	L_I	dB	车身垂直位移	z_2	m
响度级	L_N	phon	频率响应函数	$H(\omega)$	
悬架刚度	K	N/m	频率比	λ	
路面不平度系数	$G_q(n_0)$	m²/m⁻¹	车轮垂直位移	Z_1	m
频率	f	Hz	激振频率	ω	rad/s
悬架动挠度	δ_d	m	路面不平度	q	m
车轮与路面间的动载	F_d	N	相位角	ψ	(°)
阻尼系数	C	N·s/m	标准差	σ	
车身质量(悬架质量)	m_2	kg	空间频率	n	m⁻¹
车轮质量(非悬架质量)	m_1	kg	刚度比	γ	
自相关函数	$R(\tau)$	m²	质量比	μ	
自功率谱密度函数	$G(f)$	m²·s			

第7章 汽车的通过性

物 理 量	代号	单位	物 理 量	代号	单位
牵引系数	TC		轮胎与土壤接触面积	A_c	m^2
挂钩牵引力	F_d	N	轮胎垂直载荷	W_t	N
牵引效率(驱动效率)	TE		土壤位移	j	m
驱动轮动力半径	r_d	m	土壤切应力-位移曲线模量	j_0	m
燃料利用指数	E_f	J/L	接地面积的长度	l_c	m
附着质量	m_φ	kg	沙土变形指数	n	
附着质量系数	K_φ		沙土变形模量	K_E	N/m^{n+2}
车轮接地比压	p	kPa	推力	F_T	N
轮胎气压	p_a	kPa	牵引力	F_q	N
最小离地间隙	h	m	地面附着力允许的牵引力	F_a	N
纵向通过角	β_p	(°)	下陷量	z	m
接近角	γ_1	(°)	汽车中部地隙	h_m	m
离去角	γ_2	(°)	地隙直径	D_r	m
土壤推力	F_p	N	障碍物高度	h_b	m
土壤阻力	F_r	N	分动器传动比	i'_R	
土壤黏聚系数	c	Pa			

目 录

第1章 作用在汽车上的外力 ... 1
- 1.1 轮胎力及其特性 ... 1
- 1.2 气动力及其特性 ... 25
- 参考文献 ... 33

第2章 汽车的动力性 ... 34
- 2.1 汽车动力性及其评价指标 ... 34
- 2.2 汽车行驶驱动力与行驶阻力 ... 35
- 2.3 汽车行驶的驱动—附着条件与汽车的附着力 ... 41
- 2.4 汽车的动力性分析 ... 46
- 2.5 汽车动力性的主要影响因素 ... 58
- 2.6 电动汽车动力系统原理及驱动能量管理 ... 61
- 2.7 电动汽车动力装置参数及换挡规律确定 ... 79
- 参考文献 ... 85

第3章 汽车经济性和排放性 ... 87
- 3.1 汽车燃料经济性的评价指标 ... 87
- 3.2 汽车燃料经济性的计算方法 ... 92
- 3.3 汽车排放性 ... 98
- 3.4 电动汽车的燃料经济性 ... 99
- 3.5 影响汽车经济性的因素 ... 108
- 3.6 电动汽车动力系统关键部件参数匹配 ... 117
- 参考文献 ... 124

第4章 汽车的制动性 ... 125
- 4.1 汽车制动性的评价指标及轮胎受力 ... 125
- 4.2 汽车的制动效能及其恒定性 ... 126
- 4.3 汽车制动时的方向稳定性 ... 130
- 4.4 制动力分配及其调节 ... 132
- 4.5 发动机辅助制动作用及其对汽车制动性能的影响 ... 148
- 4.6 汽车防抱死制动系统（ABS） ... 154
- 4.7 电动汽车制动系统构型及复合制动控制 ... 160
- 参考文献 ... 166

第5章 汽车的操纵稳定性 ... 167
- 5.1 概述 ... 167
- 5.2 汽车转向系统特性与动力学模型建立 ... 170
- 5.3 汽车电动助力转向系统（EPS） ... 174

 5.4 汽车操纵稳定性模型建立使用的坐标系及运动学分析 …………………… 177
 5.5 基于两自由度模型的操纵稳定性分析 …………………………………… 179
 5.6 转向系统对汽车操纵稳定性的影响 ……………………………………… 196
 5.7 汽车的四轮转向对转向及操纵稳定性的影响 …………………………… 201
 5.8 汽车操纵稳定性与悬架的关系 …………………………………………… 208
 5.9 传动系统对汽车操纵稳定性的影响 ……………………………………… 217
 5.10 侧风对汽车稳定性的影响 ……………………………………………… 221
 5.11 汽车电子稳定性程序（ESP） …………………………………………… 225
 参考文献 …………………………………………………………………………… 233

第6章 汽车的噪声与振动性能 ……………………………………………………… 234
 6.1 概述 ………………………………………………………………………… 234
 6.2 汽车噪声与振动性能的评价 ……………………………………………… 235
 6.3 动力源的噪声与振动 ……………………………………………………… 243
 6.4 路面激励下的轮胎噪声与振动 …………………………………………… 255
 6.5 风激励噪声 ………………………………………………………………… 262
 6.6 汽车振动的传递及评价 …………………………………………………… 265
 6.7 汽车车内噪声的产生及传播途径 ………………………………………… 285
 参考文献 …………………………………………………………………………… 287

第7章 汽车的通过性 ………………………………………………………………… 289
 7.1 汽车通过性评价指标及几何参数 ………………………………………… 289
 7.2 牵引通过性计算 …………………………………………………………… 292
 7.3 间隙失效的障碍条件 ……………………………………………………… 296
 7.4 汽车越过台阶或壕沟的能力 ……………………………………………… 298
 7.5 汽车通过性的影响因素 …………………………………………………… 300
 7.6 汽车通过性试验 …………………………………………………………… 305
 参考文献 …………………………………………………………………………… 308
复习题 ………………………………………………………………………………… 309

第1章　作用在汽车上的外力

汽车受到的外力(除重力以外),主要来自地面和车周围气流的反作用力。本章首先介绍由轮胎与地面间相互作用而引起的、作用在轮胎上的力和力矩及其各种力学性能,然后介绍空气与运动中车辆之间相互作用而引起的气动力及其力学性能。考虑到内容的连贯性,汽车驱动力的内容将放在第2章介绍。

1.1　轮胎力及其特性

1.1.1　轮胎的描述

轮胎是汽车上一个重要部件,支承整车,缓和因路面不平对车辆形成的冲击力,为驱动和制动提供良好的附着作用,直接影响汽车的操纵稳定性,许多使用性能与轮胎有关。因此对轮胎要求也很高,主要有以下几点:

(1)要有足够的强度和寿命,气密性好,保持行驶安全;
(2)良好的弹性和阻尼特性,与悬架一起缓和因路面不平引起的振动和冲击,噪声要小,保证乘坐舒适和安全;
(3)胎面花纹要增强与地面的附着性,保证必要的驱动力和制动效能;
(4)轮胎变形时,材料中摩擦损失或迟滞损失要小,以保证滚动阻力小;
(5)轮胎侧偏特性好,保证转向灵敏和良好的方向稳定性。

现代汽车大都采用充气轮胎,充气轮胎按组成结构不同,又分为有内胎轮胎和无内胎轮胎两种。充气轮胎按胎体中帘线排列的方向不同,还分为普通斜交胎、带束斜交胎和子午线轮胎。

轮胎种类是通过规格划分的,轮胎规格由以下几部分组成:

(1)轮胎宽度(mm),即轮胎断面宽度;
(2)扁平率(%);
(3)轮胎结构形式;
(4)轮辋直径(in 或 mm);
(5)工作标记(包括速度标记 GSY 和负荷指数 LI),见表1-1 和表1-2。

速　度　标　记　　　　　　　　　　　　　　　表1-1

速度标记(GSY)	最高车速(km/h)	速度标记(GSY)	最高车速(km/h)
F	80	R	170
M	130	S	180
P	150	T	190
Q	160	H	210

负荷指数（LI） 表 1-2

LI	承载能力(kg)	LI	承载能力(kg)	LI	承载能力(kg)	LI	承载能力(kg)
50	190	65	290	80	450	95	690
51	195	66	300	81	462	96	710
52	200	67	307	82	475	97	730
53	206	68	315	83	487	98	750
54	212	69	325	84	500	99	775
55	218	70	335	85	515	100	800
56	224	71	345	86	530	101	825
57	230	72	355	87	545	102	850
58	236	73	365	88	560	103	875
59	243	74	375	89	580	104	900
60	250	75	387	90	600	105	925
61	257	76	400	91	615	106	950
62	265	77	412	92	630	107	975
63	272	78	425	93	650	108	1000
64	280	79	437	94	670	109	1030

轮胎规格示例如下：

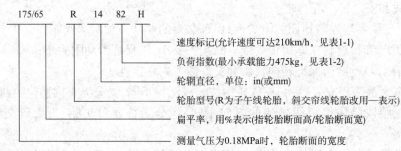

1.1.2 作用在轮胎上的力和力矩

为了分析作用在轮胎上的各种力和力矩，必须有一个统一的参考坐标系，图 1-1 是一种比较通用的 ISO 坐标系，其原点是轮胎接地面的中心。

x 轴是车轮平面（即轮胎的中分面）与地面的交线，前进方向为正，z 轴垂直于路面，向上为正，y 轴在地平面内，规定面向轮胎前进方向时指向左方为正。地面对轮胎作用有三个力和力矩，即图中 F_x，F_y，F_z 和 T_x，T_y，T_z，这六个量称为轮胎六分力，其名称及意义见表 1-3。

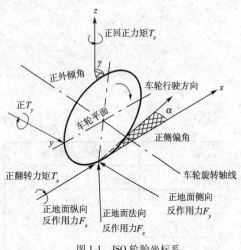

图 1-1 ISO 轮胎坐标系

轮胎六分力 表1-3

符号	名称	意义
F_x	纵向力	地面对轮胎的反作用力沿轮胎坐标系 x 轴分量
F_y	侧向力	地面对轮胎的反作用力沿轮胎坐标系 y 轴分量
F_z	法向力	地面对轮胎的反作用力沿轮胎坐标系 z 轴分量
T_x	翻转力矩	地面对轮胎反作用力绕 x 轴产生的力矩
T_y	滚动阻力矩	地面对轮胎反作用力绕 y 轴产生的力矩
T_z	回正力矩	地面对轮胎反作用力绕 z 轴产生的力矩

1.1.3 轮胎纵向力学特性

本节主要研究滚动阻力、驱动力和制动力与轮胎参数及地面状况的关系。

1) 滚动阻力

由于轮胎的内摩擦产生弹性迟滞损失,在软路面上由于地面变形和沉陷以及轮胎与地面间的局部滑移,地面沿轮胎的法向反力总是偏前一距离 a,使地面反力与车轮上垂直负荷 W 形成力偶 $F_z a$,它起到阻止运动的作用,称为滚动阻力偶。由图1-2可知,欲使从动轮滚动,必须在车轮中心施加推力 F_{p1},根据平衡条件,它引起地面切向反力 F_f,此力阻碍车轮滚动,故称为滚动阻力 F_f,此二力大小相等,方向相反,并构成一对力偶矩来克服上述滚动阻力偶,可用下式表示:

$$T_f = F_{P1} \cdot r = F_z \cdot a \quad 或 \quad F_{P1} = F_z \cdot \frac{a}{r} \tag{1-1}$$

式中:r——车轮半径。

令 $f = \dfrac{a}{r}$,考虑到 $F_z = W$,$F_f = F_{P1}$,得:

$$F_f = Wf \tag{1-2}$$

式中:F_f——滚动阻力;
f——滚动阻力系数。

式(1-2)表明,滚动阻力等于滚动阻力系数与车轮垂直载荷(或地面法向反作用力)之乘积。

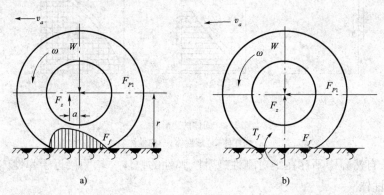

图1-2 从动轮受力情况

(1) 直线行驶时滚动阻力。

① 硬路面。

式(1-2)表明,减少滚动阻力的主要措施是减少滚动阻力系数,这就必须研究影响滚动阻力系数的各种因素。

试验表明,轮胎滚动阻力系数f与轮胎气压和轮胎上法向力F_z有关,它随轮胎充气压力增大而减少,随法向力增大而减少,如图1-3所示。

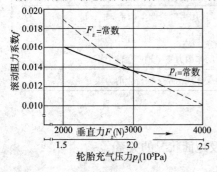

图1-3 145R1375S轮胎滚动阻力系数f与轮胎气压p_i和法向力F_z的关系

下面对滚动阻力产生的原因及影响因素进行详细的分析。当车轮在路面上滚动时,轮胎与路面在接触区域内产生各种相互作用力和相应的变形,而车轮和地面的相对刚度决定了变形的特点。当轮胎在坚硬路面(混凝土、沥青路面)上滚动时,主要由于胎壳挠曲在轮胎材料中产生弹性失效,所以轮胎的弹性变形是主要的;而当车轮在松软地面上滚动时,路面的塑性变形是主要的。这些变形都会导致能量损失,是产生滚动阻力的主要原因。此外,由于轮胎与路面滑动所引起的摩擦,轮胎内部空气流动所引起的阻力,转动的轮胎对外界空气所形成的扇风作用等都会因能量损失而表现为轮胎的滚动阻力,不过这些阻力是次要的。根据现有试验结果,将轮胎行驶速度在128～152km/h范围内的轮胎损失进行细分,其中90%～95%是由内部的弹性失效引起;2%～10%是由轮胎与地面间的摩擦引起,1.5%～3.5%是由空气阻力引起。

为了便于理解,先讨论固体物质受力与变形的关系。固体物质大致可分为刚性体、塑性体和弹性体三类。图1-4为刚性体、塑性体、弹性体的受力变形曲线。W表示外力,h表示变形量。对于刚性体,加载和卸载过程均无变形,如图1-4a)所示;对于塑性体,如图1-4b)所示,加载时物体变形曲线为OA,卸载时为AB,可见加载时物体的变形在卸载后未能恢复,即表示加载过程使物体变形所做的功(面积$OABO$)全部消耗而不能回收;对于无阻尼弹性体,如图1-4c)所示,加载时物体变形曲线OA,卸载时为AO,两曲线重合,表示在加载过程使物体变形所做的功(面积$OABO$)在卸载过程中全部由物体放出(面积$AOBA$),没有能量损失。

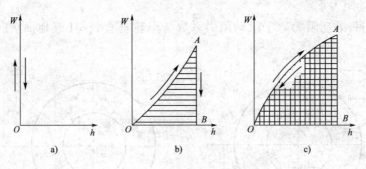

图1-4 固体的变形曲线
a)刚性体;b)塑性体;c)弹性体

而事实上,自然界中不存在绝对刚性、塑性、弹性的物体。轮胎接近于弹性体,而松软的土壤则接近于塑性体。

图1-5为表示轮胎在硬路面上受径向载荷作用时的变形曲线。图中OCA为加载变形曲线,面积$OCABO$为加载过程中对轮胎做的功,ADE为卸载变形曲线,面积$ADEBA$为卸载过程中轮胎恢复变形时放出的功。由图1-5可知两曲线不重合,两面积之差$OCADEO$即为在加载

与卸载过程中的能量损失。此能量系消耗在轮胎各组成部分相互间的摩擦以及橡胶、帘线等物质的分子间摩擦,最后转化为热能散失在大气中。这种能量损失称为弹性物质的弹性迟滞损失。

图 1-6 为土壤受压力后的变形曲线。可见,对于松软的土壤来说,在卸载过程中土壤恢复变形时放出的功甚少,大部分损失在土壤微粒间的机械摩擦之中,只有很少一部分能回收。

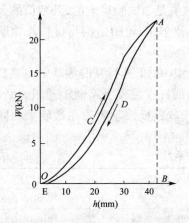
图 1-5 9.00—20 轮胎的径向变形曲线

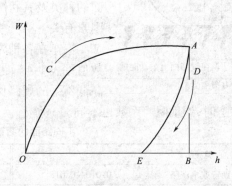
图 1-6 土壤的压挤变形

进一步分析表明,正是弹性轮胎的弹性迟滞损失表现为阻碍车轮滚动的一种阻力偶。当车轮只受径向载荷而不滚动时,地面对车轮的法向反作用力的分布是前后对称的,其合力 F_z 与法向载荷 W 重合于法线 n-n',如图 1-7 所示。当车轮滚动时,如图 1-8a) 所示,在法线 n-n' 前后相对应点 d 和 d' 变形虽然相同,但由于弹性迟滞现象,处于加载压缩过程的前部 d 点的地面法向反作用力就会大于处于卸载恢复过程的后部 d 点的地面法向反作用力。这可以从图 1-8b) 中看出,设取同一变形 δ,加载压缩时的受力为 CF,卸载恢复时受力为 DF,显然 CF 大于 DF。这样,就使地面法向反作用力前后的分布并不对称,而使它们的合力 F_z 相对于法线 n-n' 向前移了一个距离 a,如图 1-2a) 所示,它随弹性迟滞损失的增大而变大。法向反作用合力 F_z 与法向载荷 W 大小相等,方向相反。

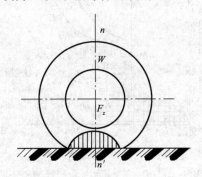

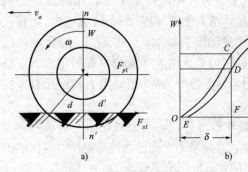

图 1-7 轮胎静止时的受力

图 1-8 弹性轮胎在硬路面上的滚动

图 1-9 是驱动轮在硬路面上等速直线滚动时的受力图,图中 F_{x2} 是由驱动转矩 T_t 所引起的道路对驱动轮的切向反作用力。F_{p2} 为车架通过悬架作用于驱动轴的水平反推力。法向反作用力 F_z 也由于轮胎的弹性迟滞损失而使其作用点向前移动了一个距离 a,即在驱动轮上也同样作用有滚动阻力偶矩 T_f。由平衡条件得:

$$F_{x2}r = T_t - T_f \tag{1-3}$$

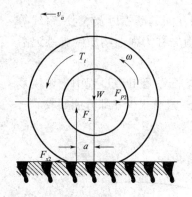

图1-9 驱动轮在硬路面上滚动时的受力图

$$F_{x2} = \frac{T_t}{r} - \frac{T_f}{r} = F_t - F_f \quad (1-4)$$

由式(1-4)可知,真正作用在驱动轮上驱动汽车行驶的力为地面对车轮的切向反作用力 F_{x2},它的数值为驱动力 F_t 减去驱动轮上的滚动阻力 F_f。

滚动阻力系数的数值是由试验确定的,其数值的大小与路面的种类及其状况、行驶车速、轮胎结构与材料及轮胎气压等因素有关。

汽车在各种路面上以中、低速行驶时滚动阻力系数的大致数值见表1-4。良好的沥青或混凝土路面滚动阻力系数很小,高低不平的硬路面或松软路面滚动阻力系数较大。同一种路面不同状态时,滚动阻力系数也不同。

不同路面的滚动阻力系数 表1-4

地 面 类 型	f	地 面 类 型	f
良好的沥青或水泥路	0.010~0.018	结冰路面	0.015~0.030
一般的沥青或水泥路	0.018~0.020	压紧的雪路	0.030~0.050
碎石路	0.020~0.025	卵石路面	0.025~0.030
压紧土路、干燥路面	0.025~0.035	干砂路	0.100~0.300
潮湿路面	0.050~0.150	湿砂路	0.06~0.15

由于胎面变形功和胎壳振动随车速的增加而增大,因此,滚动阻力也受到速度的影响。速度对普通斜交轮胎和子午线轮胎的滚动阻力的影响如图1-10所示,可以看出,随着车速的增大,滚动阻力系数越来越大。

轮胎的结构、帘线和橡胶的品种对滚动阻力系数都有影响。通过图1-10可以看出子午线轮胎在各种车速下都具有较低的滚动阻力系数。原因是子午线轮胎的帘线层数较普通斜交胎少,胎体薄。胎面越厚,胎壳层数越多,则弹性迟滞损失越大,从而滚动阻力增加。一般说来,用合成橡胶制成的轮胎,其滚动阻力要比用天然橡胶制成的稍大。丁基橡胶轮胎的牵引附着性能较好,而其滚动阻力甚至比普通的合成橡胶轮胎更大。

工作温度、轮胎直径和驱动力对轮胎的滚动阻力也有影响。图1-11是汽车滚动阻力随轮胎内部温度而变化的关系。

行驶地面的状态也影响滚动阻力。在坚硬、平整、干燥的地面上,其滚动阻力要比破损了的路面上小得多。在湿的路面的滚动阻力通常也比较大(表1-4)。

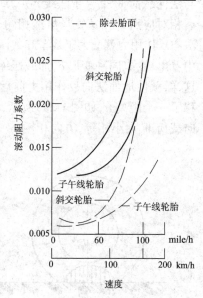

图1-10 斜交轮胎与子午线轮胎在不同速度下的滚动阻力系数变化

轮胎气压对滚动阻力系数影响很大。这是因为胎压影响轮胎挠性,胎压对滚动阻力的影响随路面的变形性质而异。如图1-12所示,在坚硬路面上滚动阻力随胎压增加而稍有减少,在松软路面上(如砂土路),胎压高时,地面变形增加,因而滚动阻力增大。与此相反,胎压低时,地面变形减少,轮胎变形增大,因而轮胎弹性迟滞损失增加,因此对某一特定的路面,具有一最佳的轮胎气压。

径向载荷对滚动阻力系数影响很小(图1-3)，可以认为滚动阻力系数不随径向载荷的大小而变化。

图1-13为轮胎直径对滚动阻力系数的影响。可以看出，在坚硬路面(水泥路面)上，轮胎的直径可以忽略，而在松软的路面上，其影响显著。

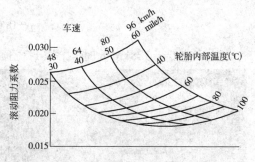

图1-11 轮胎内部温度对滚动阻力系数的影响

考虑轮胎的材料、构造和设计参数对滚动阻力的影响时，必须对轮胎的能量损失和整个轮胎—车辆系统性能间的关系，有一个正确的观点。尽管希望滚动阻力尽可能小，但应根据其他性能来权衡，如轮胎的耐疲劳度、寿命、附着性能、侧偏性能、缓冲作用等。例如，从滚动阻力观点看，人造合成橡胶不如天然橡胶好，然而由于人造橡胶在胎面寿命、在潮湿地面上的附着能力和在轮胎噪声等方面都具有显著优点，因而实际上它代替了天然橡胶汽车轮胎，特别是代替了胎面。对高性能车辆，丁基橡胶轮胎尽管其弹性迟滞性能差，但由于它在附着力、噪声和舒适性等各方面所获得的明显好处，使丁基橡胶的轮胎具有很多优点。

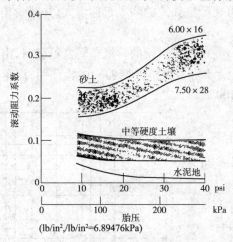

图1-12 不同路面上的滚动阻力系统随胎压而变化的关系

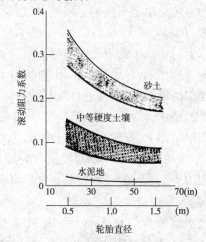

图1-13 在不同的地面上轮胎直径对滚动阻力系数的影响

轮胎的设计和使用参数与其滚动阻力之间的关系非常复杂。要想导出一种预测轮胎滚动阻力的解析方法，即使可能也极为困难，因此确定滚动阻力几乎全靠试验。根据试验结果提出了许多轮胎在硬路面上滚动阻力系数的经验公式。如轿车轮胎的滚动阻力系数可用下式估算：

$$f = f_0\left(1 + \frac{v_a^2}{19400}\right) \tag{1-5}$$

式中的 f_0 值：良好沥青或水泥路面为0.014，砂石路面为0.020，卵石路面为0.025。

货车轮胎气压较高，其滚动阻力系数可用下式估算：

$$f = 0.0076 + 0.000056 v_a \tag{1-6}$$

在许多性能计算中，常将滚动阻力系数视为车速的线性函数。在通常的胎压范围内(约179kPa)，式(1-7)可给出客车轮胎在水泥地面上的 f 值。

$$f = 0.01 \times \left(1 + \frac{v_a}{160}\right) \tag{1-7}$$

当车速低于 128km/h 时,用式(1-7)预测 f 之值可得到满意精度。

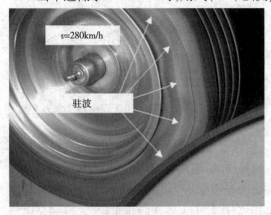

图 1-14 轮胎驻波现象

轮胎在特定工作条件下有一个临界速度,超过此临界值将出现如图 1-14 所示的通常所谓的驻波现象。临界速度 v_{th} 的近似值可用式 $v_{th} = \sqrt{F_t/\rho_t}$ 确定,式中,F_t 是轮胎的圆周张力;ρ_t 是单位面积胎面材料的密度。由于在高速时,轮胎离开地面后,胎面因轮胎变形所产生的扭曲并不立即恢复,其残余变形产生了一种波,这就形成了驻波(Standing Waves)。此时轮胎周缘不再是圆形,而呈现明显的波浪形。轮胎刚刚离开地面时,波的振幅最大,它按指数规律沿轮胎圆周衰减。驻波的形成使能量损失显著增加,从而产生大量热并可导致轮胎破损、爆胎等事故,这就限定了轮胎安全行驶速度。避免驻波的方法是决定车速的上限值,增加轮胎气压可使产生驻波的临界车速增大,并减少相应的滚动阻力。

以上讨论汽车的滚动阻力时,是在汽车直线行驶条件下进行的。汽车转弯行驶时,由于受到侧向力的作用,轮胎会产生相应的侧向变形,使滚动阻力大幅度增加。试验证明,汽车转弯行驶增加的滚动阻力,接近直线行驶时的 50% ~ 100%。

② 湿路面。

在湿路面上,车轮必须排挤水层,因此,相对干路面来说,滚动阻力将要增加,增量称为穿水阻力 F_{sch},穿水阻力 F_{sch} 与车速 v_a 和轮胎宽度 b 有关:

$$F_{sch} \propto b v_a^n \tag{1-8}$$

当水层厚度 > 0.5mm 后,速度指数 n 约等于 1.6,图 1-15 所示为穿水阻力与 v_a 和 b 的关系。

总的滚动阻力应是干路面上滚动阻力 F_f 加上穿水阻力 F_{sch}。

文献[1]中,根据大量试验,在不同路面上,以中、低速行驶时滚动阻力系数的大致数值见表 1-4。卵石路面、碎石路面滚动阻力系数 f 略高是因为路面不平使轮胎行驶中有跳动,与路面间摩擦损失和胎体中弹滞损失都增加。而在软路面(土路、雪路、砂路)上 f 值的增加是因为附加了以下阻力:① 压实阻力,轮胎滚过松软路面时,轮胎下土壤变形被压实,滚过后留下车辙,形成压实阻力;② 推土阻力,车轮滚过时,要把土或雪推至侧面或前面,这些土壤的变形和移动过程中造成阻力,称为推土阻力。

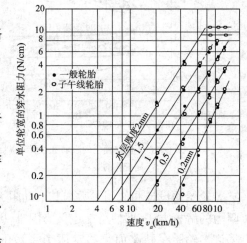

图 1-15 穿水阻力

③ 前束阻力 F_v。

前束阻力 F_v 是因为车轮有前束,车轮与行驶方向存在偏角致使车轮产生侧向变形造成的(图 1-16)。

$$F_v = 2F_{sv}\sin\delta \approx 2F_{sv}\delta \qquad (1-9)$$

而
$$F_{sv} = k_\alpha \delta \qquad (1-10)$$

所以
$$F_v = 2k_\alpha \delta^2 \qquad (1-11)$$

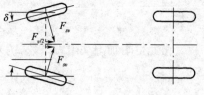

图 1-16 前束阻力

式中：δ——前束角，rad；
k_α——轮胎侧偏刚度，N/rad。

令 $f_r = 2k_\alpha \delta^2 / W$，则代入后得：

$$F_v = f_r W \qquad (1-12)$$

式中：f_r——前束阻力系数；
W——车轮垂直载荷，N。

由于前束角一般较小（<2°），其前束阻力比滚动阻力小得多，故一般可忽略不计，在整车测量时，将它计入滚动阻力之中。

（2）转弯时的滚动阻力。

转弯时滚动阻力 F_R 大小取决于行驶速度和转向半径 R，转弯的滚动阻力系数 f_R 由式 (1-13) 确定：

$$f_R = f + \Delta f \qquad (1-13)$$

设转弯时在离心力作用下前、后均有侧偏角，其值为 α_1 和 α_2，因而与运动方向 v_1 和 v_2 相反的侧向力分量分别为 $F_{y1}\sin\alpha_1$ 和 $F_{y2}\sin\alpha_2$（图 1-17）。而前、后轴侧向力 F_{y1} 和 F_{y2} 必须与离心力保持平衡，根据这一条件可求得（这里其实有前轮转角、侧偏角较小的假定）。

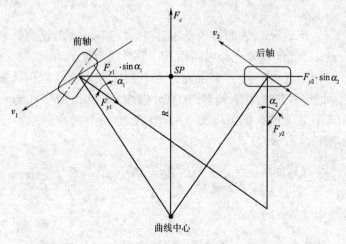

图 1-17 转弯滚动阻力

$$F_{y1} = F_c \cdot \frac{l_b}{L} = m\frac{v^2}{R} \cdot \frac{l_b}{L} \qquad (1-14)$$

$$F_{y2} = F_c \cdot \frac{l_a}{L} = m\frac{v^2}{R} \cdot \frac{l_a}{L} \qquad (1-15)$$

式中 L, l_a, l_b 分别为轴距，质心到前轴中心与后轴中心的距离。

故总的转弯阻力增量为：

$$\Delta F = F_{y1}\sin\alpha_1 + F_{y2}\sin\alpha_2$$

$$= m\frac{v^2}{RL}(l_b\sin\alpha_1 + l_a\sin\alpha_2) \tag{1-16}$$

由此得附加滚动阻力系数 Δf 为：

$$\Delta f = \frac{\Delta F}{W} = \frac{v^2}{gRL}(l_b\sin\alpha_1 + l_a\sin\alpha_2) \tag{1-17}$$

由此可见，Δf 随 R 增大而减小，而随车速的平方一起增长，最后可得转弯时滚动阻力：

$$F_R = f_R W = (f + \Delta f)W \tag{1-18}$$

2）纵向附着系数、侧向附着系数、滑转率、附着率

当车轮上受到驱动力矩 T_t 或制动力矩 T_b 作用时，地面将对轮胎在接地点作用有驱动力 F_{xt} 和制动力 F_{xb}（F_{xt} 称为地面驱动力，F_{xb} 称为地面制动力），这两个地面切向力的最大值受轮胎与路面间接触摩擦的限制，其最大值称为附着力 $F_{xt\max} = F_z\varphi$，它正比于轮胎的法向作用力 F_z，即 $F_{xt\max} = F_z\varphi = \varphi_{\max}F_z$，式中 $\varphi_{\max}$ 称为峰值附着系数。行驶时，轮胎会受到地面侧向力 F_y，其最大值受轮胎与路面间接触摩擦的限制，$F_{y\max} = F_z\varphi_l$，式中 φ_l 为侧向附着系数。

如果车轮上受 T_t 或 T_b 作用而引起的地面驱动力 F_{xt} 或地面制动力 F_{xb} 大于附着力 $F_z\varphi$，则轮胎不再处于滚动状态，车轮驱动时轮胎滑转而制动时则出现轮"抱死拖滑"现象。在滑动过程中 $F_{xt} = \varphi F_z$，φ 是一个变化的附着系数，它随车轮滑动程度而变。当车轮原地滑转（驱动时）或完全抱死（制动时）情况下，由于车轮在路面的附着系数等于动摩擦系数，故称滑动附着系数 φ_s，即 $\varphi = \varphi_s$。此时附着力等于 $F_s = \varphi_s F_z$，此 F_s 称为滑动附着力。实践表明，当车轮上驱动力矩或制动力矩不断增长，车轮从纯滚动到滑转或抱死是一个渐变过程，这一过程可由汽车前进速度 v_a 与由车轮角速度和轮胎半径所决定的切向速度 v_x 之差来说明（图1-18表明了驱动时的速度工况）。

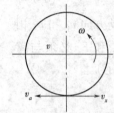

图1-18 车轮接地点速度

当 $v_a = v_x$，轮胎接地点相对路面线速度为零，轮胎处于纯滚动状况；当 $v_a < v_x$ 轮胎接地点相对路面有一向后线速度 $\Delta v = v_x - v_a$，轮胎处于又转又打滑工况；当 $v_a > v_x$ 轮胎接地点相对于路面有一向前线速度 $\Delta v = v_a - v_x$，轮胎处于拖滑工况。把这种差速度与原速度的百分数称为纵向滑动率 s（Slip Ratio）。

为了都得到正值，在定义时要把驱动工况和制动工况，分开考虑。

驱动时纵向滑动率 s_a 表示为：

$$s_a = \frac{车轮切向速度 - 汽车行驶速度}{车轮切向速度} \times 100\% = \frac{v_x - v_a}{v_x} \times 100\% \tag{1-19}$$

制动时纵向滑动率以 s_b 表示：

$$s_b = \frac{汽车行驶速度 - 车轮切向速度}{汽车行驶速度} \times 100\% = \frac{v_a - v_x}{v_a} \times 100\% \tag{1-20}$$

公式（1-19）、（1-20）可归纳为：

$$s = 1 - \left(\frac{v_a}{v_x}\right)^n \begin{cases} n = 1, 即 v_a < v_x \\ n = -1, 即 v_a > v_x \end{cases} \tag{1-21}$$

纵向附着系数 φ 与侧向附着系数 φ_l 均随滑动率 s 变化，其关系如图1-19所示。

图1-19中，$\varphi - s$ 曲线有以下特点。

（1）在 $s = 0 \sim 15\%$ 之间，φ 随 s 线性增长。

(2)在 $s=15\%\sim30\%$ 之间,φ 值可达到最大,最大的 $\varphi_{\max}$ 称为峰值附着系数(Peak Coefficient)。

(3)在 $s=30\%\sim100\%$,曲线下降,在滑动率为 100% 时降为滑动附着系数 φ_s,$\varphi_{\max}$ 与 φ_s 的大致关系如下:

①干燥路面上,$\varphi_{\max}\approx1.2\varphi_s$;

②湿路面上,$\varphi_{\max}\approx1.3\varphi_s$。

$\varphi-s$ 曲线形状与许多因素有关。

(1)路面性质(图1-20)。

干燥碎石路面的 $\varphi_{\max}$ 和 φ_s 较高,而在雪地或结冰路面上 $\varphi_{\max}$ 和 φ_s 下降很多,干燥沥青路面上 $\varphi_{\max}$ 可达 1.1,而在冰雪路面上 $\varphi_{\max}$ 仅为 0.2 或更小。

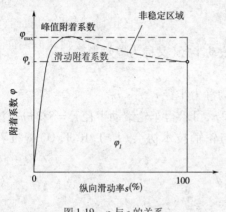

图1-19 φ 与 s 的关系

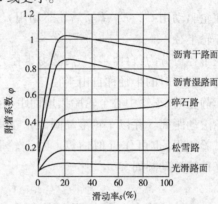

图1-20 路面性质与 s 的关系

(2)车速。

在干燥路面上速度在 20km/h 以上时,对 φ_s 的影响很小,仅在 $v<20$km/h 的低速时,φ_s 才略有上升,这是因为低速时车轮半径变小,轮胎接地面积变大。

(3)湿路面和有水膜层路面。

在路面潮湿时,附着系数下降,且与速度关系保持不变。但如果路面上形成水膜有一定厚度,当供水量大于排水量,汽车车轮有可能部分或全部浮起,这时产生车轮在水面滑过,称滑水现象(Hydroplaning),此时随车速的增加,附着系数下降得更快,如图1-21 所示。

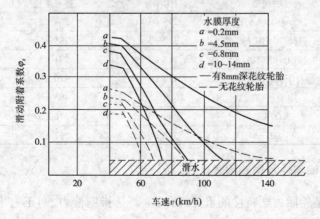

图1-21 φ_s 与水膜厚度的关系

从图1-21可见,当水膜厚度增大(>4.5mm)时,则滑动附着系数可能下降至0.1以下。如轮胎上无花纹,在同样速度情况下,φ_s 还要更低些。提高充气压力和胎面半径 r(指在径向剖面中胎面曲率半径),可使接地面更加狭长,其优点是可提高滑水时的附着系数。当然主要影响还是车速,因此降低车速是减少滑水产生不利影响的恰当办法。

(4)松软路面上的附着系数与滑动率曲线比较平坦,其 φ_{max} 在滑转率≥20%处出现。

①附着率。

附着率是指汽车在直线行驶时,充分发挥驱动力作用时要求的最低附着系数,在低速阶段,如加速或上坡,驱动轮上的驱动力矩大,要求的(最低)附着系数大,此外超高速行驶时要求附着系数也大,附着率用符号 C_φ 表示:

$$C_{\varphi i} = \frac{F_{xi}}{F_{zi}} \quad (i=1,2) \quad (1-22)$$

如前轮驱动用 $C_{\varphi 1}$、F_{x1}、F_{z1},后轮驱动用 $C_{\varphi 2}$、F_{x2}、F_{z2}。

②车轮半径。

车轮半径可分为:自由半径 r_0,静力半径 r_s,滚动半径(又称为等效半径)r_r。

车轮无负载时的半径称自由半径。

汽车静止时,车轮中心至轮胎接地面距离称为静力半径 r_s,$r_s < r_0$。

车轮滚动距离 S 除以车轮滚动圈数 n_w 再除 2π,可求得车轮滚动半径 $r_r = S/2\pi n_w$,滚动半径可用试验测得,也可作近似估算。欧洲轮胎与轮辋技术协会(E.T.R.T.O)曾推荐用式(1-23)来计算滚动圆周。

$$C_R = Fd \quad (1-23)$$

式中:d——为上述协会会员生产轮胎的自由直径;

F——常数,子午线轮胎为 $F=3.05$,斜交轮胎为 $F=2.99$。

以上滚动圆周是指车速为60km/h,轮胎在规定气压和最大载荷下的计算值,此时滚动半径 $r_r = Fd/2\pi$。一般地,$r_s < r_r < r$。

静力半径常用于静力学分析中,而滚动半径用于运动学与运动学分析中,但在作理论分析时为方便起见一般可不计它们的差别,统称为车轮半径 r,即认为:$r_s \approx r_r \approx r$。部分汽车的轮胎半径参数见表1-5。

部分汽车轮胎的半径(mm) 表1-5

车 型	轮胎规格	自由半径	静力半径	滚动半径
桑塔纳2000	195/60 R14 85H	295±3	268±5	286
红旗 CA7228	185/70 HR 14	312±3	285±5	301
奥迪100	195/65 R15	317±3	291±5	308
跃进 NJ1061	7.00—20	452±4	430±6	448
解放 CA1091	9.00—20	509±5	485±6	492
东风 EQ1092	9.00R20	509±5	476±6	493
黄河 JN1181	11.00—20	542±6	517±7	525

1.1.4 轮胎侧偏特性及影响因素

轮胎侧偏特性是轮胎力学特性的重要部分,主要是指侧偏力、回正力矩与侧偏角的关系,它是研究汽车操纵稳定性的基础。

当汽车曲线行驶时,或受侧风作用,车轮中心将受到一个侧向力 F_y',相应地在地面上产生地面侧向反作用力 F_y,也称为侧偏力。由于轮胎具有侧向弹性,因而轮胎胎面中心线上诸点 A_0、

A_1、A_2、A_3、A_4的连线将发生扭曲(图1-22)。

随着车轮滚动,上述诸点 A_0、A_1、A_2、A_3、A_4 的连线所形成的轨迹 aa 线与原车轮平面与地面交线 cc 之间形成夹角 α,即为侧偏现象,此 α 角称为侧偏角,车轮侧偏时即沿 aa 线滚动。显然,侧偏角 α 的数值与侧向力 F_y 的大小有关。图1-23所示为在不同垂直力作用下轿车轮胎175HR14在充气压力为 2.3×10^5 Pa 时轮胎的侧偏力与侧偏角的关系。

曲线表明,无论在何种垂直力作用下,在侧偏角较小时,F_y 与 α 成线性关系,汽车正常行驶时,侧向加速度不超过 $0.4g$,侧偏角不超过 $4°\sim5°$,可以认为侧偏力 F_y 与侧偏角 α 成线性关系。$F_y - \alpha$ 曲线在 $\alpha=0$ 处的斜率称为侧偏刚度 k_α,单位为 N/rad 或 N/(°)。由轮胎坐标系有关符号规定可知,负的侧偏力产生正的侧偏角,因此侧偏刚度是负值。F_y 与 α 的关系可用式(1-24)表示:

$$F_y = k_\alpha \cdot \alpha \tag{1-24}$$

轿车轮胎的 k_α 值在 $-28000 \sim -80000$ N/rad 之间。图1-23中画出垂直力为4500N时过原点作的曲线斜率,求得的轮胎侧偏刚度为:

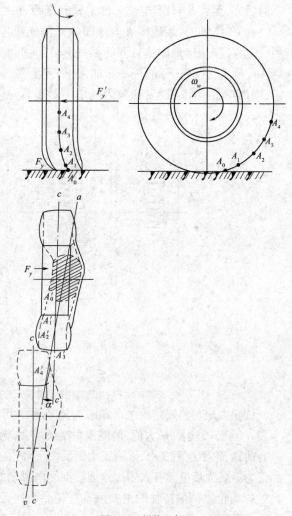

图1-22 侧偏现象

$$k_\alpha = -\frac{4500}{6.2°} \times \left(\frac{360°}{2\pi}\right) = -41586 \text{N/rad} \tag{1-25}$$

在轮胎发生侧偏时,还会产生作用于轮胎绕 oz 轴的力矩 T_z,参看图1-1。圆周行驶时,T_z 是转向车轮恢复到直线行驶的主要恢复力矩之一,称为回正力矩。

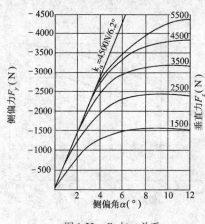

图1-23 F_y 与 α 关系

回正力矩是由接地面内分布的微元侧向反力产生的。由图1-24可知,车轮在静止时受到侧向力后,印迹长轴线 aa 与车轮平面 cc 平行,错开 Δh,即印迹长轴线 aa 上各点的横向变形(相对于 cc 平面)均为 Δh,故可以认为地面侧向反作用力沿 aa 线是均匀分布的,如图1-24a)所示。而车轮滚动时,印迹长轴线 aa 与车轮平面错开一定距离,并且转动了 α 角。因而接地印迹前端离车轮平面近,侧向变形小;印迹后端离车轮平面远,侧向变形大。可以认为,地面微元侧向反作用力的分布与变形成正比,故地面微元侧向反作用力的分布情况如图1-24b)所示,其合力就是侧偏力 F_y,其作用点必然在接地印迹几何中心的后方,偏移某一距离 e。e 称为轮胎拖距,$F_y e$ 就是回正力矩 T_z。

在 F_y 增加时,接地印迹内地面微元侧向反作用力的分布情况如图 1-24c)所示。F_y 增大到一定程度时,接地印迹后部的某些部分便达到附着极限,反作用力将沿着 345 线分布,如图 1-24d)所示。随着 F_y 的进一步加大,将有更多部分达到附着极限,直到整个接地印迹发生侧滑,因而轮胎拖距会随着侧向力的增加而逐渐变小。

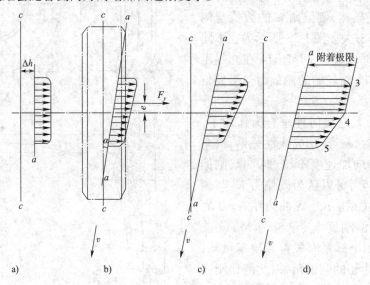

图 1-24 接地印迹内地面侧向反作用力的分布与回正力矩的产生

回正力矩与侧偏角的关系如图 1-25 所示。可以看到,回正力矩起初是随侧偏角一起增大,一般 $\alpha=4°\sim6°$ 达到最大值,但侧偏角继续增大,轮胎接地面的后部出现部分滑动,胎面变形面的质心前移,轮胎拖距变小,故回正力矩反而下降,在 $\alpha=9°\sim16°$ 时,回正力矩为零,侧偏角再增大,回正力矩成为负值。有人用接地面后部侧向滑动的速度大、摩擦系数较小来解释这个现象。

影响轮胎侧偏特性的主要因素有轮胎结构、工作条件和路面状况等。

1)轮胎结构

(1)子午线轮胎接地面宽,其侧偏刚度比斜交胎的高,如图 1-26 所示,钢丝子午线轮胎比尼龙子午线轮胎的侧偏刚度还要高些。

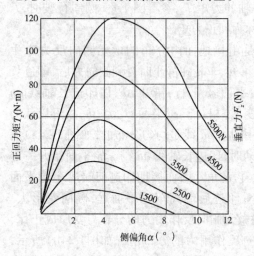

图 1-25 回正力矩与侧偏角关系

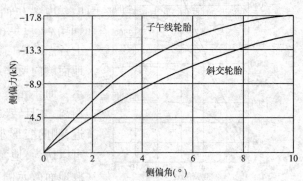

图 1-26 侧偏刚度子午线轮胎与斜交轮胎

(2)轮胎结构形式和尺寸对回正力矩、侧偏角特性也有很大影响,在同样侧偏角下,尺寸大的轮胎一般回正力矩较大,子午线轮胎的回正力矩比斜交胎大。

(3)扁平率对轮胎侧偏刚度影响较大。扁平率小,接地面积变宽,侧偏刚度成反比例提高,如图1-27所示,不少轿车采用扁平率为0.6或称60系列的宽轮胎,就是为了大幅度提高轮胎的侧偏刚度,以提高行驶稳定性,有些运动型轿车,甚至采用更宽的扁平率为0.5的或0.4的轮胎,以保证高速稳定性。

2)工作条件

(1)充气压力。

侧偏刚度随充气压力的变化趋势如图1-28所示,在直线行驶时,提高充气压力在侧偏角较小时($\alpha \leq 3°$),侧偏刚度会略有增加,而在侧偏角较大时($\alpha = 5° \sim 7°$)侧偏刚度反而会有些减少。

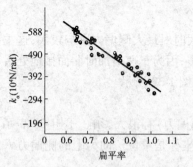

图1-27 扁平率与侧偏刚度关系

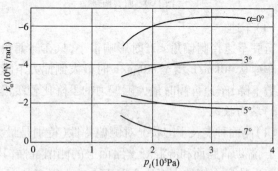

图1-28 气压-侧偏刚度关系

充气压力对回正力矩影响如图1-29所示,在同样的侧偏角值时增加充气压力可降低回正力矩。

(2)垂直力和切向力。

轮胎垂直力增加时,会增加轮胎侧偏刚度(图1-23),例如垂直力从1500N增至2500N时,同样作用侧偏力为1000N时,前者侧偏角为2.7°,而后者减少至1.64°,说明后者的侧偏刚度增大了,轮胎垂直力的增加也会增加回正力矩(图1-25)。

以上讨论的是没有地面纵向作用力F_x时的轮胎侧偏特性。实际上,在轮胎上常同时作用有侧向力和纵向力(包括驱动力或制动力),试验表明,因为有纵向力作用时要消耗部分附着力,因而侧向能利用的附着力减少,故在一定侧偏角下,驱动力或制动力增加时,侧向力逐渐减少,如图1-30所示,这是由于轮胎的侧向弹性力有所改变造成的。

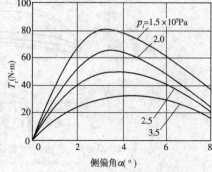

图1-29 充气压力对回正力矩的影响

实际上侧向和纵向的最大附着系数是不同的,所以这组曲线的包络线是一个椭圆,一般称为附着椭圆,椭圆圆周上各点就确定了在不同侧偏角下纵向力和侧向力合力的极限值。

在侧向力作用下轮胎接地区侧向变形,使轮胎接地点纵向力作用点偏离轮胎平面,如图1-31所示。

由图1-31可见,驱动时纵向力造成的侧偏力矩的作用与回正力矩相同,制动时它们的方向相反。前轮驱动的汽车加速转弯时会受到一个附加的回正力矩;制动转弯时回正力矩不仅会被减少,甚至成负值,这样使车轮侧偏加大,形成过多转向。

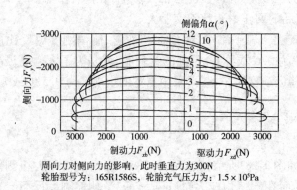

图1-30 附着椭圆

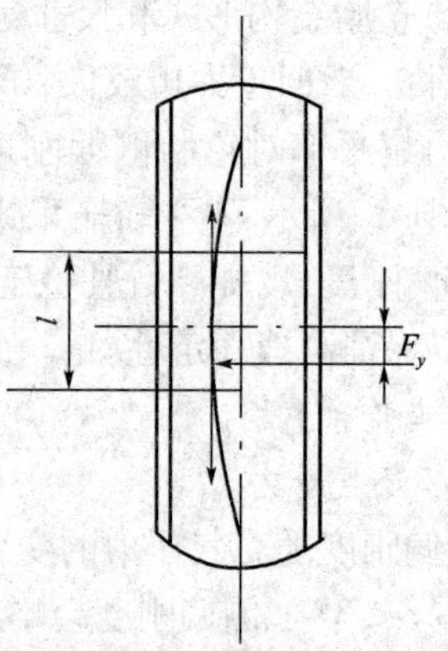

图1-31 接地面上纵向力和侧向力

(3) 车速。

行驶车速在侧偏角<2°时影响很小,只在侧偏角较大时对最大侧偏力影响较大,这主要表现在车速从40km/h增至80km/h时最大侧偏力下降很多,因为车速增加时胎面接地处滑动摩擦系数下降,车速再高时最大侧偏力的下降比较缓慢,如图1-32所示。

3) 路面状况

(1) 路面种类及干湿状况对侧偏特性(特别是最大侧偏力)有很大影响。图1-33表示一轮胎在干、湿沥青路面和湿混凝土路面上的侧偏特性,其纵坐标是单位法向力上的侧偏力 F_y/F_z。湿路面上的最大侧偏力要比干路面上的小得多。

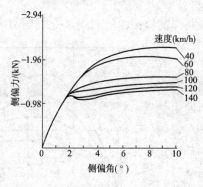

图1-32 车速、最大侧偏力

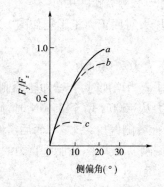

图1-33 干、湿路面上侧偏特性
a-干沥青路面,速度为16.1km/h;b-湿混凝土路面,速度为32.2km/h;c-湿沥青路面,速度为14.5km/h

(2) 路面有薄水层时对轮胎侧特性也有影响。

① 路面有薄水层由于滑水现象,轮胎失去了与路面的接触,会影响可传递的侧向剪应力,从而减少侧偏力,特别是最大侧偏力。而且水层越高,最大侧偏力就减少得越多,这一现象与车速也有关,车速越高,可传递的侧偏力会更小,如图1-34所示。

② 车辆经薄水层时最大回正力矩减少,水层越厚,降低越多,如图1-35所示。但是,在大侧偏角时,由于拖距加大(图1-35a)回正力矩可能比干燥路面上的大(图1-35b),如图中水层厚度为1.0mm,当侧偏角>8°时,其拖距比干路面上的大,因而其回正力矩逐步接近,甚至超过干燥路面上的回正力矩值。

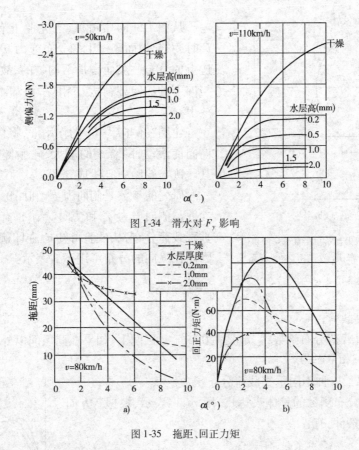

图 1-34 滑水对 F_y 影响

图 1-35 拖距、回正力矩

1.1.5 轮胎侧偏特性的数学模型

由于轮胎侧偏特性对汽车操纵稳定性、行驶安全性影响很大,为此,国内外学者建立了一些侧偏特性的数学模型用以进行理论分析,其目标是:

(1)找到轮胎结构参数和使用参数与轮胎侧偏特性间的数学关系;

(2)根据上述研究结果为汽车设计、轮胎设计和汽车动力学的研究提供有用资料。

现讨论一种轮胎侧偏特性的简化数学模型,建模时做以下假设:

(1)胎体是刚性的,把整个轮胎弹性集中于胎面层;

(2)轮胎作自由滚动,先不考虑纵向力和纵向滑移影响;

(3)轮胎的侧倾角为零;

(4)印迹与路面间各点摩擦系数为常数;

(5)胎面应力在印迹宽度方向均匀分布,忽略轮胎宽度的影响。

根据以上假设画出轮胎受力示意图(图 1-36)。

为分析方便,以印迹前端点为原点建立一个印迹坐标系。以车轮中心垂直面接地线为 x 轴,向后为正,印迹全长为 $2a$。以过原点与 x 轴垂直且指向车轮前进方向的右方的轴为 y 轴,如图 1-36 所示。

同时,相对于 x 轴一个无量纲的 ν 轴,其上坐标值 $\nu = \dfrac{x}{a}$,这样印迹区有两种表示法:

$$0 \leqslant x \leqslant 2a \tag{1-26}$$

$$0 \leqslant \nu \leqslant 2 \tag{1-27}$$

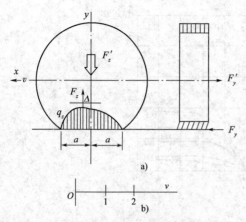

图 1-36 印迹坐标系与垂直载荷分布
a)垂直载荷分布;b)无量纲印迹坐标系

从图 1-36a)中可见,当轮胎上有向下法向载荷 F'_z 时,引起地面印迹上的分布应力 q_z,但此应力在印迹上的分布一般而言是不均匀的,故其合力 F_z 虽然与向下的法向载荷大小相等,但却不在同一根作用线上。

轮胎在侧向力 F_y 的作用下,将依侧偏角 α 的方向向前滚动,随着 x 的增大,轮胎侧向变形也加大,其印迹与轮胎中心线成 α 角。

研究的参数是侧向力 F_y 和回正力矩 T_z,这两个参数与侧向应力 q_y 和法向应力 q_z 有关,首先要研究垂直载荷分布,从试验可知 q_z 在印迹区是不对称的,因而在纵向的分布可用下式表示:

$$q_z = \frac{F_z}{2a}\eta(v) \tag{1-28}$$

式中:F_z——垂直载荷;

$\eta(v)$——垂直载荷分布函数,它定义在 $0 \leq v \leq 2$ 区间上;如果在此区间以外,即 $v < 0$ 或 $v > 2$ 时,$\eta(v) = 0$。

图 1-37 给出了 3 种不同垂直载荷分布函数形状。

先假定不知分布函数的具体表达式,用 $\eta(v)$ 表示,根据 z 方向的力和力矩平衡条件,有:

$$\int_0^{2a} q_z \mathrm{d}x = \int_0^2 a q_z \mathrm{d}v = F_z \tag{1-29}$$

$$\int_0^{2a} x q_z \mathrm{d}x = \int_0^2 v a^2 q_z \mathrm{d}v = F_z(a - \Delta) \tag{1-30}$$

式中:Δ——法向反力 F_z 与车轮中心线的距离。

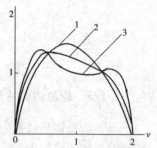

图 1-37 $\eta(v)$ 的几种形状

将式(1-28)代入式(1-29)中可得:

$$\int_0^2 a q_z \mathrm{d}v = \int_0^2 a \frac{F_z}{2a}\eta(v)\mathrm{d}v = F_z \tag{1-31}$$

整理后可得:

$$\int_0^2 \eta(v)\mathrm{d}v = 2 \tag{1-32}$$

将式(1-28)代入式(1-30)中可得:

$$\int_0^2 v a^2 \frac{F_z}{2a}\eta(v)\mathrm{d}v = F_z(a - \Delta) \tag{1-33}$$

整理后可得:

$$\int_0^2 v\eta(v)\mathrm{d}v = 2\left(1 - \frac{\Delta}{a}\right) = 2(1 - \theta), \theta = \frac{\Delta}{a} \tag{1-34}$$

下面求 F_y 和 q_y。

上面已提到,当轮胎滚动时印迹侧向变形随 x 而一起增大,可认为它与 $\tan\alpha$ 成正比,可假定侧向载荷分布为:

$$q_y = C_y x \tan\alpha \tag{1-35}$$

式中:C_y——胎面橡胶层的侧向分布刚度,一般可认为是常数,单位为(N/m)·rad。

根据侧向的力和力矩平衡条件可求得侧向力合力和回正力矩:

$$F_y = \int_0^{2a} q_y dx = \int_0^{2a} C_y x\tan\alpha dx = \int_0^2 a^2 v C_y \tan\alpha dv$$
$$= a^2 C_y \tan\alpha \int_0^2 v dv = 2a^2 C_y \tan\alpha \qquad (1-36)$$

$$T_z = \int_{-a}^{a} x q_y dx = \int_{-a}^{a} C_y \tan\alpha x^2 dx = \frac{2a^3}{3} C_y \tan\alpha$$
$$= \frac{a}{3}(2a^2 C_y \tan\alpha) = \frac{a}{3} F_y \qquad (1-37)$$

用 $K_y = 2a^2 C_y$ 代入式(1-36)、(1-37)中则有:

$$F_y = k_\alpha \tan\alpha \qquad (1-38)$$

与试验结果比较,当 α 较小时,$\tan\alpha \approx \alpha$,上式即可写为 $F_y = k_\alpha \alpha$,$k_\alpha = F_y/\alpha$,即为以前定义的侧偏刚度(N/rad)。用 $D_z = a/3$ 代入式(1-37)中,则有 $T_z = F_y \cdot D_z$,D_z 单位为米(m),由此可见 D_z 即为回正力矩的力臂(简称回正力臂或气胎拖距)。

这样我们求得了理论的侧偏刚度和回正力臂的表达式

$$k_\alpha = 2a^2 C_y \qquad (1-39)$$

$$D_z = \frac{a}{3} \qquad (1-40)$$

式(1-39)和(1-40)表明:

(1)轮胎侧偏刚度与胎面侧向分布刚度成正比关系,这对轮胎结构设计有参考价值。

(2)轮胎印迹长度(2a)对 k_α 和 D_z 影响显著,增加印迹长度不仅可增加轮胎侧偏刚度减少侧偏角,还能增加与回正力臂成正比的回正力矩。

图1-38显示轮胎拖距改变时回正力矩和侧偏角的变化情况。它与上述结论比较一致。

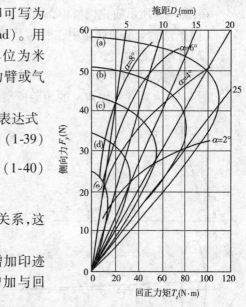

图1-38 轮胎拖距 D_z 与侧向力和回正力矩的关系

轮胎载荷 F_p:(a)-6500N;(b)-5500N;(c)-4500N;(d)-3500N;(e)-2500N

上述简化模型对揭示轮胎部分力学特性是有效的,但由于在模型中没有考虑印迹由滑移工况以及胎体的侧向弯曲变形,因此在计算中会产生误差,现在已出现了半经验模型,它以复杂的理论模型为指导,又利用一定工况下实验数据确定其拟合系数,使计算结果准确可靠又使用方便,详见文献[2]。

1.1.6 轮胎侧倾力学特性[3]

现代汽车的轮胎,其车轮平面和道路平面垂直线之间有一夹角(对右前轮),称为车轮外倾角,如果车轮上部向车外倾斜,外倾角为正值,向内倾斜则为负值。按照轮胎坐标系的规定,汽车向前行驶时,右前轮有正的外倾角,左前轮有负的外倾角。轿车前轮在空载时常取微小正外倾角 $\gamma = 5' \sim 10'$,以便轮胎尽可能垂直于稍许有点拱形的路面使轮胎磨损均匀和获得较小的滚动阻力,但当车辆载荷增加后,车轮有微小的负外倾角。

当车轮具有外倾角后,将有绕自身旋转轴线与地面交点 O' 滚动趋势(图1-39),而实际上

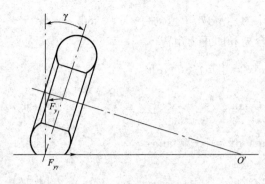

车轮不能自由地绕 O' 点滚动,其车轮中心必作用一侧向力 F_y,相应地在轮胎接地点产生一个与 F_y 方向相反的侧向反作用力 $F_{y\gamma}$,这个力就称为外倾推力或外倾侧向力。当外倾角较小时($\gamma <10°$),外倾推力与外倾角成正比,其关系式如下:

$$F_{y\gamma} = k_\gamma \cdot \gamma \qquad (1-41)$$

式中:k_γ——外倾刚度,N/rad。

按轮胎坐标系规定,负外倾侧向力时,外倾角为正,故外倾刚度为负值。外倾刚度值约为侧

图 1-39 轮胎有外倾后滚动

偏刚度值的 0.1~0.05 倍。

下面建立简化轮胎外倾力学模型,来确定外倾刚度与轮胎侧偏特性关系。

在图 1-40 所示简化模型中,假设:

(1)把轮胎全部弹性集中在胎面上,忽略胎体弹性,轮胎简化为一把刷子;

(2)忽略轮胎宽度;

(3)接地印迹为矩形。

图 1-41 为具有外倾角 γ 的轮胎模型受载后示意图。

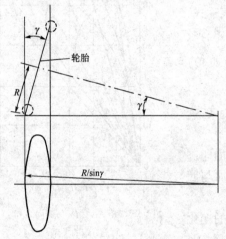

图 1-40 简化外倾模型

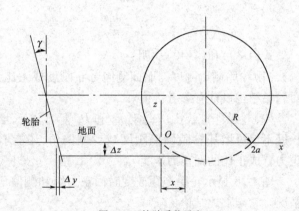

图 1-41 轮胎受载示意

图 1-41 中虚线部分表示轮胎变形部分,从印迹一端 O 点建立坐标系 Oxy,印迹全长为 $2a$,用 Δz_m 表示轮胎印迹中部最大垂直变形,并且 $\Delta z_m \approx a^2/2R$。轮胎垂直变形 Δz 是 x 的函数,可近似认为是二次函数。

$$\Delta z = \frac{\Delta z_m}{a^2} x(2a-x) = \Delta z_m v(2-v) \approx \frac{a^2}{2R} v(2-v) \qquad (1-42)$$

式中:$v = x/a$。

这样,对应于 x 处印迹的侧偏变形为:

$$\Delta y = \Delta z \cdot \tan\gamma = \frac{a^2 v}{2R}(2-v)\tan\gamma \qquad (1-43)$$

如果设胎面单位长度的侧向(沿侧向长度方向)刚度为 C_y,则 x 处的侧向应力为:

$$q_y = C_y \cdot \Delta y = C_y a^2 v(2-v)\frac{\tan\gamma}{2R} \qquad (1-44)$$

外倾推力 $F_{y\gamma}$ 是印迹上所有 q_y 的总和，即：

$$F_{y\gamma} = \left(\frac{C_y a^2}{2R}\right)\tan\gamma \int_0^{2a} v(2-v)dx = \left(\frac{2C_y a^3}{3R}\right)\tan\gamma \tag{1-45}$$

由式(1-39)已知在不计胎体弹性时，轮胎的侧偏刚度为 $k_\alpha = 2a^2 C_y$，代入式(1-45)中可得

$$F_{y\gamma} = \left(\frac{a}{3R}\right) k_\alpha \cdot \tan\gamma = k_\gamma \cdot \tan\gamma \tag{1-46}$$

当 γ 较小时：

$$F_{y\gamma} = k_\gamma \cdot \gamma$$

式中：$k_\gamma = (a/3R)k_\alpha$——外倾刚度，N/rad。

式(1-46)表明外倾刚度与轮胎侧偏刚度和印迹长度成正比，而和轮胎半径成反比。

图1-42是试验得到了外倾推力与外倾角的关系曲线，图中线条表明外倾推力与外倾角公式(1-41)所示的线性关系，随着垂直载荷的增大，轮胎外倾刚度也在增加。

图1-43是试验求得的不同外倾角下轮胎的侧偏特性。

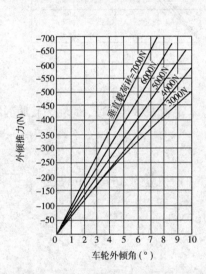

图1-42　垂直载荷与外倾刚度　　　　图1-43　不同外倾时侧偏特性

图1-43中曲线表明，有外倾角时，侧偏特性曲线平行上移(在侧偏角<6°范围内)，这样当外倾角为正值时，地面作用的侧向力由外倾侧偏力 $F_{y\gamma}$ 和外倾角为零时侧偏力 $F_{y\alpha}$ 叠加而成，即：

$$F_y = F_{y\alpha} + F_{y\gamma} = k_\alpha \alpha + k_\gamma \gamma \tag{1-47}$$

由于轮胎有一定宽度，当轮胎有外倾时，内外侧接地点的切向速度不同，导致附加力偶而形成一外倾回正力矩 T_γ(绕 z 轴)。试验表明，外倾回正力矩在外倾角很小时与外倾角成线性关系，即：

$$T_\gamma = k_T \cdot \gamma \tag{1-48}$$

式中：k_T——常数，$k_T = 30 \sim 100$ Nm/rad。

图1-44给出了在不同垂直载荷下外倾回正力矩与外倾角的关系，图形表明，随着垂直载荷的增大，外倾回正力矩也增大。

1.1.7　轮胎径向静态特性及动态特性

轮胎径向特性主要是指轮胎在垂直方向的弹性和阻尼，这对轮胎缓和路面冲击引起的振

动以及行驶稳定性和制动性都有重要影响,因此它是轮胎重要力学特性之一。

轮胎垂直弹性一般由静止时轮胎上垂直载荷与其变形的曲线来确定。图 1-45 中表示出一子午线轮胎 175/70R 1380S 在不同轮胎充气压力下的载荷变形曲线,曲线表明载荷与变形成线性关系。

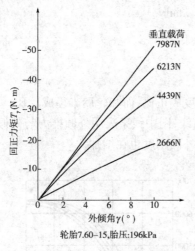

图 1-44 外倾回正力矩与外倾角　　图 1-45 静刚度

一般用轮胎的垂向静载荷与变形关系曲线斜率 K_{ts} 来定量表示其弹性,称 K_{ts} 为轮胎静刚度。

$$K_{ts} = \frac{\Delta F_Z}{\Delta S} \tag{1-49}$$

例如,在充气轮胎气压为 0.21MPa 时,ΔF_Z 为 1kN 时,相应的 $\Delta S = 6$mm,故:

$$K_{ts} = \frac{\Delta F_Z}{\Delta S} = \frac{1000\text{N}}{6\text{mm}} = 167\text{N/mm} \tag{1-50}$$

影响轮胎刚度有以下因素。

1) 充气压力

通常情况下,气压增加,一定载荷下轮胎变形减少,静刚度增大。图 1-46 给出某轿车子午线轮胎的刚度随充气压力的变化关系。

2) 行驶车速与激励

汽车行驶中,轮胎滚动时产生的垂直变形与静变形不同,因而所得刚度与静刚度值也不同,轮胎滚动时的刚度称为动刚度 K_{td}。图 1-47 为动刚度与静刚度的比较,试验表明:一般地,轮胎动刚度比静刚度要小。

轮胎动态传递刚度(Tire Dynamic Transfer Stiffness)简称动刚度,它描述的是轮胎接地面垂向变形所引起的轴与车轮连接处的力随频率变化的关系,即:

$$K_{td}(\omega) = \frac{F_Z(\omega)}{z(\omega)} \tag{1-51}$$

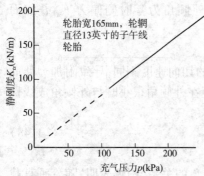

图 1-46 某轿车子午线轮胎静刚度与充气压力的关系

式中,F_Z 为轴与车轮连接处作用力,z 为轮胎接地面垂向变形,如图 1-48 所示。

轮胎阻尼系数描述的是轮胎接地面垂向变形速率所引起的轴与车轮连接处的力随频率变

化的关系,即:

$$C(\omega) = \frac{F_Z(\omega)}{\dot{z}(\omega)} \quad (1-52)$$

式中,$\dot{z}$ 为轮胎接地面垂向变形速率。

动刚度通过把轮胎压向滚动的转鼓,对轮胎进行正弦波激振后产生的响应来确定,如图 1-49 所示。通常可以通过考察滚动轮胎对已知简谐振动激励的传递特性来衡量轮胎的动刚度。通过测试输出与输入的幅频特性,来获得滚动轮胎的动刚度和阻尼系数。

图 1-50 表示速度、激振频率和振幅与轮胎动刚度、阻尼系数之间关系曲线,研究结果表明:

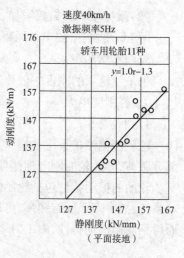

图 1-47　动刚度与静刚度的比较

(1) 轮胎从静止状态转入滚动状态,速度至 0～20km/h 时轮胎动刚度迅速下降,而当速度超过 26km/h 时,轮胎动刚度基本保持稳定,这是由于此时轮胎受到离心力逐步增大,抑制了动刚度下降的趋势。文献[4]介绍当车速 $v_a > 100$ km/h 时,离心力增长很快会使带束层变硬,轮胎外直径变大,因而动刚度有增大趋势,并推荐,当速度为 120km/h 时,$K_{td}/K_{ts} = 1.04$,速度每增加 30km/h,刚度增大 1%;

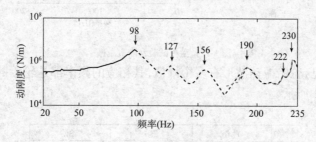

图 1-48　轮胎动态传递刚度的幅频特性

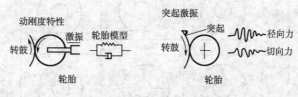

图 1-49　轮胎动刚度试验法

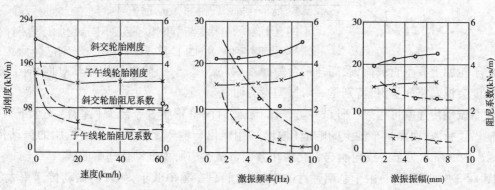

图 1-50　速度、激振频率和振幅对轮胎刚度的影响

(2)激振频率和振幅增加,会使轮胎动刚度缓慢增加;

(3)车速、激振频率和振幅的增加,都使轮胎阻尼系数下降。

3)轮胎结构型式

子午线轮胎的刚度一般比斜交胎小。轮胎扁平率减小,或轮辋变宽会使静刚度变大,轮胎尺寸大,静刚度也大。

4)侧偏角

轮胎侧偏使带束层被挤压产生侧向位移,引起接地区压力分布更不对称。胎肩也承担一部分载荷,导致轮胎刚度随侧偏角的增大而减小。

轮胎的振动特性包括轮胎的振型和固有频率以及振动传递特性。轮胎是一个多自由度振动系统,故有多个固有频率,可以采用将轮胎轴固定,加负荷置于激振试验台上进行激振胎面,而得到轮胎振动特性,图 1-51 表示在激振台上激振试验中得到的轮胎振动波形。

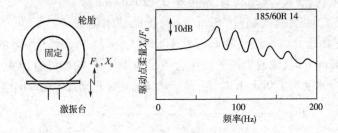

图 1-51　激振试验台随机激振

从图 1-51 中可见,轮胎振动波形有多个峰值,其相应的频率都是轮胎的固有频率,其中前三阶次振型如图 1-52 所示。

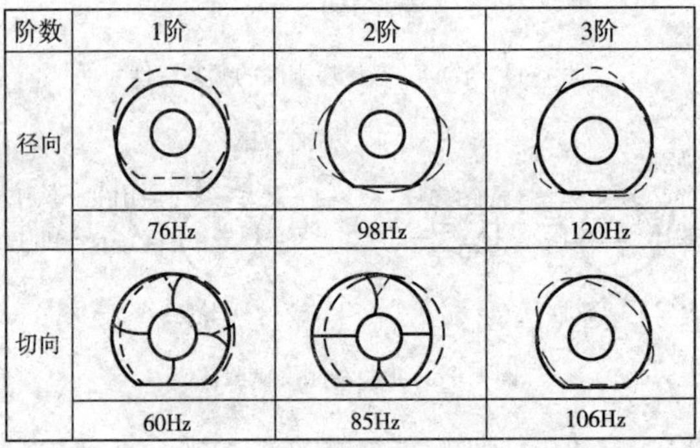

图 1-52　轮胎振型和固有频率

由于轮胎上有垂直载荷,胎面与平台为面接触,故一、二、三阶振型均非轴对称,向上较大振动幅度会诱发路面噪声,特别是一阶振型更为明显。

轮胎振动传递率可用另一种试验方法求得,此时应将轮胎置于悬架(弹簧)支承下,在胎面上输入正弦波,而测量车轴上的响应(输出),用输出与输入之比就可确定轮胎的振动传递特性,图 1-53 所示为子午线轮胎与斜交胎在激振台试验中所得振动传递率曲线。

图 1-53 中曲线表明:由于悬架弹性的作用,轮胎只在频率低于 20Hz 时振动传递率大于 1(垂直方向,切向)。而在 50Hz 附近,子午线轮胎还有一次大于 1 的传递率,其余频区内,轮胎的缓冲作用是比较明显的。

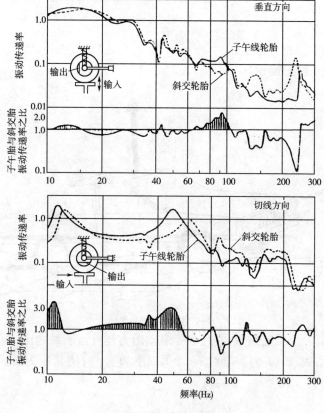

图 1-53 轮胎振动传递率

1.2 气动力及其特性

1.2.1 气动力的描述

汽车在路面上行驶时,除受到路面作用力外,还受到周围气流对它作用的各种力和力矩,研究这些力的特性及其汽车性能所产生的影响的学科,称为汽车空气动力学。

汽车在行驶时,受到气流的气动力作用,该作用力在汽车上的作用点,称为风压中心,记作 C.P(Center of Air Pressure)。由于汽车外型的对称性,风压中心在汽车的对称平面内,但它不一定与重心(CG)重合。

为了研究作用在汽车上的各种力和力矩,必须有汽车空气动力坐标系。通常把汽车空气动力坐标系原点设在轮距中心线和轴距中心线在地面投影的交点处。如图 1-54 所示,汽车行驶过程中受到的气动力有气动阻力 F_{ax}、气动侧向力 F_{ay}、气动升力 F_{az}、气动侧倾力矩 M_{ax}、气动俯仰力矩 M_{ay} 和气动横摆力矩 M_{az},这三个力和三个力矩统称为六分力,六分力的数值就是气动力合力在这个坐标系上的分解,主要是靠模型或实车的风洞试验求得。

为了评价汽车的空气动力性能,引入气动力系数的概念。如气动阻力系数,即风阻系数 C_x 定义为:

$$C_x = \frac{气动阻力}{动压 \times 正投影面积} = \frac{F_x}{\frac{1}{2}\rho v_r^2 A} \tag{1-53}$$

式中：F_x——气动阻力；
ρ——空气密度；
v_r——汽车与空气相对速度；
A——汽车的正投影面积。

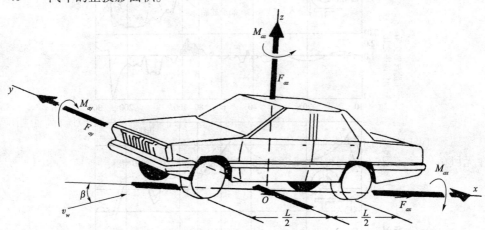

图1-54 汽车空气动力坐标系

气动阻力系数是一个无量纲数，它代表了气动阻力与气流能量之比，其他气动力系数也类似。对于气动力矩系数，式(1-51)应除以一个特征长度单位，使其成为无因次量。例如，俯仰力矩系数 C_{My}，定义为：

$$C_{My} = \frac{M_y}{\frac{1}{2}\rho v_r^2 AL} \tag{1-54}$$

式中：L——汽车特征长度（如轴距）。

应该指出的是，汽车正投影面积 A 应包括车身、轮胎、发动机及底盘等零件的前视投影。表1-6列出了国内外对六分力名称和系数公式的对照表。

六分力名称和系数公式 表1-6

名　　称	代　　号	美、日规定	德国规定	系数公式
气动阻力 (Drag)	$F_{ax}(C_x)$	$D(C_D)$	$D(C_D)$	$C_x = \dfrac{F_x}{\frac{1}{2}\rho v_r^2 \times A}$
气动侧向力 (Side Force)	$F_{ay}(C_y)$	$S(C_S)$	$D(C_y)$	$C_y = \dfrac{F_y}{\frac{1}{2}\rho v_r^2 \times A}$
气动升力 (Lift)	$F_{az}(C_z)$	$L(C_L)$	$L(C_L)$	$C_z = \dfrac{F_z}{\frac{1}{2}\rho v_r^2 \times A}$
气动侧倾力矩 (Rolling Moment)	$M_{ax}(C_{Mx})$	$M_R(C_{RM})$	$R(C_R)$	$C_{Mx} = \dfrac{M_x}{\frac{1}{2}\rho v_r^2 AL}$
气动俯仰力矩 (Pitching Moment)	$M_{ay}(C_{My})$	$M_P(C_{PM})$	$M(C_M)$	$C_{My} = \dfrac{M_y}{\frac{1}{2}\rho v_r^2 AL}$
气动横摆力矩 (Yawing Moment)	$M_{az}(C_{Mz})$	$M_Y(C_{yM})$	$N(C_N)$	$C_{Mz} = \dfrac{M_z}{\frac{1}{2}\rho v_r^2 AL}$

1.2.2 气动阻力

气动阻力又称为空气阻力,是指汽车行驶时受到的空气作用力在行驶方向上的分力。气动阻力与 v_r 平方成正比,为克服气动阻力所消耗的功率是随 v_r 的三次方急剧增加的。当车速超过 100km/h 时,发动机功率有 80% 用来克服气动阻力,要消耗很多燃料,影响燃料经济性。当前,汽车设计师十分重视降低气动阻力系数 C_x,因为它会给汽车的动力性、经济性带来很多好处。

由式(1-51)可得气动阻力为:

$$F_x = \frac{1}{2} C_x A \rho v_r^2 \tag{1-55}$$

一般来讲,气动阻力系数 C_x 应是雷诺数 R_e 的函数,在车速较高、动压力较高而相应汽车的黏性摩擦较小时,C_x 将不随 R_e 而变化。

在无风条件下,汽车与空气相对速度 v_r 即为汽车行驶速度 v_a。如果车速 v_a 以 km/h、A 以 m^2 计,并取空气密度 $\rho = 1.2258N \cdot s^2 \cdot m^{-4}$,则可得气动阻力为:

$$F_x = \frac{C_x A v_a^2}{21.15} \tag{1-56}$$

气动阻力由五部分组成,即:
(1)形状阻力;
(2)诱导阻力;
(3)摩擦阻力;
(4)干扰阻力;
(5)内循环阻力。

其中(1)、(2)、(4)和(5)称为压力阻力,指作用在汽车外形表面上的法向压力的合力在行驶方向的分力。

这五部分阻力大致比例如图 1-55 所示。

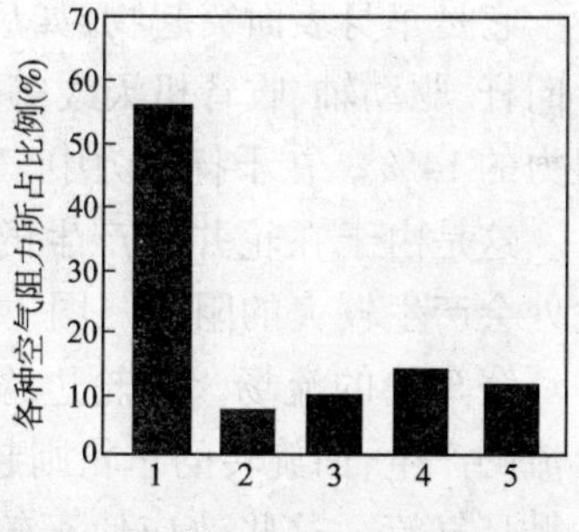

图 1-55 气动阻力成分及其所占比重
1-形状阻力;2-诱导阻力;3-摩擦阻力;
4-干扰阻力;5-内循环阻力

1)形状阻力

汽车行驶时,气流流经汽车过程中,在汽车表面局部气流速度急剧变化的部位会产生涡流,涡流产生意味着能量的消耗,使运动阻力增大,汽车在前窗下凹处、后窗和行李舱盖凹角处,以及后部尾流都出现气流分离区,产生涡流,即形成负压,而汽车正面是正压,所以涡流引起的阻力也称压差阻力。因为这和车身主体形状有很大关系,也称形状阻力,它约占整个气动阻力的 58%。

图 1-56 详细地表明了汽车周围气流的情况,可见汽车仅前部很小区域存在层流,其余大部分区域中的气流状态是紊流。

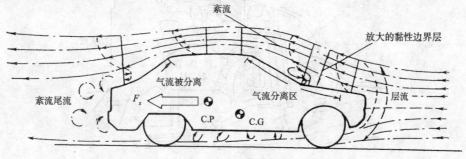

图 1-56 汽车表面气流

2) 诱导阻力

诱导阻力是由于气流经过车身上下部时,由于空气质点流经上下表面的路程不同、流速不同从而产生压差(即升力),升力在水平方向的分力 F_{xi} 称为诱导阻力,如图 1-57 所示。

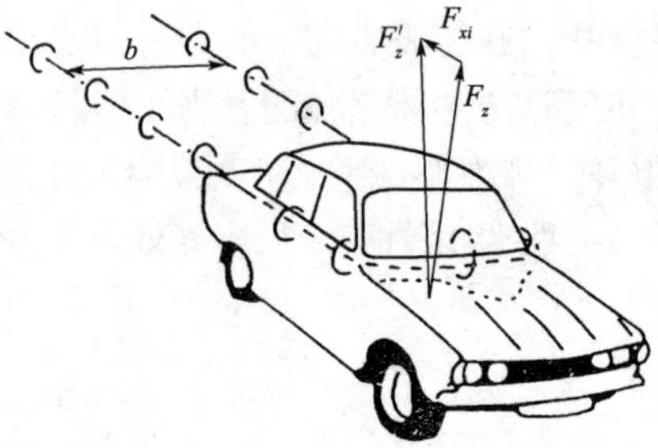

诱导阻力系数 C_{xi} 和诱导阻力 F_{xi} 之间有如下近似关系:

$$C_{xi} = \frac{F_{xi}}{\frac{1}{2}\rho v_r^2 A} \quad (1-57)$$

式中:A——汽车的迎风面积,即正投影面积,m^2。

诱导阻力约占气动阻力的 7%。

图 1-57 诱导阻力

3) 摩擦阻力

摩擦阻力是由于空气的黏性,在车身表面产生的切向力的合力在行驶方向上的分力,约占气动阻力的 9%。

4) 干扰阻力

它是车身表面突起物,如后视镜、门把手、悬架导向杆、驱动轴、收音机天线等所造成的阻力,占总阻力的 14%。在干扰阻力中,车轮与轮井的影响较大。这是由于在轮井中产生的再循环湍流使得车轮处会产生较大的阻力。图 1-58 所示为行驶过程中环绕车轮的流场。车轮边缘阻断了水平面方向气流的产生,而旋转的车轮则趋向于产生垂直平面的循环气流。这些效应使车轮对气流的影响更明显,产生较大阻力。试验研究显示,减少车身底部和地面之间的间隙并减小轮腔可以降低空气阻力。

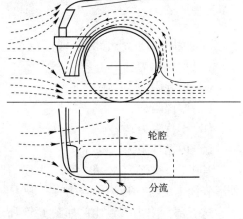

图 1-58 轮井处的空气循环

5) 内循环阻力

发动机冷却系、车身通风等所需空气流经车体内部时构成的阻力,即为内循环阻力,它占气动阻力的 12%。

气流经过散热器冲击发动机和防火墙,其动压作为阻力作用在汽车上。图 1-59 为典型发动机舱内气流。流经散热器进入发动机舱的空气,在流出车身底部缝隙之前,由于撞击发动机舱内部件而有大的动量损耗,这些动量转变为阻力的增加。

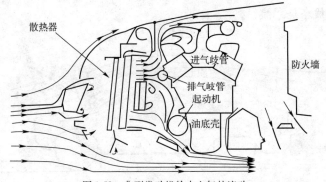

图 1-59 典型发动机舱内空气的流动

从以上分析可见,气动阻力的前四个主要部分都和车身形状有密切关系,汽车从20世纪初期发展到现在,车身外形从箱形－甲虫形－船形－鱼形－楔形逐渐变化,其主要目的之一就是为了减少气动阻力系数C_x。目前,大多数轿车的气动阻力系数在0.28~0.4;一些跑车,其风阻系数可达到0.25左右,一些赛车可达到0.15左右。图1-60为各种车型的气动阻力系数。

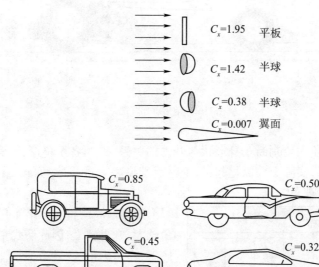

图1-60 各种车型的气动阻力系数

在车身造型设计中,减少气动阻力系数C_x主要采取下列措施:
(1)光顺车身表面的曲线形状,消除或延迟空气附面层剥离和涡流的产生;
(2)调整迎风和背风的倾斜角度,使车头、前窗、后窗等造型的倾斜角度有效地减少阻力、升力的产生;
(3)减少凸起物,形成平滑表面,如门手柄改为凹式结构,刮水器改为内藏式,车身侧面窗玻璃与窗框齐平,玻璃表面和车身整体表面平滑;
(4)设计空气动力附件、引导气流流向,如设前阻流板或气流导向槽等。

1.2.3 升力和俯仰力矩

前已述及,升力是由于汽车行驶中车身上部和车身底部空气流速不等形成压力差而造成的。当升力不通过汽车重心时,对汽车产生俯仰力矩。

空气升力在一定程度上会影响汽车的行驶安全性。升力的存在使得车轮有抬升的趋势,减小了车轮与路面之间的法向力,从而减小了驱动轮上的纵向附着力,并且使侧向附着力和侧偏刚度降低,转向轮的转向性能变坏。

现代高速汽车特别是赛车在设计上都力图减小升力,如图1-61所示为在赛车前后装置了负向升力翼板,产生作用方向向下的负升力F_{z1}和F_{z2},使汽车接地性增加,改善了轮胎的转向性能,因此允许汽车以较高的速度转弯,同样驱动轮接地性改善后,有利于发动机功率的利用和动力性的改善。

升力和俯仰力矩的影响因素如下。

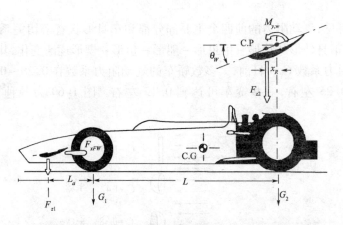

图 1-61　前后负升力翼

1) 车身形状

可以用中线和迎角大致判断车身形状与升力的关系,汽车各个横断面形心的连线称为中线,但此中线是一曲线,实际上为简化起见,把前后端形心直接连接,称此直线为中线,此中线与水平面的夹角,称为迎角。

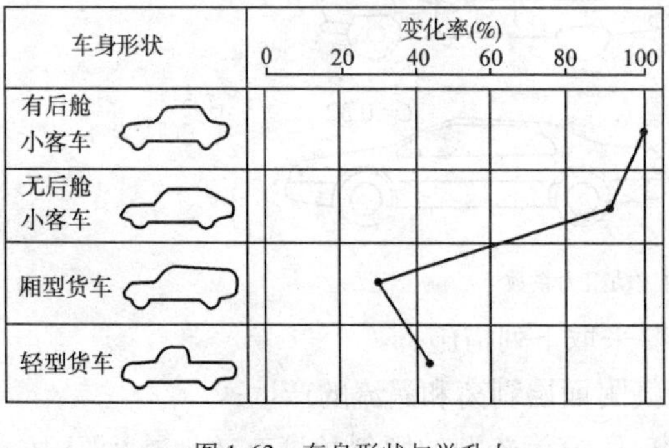

图 1-62　车身形状与举升力

中线前高后低,迎角为正、反之为负,正迎角越大,升力越大,因此厢式车由于其中线向前倾斜,迎角为负,故升力最小,图 1-62 比较了几种车身外形的升力,流线型好的汽车升力反而大。

如果汽车风压中心处于重心之前,则升力对中心造成俯仰力矩,使前轮更加有离地趋势,所以设计的车身形状采取以下措施:

（1）尽量做到风压中心与重心（Center of Gravity,记作 CG）接近;

（2）尽量压低车身前端,使之成楔形,同时尾部肥厚向上翘以产生负迎角;

（3）车身前部设阻风板（Front Air – dam）后面设置后扰流板（Rear End Spoiler）使后面翘起来,如图 1-63 所示。

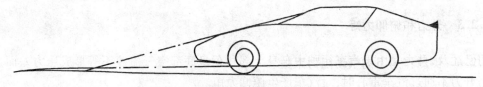

图 1-63　升力较低的车型

2) 驱动形式

一般前置驱动汽车其风压中心与车身重心接近,后置发动机的重心往往偏后,因而风压中心可能在重心前,俯仰力矩大些。

1.2.4　侧向力和横摆力矩

汽车受侧向风时,如风向与纵轴成 β_w 角,则在 y 方向产生侧向分力 F_y。此分力随 β_w 角的增大而直线上升,如侧风作用的风压中心（C.P）在重心之前,则汽车将顺风偏转,结果使 β_w 增大,侧向力及横摆力矩增大,导致稳定性变坏,如侧向力的风压中心位于重心之后,则汽车逆风偏转,使侧向力及横摆力矩减小有利于行驶稳定性,如风压中心与重心重合,则汽车在侧向力作用下侧移,但能保持行驶方向。

图 1-64 表示了几种典型车型的侧向力系数 C_y 与来流侧偏角 β_w 之间的关系。

横摆力矩系数随风向不同而变化,相对风角度在 0°~20°范围内,横摆力矩系数与风向角基本呈线性关系。图 1-65 为几种典型车型的横摆力矩系数与来流侧偏角之间的关系。

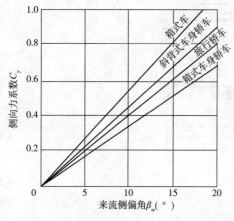

图 1-64 几种代表性车型侧向系数与来流侧偏角的关系

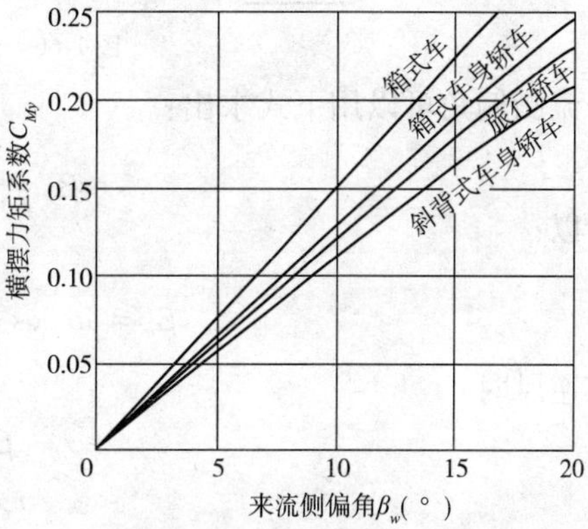

图 1-65 几种典型车型横摆力矩系数与来流侧偏角的关系

减小侧向力和横摆力矩影响可以采取以下措施:
(1)尽量使风压中心位于重心之后,如采用前置驱动形式或前低后高的造型;
(2)尽量压低车身高度,处理好横截面的流线型性。

1.2.5 侧倾力矩

侧倾力矩直接影响到汽车的侧倾角,并影响左右车轮负荷重新分配。

侧倾力矩主要由车身侧面形状决定,一般侧面流线好的汽车,侧倾力矩就相应得小。汽车的高度和宽度对侧倾力矩的影响很大,一般低而宽的汽车侧倾力矩系数比高而狭长的汽车小。

减小侧倾力矩的措施主要有:
(1)尽量降低车身,增大车宽;
(2)使风压中心在高度上接近倾侧轴线(见 5.9 节)。

1.2.6 侧风作用下的气动阻力系数

在侧风作用下直线行驶的汽车受到由行驶速度产生的行驶风 $-v$(负号表示与行驶速度方向相反)和侧风 w 的影响,气流流入合成速度 $\vec{v}_r$ 就是两者的矢量和。

$$\vec{v}_r = \vec{v} + \vec{w} \tag{1-58}$$

其合成速度 $\vec{v}_r$ 与汽车轴线成 β_w 角(图 1-66)。

β_w 被称为来流侧偏角,单位为(°)。

v_r 的大小可以用下式求出:

$$v_r = (v^2 + w^2 + 2vw\cos\beta'_w)^{\frac{1}{2}} \tag{1-59}$$

式中：β'_w——来风与汽车轴线的夹角。

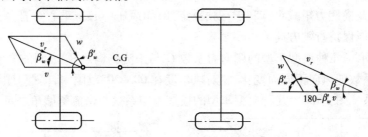

图 1-66 合成速率和 β_w 角

来流侧偏角可以用下式求出：

$$\cos\beta_w = \frac{(v_r^2 + v^2 - w^2)}{2v_r v} \tag{1-60}$$

所以：

$$\beta_w = \arccos\left[\frac{(v_r^2 + v^2 - w^2)}{2v_r v}\right] \tag{1-61}$$

在逆风时：

$$\beta'_w = 0° \tag{1-62}$$

$$v_r = v + w \tag{1-63}$$

顺风时：

$$\beta'_w = 180° \tag{1-64}$$

$$v_r = v - w \tag{1-65}$$

横风时：

$$\beta'_w = 90° \tag{1-66}$$

$$v_r = (v^2 + w^2)^{\frac{1}{2}} \tag{1-67}$$

$$\beta_w = \arctan\left(\frac{w}{v}\right) \tag{1-68}$$

图 1-67 表示有侧风时行驶速度、风速与合成速度及来流侧偏角之间的关系。来流侧偏角在汽车实际行驶中是随着其行驶的方向和风向一起变化，此时气动力为：

$$F_T = C_T \cdot \frac{1}{2}\rho A v_r^2 \tag{1-69}$$

式中：C_T——气动切向力系数。

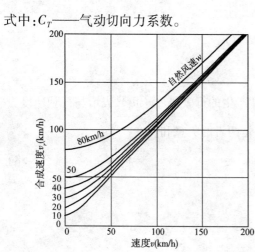
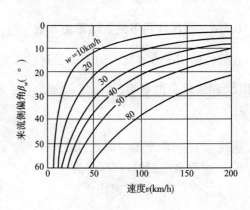

图 1-67 合成风速及来流侧偏角与车速的关系

$\beta_w=0$ 时的气动切向力系数,即气动阻力系数 C_x,通常它比在有侧风,即 $\beta_w \neq 0$,气动切向力系数 C_T 要小。图 1-68 是在风洞中测出三种车型的 C_x、C_T 与来流侧偏角 β_w 的关系。

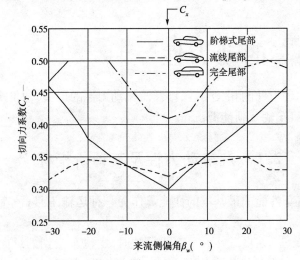

图 1-68 三种典型车身的切向力系数与来流侧偏角关系

当 $\beta_w=0$ 时,$C_T=C_x$;随着 β_w 的增大,C_T 一般要增大。

由于空气动力学关系比较复杂,故 C_x 及 C_T 值不是用计算求得,图中数值由奔驰公司在风洞中测出。

参 考 文 献

[1] 余志生.汽车理论[M].3 版.北京:机械工业出版社,2000.
[2] 汽车工程手册(基础篇)[M].北京:人民交通出版社,2001.
[3] 郭孔辉.轮胎力学特性模型[J].汽车工程,1993,10.
[4] 汽车底盘基础[M].上海:同济大学出版社,1997.
[5] Gillespie T D. Fundamentals of vehicle dynamics. Warrendale:Society of Automotive Engineers,2000.
[6] 傅立敏.汽车空气动力学[M].北京:机械工业出版社,1998.

第 2 章　汽车的动力性

本章主要介绍汽车动力性的相关内容,涉及汽车动力性的定义、评价指标和计算分析方法等,兼顾考虑传统内燃机车辆及新能源汽车。

2.1　汽车动力性及其评价指标

汽车的动力性是汽车性能中最基本的性能。作为一种运输工具,汽车的运输效率在很大程度上取决于其动力性。

汽车的动力性是指汽车在良好路面上直线行驶时,由汽车受到的纵向外力决定的所能达到的平均行驶速度。它表征汽车以最大的平均速度运送货物或乘客的能力。

首先讨论汽车动力性的评价指标,然后从分析汽车行驶时的受力出发,建立汽车行驶方程式,并以三种图表的形式确定汽车动力性的主要指标,在此基础上分析各种因素对汽车动力性的影响。

汽车的动力性主要由三个方面的指标来评定,即最高车速、加速时间和最大爬坡度。

1)汽车的最高车速 $v_{a\,\max}$

汽车的最高车速是指汽车满载时(我国、德国为半载)在水平良好的路面上所能达到的最高行驶速度。此时变速器处于最高挡,发动机节气门全开或高压油泵处于最大供油位置。

2)汽车的加速时间 t

汽车的加速能力是指汽车在水平路面上所能达到的最大加速度。由于加速过程中的加速度是不断变化的,而且不易表述,所以常用加速时间来表示。加速时间又分为原地起步加速时间和超车加速时间。原地起步加速时间指汽车由第 I 挡或第 II 挡起步,并以最大的加速强度(包括选择恰当的换挡时机)逐步换至最高挡后达到某一预定的距离或车速所需要的时间。一般用 0~400m(美国常用 0~0.25mile)或 0~100km/h(美国常用 0~60mile/h)所需的时间来表明汽车原地起步加速能力。超车加速时间是指用最高挡或次高挡由某一较低车速全力加速至某一高速所需的时间。汽车超车时与被超车辆并行,容易发生安全事故,所以超车加速能力强,并行时间短,行驶就安全。对超车加速能力还没有一致的规定,采用较多的是用最高挡或次高挡由 30km/h 或 40km/h 的速度全力加速行驶至某一高速所需的时间。也有用加速曲线,即车速—时间关系曲线全面反映汽车加速能力的,如图 2-1 所示。

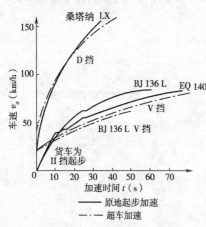

图 2-1　汽车的加速过程曲线

3)汽车的最大爬坡度 $i_{\max}$

汽车的爬坡能力(Maximum Gradability)是汽车满载时在良好的坡道路面上等速行驶所能

爬上的最大坡度(简称最大爬坡度),用 i_{max} 表示。针对汽车变速器的不同挡位,有相应的爬坡能力,但通常是指汽车变速器最低挡的最大爬坡能力。轿车的最高车速高,发动机功率大,经常在较好的路面上行驶,所以一般不强调它的爬坡能力。货车在各种路面上行驶,要求它具有足够的爬坡能力,一般 i_{max} 在30%(即坡度角为16.7°)左右。越野汽车要在各种坏路或无路条件下行驶,对爬坡能力要求更高,它的最大爬坡度可达60%(31°)或更高。

在测试时,上述三个指标均应在无风或微风条件下测得。

2.2 汽车行驶驱动力与行驶阻力

汽车由静止状态起动并保持运动,必须要有外力的作用。这个推动汽车行驶的外力称为汽车行驶驱动力。同时汽车行驶过程中,受到各种阻力的作用,这些阻碍汽车行驶的力称为汽车的行驶阻力。根据力的平衡关系,在汽车行驶过程中其驱动力和行驶阻力应保持平衡,这种力的平衡关系式称为汽车行驶方程式,有了它就可以估算汽车的最高车速、加速时间和最大爬坡度。

汽车的行驶方程式为:

$$F_t = \sum_k F_k \quad (k=f,w,i,j) \tag{2-1}$$

式中:F_t——汽车的驱动力,N;

$\sum_k F_k$——汽车行驶阻力之和,N。

本节将分别研究汽车的驱动力和各种行驶阻力,然后把上述汽车行驶方程式加以具体化,以便研究汽车的动力性。

2.2.1 汽车的驱动力

汽车行驶要靠发动机运转并产生相应转矩 T_{tq},该转矩经汽车传动系传到驱动轮,驱动轮得到一个增大了的转矩 T_t。由于这个转矩的作用,车轮就产生一个对地面的圆周力 F_0,同时地面对驱动轮产生一个切向反作用力 F_t,其方向与 F_0 相反,这个力就是驱动汽车运动的外力——汽车的驱动力,如图2-2所示。其数值为:

$$F_t = \frac{T_t}{r} \tag{2-2}$$

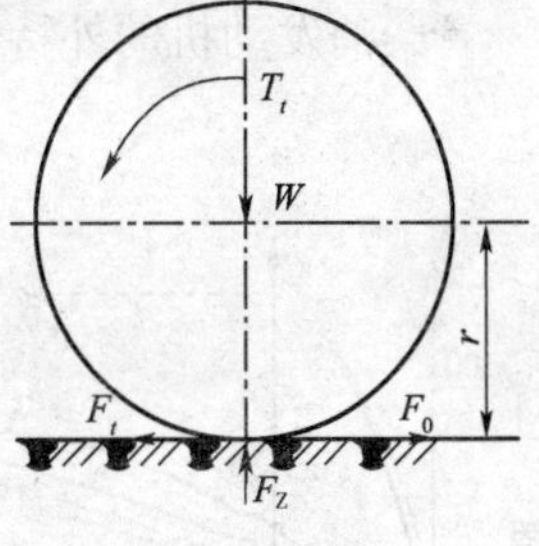

式中:T_t——作用于驱动轮上的转矩,N·m;

r——车轮半径,m。

对于传统的传动系,发动机产生的转矩经传动系传至车轮上,此时作用于车轮上转矩与发动机转矩之间的关系为:

$$T_t = T_{tq} i_g i_0 \eta_T \tag{2-3}$$

图2-2 汽车的驱动力

式中:T_{tq}——发动机转矩,N·m;

i_g——变速器的传动比;

i_0——主减速器的传动比;

η_T——传动系的机械效率。

由此可得到驱动力计算公式:

$$F_t = \frac{T_{tq} i_g i_0 \eta_T}{r} \tag{2-4}$$

发动机功率和转矩有如下关系:

$$T_{tq} = \frac{P_e \times 1000}{2\pi n/60} = \frac{9549 P_e}{n} \qquad (2\text{-}5)$$

式中：T_{tq}——发动机转矩，N·m；

P_e——发动机功率，kW；

n——发动机转速，r/min。

将式(2-5)代入式(2-4)，得驱动力的又一计算式：

$$F_t = \frac{9549 P_e i_g i_0 \eta_T}{nr} \qquad (2\text{-}6)$$

式(2-6)中的所有参数，都直接影响驱动力的大小，而这些参数本身又与其他因素有关。下面分别加以讨论，最后给出汽车的驱动力图。

2.2.2 发动机的速度特性

发动机的有效功率 P_e、转矩 T_{tq} 和燃油消耗率 b 随转速变化的关系称为发动机的速度特性。表示上述关系的曲线称为发动机的速度特性曲线或简称发动机特性曲线。节气门全开或高压油泵在最大供油位置时的速度特性称为发动机的外特性；节气门部分开启或部分供油时的速度特性称为发动机部分速度特性。由于节气门的开度或高压油泵的供油位置可以无限变化，所以部分速度特性曲线有无数条，而外特性曲线只有一条。

发动机的外特性表示发动机所能达到的最高性能。根据外特性可以找出发动机最大功率、最大转矩及其相应转速的数值。部分负荷特性曲线位于外特性曲线之下，有无限多条。汽车用发动机经常处于部分负荷下工作，所以它对汽车使用的燃油经济性有重要影响。

图2-3为汽油发动机的外特性曲线。n_{min}为发动机最低稳定工作转速，随着发动机转速的增加，发动机发出的功率和转矩都在增加，当发动机转矩达到最大值 $T_{tq\,max}$ 时，其相应的发动机转速为 n_{tq}，再增大发动机转速时，发动机转矩有所下降，但功率继续增加，一直达到最大功率 $P_{e\,max}$，对应的发动机转速为 n_p，继续增大转速时，其功率有所下降，一般汽油发动机的最高转速 n_{max} 与最大功率所对应的转速 n_p 之差不大于最大功率时相应转速 n_p 的 10%～12%。

柴油发动机的外特性曲线，如图2-4所示。

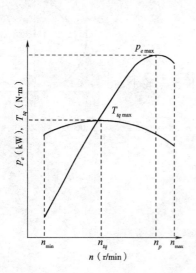

图2-3 汽油发动机的外特性曲线

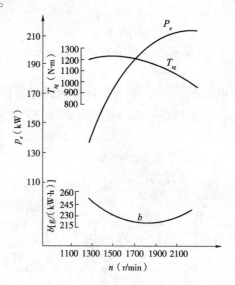

图2-4 柴油发动机的外特性曲线

发动机制造厂提供的发动机特性曲线是在试验台上未带空气滤清器、水泵、风扇、消声器、废气净化器和发电机等条件下测得的所谓台架外特性,而发动机在汽车上使用时要带上全部的附件,此时测得的发动机外特性曲线称为使用外特性曲线。图2-5是汽车发动机的使用外特性与外特性曲线。一般汽油发动机使用外特性的最大功率与外特性的最大功率相比,通常在最高转速 n_{max} 时小10% ~15%,在转速为 $0.5n_{max}$ 时小2% ~6%,转速再低时,两者差值则更小;货车用柴油机使用外特性的最大功率比外特性最大功率约小5%;轿车与轻型汽车柴油机约小10%。

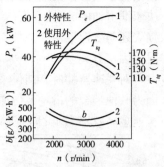

图2-5 汽车发动机外特性与使用外特性

发动机的台架试验是在发动机各种工况相对稳定(即水温、机油温度在规定的范围内),发动机转速稳定的情况下测得的,而在实际使用时,发动机工况常是不稳定的,驾驶者为了适应行驶工况的需要不断改变节气门开度。例如汽车在加速工况下,发动机在节气门迅速增大,曲轴转速连续由低到高的变化过程中工作,此时发动机热状况和可燃混合气的浓度等都与台架试验时不同。这时发动机能提供的功率一般要比台架试验的功率小5% ~8%。这是由于加速时,气流的惯性使充气效率上升滞后,燃油的惯性和黏度比空气大而使混合气变稀,以及雾化不良、燃烧缓慢等综合影响的结果。但由于对变工况下发动机特性研究的不够,且与稳态工况数值相差不大,所以在动力性计算中,一般仍用稳态工况时发动机台架试验所测得的使用外特性中的功率与转矩曲线。

为了便于计算,常采用多项拟合公式来描述由台架试验测得的发动机外特性转矩曲线。如果一时找不到发动机外特性曲线的数据,仅知发动机的最大功率 $P_{e\,max}$ 及其相对应的发动机转速 n_p,则发动机外特性的功率曲线数据可按下式估算:

$$P_e = P_{e\,max}\left[A\left(\frac{n}{n_p}\right) + B\left(\frac{n}{n_p}\right)^2 - \left(\frac{n}{n_p}\right)^3\right] \tag{2-7}$$

式中 A、B 系数的值见表2-1。

表2-1 A、B 系 数 值

发动机类型	A	B
汽油机	1	1
直接喷式柴油机	0.5	1.5
预燃室式柴油机	0.6	1.4

2.2.3 传动系的机械效率

发动机发出的功率经传动系传至驱动轮的过程中,为了克服传动系各部件的摩擦,必然会消耗一部分功率,传动系的机械效率定义为:

$$\eta_T = \frac{P_e - P_T}{P_e} = 1 - \frac{P_T}{P_e} \tag{2-8}$$

式中:P_T——传动系中的功率损失,kW。

传动系的功率损失是由变速器、传动轴、万向节、主减速器等处的功率损失所组成。其中变速器和主减速器的功率损失占主要部分。

传动系的功率损失可分为机械损失和液力损失两大类。机械损失是指齿轮传动副、轴承、油封等处的摩擦损失。机械损失与齿轮啮合的对数、传递转矩的大小等因素有关。液力损失指消耗于润滑油的搅动、润滑油与旋转零件之间的表面摩擦等功率损失。液力损失的大小取决于润滑油的品种、温度、箱体内的液面高度及齿轮等旋转零件的转速等。另外传动系的功率损失还与变速器所处挡位、齿轮啮合情况、驱动轴轴承和油封松紧及制动蹄与制动鼓的分离情况等因素有关。

对变速器的所有挡位来说,挡位越高,传动效率也越高,一般直接挡的传动效率最高,这是因为其他啮合的齿轮不传递转矩,使机械损失、搅油损失减小。同一挡位且传递转矩不变时,转速愈高效率愈低;同一挡位且转速不变时,机械效率随传递转矩的增加而有所提高,如图2-6所示。另温度对效率亦有影响,而就汽车的使用过程来说,新车走合期结束后的传动效率最高,此后随行驶里程的增加而缓慢下降;当各部件磨损至配合间隙超过允许值后,机械效率急剧下降,经大修后可以得到提高,但因汽车修理后的技术状况不及出厂新车,故其机械效率也不及新车。

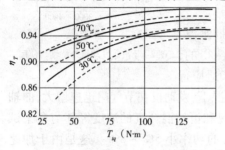

图 2-6　变速器传动效率与传递转矩、润滑油温度的关系

（实线为 1500r/min,虚线为 2500r/min）

传动系的机械效率受多种因素的影响而不断变化,但对汽车进行一般动力性分析时可将它视为常数。传动系的机械效率可按传动系的结构组合由变速器、主减速器等各部件传动效率数值相乘估算,也可参照同类车型的传动效率取值。单级主减速器的货车取 0.9,双级主减速器的货车取 0.85,有级机械式变速器传动系的轿车取 0.90～0.92,4×4 货车取 0.85,6×6 货车取 0.8,越野汽车取 0.80～0.85。

2.2.4　汽车的驱动力图

由于发动机的转矩(或功率)是随发动机转速而变化,所以在某一挡位时,汽车的驱动力将随其行驶速度而变化。将汽车的驱动力 F_t 与行驶车速 v_a 之间的函数关系曲线即 $F_t - v_a$ 图,称为汽车的驱动力图。汽车的驱动力图直观地显示了变速器处于各挡位时,驱动力随车速变化的特性。

在已知发动机外特性曲线、传动系传动比、传动系机械效率和车轮半径等参数后,由式(2-4)求出各个挡位的 F_t 值,再根据发动机转速与汽车行驶速度间的关系求出 v_a,即可作出各个挡位下的 $F_t - v_a$ 曲线。

汽车驱动力图的作法如下。

(1)在发动机的使用外特性曲线上取 8 个以上点(这些点应包括最低稳定转速点和最高转速点),便得到相应状态的发动机转矩 T_{tq}。

(2)根据已知条件用式(2-6)求出变速器处于各挡位,不同发动机转速时的驱动力,再根据发动机转速与汽车行驶速度之间的转换关系用下式求出汽车行驶速度。

$$v_a = \frac{2\pi rn}{60 i_g i_0} \quad (\text{m/s}) \tag{2-9}$$

汽车的行驶速度常以 km/h 为单位,只需式(2-9)乘以 3.6,即:

$$v_a = 0.377 \frac{rn}{i_g i_0} \quad (\text{km/h}) \tag{2-10}$$

式中:v_a——汽车行驶速度,km/h;

r——车轮半径,m;
n——发动机转速,r/min;
i_g——变速器传动比;
i_0——主减速器传动比。

(3) 绘出汽车的驱动力图。以汽车的驱动力 F_t 为纵坐标,车速 v_a 为横坐标,对应每个挡位,将相应的 F_t-v_a 数组描在坐标内,并将各点连接成光滑的曲线,就得到汽车在该挡位的驱动力曲线。对应于每个挡位,都有一条驱动力曲线。

图 2-7 为某五挡汽车的驱动力图。由图可见,挡位低,因变速器的传动比大,相应的车速低而驱动力大。图上的驱动力曲线表示在相应的挡位上,以不同车速行驶时,汽车可能产生的驱动力的极值;实际运行时,发动机常在节气门部分开启下工作,相应的驱动力要比它小,所以驱动力曲线下的广泛范围内,都可以是汽车运行的实际状态点。

图 2-7 汽车的驱动力图

2.2.5 汽车的行驶阻力

汽车在水平路面上直线行驶时,必须克服来自地面与轮胎相互作用而产生的滚动阻力和来自汽车与空气相互作用而产生的空气阻力。当汽车沿直线坡道行驶时,还必须克服其重力沿坡道的分力,称之为坡度阻力。如汽车直线加速行驶时,还要克服汽车本身的惯性力,即加速阻力。因此,汽车直线行驶时的总阻力为:

$$\sum_k F_k = F_f + F_w + F_i + F_j \tag{2-11}$$

式中: F_f——滚动阻力,N;
F_w——空气阻力,N;
F_i——坡度阻力,N;
F_j——加速阻力,N。

上述各种行驶阻力中,滚动阻力和空气阻力是在任何行驶条件都存在的,在第一章已讨论。坡度阻力和加速阻力只有汽车上坡行驶和加速行驶时才存在。显然,汽车下坡或减速行驶时,汽车重力沿坡道的分力或惯性力已不是汽车行驶的阻力,而变成了驱动力。

下面分别讨论上述后两种汽车的行驶阻力。

1) 坡度阻力

当汽车上坡行驶时,汽车重力沿坡道方向的分力称为汽车的坡度阻力。如图 2-8 所示,坡度阻力 F_i 为:

$$F_i = G\sin\alpha \tag{2-12}$$

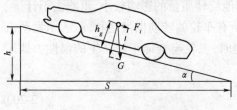

图 2-8 汽车的坡度阻力

式中: α——道路的坡度角(°);
G——作用于汽车上的重力, $G = mg$, m 为汽车质量, g 为重力加速度。

道路的坡度 i 用坡高 h 与相应的水平距离 S 之比来表示,即:

$$i = \frac{h}{S} = \tan\alpha \tag{2-13}$$

根据我国颁布的公路工程技术标准，Ⅳ级公路在特殊的山岭重丘区，最大坡度为9%。可见一般路面的坡度都较小。当 $\alpha < 10° \sim 15°$ 时，则

$$\sin\alpha \approx \tan\alpha = i \tag{2-14}$$

故

$$F_i \approx Gi \tag{2-15}$$

当坡度较大时，按上式近似计算结果误差较大，仍应按式(2-12)计算坡度阻力 F_i。

图 2-9 表示了坡度 i 与坡度角 α 的换算关系。

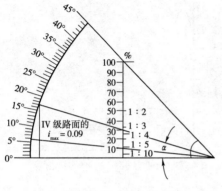

图 2-9　坡度与角度换算图

汽车上坡时垂直于坡道路面的汽车重力分力为 $G\cos\alpha$，故汽车在坡道上行驶时的滚动阻力为 $F_f = Gf\cos\alpha$。

由于坡度阻力与滚动阻力均属于与道路有关的阻力，而且都与汽车重力成正比，故常将这两种阻力之和称为道路阻力，并以 F_ψ 表示，即：

$$F_\psi = F_f + F_i = fG\cos\alpha + G\sin\alpha \tag{2-16}$$

令 $\psi = f\cos\alpha + \sin\alpha$，$\psi$ 称为道路阻力系数。

当 α 不大时，$\cos\alpha \approx 1$，$\sin\alpha \approx i$，则：

$$F_\psi = fG + Gi = G(f+i) \tag{2-17}$$

此时，道路阻力系数 $\psi = f + i$，则：

$$F_\psi = G\psi \quad (N) \tag{2-18}$$

2) 加速阻力

汽车加速行驶时，需要克服由于其质量加速运动而产生的惯性力，即加速阻力 F_j。汽车的质量可分为平移质量和旋转质量两部分。汽车加速时，不仅汽车的平移质量产生惯性力，而且由于旋转质量的加速旋转还要产生惯性力偶矩。为了便于计算，一般把旋转质量的惯性力偶矩转化为平移质量的惯性力，并以大于1的系数 δ 计入，称之为旋转质量换算系数，所以汽车加速阻力为：

$$F_j = \delta m \frac{\mathrm{d}v}{\mathrm{d}t} \quad (N) \tag{2-19}$$

式中：δ——汽车旋转质量换算系数；

　　　m——汽车质量，kg；

　　　$\mathrm{d}v/\mathrm{d}t$——汽车行驶加速度，m/s²。

加速阻力 F_j 作用在汽车的质心上，其方向与加速度方向相反。

汽车上的旋转部件有发动机飞轮、各种轴及传动齿轮、车轮等。在一般进行汽车动力性计算时，只考虑发动机飞轮和车轮的旋转质量的影响，其他旋转质量的影响较小，可略去不计。

如果以 I_f 表示发动机飞轮的转动惯量，$\sum I_w$ 表示所有车轮的转动惯量之和，ε_f 表示发动机飞轮的角加速度，ε_w 表示车轮的角加速度，当汽车加速时，飞轮与全部车轮产生的惯性力偶矩转换到车轮周缘的加速阻力之和为：

$$F_{jr} = \frac{I_f i_g i_0 \eta_T + \sum I_w \varepsilon_w}{r} \tag{2-20}$$

式中：F_{jr}——汽车旋转质量产生的惯性力，N；

　　　I_f——发动机飞轮的转动惯量，kg·m²；

　　　I_w——车轮的转动惯量，kg.m²；

ε_w——车轮的角加速度,rad/s²。

飞轮的角加速度与车轮的角加速度的关系为:

$$\varepsilon_f = i_g i_0 \varepsilon_w \tag{2-21}$$

而车轮的角加速度与汽车加速度 $\dfrac{dv}{dt}$ 的关系为:

$$\varepsilon_w = \frac{1}{r} \cdot \frac{dv}{dt} \tag{2-22}$$

所以

$$F_{jr} = \frac{I_f i_g^2 i_0^2 \eta_T + \sum I_w}{r^2} \cdot \frac{dv}{dt} \tag{2-23}$$

将上式汽车旋转质量产生的惯性力和汽车平移质量的惯性力 $m\dfrac{dv}{dt}$ 相加即可得到加速总阻力:

$$F_j = m\left(1 + \frac{1}{m} \cdot \frac{\sum I_w}{r^2} + \frac{1}{m} \cdot \frac{I_f i_g^2 i_0^2 \eta_t}{r^2}\right)\frac{dv}{dt} \tag{2-24}$$

将上式和式(2-19)相比较,显然:

$$\delta = 1 + \frac{1}{m} \cdot \frac{\sum I_w}{r^2} + \frac{1}{m} \cdot \frac{I_f i_g^2 i_0^2 \eta_T}{r^2} \tag{2-25}$$

令 $\delta_1 = \dfrac{1}{m} \cdot \dfrac{\sum I_w}{r^2}, \delta_2 = \dfrac{1}{m} \cdot \dfrac{I_f i_0^2 \eta_T}{r^2}$,则

$$\delta = 1 + \delta_1 + \delta_2 i_g^2 \tag{2-26}$$

式中,δ_1、δ_2 主要与车型有关。轿车 δ_1 在 0.05~0.07 之间,货车 δ_1 在 0.04~0.05 之间;一般汽车的 δ_2 均在 0.03~0.05 之间。

3)汽车的行驶方程式

汽车行驶过程中,将上面分析的驱动力和各种阻力之间关系的等式称为汽车的行驶方程式。

$$F_t = F_f + F_w + F_i + F_j \tag{2-27}$$

或

$$\frac{T_{tq} i_g i_0 \eta_T}{r} = Gf\cos\alpha + \frac{C_D A v_a^2}{21.15} + G\sin\alpha + \delta m \frac{dv}{dt} \tag{2-28}$$

此方程式表明了汽车直线行驶时驱动力与各种行驶阻力之间的数量关系,在进行汽车动力性和经济性分析时都要用到它。

汽车的行驶方程式,还可以对汽车各部分取隔离体进行严格的受力分析推导而得。

需要说明的是,式(2-28)只是表明了各物理量之间的数量关系,有些项并不表示真正作用于汽车上的外力。与驱动力和滚动阻力一样,作用在汽车质心上的惯性力并不是 $\delta m \, dv/dt$,而应该是 $m \, dv/dt$。此外,对于纵置发动机,飞轮的惯性力偶矩是作用在汽车横截面上的。所以,汽车行驶方程式中的加速阻力只是考虑汽车平移质量的惯性力和旋转质量惯性力偶矩对汽车运动影响总效应的一个数值。

2.3 汽车行驶的驱动—附着条件与汽车的附着力

2.3.1 汽车行驶的驱动—附着条件

发动机通过传动系产生的驱动力是汽车行驶的唯一动力,而汽车在行驶过程中必然受到

滚动阻力、空气阻力、坡道阻力等作用。由汽车行驶方程式可导出：

$$F_j = F_t - (F_f + F_w + F_i) \qquad (2\text{-}29)$$

上式表明，当汽车驱动力等于滚动阻力、空气阻力和坡度阻力之和时，后备驱动力等于零，汽车将维持等速行驶；当汽车驱动力大于这三个阻力之和时，后备驱动力大于零，可用于克服加速阻力使汽车加速行驶；当驱动力小于三个阻力之和时，汽车将不能开动，正在行驶中的汽车将减速直至停车。所以，满足汽车行驶的第一个条件为：

$$F_t \geq (F_f + F_w + F_i) \qquad (2\text{-}30)$$

式(2-30)称为汽车行驶的驱动条件。

汽车行驶的驱动条件只是汽车行驶的必要条件，并不充分。如汽车遇到冰雪坡道路面或驱动轮陷入泥坑，驱动轮在路面上滑转，汽车不能行驶。这时采用增大发动机转矩和传动系传动比等措施来增大汽车驱动力，其结果只能使驱动轮加速滑转，而车轮对地面的切向作用力（驱动力）不会再增加，所以汽车仍不能行驶。这种现象说明，汽车行驶的驱动力还受轮胎与路面附着条件的限制。

无侧向力作用时，地面对轮胎切向反作用力的极限值称为附着力 F_φ。在硬路面上，附着力 F_φ 与驱动轮的法向反作用力 F_z 成正比，即：

$$F_\varphi = F_z \varphi \qquad (2\text{-}31)$$

式中，φ 称为附着系数，它是由轮胎、路面和使用条件决定的。地面对驱动轮的切向反作用力不能大于附着力，否则驱动轮将会发生滑转，对于 4×2 型后轮驱动的汽车：

$$F_{x2} = F_t - F_f \leq F_{z2}\varphi \qquad (2\text{-}32)$$

或

$$F_t \leq F_{z2}\varphi + F_{z2}f \qquad (2\text{-}33)$$

由于滚动阻力系数 f 比附着系数 φ 小得多，故可略去 $F_{z2}f$ 项，上式可近似写成：

$$F_t \leq F_{z2}\varphi \qquad (2\text{-}34)$$

式中：$F_{z\varphi}$——作用于所有驱动轮上的法向反作用力，N。

式(2-34)称为汽车行驶的附着条件。

联立式(2-30)和式(2-34)，可得：

$$F_f + F_w + F_i \leq F_t \leq F_{z\varphi}\varphi \qquad (2\text{-}35)$$

式(2-35)是汽车能够行驶的必要与充分条件，称为汽车行驶的驱动—附着条件。

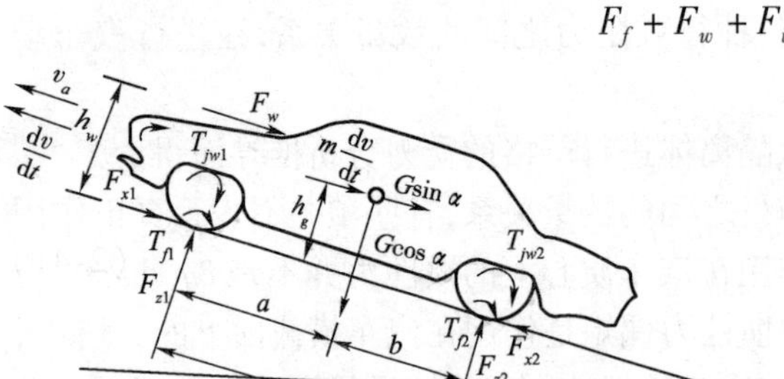

2.3.2 汽车的附着力

汽车附着力的大小取决于地面作用于驱动轮的法向反作用力和附着系数。而驱动轮的地面法向反作用力与汽车的总体布置、行驶状况及道路条件有关。因此，有必要研究汽车在不同行驶条件下，作用于驱动轮的地面法向反作用力的变化情况。

图2-10是一发动机横置、后轮驱动汽车加速上坡时的受力图。图中的坡度阻力和加速阻力都被认为作用在汽车的质心上；空气阻

图 2-10　汽车加速上坡受力图

h_g-汽车质心高度，m；h_w-风压中心高度，m；T_{f1}，T_{f2}-作用在前、后轮上的滚动阻力偶矩，N·m；T_{jw1}，T_{jw2}-作用在前、后轮上的惯性阻力偶矩，N·m；F_{z1}，F_{z2}-作用在前、后轮上的地面法向反作用力，N；F_{x1}，F_{x2}-作用在前、后轮上的地面切向作用力，N；L-汽车轴距，m；a-汽车质心至前轴的距离，m；b-汽车质心至后轴距离，m

力则作用在汽车风压中心上。

将作用在汽车上的诸力对前、后轮与路面接触面中心点取力矩,可得:

$$F_{z1} = \frac{G\cos\alpha \cdot (b - fr) - Gh_g\sin\alpha - mh_g\dfrac{\mathrm{d}v}{\mathrm{d}t} - \sum T_j - F_w h_w}{L}$$

$$F_{z2} = \frac{G\cos\alpha \cdot (a + fr) + Gh_g\sin\alpha + mh_g\dfrac{\mathrm{d}v}{\mathrm{d}t} + \sum T_j + F_w h_w}{L}$$

(2-36)

式中,$\sum T_j = T_{j1} + T_{j2} \pm T_{je}$,且当曲轴旋转与车轮旋转方向一致时取"+"号。

为了便于分析,可将上式简化。因一般道路的坡度较小,故 $\cos\alpha \approx 1$;良好路面的滚动阻力系数值很小,可令 $b - fr \approx b, a + fr \approx a$;$\sum T_j$ 的数值很小,可以忽略不计,对轿车而言,风压中心高和汽车质心高大致相等,即 $h_w \approx h_g$。这样,式(2-36)可写为:

$$F_{z1} = G\frac{b}{L} - \frac{h_g}{L}\left(G\sin\alpha + m\frac{\mathrm{d}v}{\mathrm{d}t} + F_w\right)$$

$$F_{z2} = G\frac{a}{L} + \frac{h_g}{L}\left(G\sin\alpha + m\frac{\mathrm{d}v}{\mathrm{d}t} + F_w\right)$$

(2-37)

式中第一项为汽车静止时前、后轴上的静载荷,第二项为汽车在行驶过程中产生的动载荷。动载荷的绝对值随道路坡度与汽车行驶加速度的增加而增大。当汽车利用其极限附着能力以通过大坡度的道路和以大的加速度行驶时,动载荷的绝对值也达到最大值。此时,汽车的附着力与各行驶阻力有如下近似关系:

$$F_\varphi = G\sin\alpha + m\frac{\mathrm{d}v}{\mathrm{d}t} + F_w + F_f \tag{2-38}$$

故

$$F_{z1} = G\frac{b}{L} - \frac{h_g}{L}(F_\varphi - F_f)$$

$$F_{z2} = G\frac{a}{L} + \frac{h_g}{L}(F_\varphi - F_f)$$

(2-39)

因此,对于后轴驱动的汽车,其附着力 $F_{\varphi2}$ 为:

$$F_{\varphi2} = F_{z2}\varphi = \varphi\left[G\frac{a}{L} + \frac{h_g}{L}(F_\varphi - F_f)\right] \tag{2-40}$$

化简后得:

$$F_{\varphi2} = \frac{\varphi G(a - fh_g)}{L - \varphi h_g} \tag{2-41}$$

同理,对前轮驱动的汽车而言,其附着力 $F_{\varphi1}$ 为:

$$F_{\varphi1} = \frac{\varphi G(b + fh_g)}{L + \varphi h_g} \tag{2-42}$$

显然,对于四轮驱动的汽车,其附着力为:

$$F_\varphi = (F_{z1} + F_{z2}) = G\varphi\cos\alpha \approx G\varphi \tag{2-43}$$

应当指出,只有在汽车前、后轴驱动力的分配比值刚好等于其前、后轴法向反作用力的分配比值时,四轮驱动的汽车才能真正充分利用此附着力。

可见,在一定附着系数的路面上,不同驱动方式的汽车具有不同的附着力。只有四轮驱动的汽车才有可能充分利用汽车总重力产生的附着力。

常用附着利用率来描述汽车对附着条件的利用程度。所谓附着利用率,即汽车的附着力占四轮驱动汽车附着力的百分比。如后轮驱动汽车的附着利用率为:

$$\frac{F_{\varphi 2}}{F_{\varphi}} = \frac{a - fh_g}{L - \varphi h_g} \times 100\% \tag{2-44}$$

前轮驱动汽车的附着利用率为:

$$\frac{F_{\varphi 1}}{F_{\varphi}} = \frac{b + fh_g}{L + \varphi h_g} \times 100\% \tag{2-45}$$

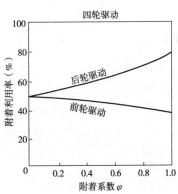

图 2-11 不同驱动方式汽车的附着利用率曲线

图 2-11 为在不同路面附着系数下,不同驱动方式汽车的附着利用率曲线。计算假设参数为 $a = 0.5L; h_g = 0.35L; f = 0.015$。由图可见,前轮驱动汽车的附着利用率不如后轮驱动汽车,道路附着系数愈高,两者差异愈大。为了能满足汽车行驶的附着条件,一般前轮驱动轿车的质心都偏前布置,满载时前轴负荷应在55%以上。

汽车质心位置与汽车受力情况有密切的关系,对汽车的使用性能有很大影响,是汽车的重要参数之一。汽车的质心位置是由实验测得的。表 2-2 给出了一些汽车的质心位置。

部分汽车的质心位置　　　　　　　　　　　　　　　　表 2-2

车 型	空 车			满 载		
	a(mm)	b(mm)	h_g(mm)	a(mm)	b(mm)	h_g(mm)
东风 EQ1090	1964	1836	833	2822	978	
跃进 NJ130	1080	2220	954			1052
北京 BJ1040	1400	1400	712	1867	933	886
北京 BJ2020	1103	1197	680	1256	1044	750
天津 TJ210	990	1060	670	1240	810	700
三峰旅行车	1143	1457	695	1327	1273	802
马自达 1600	1103	1302	745	1322	1083	836
跃进 NJ230	1260	1500	720	1553	1207	874

2.3.3 影响附着系数的因素

提高附着系数可以增大汽车的有效驱动力和汽车制动时的地面制动力,对汽车其他使用性能的改善也有重要意义。

附着系数 φ 主要取决于路面的种类与状况,另外,与轮胎结构和气压、汽车的行驶速度等有一定的关系。

下面分别从路面、轮胎和车速三方面来讨论它们对附着系数的影响。

1) 路面

干燥硬实的混凝土或沥青路面的附着系数较大,因为在这种路面上,轮胎变形相对大,路面上坚硬而微小凸起物嵌入轮胎接触表面,增大了接触强度。路面潮湿时,轮胎与路面间的水起着润滑作用,会使附着系数下降。所以,路面的宏观结构应具有自动排水功能,微观结构应粗糙且有一定的尖锐棱角,以穿进水膜直接与轮胎接触。

路面的清洁程度对附着系数也有影响。路面被细砂、尘土、油污、泥土等污物覆盖时,附着系数会降低，特别是在刚下雨时，附着系数会更低，有时会和冰雪路面一样滑。但经过较长时间雨水冲刷后，附着系数会有所回升。

汽车在松软土壤路面上行驶时，土壤变形大且抗剪强度较低，附着系数较小。潮湿、泥泞的土路抗剪强度更低，附着系数有明显的下降。表2-3为各种路面上的平均附着系数值。

轮胎与各种路面间的附着系数　　　　表2-3

路面类型	路面状况	高压轮胎	普通轮胎	越野轮胎
柏油或水泥路面	干燥	0.50~0.70	0.70~0.80	0.70~0.80
	潮湿	0.35~0.45	0.45~0.55	0.50~0.70
	污染	0.25~0.45	0.25~0.40	0.25~0.45
卵石路面	干燥	0.40~0.50	0.50~0.55	0.60~0.70
碎石路面	干燥	0.50~0.60	0.60~0.70	0.60~0.70
	潮湿	0.30~0.40	0.40~0.50	0.60~0.70
木块路面	干燥	0.50~0.70	0.60~0.75	0.60~0.70
	潮湿	0.30~0.40	0.40~0.50	0.50~0.60
土路	干燥	0.40~0.50	0.50~0.60	0.50~0.60
	潮湿	0.20~0.40	0.30~0.40	0.35~0.50
	泥泞	0.15~0.25	0.15~0.25	0.20~0.30
沙质荒地	干燥	0.20~0.30	0.22~0.40	0.20~0.30
	潮湿	0.35~0.45	0.40~0.50	0.40~0.50
黏土荒地	干燥	0.40~0.50	0.45~0.55	0.40~0.50
	湿润	0.20~0.40	0.25~0.40	0.30~0.45
	稀湿	0.15~0.20	0.15~0.20	0.20~0.25
积雪荒地	松软	0.20~0.35	0.20~0.35	0.20~0.35
	压实	0.12~0.20	0.20~0.35	0.30~0.50
结冰路面	气温在零下状态	0.08~0.15	0.10~0.20	0.05~0.10

2) 轮胎

轮胎的花纹、结构尺寸、橡胶成分和质量及帘线的材料等对附着系数都有影响。具有细而浅花纹的轮胎在硬路面上有较好的附着性能。具有宽而深花纹的轮胎，在松软路面可以增大嵌入轮胎花纹内土壤的剪切断面，从而达到提高附着系数的目的。

为了提高轮胎的纵向和横向附着能力，在胎面上采用纵向曲折大沟槽，胎面边缘采用横向沟槽。这样，不仅使轮胎在纵向和横向均有较好的附着能力，而且提高了在潮湿路面上的排水效果。胎面上大量的细微花纹，在胎面接地微小滑动过程中，进一步擦去接触面间的水膜，因而提高了附着系数。

增大轮胎与地面的接触面能提高附着能力。因此，低气压、宽断面轮胎和子午线轮胎的附着系数要比一般轮胎高。

轮胎气压对附着系数影响很大。降低轮胎气压，可使车轮在硬路面上的附着系数略有增加。在松软路面上，降低轮胎气压可增大轮胎与地面接触面积，因而附着系数明显提高，如图2-12所示。

轮胎的磨损也会影响它的附着能力。新轮胎的附着系数很高，随着胎面花纹深度的减小，它的附着系数将显著

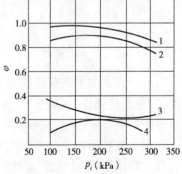

图2-12 附着系数与轮胎气压的关系
1-干混凝土路面；2-湿的混凝土路面；
3-软路面；4-积雪路面

降低。

此外，轮胎胎面的橡胶性质也是影响轮胎附着性能的重要因素，例如胎面胶为天然橡胶的轮胎，在低温下它的附着系数要比一般的合成橡胶轮胎高得多。

3）车速

汽车的行驶速度对附着系数有一定的影响。随着行驶速度的提高，多数情况下附着系数是降低的，如图 2-13 所示。在硬路上提高汽车行驶速度时，由于胎面来不及与路面微观凹凸构造很好的嵌合，所以附着系数有所下降。在松软路面上，由于高速行驶的车轮动力作用极容易破坏土壤的结构，同时土壤也不能和胎面花纹很好的嵌合，所以提高行驶速度也会使附着系数降低。在潮湿路面上高速行驶的汽车，轮胎与路面间的水不易排出，附着系数明显降低，当汽车高速通过有积水层的路面时，由于流体压力的影响，会出现使轮胎上浮的现象、这种现象称为"滑水现象"。滑水现象大大减小了胎面与地面的附着能力。由实验得知，在车速为 100km/h、水膜厚度为 10mm 时，附着系数接近于零，即已发生了滑水现象。只有一种和上述不同的情况，即在结冰路面上，适当提高行驶速度，附着系数会略有提高。这是因为冰层接触轮胎受压时间短，接触面不易形成水膜的缘故。但要注意的是，在结冰路面上车速还受到行车安全及其他性能的限制。

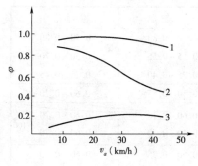

图 2-13 附着系数与车速关系
1-干燥路面；2-潮湿路面；3-结冰路面

2.4 汽车的动力性分析

汽车的动力性分析，就是用汽车的驱动力—行驶阻力平衡图、汽车的动力特性图和汽车的功率平衡图三种实用的方法求解汽车动力性的主要指标，为评价汽车的动力性提供科学的依据。

2.4.1 汽车的驱动力—行驶阻力平衡图

前面已得出汽车的行驶方程式：

$$F_t = F_f + F_w + F_i + F_j$$

或

$$\frac{T_{tq}i_g i_0 \eta_T}{r} = Gf\cos\alpha + \frac{C_D A v_a^2}{21.15} + G\sin\alpha + \delta m \frac{dv}{dt}$$

此公式表明了汽车行驶时驱动力与各种行驶阻力间的相互平衡关系。当发动机的外特性、变速器传动比、主减速比、传动效率、车轮半径、空气阻力系数、汽车的迎风面积及汽车的质量等参数初步确定后，便可确定汽车在附着性能良好路面上的动力性指标。

为了清晰而形象地表明汽车行驶时的受力情况及其平衡关系，一般用图解法来分析汽车行驶方程式，进一步求出动力性评价指标。即在图 2-7 的汽车驱动力图上将汽车行驶时经常遇到的滚动阻力和空气阻力叠加后，以相同的坐标和比例尺画出，得到汽车驱动力-行驶阻力平衡图。

图 2-14 为一具有四挡变速器汽车的驱动力—行驶阻力平衡图。图上既有各挡的驱动力，

又有滚动阻力和空气阻力叠加后得到的行驶阻力曲线。

1) 确定最高车速

最高车速($v_{\max}$)是指汽车在良好水平路面上直线行驶时能达到的最高行驶车速。所以,此时汽车应以最高挡行驶,且坡度阻力和加速阻力皆为零。由汽车行驶方程式可知,此时行驶阻力为F_f+F_w。从图 2-14 上可以看出F_{t4}曲线与F_f+F_w曲线的交点便是$v_{a\max}$。因为此时驱动力和行驶阻力相等,汽车处于稳定的平衡状态。图中汽车的最高车速为 88km/h。

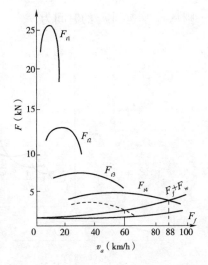

图 2-14 汽车驱动力—行驶阻力平衡图

从图中还可以看出,当行驶车速低于最高车速时,驱动力大于行驶阻力。汽车可以利用剩余驱动力$F_t-(F_f+F_w)$加速或爬坡。如汽车需要以低于最高车速的速度行驶时(图中为 60km/h),驾驶员可关小节气门开度,发动机以部分负荷特性工作,相应的驱动力曲线如图中虚线所示,驱动力和行驶阻力达到新的平衡。

2) 确定汽车的加速时间

汽车的加速能力直接影响汽车平均行驶速度和汽车行驶安全。通常用加速时间来表明汽车的加速能力。加速时间有原地起步加速时间和超车加速时间。例如汽车用直接挡行驶时,由最低稳定车速加速到一定距离或某一较高车速所需的时间。由于汽车在良好水平路面上行驶,坡度阻力为零。由汽车行驶方程式得:

$$\frac{\mathrm{d}v}{\mathrm{d}t} = \frac{1}{\delta m}[F_t - (F_f + F_w)] \tag{2-46}$$

上式说明各挡剩余驱动力全部用来使汽车加速。显然,由图 2-14 可找出各挡下每个车速的剩余驱动力,再根据上式进行计算,便可得到各挡节气门全开时的加速度曲线,如图 2-15 所示。

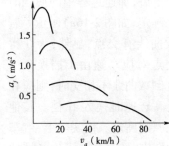

图 2-15 汽车的行驶加速度曲线

一般汽车的最大加速度出现在 I 挡,但有的汽车 I 挡的δ值过大,II 挡的加速度可能比 I 挡的加速度还大。

根据图 2-15 可求出由某一较低车速v_{a1}加速至另一较高车速v_{a2}所需的时间。

由运动学可知:

$$\mathrm{d}t = \frac{1}{a_j}\mathrm{d}v \tag{2-47}$$

所以

$$t = \int_0^t \mathrm{d}t = \int_0^u \frac{1}{a_j}\mathrm{d}v = A$$

式中:a_j——汽车的加速度,m/s²。

加速时间可用计算机进行积分计算,也可以用图解积分法计算。用图解积分法时,将图 2-16 中的a_j-v_a曲线转换成$1/a_j-v_a$曲线,如图 2-16a)所示。曲线下两个速度区间的面积就是通过此速度区间的加速时间。以直接挡加速度倒数曲线为例,如图 2-16b)所示,将加速过程中的速度区间分为若干间隔(常取为 5km/h 为一间隔),分别求出$\Delta_1,\Delta_2,\Delta_3,\cdots,\Delta_n$的面积。

则从 v_0 加速到 v_1 的时间为：

$$t_1 = \frac{\Delta v_1}{3.6 a_{j1}}(\text{s}) \tag{2-48}$$

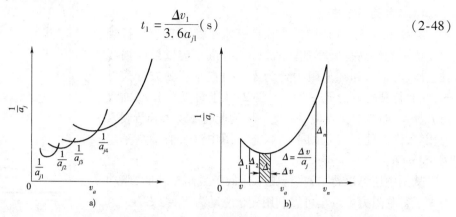

图 2-16 汽车的加速度倒数曲线

从 v_0 加速到 v_2 的时间：

$$t_2 = \frac{\Delta v_1 + \Delta v_2}{3.6 a_{j1}}(\text{s}) \tag{2-49}$$

一直计算到从 v_0 加速到 v_n 的时间：

$$t_n = \frac{1}{3.6}\sum_{i=1}^{n}\frac{\Delta v_i}{a_{j1}}(\text{s}) \tag{2-50}$$

根据不同情况，可计算出原地起步加速时间和超车加速时间曲线，如图 2-17 所示。

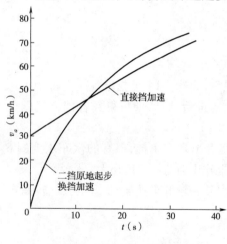

图 2-17 某汽车的加速时间曲线

需要说明的是，在进行一般汽车动力性分析而计算原地起步加速时间时，为了使问题得到简化，往往忽略原地起步时离合器打滑的过程。即假设在最初时刻，汽车已具有起步挡位的最低车速，并忽略换挡操作的时间损失。从理论上讲，加速过程中的换挡时机可根据 $1/a_j - v_a$ 曲线来确定，如图 2-16a) 所示。若 I 挡与 II 挡的加速度倒数曲线有交点，显然，为获得较短的加速时间，应在交点对应车速由 I 挡换入 II 挡。若 I 挡与 II 挡加速度倒数曲线不相交时，则应在 I 挡加速行驶至发动机最高转速时换入 II 挡。其他各挡间的换挡时机也按此原则确定。但实际上，汽车起步加速过程中换挡必然会有时间损失，无论各挡的加速度倒数曲线有无交点，实际操作时都不能保证换挡前后的速度不变，有文献推荐，换挡的时间损失可按每换一次挡 0.4~0.6s 估算。

如需较准确地计算汽车原地起步加速时间，可用数值积分的方法对汽车原地起步加速过程进行计算机模拟计算。

3) 确定汽车的爬坡能力

汽车的爬坡能力指汽车满载时在良好路面上等速行驶能爬过的最大坡度。此时，汽车驱动力除克服滚动阻力和空气阻力外的剩余驱动力全部用来克服坡度阻力，所以，其加速度为零。此时汽车行驶方程式为：

$$F_t = F_f + F_w + F_i \tag{2-51}$$

即

$$F_i = F_t - (F_f + F_w) \tag{5-52}$$

式中，$F_f = Gf\cos\alpha$。

一般汽车最大爬坡达30%左右，因此利用汽车行驶方程式确定 I 挡及低挡的爬坡能力时，应采用 $G\sin\alpha$ 作为坡度阻力，且令 $\cos\alpha \approx 1$，则有：

$$G\sin\alpha = F_t - (F_f + F_w) \tag{2-53}$$

即

$$\alpha = \arcsin\frac{F_t - (F_f + F_w)}{G} \tag{2-54}$$

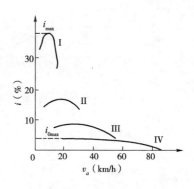

根据图 2-18 找出各挡位下相应车速的剩余驱动力，就可以求出各挡位下相应车速时能爬过的坡度角，再根据 $\tan\alpha = i$ 求出坡度值，即可作出汽车各挡的爬坡度图，如图 2-18 所示。

汽车的最大爬坡度 i_{max} 一般为 I 挡的最大爬坡度。直接挡的最大爬坡度 i_{0max} 也应给予重视，因为汽车经常用直接挡行驶，i_{0max} 大时，在一般坡道上不必换入低挡即可通过，这样有利于提高汽车行驶的平均速度和减轻驾驶员的疲劳程度。

图 2-18 汽车的爬坡图

2.4.2 汽车的动力特性

利用汽车的驱动力—行驶阻力平衡图，可以确定汽车的最高车速、加速能力和爬坡能力。但是，不能直接用来评价不同类型汽车的动力性。因为不同类型汽车的外形、重力不同，直接影响与它们有关的阻力。图 2-19 是两辆不同总重汽车的驱动力图，实线为总重 63.7kN 的各挡驱动力曲线，虚线为总重 34.3kN 汽车的各挡驱动力曲线，显然第一辆汽车各挡的驱动力均较第二辆汽车要大，但并不能据此断定第一辆汽车的动力性就好。

因此，要确定一个能够直接比较不同类型汽车动力性能的参数，必须设法消除在行驶阻力方面因车型而异的一些因素，它们包括汽车的重力和空气阻力。为此，提出了动力因数的概念。

将汽车行驶方程写成：

$$F_t - F_w = Gf\cos\alpha + G\sin\alpha + \delta m\frac{dv}{dt} \tag{2-55}$$

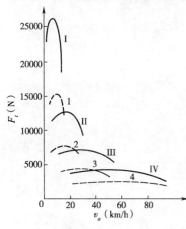

图 2-19 两辆总重不同汽车的驱动力图

等式两边除以汽车的重力：

$$\frac{F_t - F_w}{G} = f\cos\alpha + \sin\alpha + \frac{\delta}{g}\frac{dv}{dt} \tag{2-56}$$

令 $(F_t - F_w)/G$ 为汽车的动力因数并以符号 D 表示，则：

$$D = f\cos\alpha + \sin\alpha + \frac{\delta}{g}\cdot\frac{dv}{dt} \tag{2-57}$$

动力因数的物理意义是单位汽车总重力所具有的剩余驱动力，可以用它来克服相应的道路阻力和加速阻力。所以常将动力因数作为表征汽车动力性的指标。

根据动力因数的定义,可作出汽车在各挡下的动力因数与行驶车速的关系曲线图,称为汽车动力特性图,如图 2-20 所示。在动力特性图上,以相同的比例尺作出滚动阻力系数随车速变化关系曲线,便可方便地求出汽车动力性评价指标。

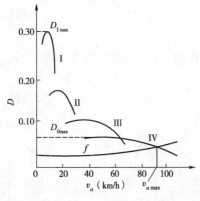

图 2-20 汽车的动力特性图

1) 最高车速

根据最高车速的定义,可知此时 $i=0$,$dv/dt=0$。

式(2-57)可写成:

$$D = f \tag{2-58}$$

显然,f 曲线与直接挡 $D - v_a$ 曲线交点所对应的车速即为汽车的最高车速 $v_{a\max}$。

2) 加速时间

评价汽车的加速时间是令汽车在水平良好路面上加速行驶。此时 $i=0$,式(2-57)为:

$$D = f + \frac{\delta}{g} \cdot \frac{dv}{dt} \tag{2-59}$$

则

$$\frac{dv}{dt} = \frac{g}{\delta}(D - f) \tag{2-60}$$

上式表明,在动力特性图上某车速时,动力因数曲线和滚动阻力系数曲线间距离 $(D-f)$ 的 $\frac{g}{\delta}$ 倍,就是该车速时所能达到的加速度。只要能确定汽车各挡位下的旋转质量换算系数,就可以绘制出如图 2-17 形式的汽车加速度图,然后再换算成加速时间。

3) 最大爬坡度

求汽车在各挡位下能爬过的坡度时,由于 $\frac{dv}{dt}=0$,则式(2-57)为:

$$D = f\cos\alpha + \sin\alpha \tag{2-61}$$

求最大爬坡度时,式(2-61)为:

$$D_{i\max} = f\cos\alpha_{i\max} + \sin\alpha_{i\max} \tag{2-62}$$

一般用式(2-62)求 I 挡的最大爬坡度:

$$D_{I\max} = f\cos\alpha_{\max} + \sin\alpha_{\max} \tag{2-63}$$

用 $\cos\alpha_{\max} = \sqrt{1 - \sin^2\alpha_{\max}}$ 代入上式,整理后得:

$$\alpha_{\max} = \arcsin\frac{D_{I\max} - f\sqrt{1 - D_{I\max}^2 + f^2}}{1 + f^2} \tag{2-64}$$

然后,再根据 $\tan\alpha_{i\max} = i_{i\max}$ 换算成最大爬坡度。

当坡度不大时,则认为 $\cos\alpha \approx 1$,$\sin\alpha \approx i$,则:

$$D = i + f \tag{2-65}$$

即

$$i = D - f \tag{2-66}$$

就是说,在动力特性图上,动力因数曲线和滚动阻力系数曲线间的距离即为汽车的爬坡度。

一般在汽车动力特性图上标出以下重要参数：I挡的最大动力因数 $D_{I\max}$；最高挡的最大动力因数 $D_{0\max}$；最高车速 $v_{a\max}$ 等，见表2-4。

各类汽车的动力性参数范围　　　　表2-4

车型类别			直接挡最大动力因数 $D_{0\max}$	I挡最大动力因数 $D_{I\max}$	最高车速 (km/h)	比功率 (kW/t)
货车	小型	总质量~2t	0.06~0.10	0.30~0.40	80~120	15~35
	轻型	总质量>2~6t	0.05~0.08	0.30~0.40	84~120	9.6~22
	中型	总质量>6~14t	0.05~0.06	0.30~0.35	75~110	7.4~12
	重型	总质量>14t	0.04~0.06	0.30~0.35	70~120	7.4~13
客车	小型	总质量~4t	0.05~0.08	0.20~0.35	80~120	15~23.5
	中、大型	总质量>4~19t	0.04~0.06	0.20~0.35	70~100	6.6~8.8
	铰接通道式	总质量>18t	0.03~0.04	0.12~0.15	55~85	3.7~8.1
轿车	微型级	排量~0.9L	0.07~0.10	0.30~0.40	90~120	18~51.7
	轻级	>0.9~2L	0.08~0.12	0.30~0.45	120~170	37~66
	中级	>2~4L	0.10~0.15	0.30~0.50	130~220	44~73.5
	高级	>4L	0.14~0.20	0.30~0.50	140~190	52~110
矿用自卸车			0.03~0.05	0.30~0.50	54~70	4.4~5.9

2.4.3 附着率

附着率是指汽车直线行驶工况下，充分发挥驱动力作用时要求的最低附着系数。不同的车辆行驶状况，要求的最低附着系数不同。在较低行驶车速下，用低挡加速或上坡行驶时，驱动轮发出的驱动力大，因而要求的最低附着系数大。此外，在水平路段上，车速越高要求的附着系数也越大。

1）加速、上坡行驶时的附着率

对于后轮驱动的汽车，其驱动轮的附着率为：

$$C_{\varphi 2} = \frac{F_{x2}}{F_{z2}} = \frac{F_t}{G\dfrac{a}{L}\cos\alpha + \dfrac{h_g}{L}(F_\varphi - F_f)} \tag{2-67}$$

在加速、上坡时，主要的行驶阻力为加速阻力和坡度阻力，空气阻力和滚动阻力很小，可以忽略不计，故后驱动轮的附着率可以简化为：

$$C_{\varphi 2} = \frac{F_{x2}}{F_{z2}} = \frac{F_i + F_j}{G\dfrac{a}{L}\cos\alpha + \dfrac{h_g}{L}\left(G\sin\alpha + m\dfrac{dv}{dt}\right)} = \frac{i + \dfrac{1}{g}\dfrac{1}{\cos\alpha}\dfrac{dv}{dt}}{\dfrac{a}{L} + \dfrac{h_g}{L}\left(i + \dfrac{1}{g}\dfrac{1}{\cos\alpha}\dfrac{dv}{dt}\right)} \tag{2-68}$$

式中，$i + \dfrac{1}{g}\dfrac{1}{\cos\alpha}\dfrac{dv}{dt}$ 可以理解为包含加速阻力在内的等效坡度，以 q 表示，则：

$$C_{\varphi 2} = \frac{q}{\dfrac{a}{L} + \dfrac{h_g}{L}q} \tag{2-69}$$

由于 $C_{\varphi 2}$ 为加速、上坡行驶时要求的地面最小附着系数，所以在一定附着系数 φ 的路面上

行驶时,汽车能通过的最大等效坡度为:

$$q_{\max} = \frac{\dfrac{a}{L}}{\dfrac{1}{\varphi} - \dfrac{h_g}{L}} \qquad (2\text{-}70)$$

同理,可以求得前轮驱动汽车的前轮附着率为:

$$C_{\varphi 1} = \frac{q}{\dfrac{b}{L} - \dfrac{h_g}{L} q} \qquad (2\text{-}71)$$

一定 φ 值路面上,能通过的等效坡度为:

$$q_{\max} = \frac{\dfrac{b}{L}}{\dfrac{1}{\varphi} + \dfrac{h_g}{L}} \qquad (2\text{-}72)$$

在前面的章节中,已经确定了汽车的加速度和爬坡度。显然,为了完整表达汽车的动力性,还应给出达到该加速度与爬坡度所要求的地面附着系数,通常用附着率随车速变化的曲线来表示。图 2-21 为某款后轮驱动轿车在 Ⅰ、Ⅱ 挡全力加速爬坡行驶考虑与忽略空气阻力及滚动阻力时的附着率曲线。

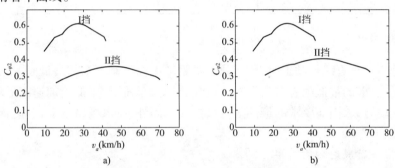

图 2-21　全力加速爬坡时相应的附着率
a) 忽略空气阻力与滚动阻力; b) 未忽略空气阻力与滚动阻力

2) 高速行驶时的附着率

图 2-22 是一后轮驱动轿车的地面切向反作用力、法向反作用力、附着力与车速的关系曲线。图中的法向反作用力与附着率是按三种空气升力系数求得的,后升力系数分别为 0、0.16、

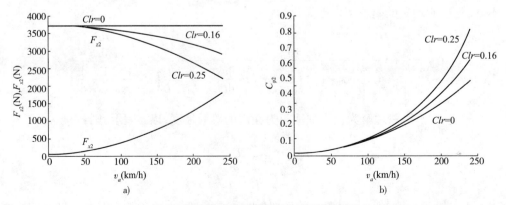

图 2-22　后驱动轮的附着率随车速的变化关系

0.25。由图可以看出,随着车速的增加,后轮的法向反作用力下降,切向反作用力则按车速的平方关系增大。因此,附着率随车速的提高快速增大。

2.4.4 汽车的功率平衡

上面用汽车驱动力与行驶阻力间的平衡关系及汽车的动力特性可以确定汽车的各项动力性指标。但要分析发动机特性对汽车动力性的影响、传动系传动比的选择及汽车的燃油经济性等问题时,就要用到汽车的功率平衡。

汽车行驶时,不仅驱动力和行驶阻力相互平衡,发动机功率和汽车行驶的阻力功率也总是平衡的,即:

$$P_e = \frac{1}{\eta_T}(P_f + P_w + P_i + P_j) \tag{2-73}$$

式中:P_f——克服滚动阻力消耗的功率,kW;
　　　P_w——克服空气阻力消耗的功率,kW;
　　　P_i——克服坡度阻力消耗的功率,kW;
　　　P_j——克服加速阻力消耗的功率,kW。

式(2-73)称为汽车的功率平衡方程。

由理论力学知,功率等于力和沿力作用方向上运动速度的乘积,即 $P = Fv$,根据此式可求出汽车行驶时,克服各种阻力消耗的功率。

克服滚动阻力消耗的功率为:

$$P_f = \frac{Gfv_a\cos\alpha}{1000 \times 3.6} = \frac{Gfv_a\cos\alpha}{3600} \tag{2-74}$$

克服空气阻力消耗的功率为:

$$P_w = \frac{C_D A v_a^3}{3600 \times 21.15} = \frac{C_D A v_a^3}{76140} \tag{2-75}$$

克服上坡阻力消耗的功率为:

$$P_i = \frac{Gv_a\sin\alpha}{3600} \tag{2-76}$$

克服加速阻力消耗的功率为:

$$P_j = \frac{\delta m v_a}{3600} \cdot \frac{dv}{dt} \tag{2-77}$$

将上述各种阻力消耗的功率表达式代入式(2-73),则得:

$$P_e = \frac{1}{\eta_T}\left(\frac{Gfv_a\cos\alpha}{3600} + \frac{C_D A v_a^3}{76140} + \frac{Gv_a\sin\alpha}{3600} + \frac{\delta m v_a}{3600} \cdot \frac{dv}{dt}\right) \tag{2-78}$$

当道路坡度较小时,令 $\cos\alpha \approx 1$,$\sin\alpha \approx i$。上式为:

$$P_e = \frac{1}{\eta_T}\left(\frac{Gfv_a}{3600} + \frac{C_D A v_a^3}{76140} + \frac{Giv_a}{3600} + \frac{\delta m v_a}{3600} \cdot \frac{dv}{dt}\right) \tag{2-79}$$

与汽车驱动力—行驶阻力平衡图一样,也可以用汽车驱动功率—行驶阻力功率平衡图求汽车动力性评价指标。若以纵坐标表示功率,横坐标表示汽车行驶速度,首先利用公式 $v_a = 0.377 nr/i_g i_0$ 将发动机使用外特性中的 $P_e - n$ 曲线转化为各个挡位的 $P_e - v_a$ 曲线,再作出汽车经常遇到的阻力功率 $1/\eta_T(P_f + P_w)$ 和行驶车速的关系曲线,即得汽车功率平衡图,如图2-23

所示。

由图可见，在不同挡位时，发动机功率的起始值、最大值及终点值大小不变，只是各挡位下发动机功率曲线所对应的车速位置不同。且低挡时车速低，所占速度变化区域窄；高挡时车速高，所占速度变化区域宽。

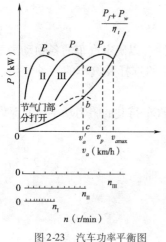

图 2-23 汽车功率平衡图

对于汽车的滚动阻力功率曲线，P_f 在低速范围内为一条直线，高速时因滚动阻力系数 f 随车速提高而增大，使 P_f 是行驶速度 v_a 的二次或三次函数关系；空气阻力功率 P_w 则是行驶速度 v_a 的三次函数，二者叠加后阻力功率曲线 $1/\eta_T(P_f + P_w) - v_a$ 是一条斜率越来越大的曲线，如图 2-23 所示。所以，高速行驶的汽车，其发动机功率主要用来克服空气阻力消耗的功率。因此对高速汽车来说，改善其外形结构，降低空气阻力是极其重要的。

汽车在水平良好路面上以最高车速行驶时，$i = 0$，$dv/dt = 0$，则：

$$P_e = \frac{1}{\eta_t}(P_f + P_w) \tag{2-80}$$

即发动机在直接挡功率曲线与阻力功率曲线交点相对应的车速，便是汽车的最高车速 v_{amax}。

一般汽车最高挡时发动机最大功率对应的车速 v_p 等于或略小于最高车速。

当汽车要以低于最高车速 v_{amax} 的速度 v'_a 行驶时，驾驶员可减小节气门开度，发动机以部分负荷特性工作，其功率曲线如图 2-23 中虚线所示，以维持汽车等速行驶。此时，汽车的阻力功率为：

$$\frac{1}{\eta_T}(P_f + P_w) = \overline{bc} \tag{2-81}$$

但发动机在汽车行驶速度 v'_a 时能发出的最大功率 $P_e = \overline{ac}$，如图 2-23 所示，于是有：

$$P_e - \frac{1}{\eta_T}(P_f + P_w) = \overline{ac} - \overline{bc} = \overline{ab} \tag{2-82}$$

$\overline{ab}$ 段的功率可用来爬坡或加速。

当汽车以低于最高车速的某一车速行驶时，发动机发出的功率与以该车速在水平良好路面上等速行驶所遇到的阻力功率之差，称为汽车在该车速时的后备功率，即：

$$P_e - \frac{1}{\eta_t}(P_f + P_w) \tag{2-83}$$

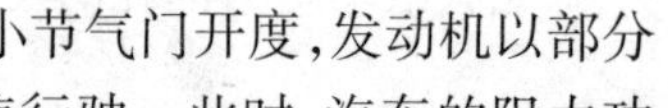

图 2-24 是汽车各挡的后备功率曲线。

图 2-24 汽车的后备功率

在一般情况下，维持汽车等速行驶所需发动机功率并不大，发动机处于部分负荷特性下工作，节气门开度较小。当汽车需要爬坡或加速时，驾驶员可加大节气门开度，用部分或全部后备功率克服坡度阻力或加速阻力所消耗的功率。因此，汽车的后备功率愈大，汽车的动力性愈好。

根据功率平衡方程式和后备功率的概念也可以求解汽车各挡的爬坡能力和加速能力。

2.4.5 装有液力变矩器汽车的动力性

目前，液力机械自动变速器（Automatic Transmission）在汽车上的应用非常广泛。汽车动力性能的好坏,很大程度上取决于液力变矩器与发动机共同工作的性能。只有做到两者间的合理匹配,才能保证汽车的动力性,并兼顾燃油经济性。本节首先介绍液力变矩器的原始特性,然后介绍液力变矩器与发动机共同工作的输入、输出特性,最后介绍装有液力变矩器汽车的动力性计算。

1)液力变矩器原始特性

液力变矩器的原始特性可用特性参数或特性曲线来评定。

(1)特性参数。

①转速比 i:涡轮转速 n_T 与泵轮转速 n_P 之比,即:

$$i = \frac{n_T}{n_P} \tag{2-84}$$

②变矩比 K:变矩器涡轮输出转矩 T_T 和泵轮输入转矩 T_P 之比,即:

$$K = \frac{T_T}{T_P} \tag{2-85}$$

③效率 η:输出功率与输入功率之比,即:

$$\eta = \frac{T_T n_T}{T_P n_P} = Ki \tag{2-86}$$

④泵轮转矩系数 λ_P:根据相似理论,一系列几何相似(有关尺寸成比例)的液力变矩器在相似工况(转速比 i 相同)下所传递的转矩的值,与液体重度的一次方、转速的平方和循环圆直径的五次方成正比,即:

$$T_P = \gamma \lambda_P n_P^2 D^5 \tag{2-87}$$

$$\lambda_P = \frac{T_P}{\gamma n_P^2 D^5} \tag{2-88}$$

式中:D——循环圆直径,mm。

⑤透穿性系数 C_p:指液力变矩器涡轮轴上的转矩和转速变化时,泵轮上的转矩和转速响应的变化能力。

$$C_p = \frac{\lambda_{P0}}{\lambda_{PM}} \tag{2-89}$$

式中:λ_{P0}——失速工况($i=0$)下泵轮的转矩系数;

λ_{PM}——偶合器工况下泵轮的转矩系数。

液力变矩器的透穿性能可用透穿性系数 C_p 来评价,见表2-5。

液力变矩器的透穿性　　表2-5

透穿性系数 C	液力变矩器透穿性能
$C_p > 1$	正透穿性
$C_p = 1$	不可透穿特性
$C_p < 1$	负透穿性

实际上,完全不透穿的液力变矩器是不存在的。通常 $C_p = 0.9 \sim 1.2$ 时就认为液力变矩器是不透穿的,而当 $C_p > 1.6$ 时,认为液力变矩器具有正透穿性。

液力变矩器的透穿性同样可以由 $\lambda_p = \lambda_P(i)$ 的曲线形状来判断。

a. 若 $\lambda_p = \lambda_P(i)$ 曲线随 i 增大而单值下降(见图2-25中的1),则液力变矩器具有正透穿性。

b. 若 $\lambda_p = \lambda_P(i)$ 曲线随 i 增大而单值上升(见图2-25中的2),则液力变矩器具有负透穿性。

c. 若 $\lambda_p = \lambda_P(i)$ 曲线随 i 增大先增大后减小（见图 2-25 中的 3），则液力变矩器具有混合透穿性。

d. 若 $\lambda_p = \lambda_P(i)$ 曲线不随 i 增大而变化（见图 2-25 中的 4），则液力变矩器不具有透穿性。现代轿车液力变矩器多为正透穿性的，也有混合透穿的。

（2）特性曲线。

液力变矩器的原始特性曲线能够确切地表示一系列不同尺寸而几何相似的液力变矩器的基本性能。它由变矩器的台架试验测得。原始特性曲线包括 $\lambda_P = f(i)$、$K = f(i)$、$\eta = f(i)$，其一般形状如图 2-26 所示。

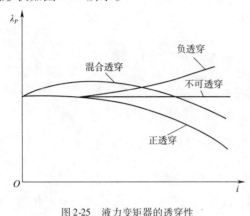

图 2-25　液力变矩器的透穿性　　　图 2-26　液力变矩器的原始特性

2）液力变矩器与发动机的共同工作

（1）发动机与液力变矩器共同工作的输入特性。

液力变矩器与发动机共同工作的输入特性是指两者连接在一起后共同工作的范围。

获得发动机与液力变矩器共同工作输入特性的方法和过程如下。

①作出发动机传至液力变矩器的净转矩（发动机实际输入到液力变矩器泵轮轴上的转矩）特性数据或特性曲线 T_{tq}。

②确定液力变矩器的原始特性，循环圆的有效直径 D，以及工作油牌号及其在工作油温时的重度 γ 值。

③在液力变矩器的原始特性曲线上，选择典型工况点。对单级液力变矩器来说，可选择：启动工况点 $i=0$；高效区（$\eta=0.75$ 或 0.8）的转速比 i_1 和 i_2；最高效率工况点 i^*，偶合器工况点 i_M 和最大转速比（空载工况）i_{max}，如图 2-27 所示。

④根据选定的工况点，在原始特性曲线的 $\lambda_P = f(i)$ 曲线上，找出对应的 λ_{P0}、λ_{P1}、λ_P^*、λ_{PM}、λ_{P2} 和 λ_{Pmax}。

⑤根据式（2-87），作泵轮的负荷抛物线。在确定工况下，泵轮传递的转矩与其转速二次方成正比，是一条抛物线形状，称为负荷抛物线。在不同工况下，对于一个液力变矩器，可得到一组泵轮负荷抛物线。

⑥将发动机的净转矩与不同工况下的液力变矩器泵轮负荷抛物线，以相同的坐标比例绘制在同一个图上，即可得到发动机与液力变矩器共同工作的输入特性，如图 2-28 所示。

从图中可以看出，发动机净转矩特性曲线 T_{tq} 与液力变矩器各工况（i_0、i_1、i^*、i_M、i_2、i_{max}）负荷抛物线的交点 A_0、A_1、A^*、A_M、A_2、A_{max}，表示发动机节气门全开时，液力变矩器在对应工况的稳定共同工作点，其对应的转速和转矩，即为共同工作时发动机与泵轮的转速和传递的转矩。

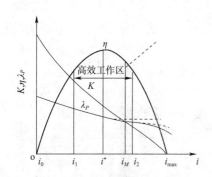
图2-27 典型工况点的选择(虚线为偶合器工况)

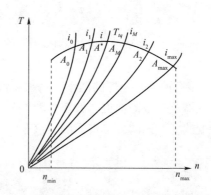
图2-28 发动机与液力变矩器共同工作的输入特性图

由最小转矩系数和最大转矩系数绘制的两条抛物线,与发动机外特性曲线所限定的面积,表示发动机不同加速情况下与液力变矩器共同工作的范围。在此范围之外,发动机与液力变矩器不能稳定的工作。

(2) 发动机与液力变矩器共同工作的输出特性。

发动机与液力变矩器共同工作的输出特性,是指液力变矩器输出的转矩 T_T、功率 P_T 以及发动机转速 n_e 随输出轴(涡轮轴)转速 n_T 变化的曲线。

发动机与液力变矩器共同工作的输出特性,是评价发动机与液力变矩器匹配的重要特性,是根据发动机与液力变矩器共同工作输入特性计算得到的。获得输出特性过程如下:

①在发动机与液力变矩器共同工作输入特性曲线上,可以得到液力变矩器典型工况(λ_{P0}、λ_{P1}、λ_P^*、λ_{PM}、λ_{P2}、$\lambda_{P\max}$)在发动机全速时的共同工作特点(A_0、A_1、A^*、A_M、A_2、$A_{\max}$),及其对应的共同工作转速 n_P、转矩 T_P、功率 P_P。

②根据选定工况的共同工作点,按下式求出输出轴(涡轮轴)上相应的参数。即:

$$n_T = in_P \quad (2\text{-}90)$$
$$T_T = KT_P \quad (2\text{-}91)$$
$$P_T = \eta P_P \quad (2\text{-}92)$$

③将上述计算结果以 n_T 为横坐标,其他参数为纵坐标,即可得到发动机与液力变矩器共同工作的输出特性,如图2-29所示。

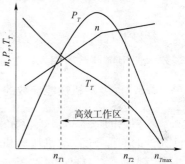
图2-29 发动机与液力变矩器共同工作的输出特性

3) 动力性计算

装有液力变矩器和使用机械传动的汽车的动力性计算相似,只是前者在计算中将发动机外特性换成了共同工作输出特性。某一使用五挡液力机械式自动变速器汽车为例,驱动力图和加速度图分别如图2-30和图2-31所示。

根据装有液力变矩器的汽车驱动力图、加速度图和使用机械传动的汽车的驱动力图、加速度图相比较可得知:

(1) 低速度下输出的转矩特性更好,汽车的适应

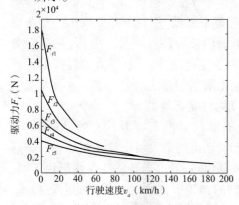
图2-30 装有液力变矩器的汽车驱动力图

性更好。

（2）低速时，由于液力变矩器的变矩作用，转矩比传统汽车的更大，可以克服更大的行驶阻力。

（3）装有液力变矩器的汽车驱动力特性曲线与等功率发动机特性曲线更接近。

该款汽车在不同坡道下汽车驱动力—行驶阻力平衡图如图2-32所示，由此可进而依据使用机械变速器相同的方法进而确定汽车的爬坡度、加速度与最高车速等动力性指标。

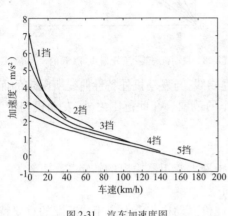

图2-31 汽车加速度图

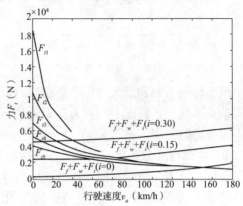

图2-32 汽车驱动力—行驶阻力平衡图

2.5 汽车动力性的主要影响因素

从以上对汽车行驶方程式的分析可知，汽车的动力性与发动机性能参数、汽车结构与系统参数及使用条件密切相关。下面将从这三方面来讨论各种因素汽车动力性的影响。

2.5.1 发动机性能参数的影响

发动机的最大功率、最大转矩及外特性曲线的形状对汽车的动力性影响最大。在附着条件允许的前提下，发动机功率和转矩愈大，汽车的动力性就愈好。这是因为发动机功率愈大，其后备功率也大，加速和爬坡性能必然好；而发动机转矩愈大，在传动系传动比一定时，最大动力因数较大，也相应地提高了汽车的加速和爬坡能力。但发动机功率过大，也是不合理的。一方面发动机功率过大，会导致发动机尺寸、质量、制造成本增加和常用工况下发动机负荷率太低，不利于降低汽车的整备质量、整车成本和提高汽车的燃油经济性。另一方面，从前面分析汽车行驶的驱动—附着条件可知，汽车驱动力的提高受到道路附着条件的制约，不能无限制的增大，所以过分地增大发动机功率和转矩对汽车的动力性是无益的。

发动机外特性曲线的形状对汽车动力性有明显的影响。如图2-33所示，虽然两台发动机的最大功率及其相对应的转速相同，所确定的最高车速也相同，但由于外特性曲线形状不同，显然外特性曲线1在相同的挡位下低速时有较大的后备功率，使汽车具有较好的加速能力和爬坡能力。从转矩曲线也可看

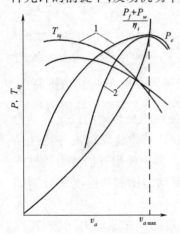

图2-33 发动机外特性曲线形状
对动力性的影响
1、2—两台发动机

出,外特性曲线1的转矩值随车速降低而增高的幅度较大,这样不仅可以提高汽车克服道路阻力和短期超负荷能力,而且也可以减少换挡次数。常用发动机适应性系数评价发动机适应汽车行驶阻力变化的能力。由发动机原理知,发动机适应性系数 K 为发动机最大转矩 T_{tqmax} 与发动机最大功率时相应的转矩 T_{kP} 之比值。一般汽油发动机的 K 值在 1.1~1.3 之间,柴油发动机的 K 值相对更小。

2.5.2 汽车结构参数的影响

汽车结构参数影响主要包括以下几方面。

1) 传动效率

传动效率直接影响汽车的动力性,传动效率越高,传动功率损失越小,传至驱动轮的有效功率越大,汽车的动力性就好。根据使用条件,合理地选用润滑油和在润滑油中加入减磨添加剂对提高传动效率有明显的效果。

2) 主减速器传动比

主减速器传动比的大小,对汽车动力性有很大的影响(见第三章中图3-18)。如果变速器的最高挡为直接挡,主减速器传动比将决定汽车的最高车速和低于最高车速行驶时的超车加速能力。这些都是汽车动力性的重要评价指标。所以合理地选择主减速器传动比是非常重要的。

3) 变速器特性和液力变矩器特性

(1) 变速器特性。为了扩大发动机转矩的变化范围以适应汽车的各种行驶阻力,必须在传动系中采用变速器。变速器的Ⅰ挡传动比和变速器的挡数对汽车的动力性有显著的影响。变速器Ⅰ挡传动比对汽车动力性的影响最大,它直接影响汽车起步加速性能和最大爬坡能力,这是因为Ⅰ挡传动比愈大,该挡的最大驱动力和动力因数也就愈大。当然它们增大的程度也受到附着条件的限制。增加变速器的挡数,相当于增加了发动机发挥最大功率附近较高功率段的机会,有利于提高汽车的加速能力和爬坡能力。如挡数增至无穷多时,则称之为无级变速。采用无级变速时,其驱动力图为一双曲线,对汽车克服行驶阻力、提高平均行驶速度极为有利。

(2) 液力变矩器特性。液力变矩器是目前汽车上使用最多的一种无级变速器,液力变矩器的转矩变化范围较小,一般都同五挡或六挡自动机械变速器串联使用。

4) 空气阻力系数

降低空气阻力因数 $C_D A$,即降低空气阻力系数 C_D 和减小汽车迎风面积 A,可相应提高汽车动力性。根据汽车动力因数 D 的定义,空气阻力愈小,动力因数愈大,其克服道路阻力和加速阻力的能力增强,最高车速也增大,动力性变好。由式(1-53)可知,空气阻力与汽车行驶速度的平方成正比,克服空气阻力消耗的功率与车速的立方成正比。可见,对高速行驶的汽车来说,空气阻力因数 $C_D A$ 对其动力性的影响是非常显著的。

5) 汽车的总质量

汽车总质量对汽车动力性影响很大。汽车在使用过程中,其总质量的大小随运载货物和乘客的多少而变化。由分析汽车行驶阻力知,除空气阻力外,其他行驶阻力都与汽车总质量成正比。如其他因素相同,动力因数则与汽车总质量成反比。可见增加汽车总质量,会使其动力性变坏。减轻汽车自身质量是降低汽车总质量的有效途径,这是现代汽车越来越广泛地采用轻金属材料和非金属材料的主要原因。减轻汽车自身质量不仅可提高汽车的动力性,而且对改善汽车燃油经济性也有十分重要的意义。

6）轮胎的尺寸、质量

轮胎的尺寸与结构对汽车的动力性也有影响。对某一种型号汽车而言，其驱动力与车轮半径成反比，而行驶速度与车轮半径成正比。显然，车轮半径的大小，对汽车动力性的不同评价指标是存在矛盾的。目前，在良好路面上行驶的汽车，车轮半径有减小的趋势。轮胎尺寸减小，可降低汽车自身质量，在附着系数较大的良好路面上，可增大驱动力，同时也降低了汽车的质心高度，从而提高了汽车的行驶稳定性。在发动机转速功率允许的情况下，可用减小主减速器传动比来提高汽车的行驶速度。经常在软路面或坏路上行驶的越野汽车，由于其行驶速度不高，要求轮胎尺寸大些，主要是为了增大轮胎与路面间的附着能力和离地间隙，以利于提高越野汽车的通过性能。

2.5.3 汽车使用因素的影响

使用因素对汽车动力性有重要影响，一辆动力性良好的汽车，若长期使用、维护和调整不当，就可能降低发动机输出的有效功率和传动系的机械效率，从而使汽车的动力性变坏。

发动机的技术状况是保证汽车动力性的关键。需要正确维护和调整的有：混合气的浓度、点火时间、润滑油的选择和更换、冷却水的温度和气门间隙等。只有保持发动机应有的输出功率和转矩，才能保证汽车的动力性不下降。

汽车底盘的技术状况直接影响传动系的机械效率。传动系各部分轴承紧度、制动器、离合器、前轮定位角等调整不当，润滑油品种、质量、数量和温度不当，都会增加传动系的功率损失，使机械效率下降，影响汽车动力性的正常发挥。

使用条件主要指道路条件、气候条件及海拔高度等。道路的附着系数大、滚动阻力系数小、弯道少，汽车的动力性就好。如汽车行驶在坏路和无路的条件下，由于路面与轮胎间的附着系数减小、滚动阻力增加，因而使汽车动力性变坏。另外，风、雨、雪、高温、严寒等气候条件均不利于汽车的动力性。在高原地区行驶的汽车，由于海拔高，气压低，使发动机充气量下降从而导致发动机有效功率下降。试验证明：在海拔4000m的高原地区，发动机功率比原来降低40%~45%。提高驾驶技术，有利于发挥汽车的动力性。如加速时能适时迅速地换挡，可减少加速时间。换挡熟练、合理冲坡，有助于提高汽车的爬坡能力。

2.5.4 使用先进的自动变速器

可通过先进自动变速器的使用对发动机的运行状态进行控制，对换挡时刻进行调节，从而提高汽车的动力性。

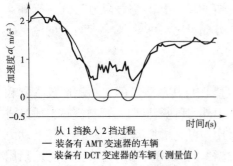

图 2-34 使用 AMT 与 DCT 汽车性能的比较

（1）使用金属带式或金属链式无级变速器（Continuously Variable Transmission, CVT），电控机械式自动变速器（Automated Mechanical Transmission, AMT）。

（2）使用近年来出现的双离合器式自动变速器，即 DCT（Dual Clutch Transmission, Double Clutch Transmission 或 Twin Clutch Transmission），它能在换挡过程中不间断地传递发动机的动力，因此，可进一步提高汽车的动力性，图 2-34 给出了使用 AMT 与 DCT 汽车性能的比较。由图可见，在换挡过程中

AMT由于动力中断而使车辆产生负的加速度,而DCT的则总为正。

此外,汽车的牵引力控制系统TCS(Traction Control System),或称防滑调节系统ASR(Anti-slip Regulation)也可以提高汽车的动力性能。

2.6 电动汽车动力系统原理及驱动能量管理

2.6.1 混合动力汽车动力系统原理及驱动能量管理策略

国际电子技术委员会(International Electro-technical Commission,IEC)对混合动力汽车(Hybrid-Electric Vehicle,HEV)的定义为:"在特定的工作条件下,可以从两种或两种以上的能量存储器、能量源或能量转化器中获取驱动能量的汽车,其中至少有一种能量存储器、能量源或能量转化器可以传递电能。"现在大部分的HEV是在传统的发动机汽车上增加蓄电池组作为电能存储装置,通过电动机将电能转化为机械能。

根据HEV驱动系统零部件的种类、数量和连接关系可以将混合动力汽车分为:串联式、并联式和混联式三种基本类型。

1)串联式混合动力汽车动力系统原理

串联式混合动力汽车(Series Hybrid System,SHEV)动力系统一般由发动机直接带动发电机发电,产生的电能通过控制单元传到电池,再由电池传输给电动机转化为动能,最后通过变速机构来驱动汽车,其动力系统典型结构如图2-35所示。

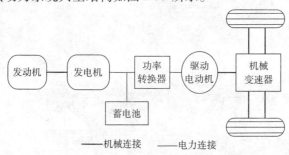

图2-35 串联式HEV动力系统结构

2)串联式混合动力汽车动力系统工作模式

在不同的行驶工况下,串联式混合动力汽车动力系统有不同的工作模式,主要分为以下7种:

(1)油电混合驱动模式:当汽车处于起动、加速、爬坡的工况时,辅助动力源(Auxiliary Power Unit,APU)(发动机+发电机组)和蓄电池共同向电动机提供电能,能量流图如图2-36a)所示。

(2)蓄电池充电驱动模式:在低负荷行驶工况或蓄电池电量不足时,APU一方面向电动机提供电能,另一方面向蓄电池充电,能量流图如图2-36b)所示。

(3)APU单独供电驱动模式:较大负荷行驶工况下,则由APU单独向电动机提供电能,能量流图如图2-36c)所示。

(4)蓄电池单独供电驱动模式:市区低负荷(空载)行驶时,由蓄电池单独向电动机提供电能,能量流图如图2-36d)所示。

(5)制动模式:在减速制动工况下,驱动电动机用作发电机向蓄电池充电将部分车辆动能进行回馈,能量流图如图2-36e)所示。

(6)停车充电模式:停车时,APU可向蓄电池充电,能量流图如图2-36f)所示。

(7) APU 起动发动机模式:APU 启动模式时,蓄电池放电,发电机用作起动电机以快速起动发动机,能量流图如图 2-36g)所示。

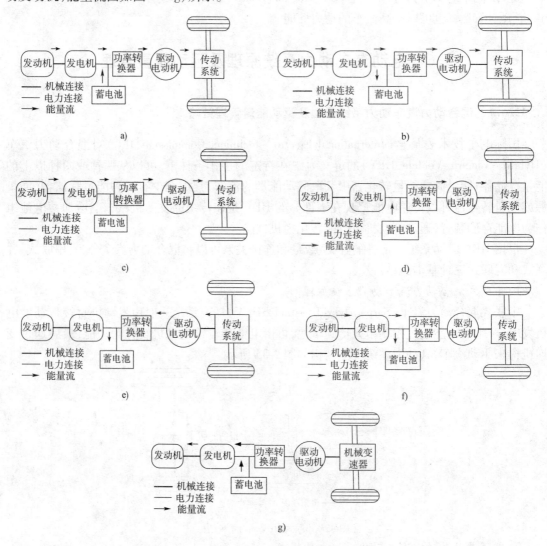

图 2-36 串联式 HEV 工作模式

a)油电混合驱动模式;b)蓄电池充电驱动模式;c)APU 单独供电驱动模式;d)蓄电池单独供电驱动模式;e)制动模式;f)停车充电模式;g)APU 起动发动机模式

3) 串联式混合动力汽车能量管理策略

串联式 HEV 能量管理策略按性质可分为被动型和主动型两大类,被动型能量管理策略是在保证蓄电池和发动机各自工作于其最佳工作区域的条件下被动地满足车辆功率需求的一种控制模式,这种控制模式以提高能量流动效率为其主要目的。主动型能量管理策略在注重提高汽车系统内部能量流动效率的同时,可根据行车环境主动减小车辆功率需求。下面列举并探讨三种常用的串联式混合动力汽车能量管理策略:

(1) 恒温器型(开关型)控制策略。恒温器型(开关型)控制策略属于被动型能量管理策略。为使蓄电池组工作于充放电性能良好的工作区,预先设定了其充电状态 SOC 的最大值 SOC_{High} 与最小值 SOC_{Low},如图 2-37b)所示,图中横坐标为整车需求功率,其值为一段数值区间,纵坐标为蓄电池 SOC 值。当蓄电池 $SOC < SOC_{Low}$ 时,发动机起动并进入设定的工作点(最

低油耗或最低排放)工作,如图2-37a)所示,输出功率的一部分满足车辆行驶功率需求,另一部分向蓄电池充电;而当蓄电池$SOC \geqslant SOC_{High}$时,发动机退出设定的工作点,停机或怠速运行,由蓄电池单独向电动机供电驱动车辆;当蓄电池$SOC_{Low} \leqslant SOC < SOC_{High}$时,发动机的开闭延续前一时刻的状态。

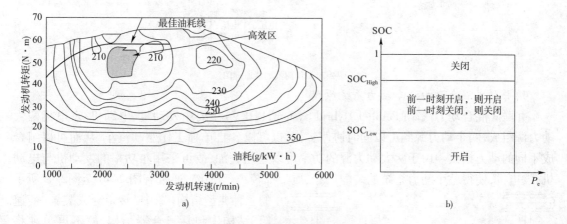

图2-37 恒温器型控制策略
a)发动机万有特性曲线;b)恒温器型控制策略原理

(2)恒温器+功率跟随型控制策略。恒温器+功率跟随型控制策略属于被动型能量管理策略。如图2-38所示,为恒温器+功率跟随型控制策略原理图。图中横坐标为整车需求功率,根据APU提供的功率上限和下限,将横坐标分为3部分;纵坐标为蓄电池SOC,根据SOC的上、下限值,将纵坐标分为3部分;整个区域划分为9部分。图中的"开、关、保持"表示发动机的工作状态分别为:开启、关闭、保持上一时刻的状态。

恒温器+功率跟随型控制策略基本思路为:当发动机在SOC较低或负载功率较大时均会起动,如图2-38标注"开"的区域;当负载功率较小且SOC高于预设的上限值时,发动机被关闭,如图2-38标注"关"的区域;在发动机关停之间设定了一定范围的状态保持区域,这样可以避免频繁关停,如图2-38标注"保持"的区域;发动机一旦起动便在相对经济的区域内对电动机的负载功率进行跟踪,当

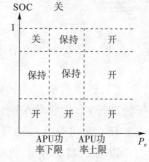

图2-38 恒温器+功率跟随型
控制策略原理图

负载功率小于或大于发动机经济区域所能输出的功率时,电池组可以通过充放电对该功率差额进行缓冲和补偿。

(3)负荷预测型控制策略。负荷预测型能量管理策略属于主动型能量管理策略。由于APU输出功率相比于车辆驱动功率随时间变化更为平稳,在开关型或功率跟随型策略的基础上添加一个车辆负荷预测器,基于车辆运行工况来预测车辆需要的驱动功率,其原理如图2-39所示,预测器通过车辆已耗功率的记录测算出驱动功率的一些平均值和它的波动范围,再利用路面坡度、交通情况等信息,来预测出车辆下一个时刻的负荷。利用该预测值、蓄电池的SOC状态、发电机电压电流值、蓄电池电压电流值通过控制算法决定APU实际需求功率以及APU的开关状态量。负荷预测型控制策略的最大特征是:它提供了一种根据在线所预测的驱动功率参与系统能量管理,以达到油耗最低,排放最低的目的,具有较强的可操作性,其缺点是所预测的驱动功率由于是由已耗功率推测得到的,与车辆功率的即时需求值存在一定的差异。

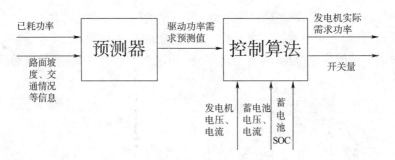

图 2-39 负荷预测器原理图

4) 并联式混合动力汽车动力系统原理

并联式混合动力汽车(Parallel Hybrid System,PHEV)主要由发动机、电动机/发电机两大动力源组成,两个动力源既可以同时协调工作,也可以各自单独工作驱动汽车,从而可以组合成不同的动力模式。由于两大动力源的功率可以互相叠加,故可采用小功率的发动机与电动机/发电机,使得整个动力系统的装配尺寸、质量都较小。PHEV通常有图2-40至图2-43所示的三种典型结构(图中"转矩合成装置、变速箱"结构中包括离合器结构,故不再单独将离合器画出)。各结构特点如下:

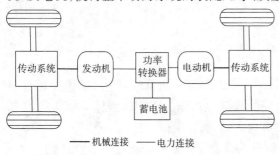

图 2-40 双轴驱动力合成式 PHEV 动力系统结构

(1)双轴驱动力合成式。采用小功率发动机单独驱动汽车的前轮,电动机单独驱动汽车的后轮,可以在车辆起动、爬坡或加速时增加 HEV 的驱动力。两套驱动系统可以独立地驱动汽车,也可以联合驱动汽车,具有四轮驱动汽车的特性。

(2)转矩合成式。转矩合成式 PHEV 两动力总成通过转矩合成装置(齿轮传动、链传动、带传动等)直接驱动车辆。由于采用的转矩合成装置结构以及传动轴数目的不同,转矩合成式 PHEV 又可分为双轴转矩合成式 PHEV 和单轴转矩合成式 PHEV。

以图2-41a)所示的双轴转矩合成式 PHEV 动力系统结构,转矩合成装置为啮合齿轮为例,说明转矩合成式 PHEV 原理。发动机通过主传动轴与变速器连接,电动机的转矩通过齿轮传动和发动机的转矩在变速器前复合,则传递到驱动轴上的功率是两者之和。关系式如下:

$$T_g = T_e + i_c \eta_c T_M \tag{2-93}$$

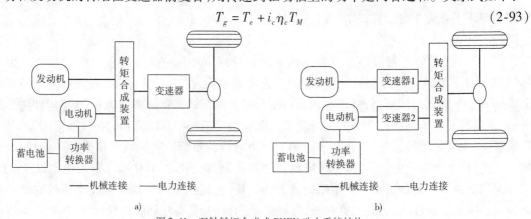

图 2-41 双轴转矩合成式 PHEV 动力系统结构
a)变速器前动力合成;b)变速器后动力合成

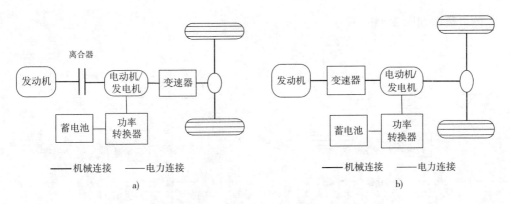

图 2-42 单轴转矩合成式 PHEV 动力系统结构
a)变速器前动力合成;b)变速器后动力合成

$$n_g = n_e = n_M/i_c \tag{2-94}$$

式中：T_M、T_g——分别为电动机输出转矩，变速器输入转矩，$N \cdot m$；

n_M、n_g——分别为电动机转速，变速器输入转速，r/min；

i_c、η_c——分别为齿轮的传动比和传动效率。

(3)转速合成式。发动机与电动机通过功率汇流装置(行星齿轮)耦合在一起,其运动学公式在第混联式混合动力汽车动力系统原理中有详细介绍。

5)并联式混合动力汽车动力系统工作模式

由于 PHEV 动力系统的结构型式较多,仅以图 2-42a)所示的单轴转矩合成式 PHEV 结构来介绍其工作模式及能量流动。

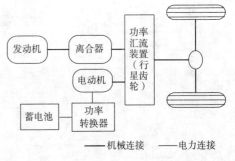

图 2-43 转速合成式 PHEV 动力系统结构

(1)纯电动驱动模式:在汽车起步时,利用电动机低速大转矩的特性使车辆起步,在车辆低速运行时,可以避免发动机工作在低效率和高排放的工作范围,高效并且动态特性好的电动机可以单独驱动汽车低速运行。其能量流图如图 2-44a)所示。

(2)纯发动机驱动模式:汽车正常工况下运行,当发动机输出功率满足车辆需求时,由发动机单独驱动。其能量流图如图 2-44b)所示。

(3)混合驱动模式:汽车在加速和爬坡时,发动机和电动机同时工作,由电动机提供辅助功率使车辆加速和爬坡。能量流图如图 2-44c)所示。

(4)驱动发电模式:当蓄电池荷电状态 SOC 值较低时,发动机可以驱动发电机对蓄电池充电,汽车正常运行工况下当发动机输出功率大于车辆需求功率时,发动机也可以驱动发电机向蓄电池充电。能量流动图如图 2-44d)所示。

(5)回馈制动模式:进入制动模式后,离合器分离,电动机提供阻力矩克服惯性力矩,并回收这部分能量,将这部分能量转化为电能,储存在蓄电池中。其能量流图如图 2-44e)所示。

(6)停车充电模式:停车起动发动机后,蓄电池 SOC 较低时,进入停车充电模式。此时,发动机为动力源,发动机产生的动力经离合器传递到电动机上,带动发电机产生电能,并经过功率转换器将这部分电能储存到蓄电池上。其能量流图如图 2-44f)所示。

(7)发动机起动模式:变速器置于空挡或后离合器分离,电动机用作起动电机以快速起动发动机,能量流图如图2-44g)所示。

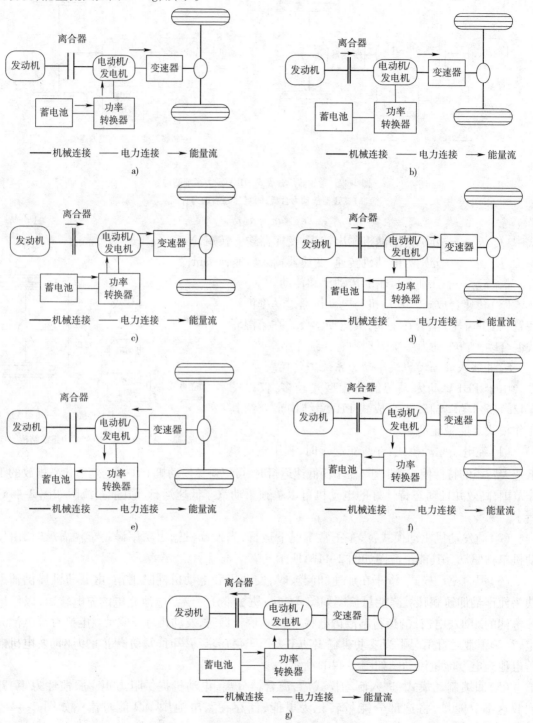

图2-44 并联式混合动力汽车动力系统工作模式
a)纯电动驱动模式;b)纯发动机驱动模式;c)混合驱动模式;d)驱动发电模式;e)回馈制动模式;f)停车充电模式;g)发动机起动模式

6)并联式混合动力汽车动力系统能量管理策略

并联式HEV能量管理策略通常是根据动力蓄电池SOC,驾驶员加速踏板位置、车速及驱动轮平均功率等参数,按照一定的规则使发动机和电动机输出相应的转矩,以满足驱动轮驱动力矩的需求。目前并联式 HEV 控制策略基本上是基于转矩或功率的控制,主要分为 3 类:基于规则的逻辑门限值稳态控制策略、基于优化算法的动态能量管理策略和智能型能量管理策略。下面举例并讨论三种在并联混合动力汽车中常用的控制策略。

(1)基于规则的逻辑门限值稳态控制策略。电动及辅助控制策略是一种属于基于规则的逻辑门限值稳态控制策略。该策略采用发动机作为主动力源,电动机和蓄电池协助提供峰值功率。这种控制策略容易对发动机运行工况进行优化。与发动机相比,电动机响应快、控制灵敏,容易实现不同的控制方法。该算法的控制示意图如图 2-45 所示。首先,整车控制器根据驾驶员指令(加速踏板和制动踏板)计算出系统的需求功率;根据功率需求,控制器决定系统中的能量流;最后根据车速、负载和电池荷电状态(SOC),以 SOC 作为门限值来确定发动机和电动机的运行状态。

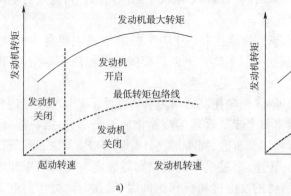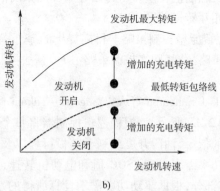

图 2-45 PHEV 电动机辅助型控制策略示意图
a)SOC > SOC_{min} 时;b)SOC < SOC_{min} 时

确定发动机的优化工作区域是该策略的控制关键,当蓄电池 SOC 大于最小值时,如图 2-45a)所示,如果汽车车速小于设定的最小车速时,发动机关闭,此时电动机提供全部驱动转矩,处于纯电动工作模式,当转速大于设定的最小车速,若车辆转矩需求小于最低转矩包络线,则仍为纯电动工作模式,发动机只工作在高于最小车速及最低转矩包络线和最高转矩包络线之间,这样可避免发动机工作于燃油经济性较低区域,同时也减少汽车排放。

若蓄电池的 SOC 小于最小值时,如图 2-45b)所示,此时电动机不工作,发动机的输出转矩线为允许最低转矩,因此除满足车辆驱动转矩,多余部分为给蓄电池充电的充电转矩,以保证蓄电池的 SOC 在设计的运行范围内。

(2)基于优化算法的动态控制策略。以等效燃油消耗最小能量管理策略为例,来探讨瞬时优化控制策略原理。等效燃油消耗最小能量管理策略主要思想是在某一瞬时工况,将电机消耗的电量折算成发动机提供相等能量所消耗的燃油和产生的排放,再加上制动回收的能量与发动机实际的燃油消耗和排放组成总的整车燃油消耗与排放模型,计算此模型的最小值,并选在此工况下最小值所对应的点作为当前发动机的工作点。

首先,根据 HEV 的结构,将汽车消耗的总能量 $E_m(t)$、燃料支路消耗的能量 $E_f(t)$ 和电支路消耗的电能 $E_e(t)$(其值可能为正也可能为负),主要是指电池能量的流向定义如下:

$$E_m(t) = \int_0^t T_{WH}(t)\omega_{WH}(\tau)\mathrm{d}\tau \tag{2-95}$$

$$E_f(t) = \int_0^t H_{LHV}(\tau)\dot{m}_f(\tau)d\tau \tag{2-96}$$

$$E_e(t) = \int_0^t I_b(t)V_{b.OC}(\tau)d\tau \tag{2-97}$$

最优控制问题可如下描述:将循环路况结束后消耗的电能转化成燃料能量,再与发动机所消耗的燃料能量相加,得到燃料消耗最小的标函数:

$$J_f = \int_0^f P_f(t,v)dt + \zeta\left[\int_0^f P_e(t,v)dt\right] \tag{2-98}$$

其中,u 是控制变量,是指电动机产生的力矩与汽车所需求力矩的比值,$E_e(t) = \int_0^f P_e(t,v)dt$ 为循环结束时电池消耗的电能,J;$\zeta\left[\int_0^f P_e(t,v)dt\right]$ 为 $\int_0^f P_e[(t,v)dt]$ 的燃料等效量,J;$\int_0^f P_f[(t,v)dt]$ 为发动机燃油消耗量,J;f 为循环路况结束时间。函数 ζ 取决于系统内部燃料能量与电池能量之间的相互转换关系。

(3)智能型控制策略。目前提出的基于智能控制的 PHEV 控制策略主要有 3 种:模糊逻辑控制策略、神经网络控制策略、遗传算法控制策略。下面以模糊逻辑控制策略为例,探讨其原理。

Niels J. Schouten 等人以 Sugeno – Takagi 模糊控制模型为基础设计了 PHEV 模糊逻辑控制器,如图 2-46 所示,该模糊逻辑控制器将整个能量管理策略简化成三个部分:第一部分,根据驾驶员的指令、油门开度或制动踏板行程以及车速,判断驾驶员的驱动功率需求;第二部分,根据驱动功率需求、当前 SOC 值和电动机转速,通过模糊逻辑控制器确定发动机功率和比例因子;第三部分,根据驱动功率需求计算所得的发电机功率和比例因子,在电动机作为电动机运行时使用。若 SOC 值太低,比例因子接近 0,若 SOC 值较高,比例因子接近 1,从而确定发动机的目标功率值和电动机的目标功率值。模糊逻辑控制器根据驾驶员的需求驱动功率,蓄电池效率图以及电动机效率图,确定了其隶属度函数和隶属度介于 0~1 之间。

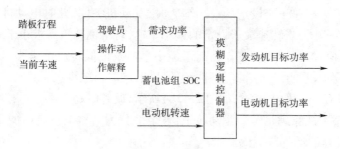

图 2-46 PHEV 模糊控制结构

7)混联式混合动力汽车动力系统原理

混联式 HEV 综合了 PHEV 和 SHEV 的优点,其动力系统通常是在 PHEV 的基础上增加一套发电机构,发动机输出功率不仅可以与电动机的功率复合后直接驱动车辆,还可以转换成电能储存到蓄电池,进而驱动电动机。因而在能量流的控制上有更大的灵活性,可以实现油耗和排放的最佳优化目标。根据动力耦合方式的不同,混联式 HEV 动力系统又可划分为驱动力复合式、转矩复合式和转速复合式 3 种结构,如图 2-47 至图 2-50 所示(图中"转矩合成装置、变速器"结构中包括离合器结构,故不再单独将离合器画出)。

(1)驱动力合成式结构。如图 2-47 所示,在双轴驱动力 PHEV 的基础上,发动机输出功率可通过前发电机转换成电能并储存到蓄电池中,以驱动后电动机。

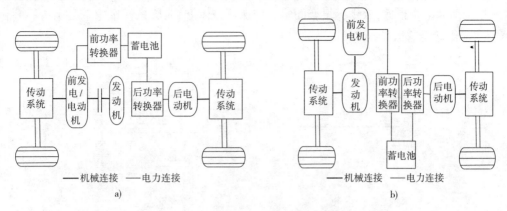

图 2-47　双轴驱动力合成式混联式 HEV 动力系统结构
a)前发电机与发动机同轴;b)前发电机与发动机不同轴

(2)转矩合成式结构。转矩复合式结构分别如图 2-48 和图 2-49 所示,分别为双轴转矩合成式混联 HEV 和单轴转矩合成式混联 HEV 结构图。

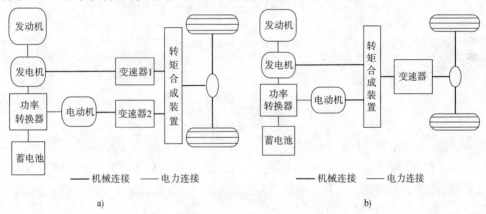

图 2-48　双轴转矩复合式混联式 HEV 动力系统结构
a)变速器后动力合成;b)变速器前动力合成

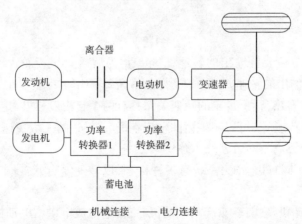

图 2-49　单轴转矩复合式混联式 HEV 动力系统结构

(3)转速合成式结构。以丰田第三代 Prius 为例,其搭载的 THSⅢ 混合动力变速箱如图 2-50b)所示,采用双行星排、双电机结构,前排行星排起功率分流作用,后排行星排仅起定轴传动作用。发动机通过扭转减震器与前排行星架相连,电动机1转子与前排太阳轮相连,电动机2转子与后排太阳轮相连,后排行星架固定至变速器壳体上,前后排行星轮系共用齿圈并将复合后的功率传递至输出端。

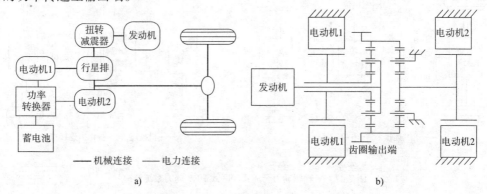

图2-50 转速复合式混联HEV动力系统结构
a)转速复合式混联HEV动力系统结构;b)THSⅢ动力系统结构

根据行星齿轮的运动学方程,可以得到三个元件的运动学关系式。
前排行星齿轮转速关系为:

$$n_s + i_{pf}n_r = (1 + i_{pf})n_e \tag{2-99}$$

转矩关系为:

$$T_s = \frac{1}{1+i_{pf}}T_e \tag{2-100}$$

$$T_r = \frac{i_{pf}}{1+i_{pf}}T_e \tag{2-101}$$

其中,i_{pf}为前排行星齿轮齿圈半径与太阳轮半径之比(或两者齿数之比);n_s为电动机1/前排太阳轮转速;n_r为齿圈转速;n_e为发动机/行星架转速;T_s为电动机1/前排太阳轮转矩;T_r为齿圈转矩;T_{tq}为发动机/行星架转矩。

功率分流装置输出的转速、转矩为:

$$n_{\text{out}} = n_r = \frac{n_M}{i_{pr}} \tag{2-102}$$

$$T_{\text{out}} = T_r + i_{pr}T_M \tag{2-103}$$

其中,n_{out}为功率分流装置输出的转速,r/min;i_{pr}为后排行星齿轮齿圈半径与太阳轮半径之比;n_M为电动机2输出的转速,r/min;T_M为电动机2输出转矩,N·m。

由式(2-99)可以看出,行星齿轮的转速关系具有两个自由度,如固定发动机转速n_e不变,通过调节电动机1的转速n_g,可以实现齿圈输出端的转速n_r的无级变速。

8)混联式混合动力汽车动力系统工作模式

由于混联式混合动力汽车动力系统有多种构型,以转速复合式混联HEV动力系统为例,分析其工作模式。

(1)驻车起动发动机模式:驻车起动发动机时,蓄电池放电供给电动机1,电动机1作为电动机通过行星齿轮机构拖动发动机起动,其能量流图如图2-51a)所示。

(2)停车充电模式:驻车起动发动机后,蓄电池SOC较低时,进入驻车充电模式。此时,发动机为动力源,其输出的功率经行星排传递到电动机1,电动机1此时为发电机,产生的电能经功率转换装置传递到蓄电池并储存起来,其能量流图如图 2-51b)所示。

(3) 纯电动驱动模式:纯电动驱动时,由蓄电池放电供给电动机 2,电动机 2 作为电动机输出驱动力矩,克服起步阻力矩,完成车辆起步,其能量流图如图 2-51c)所示。

(4) 油电混合驱动模式:混合动力模式时,发动机输出的力矩一部分通过行星排直接传递到传动轴,另一部分通过行星排传递给电动机 1,电动机 1 作为发电机,产生的电能通过功率转换器驱动电动机 2;蓄电池放电,产生的电能通过功率转换器驱动电动机 2,其能量流图如图 2-51d)所示。

(5) 蓄电池充电驱动模式:发动机输出的力矩一部分通过行星排直接传递到传动轴,另一部分通过行星排传递给电动机 1,电动机 1 作为发电机,产生的电能通过功率转换器给蓄电池充电,其能量流图如图 2-51e)所示。

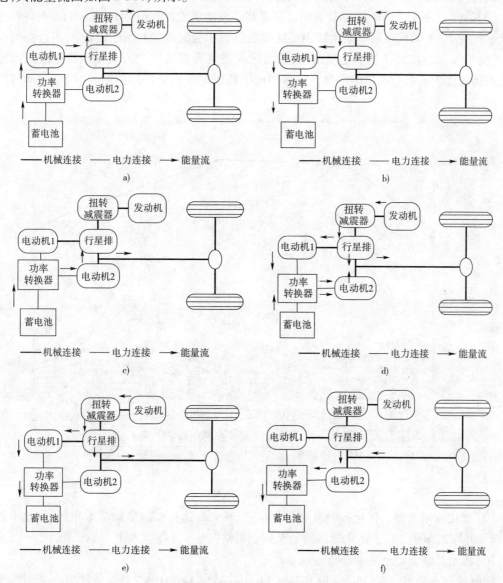

图 2-51 转速复合式混联 HEV 工作模式

a)驻车起动发动机模式;b)停车充电模式;c)纯电动驱动模式;d)油电混合驱动模式;e)蓄电池充电驱动模式;f)回馈制动模式

(6)回馈制动模式:进入制动模式后,发动机断油,此时电动机2作为发电机,提供制动力矩,消耗一部分惯性转矩并回收该部分能量,其能量流图如图2-51f)所示。

9)混联式混合动力汽车动力系统能量管理策略

混联式HEV能量管理策略主要分为发动机恒定工作点控制策略、发动机最优工作曲线控制策略和优化控制策略三种。

(1)发动机恒定工作点控制策略。此策略采用发动机作为主要动力源,电动机和电池通过提供附加转矩的形式进行功率调峰,使系统获得足够的瞬时功率。由于采用了行星齿轮机构使发动机转速可以不随车速变化,从而使发动机工作在最优的工作点,提供恒定的转矩输出,而剩余的转矩则由电动机提供。电动机仅负责动态部分,避免了发动机动态调节带来的损失。而且与发动机相比,电动机的控制也更为灵敏,也更容易实现。

(2)发动机最优工作曲线控制策略。该策略让发动机工作在图2-52所示的万有特性图中最佳油耗线上,发动机在高于某个转矩或功率限值后才会起动,发动机关闭后,离合器可以脱开(避免损失)或接合(工况变化复杂时,发动机起动更为容易),只有当发电机电流需求超出电池的接受能力或者当电机驱动电流需求超出电机或电池的允许限制时,才调整发动机的工作点。

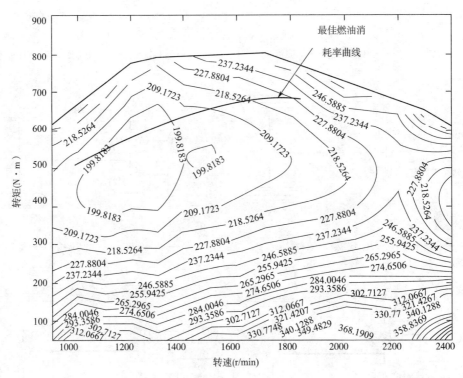

图2-52 发动机万有特性图

(3)优化控制策略。优化控制策略与并联式HEV的优化控制策略基本相同,在此不再赘述,详见并联式HEV"基于优化算法的动态控制策略"。

10)插电式混合动力汽车动力系统原理

插电式混合动力汽车(Plug-in Hybrid Electric Vehicle,PHEV)是在传统混合动力汽车基础上开发出来的一种新能源汽车,与传统混合动力汽车相比,其最大特点是自身安装车载充电器,可以使用电力网给车载电池组充电。

与传统 HEV 相同,插电式混合动力汽车动力系统构型分为:串联式、并联式和混联式三种结构。以丰田公司开发的插电式混合动力汽车为例,如图2-53所示,是在 Prius 混合动力汽车的基础上搭载了高电压逆变器、高效充电器、充电器专用电线,而整个混合动力系统结构原型不变。

11) 插电式混合动力汽车动力系统驱动能量管理策略

Plug-in HEV 的工作模式主要包括电量消耗(Charge-Depleting,CD)模式和电量保持(Charge-Sustaining,CS)模式。

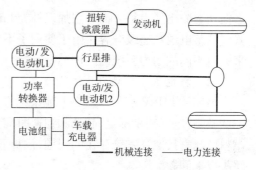

图 2-53 Prius 混联式混合动力为原型的 PHEV 结构

如图2-54所示,在电池组 SOC 较高的初期行驶阶段,车辆首先工作在 CD 模式下,此时车辆从蓄电池组汲取能量以纯电动模式行驶,蓄电池 SOC 平均水平不断减少,即电量在不断消耗。

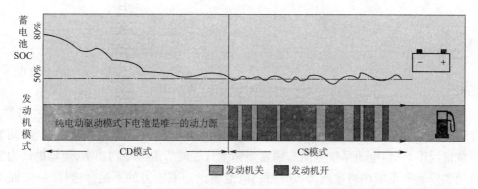

图 2-54 Plug-in HEV 工作模式

当 SOC 下降到预设的阈值时,切换到 CS 模式,同时起动发动机,此时车辆工作与传统 HEV 车辆类似,其 SOC 可以有波动,但其平均值保持在某一水平上。

Plug-in HEV 控制策略以提高整车的工作效率、蓄电池的效率和寿命为前提,主要分为纯电动驱动策略和混合驱动策略。

纯电动驱动策略为:起车(或低速、低负荷行驶)时,车辆先以纯电动模式工作,发动机关闭,仅由电动机驱动,蓄电池工作在电能消耗模式,当 SOC 下降到最小值时,切换到电量保持模式。

混合驱动策略是在传统的混合动力汽车能量管理策略基础上扩展而来,主要包括:基于规则的能量管理策略和基于优化的能量管理策略。详见并联式 HEV 驱动能量管理策略内容。

2.6.2 燃料电池汽车动力系统原理及驱动能量管理

燃料电池汽车(Fuel-cell Hybrid Electric Vehicle,FHEV),是电动汽车的一种,其核心部件燃料电池的电能是通过氢气和氧气的化学作用,而不经过燃烧,直接变成电能,进一步驱动电机来为汽车提供动力。

燃料电池汽车的动力系统是燃料电池汽车区别于其他类型车辆的主要标志。使用燃料电池系统作为动力源是燃料电池汽车动力系统的标志性特点。通常情况下,由于燃料电池在峰值功率输出能力以及功率输出的动态响应等性能方面欠佳,往往需要一些辅助的动力源装置来在功率输出能力等方面对它加以补充和改善,从而构成燃料电池混合动力系统,这些辅助装置包括蓄电池和超级电容。由于使用了不同能量源来实现驱动,所以需要驱动能量管理策略来针对不同的动力系统构型进行控制。

1) 燃料电池汽车动力系统原理

早期的 FHEV 都是以燃料电池系统作为唯一的动力源,但这种简单的动力系统结构存在一些缺陷:电池功率不足,起动和加速时间太长,动态响应差,总体运行效率低。鉴于这种单独燃料电池直接驱动系统存在的问题,设计者提出了如图 2-55 所示的燃料电池混合动力系统来解决以上问题。

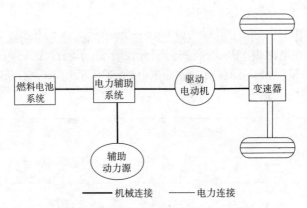

图 2-55 燃料电池电动汽车动力系统一般结构

在图 2-55 的混合动力系统中,有燃料电池和辅助动力装置(蓄电池或超级电容)两个动力源。通常情况下,燃料电池系统输出车辆常规速度行驶时所需的平均功率,而辅助动力装置提供峰值功率以补充车辆在加速或爬坡时燃料电池输出功率能力的不足。这样,一方面动力系统的动力性增强,另一方面由于燃料电池动态响应的压力减轻,运行状态比较稳定,它的总体运行效率也得以提高。

图 2-55 中的辅助动力系统主要包括 DC/DC 变换器和电机控制器等,DC/DC 变换器和电动机控制器之间不同的布置方式会导致燃料电池和电动机驱动系统之间连接形式的不同。根据连接形式的不同,可以将动力系统结构分为两类:燃料电池与电动机驱动系统之间直接相连的,称为直接燃料电池混合动力系统;燃料电池与电动机驱动系统之间通过 DC/DC 变换器间接连接的,称为间接燃料电池混合动力系统。

(1) 直接燃料电池混合动力系统。如图 2-56 所示,直接燃料电池混合动力系统结构中的电辅助系统为电动机控制器,燃料电池系统和辅助动力源都直接并入系统总线。在此动力系统中,由于辅助动力源的增加,动力系统的能量容量扩大,车辆一次加氢后的续驶里程也增加,系统的功率范围也扩大,燃料电池系统的功率要求将降低。同时,辅助动力源的存在使得系统具备了回收制动能量的能力,也增加了系统运行的可靠性。燃料电池系统和辅助动力源之间对负载功率的合理分配还可以提高燃料电池系统的总体运行效率。

与图 2-56 比较,图 2-57 给出的动力系统在辅助动力装置和动力系统直流母线之间添加了一个双向 DC/DC 变换器。该变换器的使用放宽了动力系统对辅助动力装置电压等级的要求,使得辅助动力装置的电压不必再与母线电压等级相吻合,因而便于辅助动力装置设计的小型化。另外,也使得对辅助动力装置充放电的控制更加灵活、易于实现。由于双向 DC/DC 变换器可以较好地控制辅助动力装置的电压或电流,因此它还是系统控制策略的执行部件。

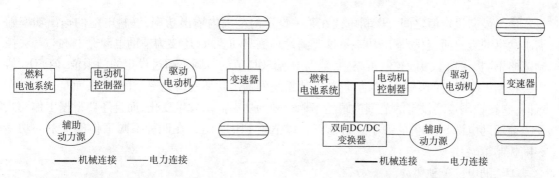

图 2-56 直接燃料电池混合动力系统结构一　　图 2-57 直接燃料电池混合动力系统结构二

直接燃料电池混合动力系统的问题主要在于燃料电池系统和电动机系统之间的电压和功率匹配方面。实验显示了燃料电池系统和电动机系统在电压功率特性方面存在一定的差异,在直接燃料电池混合动力系统中,燃料电池和电动机系统的电压匹配不可避免地存在矛盾:如果母线电压过低,电动机系统将不能充分发挥它的功率输出能力,进而束缚了燃料电池最大功率输出能力的发挥;而母线电压比较高即电动机可以发挥最大功率输出能力的时候,燃料电池则由于电压太高而输出功率较小。

(2)间接燃料电池混合动力系统。图 2-58 给出了一种典型的间接燃料电池混合动力系统的结构。燃料电池和电动机控制器之间使用了一个 DC/DC 变换器,燃料电池的端电压通过 DC/DC 变换器的升压来与系统直流母线的电压等级进行匹配,因此系统直流母线的电压与燃料电池功率输出能力之间不再有耦合关系;而 DC/DC 变换器可将直流母线的电压维持在最适宜电动机系统工作的电压区间。

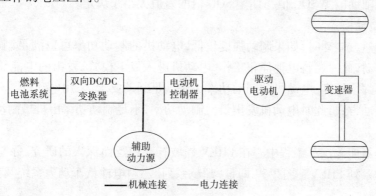

图 2-58 间接燃料电池混合动力系统结构

2)燃料电池汽车驱动能量管理策略

燃料电池汽车驱动能量管理策略是整车能源设计的关键部分。它的主要功能是基于车辆不同的运行模式,在保证燃料电池和辅助能源系统(超级电容或铅蓄电池)安全运行的前提下,考虑车辆各部件和实际道路情况,合理分配燃料电池和辅助能源系统之间的能量;同时,在满足整车动力性要求的同时尽可能地提高系统能量的利用率。目前常用的 FHEV 控制策略主要有两种:一种是开关模式控制策略,另一种是功率跟随模式控制策略。

(1)开关控制策略。FHEV 混合动力系统本质上是一种串联式混合动力系统,只是燃料电池发动机代替了传统的内燃机,所以 FHEV 的开关控制策略与第一节所讲的串联式 HEV 开关控制策略类似,在此不再赘述,具体策略请参照第一节所讲的相关内容。

(2)功率跟随控制策略。功率跟随控制策略的基本思想是:保持辅助电源 SOC 值在最低设定值与最高设定值之间。燃料电池在某一设定的范围内输出功率,燃料电池的输出功率随需求功率的变化而变化,输出功率不仅要满足车辆驱动要求,还要为辅助电源充电。与开关控制策略不同,在功率跟随控制策略中,辅助电源SOC值的范围不超过设定的门限值,但SOC值围绕控制策略设定的中心值波动;燃料电池系统的输出功率不再是一个恒定值,而是一个工作区间,它在控制策略设定的范围内跟随车辆行驶的功率需求发生变化,而且还要根据工作模式及当前辅助电源SOC值的大小进行修正。以下是FHEV运行在四种不同工作模式下的功率跟随控制策略:

①辅助电源单独驱动。

FHEV在启动时由辅助电源单独驱动,当燃料电池预热达到正常工作温度后,再根据系统功率需求以及辅助电源的SOC值决定是否启动燃料电池。

②燃料电池单独驱动,并向辅助电源充电。

在这种模式工作在轻载或怠速期间,燃料电池单独驱动并给辅助电源充电,当辅助电源SOC值低于期望值SOC且系统需求功率介于燃料电池最小输出功率与最大输出功率之间时,燃料电池输出的功率不仅要驱动FHEV运行,还要对辅助电源进行充电,使辅助电源的能量到期望值。对辅助电源进行补充充电的功率大小主要由当前辅助电源SOC值与期望SOC值的差值大小来决定。

③燃料电池和辅助电源共同驱动。

当辅助电源SOC值高于期望值SOC时,为了控制辅助电源的荷电状态始终在期望值附近,这时辅助电源要对外放电,剩余不足的功率则由燃料电池来输出。辅助电源对外放电功率的大小由当前辅助电源SOC值与期望SOC值的差值大小来决定。

④减速/制动模式。

当汽车减速或制动时,如果制动强度较低,电动机的制动功率可以满足制动要求时,单独采用电动机制动,此时燃料电池停止工作,电动机进入发电模式,发出的电能储存在辅助电源中。如果制动强度较高,电动机的制动功率无法满足制动要求,采用电动机制动与传统机械制动相结合的制动方式,此时电动机发出最大制动功率,不足制动功率由机械制动弥补。

3) FHEV实例

同济大学新能源汽车工程中心在FHEV领域有着广泛而深入的研究,并与相关企业联合开发出了超越系列FHEV。图2-59即是"超越系列"燃料电池汽车动力系统及其控制系统图。

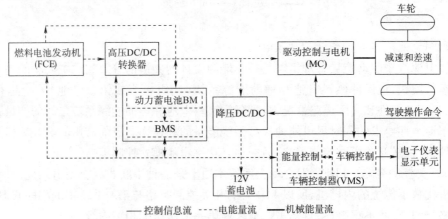

图2-59 "超越系列"燃料电池汽车动力系统及其控制系统

"超越系列"燃料电池汽车动力系统采用燃料电池和动力蓄电池的双电源结构,由于燃料电池特性较软,且响应速度不快,故采用电流控制型DC/DC将燃料电池电源特性改造为电流源模式,与动力蓄电池并联。在此结构中,动力蓄电池作为能量缓冲单元,补偿负载电流的动态变化,而整车控制器通过设定DC/DC变换器输出电流以控制燃料电池的输出功率,与负载电流的平均功率相平衡,由于燃料电池只需与平均功率相平衡,因此其工作状态波动较小,系统效率较高。因此该系统中的控制问题归结为两点,一是采用电流控制方式来实现功率平衡,二是基于电池状态的估计实现其能量的平衡。在控制策略中,将驱动电动机负载电流视为扰动,采用将该扰动作为前馈补偿蓄电池电流、将蓄电池SOC作为反馈构成闭环的动力系统功率及能量平衡控制方式,其控制结构如图2-60所示。

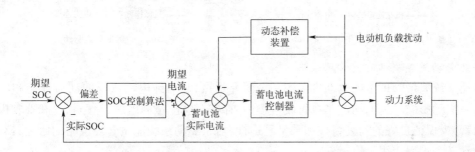

图2-60 基于蓄电池电流和SOC双闭环和负载前馈的控制结构

2.6.3 纯电动汽车动力系统原理及驱动能量管理

1) 纯电动汽车动力系统原理

纯电动汽车与传统的燃油汽车的真正区别在于动力系统。电动汽车即为用电力驱动车轮行驶的车辆,电动汽车与传统内燃机汽车的动力传递路线是大体一致的,只是动力传递的元件有很大区别,电动汽车的动力系统的主要由电池、电动机控制器、变速器、减速器和驱动轮等组成。纯电动汽车动力系统的工作过程:控制器接受并整合来自挡位、制动踏板、加速踏板的信号,然后传递给电动机来控制电机的转速、转矩等,从而满足汽车在不同的行驶路况下的要求。因此电动汽车动力系统组成部件的相互匹配和总体布置方式将直接影响电动汽车的动力性能。

纯电动汽车驱动能源是单一的动力蓄电池,所以它的能量有限,这就需要采用合理的驱动布局来充分发挥电动机驱动的优势。纯电动汽车的结构形式较为灵活,目前主要包括集中电动机驱动和轮毂电动机驱动两种。

(1) 集中电动机驱动式。所谓的集中电动机模式,它可以分为基于传统驱动模式下的集中电动机驱动式以及电动机驱动桥组合式或电动机驱动桥整体式等结构形式。对于基于传统驱动模式下的结构,它与传统内燃机相比,将电动机取代了传统车上的发动机,在早期的电动汽车设计制造中,由于这该种模式设计简单而倍受青睐。而在近年来,也在这种基于传统驱动模式下的集中电动机驱动式分布进行了一些改良,产生了诸如电动机驱动桥组合式与电动机驱动桥整体式等类型,这些相比于前述的基于传统驱动模式下的集中电动机驱动式具有紧凑的结构、传动效率高、安装简单的特点,但这也就要求电动机性能和控制器的控制质量相应的提高。

基于传统模式下集中电动机驱动式的基本构型如图2-61所示。

(2) 轮毂电动机驱动式。轮毂电动机驱动式的基本结构形式如图2-62所示,该类型简而言之就是把驱动电动机装在汽车车轮里面,这种模式也有几种布置方法,如两前轮驱动、两后轮驱动或者四轮全驱动等。这种轮毂电动机驱动式的优点是:大大缩短了动力的传递路径,另外也节省了一定的空间来进行其他部件的布置。

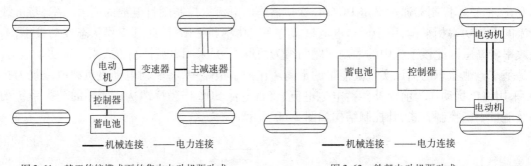

图 2-61　基于传统模式下的集中电动机驱动式　　　　图 2-62　轮毂电动机驱动式

2) 纯电动汽车驱动能量管理策略

驱动系统能量管理是纯电动汽车的一个研究重点,它对纯电动汽车的动力性能和经济性能都有一定的影响。纯电动汽车在行驶过程中,存在车载能量源电压、道路状况和驾驶模式多变等因素,为保证良好的驾驶特性和乘坐舒适性,对于驱动系统能量管理策略的研究具有重要的理论意义和工程实用价值。

对于轮毂电动机驱动的 4WD 电动汽车,主要的能源传递环节就是电动机驱动系统。如果能够提高整车的电动机驱动环节的运行效率,将有利于整车经济性。相反,不仅不利于整车的总体运行经济性,另一方面也必然在电动机驱动环节产生更多的热量,既不利于电动机性能,也会增加电动机散热系统的热负荷,进一步降低整机的运行经济性。因此,有必要系统考虑提高四轮驱动轮毂电动机动力系统的效率问题。轮毂电动机驱动的 4WD 电动汽车相对于传统车一个显著的优点就在于其四个车轮上的驱动转矩都是可控的,若能协调控制四轮的驱动转矩,不仅能提高汽车动力性,也会很大程度上提高电动汽车的能量利用率。以下以轮毂电动机驱动的 4WD 电动汽车的转矩分配控制策略进行简要阐述。这里所谓的转矩分配控制是指:四轮轮毂电动机驱动电动汽车的四个电动轮根据实际汽车的行驶要求(包括驱动和制动)实时进行四轮轮间驱动转矩的分配,直至在四轮驱动和两轮驱动之间进行切换,力求系统的最佳经济特性。

常用的转矩分配控制主要有最优转矩分配控制方法、驱动/制动模式切换控制方法、转矩分配的统一模糊控制方法和转矩分配的联合模糊控制,以下简要对四种转矩分配控制方式进行对比。

最优转矩分配控制方法是最基础的方法,也具有最强的适应性,能够针对不同的电动机效率特性以及车辆参数进行优化得到;而模式切换控制对于一定特征的电动机效率场比较适用,控制也比较简单,但是如果电机的效率场非常复杂,则控制参数的确定较为困难,而且控制效果也相应地受到影响转矩分配模糊控制的基础是最优转矩控制,通过离线神经网络自适应学习通常能够取得较好的控制效果,采用联合模糊控制方法效果更好。模糊控制效果虽然较最优控制和模式切换控制稍差,但是具有较好的扩展能力,可以在将来引入其他影响因素,以完善控制。

最优转矩分配控制、驱动/制动模式切换控制、统一模糊控制和联合模糊控制都能够明显改善电动车的经济性。而且经济性改善程度由大到小排列顺序是:最优转矩分配控制、驱动/制动模式切换控制、联合模糊控制和统一模糊控制。采用最优转矩分配控制、驱动/制动模式切换控制和联合模糊控制最优转矩分配控制方法能够明显减少驱动能耗,增加反馈制动能量回收,同时能够大大降低轮毂电动机的发热量,延长其使用寿命。

2.7 电动汽车动力装置参数及换挡规律确定

2.7.1 纯电动汽车 2/3 挡变速器速比选定

与传统汽车相同,增加电动汽车变速器的挡位数,有利于增大利用电动机最大功率的机会,提高汽车的动力性能;同时也可以增大电动机在最佳效率区工作的机会,改善整车经济性,提高了汽车续驶里程。但是,由于电动机具有较好的调速特性,电动汽车传动系的挡位数不宜过多,一般情况下不超过三个挡位,否则会使结构变得复杂,增大体积,增大整车的质量,同时也会降低传动系的效率,降低整车的性能。

电动机的驱动力图与内燃机汽车相比有其特殊性,所以在选择挡位数和速比、确定最高车速时也与内燃机汽车不同。下面对可能出现的几种情况进行分析:

(1)电动机从额定转速向上调速的范围足够大,即 $n_{Mmax}/n'_M \geq 2.5$ 时,选择一个挡位即可,即采用固定速比。

(2)电动机从额定转速向上调速的范围不够宽,即电动机最高转速不能满足 $n_{Mmax}/n'_M \geq 2.5$ 时,应考虑再加一个挡位。

(3)电动机从额定转速向上调速的范围较窄,满足 $1.8 \leq n_{Mmax}/n'_M < 2.5$,此时增加一个挡位后车速无法衔接起来,可考虑再增加挡位或说明电动机参数与整车性能要求不匹配,应考虑重新选择电动机的参数。

在装有 2/3 挡变速器的电动汽车中,动力系统的总传动比 $i=i_o i_g$,其中 i_o 是主减速器传动比,i_g 是变速器传动比。当主减速器的传动比确定以后,对变速器的传动比优化过程也就变成了对总传动比的优化过程。

传动系的最大传动比对汽车的最大爬坡度影响较大,所以可以根据电动机的最大转矩和车辆的最大爬坡度确定传动系的最大传动比的大致范围。

$$i_{max} \geq \frac{r_r}{\eta_T T_{Mmax}}\left(mgf\cos\theta_{max} + mg\sin\theta_{max} + \frac{C_D A u^2}{21.15}\right) \quad (2\text{-}104)$$

汽车大多数时间是以最高挡行驶的,即用最小传动比的挡位行驶。因此,最小传动比的选择是很重要的。应考虑满足最高车速的要求和行驶在最高车速时的动力性要求。

(1)由最高车速和电动机的最高转速确定传动系最小传动比的上限,即:

$$i_{min} \leq \frac{0.377 n_{Mmax} r_r}{v_{amax}} \quad (2\text{-}105)$$

(2)由电动机最高转速对应的最大输出转矩和最高车速对应的行驶阻力确定传动系最小传动比的下限,即:

$$i_{min} \geq \frac{F_{vmax} r_r}{\eta_T T_{vmax}} \quad (2\text{-}106)$$

式中:F_{vmax}——最高车速对应的行驶阻力,N;

T_{vmax}——电动机最高转速对应的最大输出转矩,N·m。

确定了最大传动比和最小传动比的大致范围之后,针对特定的换挡策略就可以对各个挡位的速比进行优化,优化的目标是使电动机的工作点尽量向高效区域集中,从而提高车辆的经济性。目前对电动汽车的速比进行优化的方法主要有拟合函数法、正交优化法、基于模型的多次仿真法等,通过优化找到能使车辆满足动力性要求,同时经济性最优的速比就是目标速比。如图2-62所示是用基于模型的多次仿真法对某款纯电动汽车动力系统进行速比优化的结果。图2-63中可以看到随着Ⅰ、Ⅱ挡传动比的变化,整车的能耗也会变化,找到能够满足整车动力性指标并使车辆的能耗最小的传动比就是我们要寻找的最优传动比。

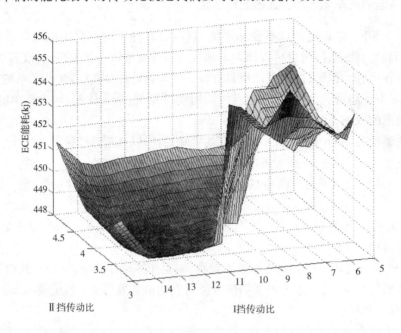

图2-63 某款纯电动汽车不同传动比时ECE工况下的能耗

2.7.2 混合动力汽车动力性换挡规律的制定

动力性是汽车各种性能中最基本、最重要的性能,在很大程度上决定了汽车运输效率的高低。最佳动力性换挡规律就是使自动变速器能够以使汽车具有最佳动力的换挡点进行换挡操作,以达到提高汽车动力性的目的。对传统常规车辆而言,应用的最佳动力性换挡规律广泛采用的是二参数换挡规律和动态三参数换挡规律。动态三参数最佳动力性换挡规律考虑了发动机的动态特性,试验表明,这种换挡规律可获得明显优于两参数换挡规律的汽车性能。

1) 一、二参数换挡规律

两参数换挡规律仅以油门开度 α_g 和车速 v 反映驾驶意图和车辆状态,并以发动机的稳态试验数据作为求解换挡规律的前提,混合动力汽车与传统汽车有很多不同,其动力性换挡规律也有所不同,以同济大学自主研发的弱混合动力汽车为例来说明其动力性换挡规律,其整车参数及变速器速比参数分别见表2-6和表2-7。

动力源包括两个部分,发动机和ISG电机,需要确定发动机和ISG动力总成的转矩输出特性,这里简化为发动机和ISG电机转矩的叠加,叠加转矩原理框图如图2-64所示,通过节气门开度 α 和发动机转速 n 查发动机的转矩MAP1图,得到发动机的输出转矩 T_{ENG};通过电油门开度 β 和ISG转速 n 查电机转矩MAP2图,得到ISG电机输出转矩,两者叠加后为总的转矩 T_{total} 输出。因此,最佳动力性换挡规律应当是指在当前发动机节气门开度和电机"加速踏板位置"下,选择能够提供最佳动力性的挡位。

整车及零部件参数　　　　　　　　　　　　　　　　　　　　　　表2-6

	参　　数	参 数 值
整车	整车质量 m(kg)	1550
	车轮半径 r(m)	0.308
	滚动阻力系数 f	0.0137
	风阻系数 C_D	0.293
	迎风面积 A(m²)	2.095
	传动系统效率 η	0.92
发动机	排量 Le(L)	1.8
	额定功率/转速 P_e(kW/rpm)	150/6500
	最大转矩/转速 T_{max}(N·m/r·min^{-1})	240/3000
ISG电机	额定功率 P'_{ISG}(kW)	10
	额定转速 n'_{ISG}(r/min)	2000
	最大转速 n_{ISGmax}(r/min)	6500
动力蓄电池	公称容量 C(Ah)	8

变速器速比参数　　　　　　　　　　　　　　　　　　　　　　　表2-7

参数名称	一挡	二挡	三挡	四挡	五挡	六挡	倒挡
传动比 i_g	3.615	2.042	1.257	0.909	0.902	0.773	4.298
主减速比 i_0	3.894				3.083		

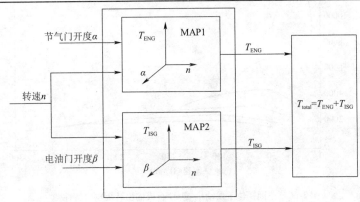

图2-64　叠加转矩原理框图

发动机—ISG电动机动力总成的转矩输出特性为相同车速下,发动机输出转矩和ISG输出转矩的叠加。一挡时,转矩输出特性如图2-65所示,其中最上面的曲线为发动机与ISG合成输出驱动力,中间曲线为发动机全油门开度下的输出驱动力,最下面的曲线为ISG输出驱动力。在节气门全开和电油门全开情况下,考虑所有挡位可以得到完整的发动机—ISG合成输出驱动力特性图,如图2-66所示,F_{t1}、F_{t2}、F_{t3}、F_{t4}、F_{t5}、F_{t6}分别为一～六挡下的输出驱动力曲线。

同理,根据图2-64的转矩叠加原理和整车参数,可以比较容易得到不同节气门开度下,不同电油门开度下,不同挡位整车的输出驱动力曲线,这里不再描述。根据以上的驱动力曲线,可以通过以下步骤得到混合动力汽车两参数换挡规律曲线:

(1)根据发动机—ISG转矩输出特性绘制不同节气门开度下,不同挡位动力总成的驱动力曲线;

（2）找出相邻两挡在同一节气门开度下的驱动力交点；

（3）根据交点坐标将求得的换挡点拟合成车速和节气门开度的关系曲线，即为此相邻两挡之间的两参数最佳动力性换挡规律曲线；

（4）按照同样的方法，可求得其他挡位间的两参数最佳动力性换挡规律，作出完整的若干条升挡曲线。

采用此方法，可以求得弱混合动力汽车的升挡换挡曲线，如图 2-67 所示。

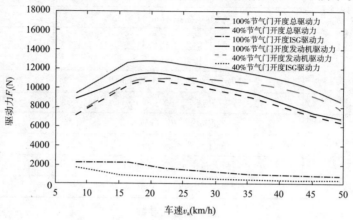

图 2-65　一挡发动机—ISG 输出驱动力输出特性图

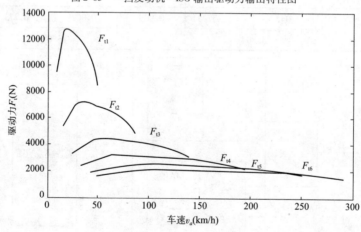

图 2-66　不同挡位下发动机—ISG 合成输出转矩输出特性图

2）二、三参数换挡规律

两参数换挡规律以稳定行驶为前提，实际上车辆在起步、加减速、换挡时均处于非稳定状态。此时，发动机的工作状态与稳态时有很大区别，使用基于发动机稳态工况的两参数换挡规律就会在车辆的动力性和经济性指标分析时带来一定误差，使车辆不能达到最佳工作状态。动态三参数换挡规律增加了一个反映真实动态的参数——汽车加速度，故三参数换挡规律的控制参数为加速度、速度和节气门开度。该换挡规律能够较好地反映车辆的实际工作过程，较好地解决了两参数换挡规律所遇到的问题。

与两参数最佳动力性换挡规律制定方法不同，动态三参数最佳动力性换挡规律是以同一节气门下相邻两挡的加速度曲线的交点为换挡点。其制定方法可以分为图解法和解析法两种，以下分别对其进行介绍。

（1）解析法。解析法通过计算机编程，既节省时间，又可以直接获得准确的换挡点车速，而且可以预先求出确切的加速时间 t。

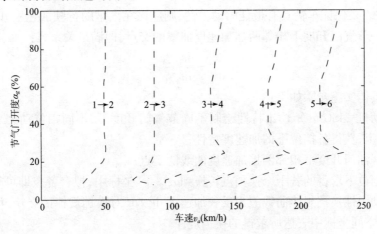

图 2-67　弱混合动力汽车两参数升挡换挡曲线

$$\frac{\mathrm{d}v_{an}}{\mathrm{d}t} = \frac{g}{\delta_n G}(F_{tn} - F_f - F_\omega) \tag{2-107}$$

$$\delta_n = 1 + \frac{g}{G}\left(\frac{\sum I_w}{r^2}\right) + \frac{g(I_e + \lambda)i_o^2 i_{gn}^2 \eta_r}{Gr^2} \tag{2-108}$$

$$F_f + F_\omega = C + Bv_a + Av_a^2 \tag{2-109}$$

式中，G 为车辆总重力，N；F_{tn} 为相应于变速器底 n 挡的牵引力，N；δ_n 为汽车旋转质量换算系数；I_w 为车轮的转动惯量，kg·m^2；I_e 为与发动机刚性相联的转动惯量；$F_f + F_\omega$ 为道路阻力与空气阻力之和，N；λ 为发动机非稳定状态下转矩的下降系数；A、B、C 为系数。

根据同一油门开度下相邻两挡加速度相等的条件得到：

$$\frac{F_{tn} - F_f - F_\omega}{\delta_n} = \frac{F_{t(n+1)} - F_f - F_\omega}{\delta_{n+1}} \tag{2-110}$$

发动机转矩特性 $T_e = f(n_e)$ 可拟合成为二次曲线，精度已经可以满足换挡曲线的计算需要。

$$T_e = e_0 + e_1 n_1 + e_2 n_2^2 \tag{2-111}$$

$$F_{tn} = \frac{T_{tq} i_g i_o \eta_T}{r} = C_{en} + B_{en} v_a + A_{en} v_a^2 \tag{2-112}$$

将上式简化得到：

$$\delta_{n+1}(C_n + B_n v_a + A_n v_a^2) = \delta_n(C_{n+1} + B_{n+1} v_a + A_{n+1} v_a^2) \tag{2-113}$$

$$a_n v_a^2 + b_n v_a + c_n = 0 \tag{2-114}$$

则相邻两挡的最佳动力性换挡点速度为：

$$v_{an} = (-b_n \pm \sqrt{b_n^2 - 4a_n c_n})/2a_n \tag{2-115}$$

对求出的二根与该挡下相应的最大速度 v_{anmax} 与下一挡的最小速度 $v_{a(n+1)min}$ 比较，u_{an} 满足以下两个条件即为所求：

$$\left.\begin{array}{l} v_{an} > 0 \\ v_{a(n+1)min} < v_{an} < v_{anmax} \end{array}\right\} \tag{2-116}$$

从原地起步连续换 i 挡位的加速时间 t 为：

$$t = \sum_{n=1}^{i} \int_0^{v_{an}} \frac{\delta_n G}{g[F_{tn} - (F_f + F_\omega)]} \mathrm{d}v_a \tag{2-117}$$

求出的时间是车辆的最短加速时间。

（2）作图法。要保证车辆具有最佳的动力性,则应该在汽车的行驶加速度 dv_a/dt—速度 u 曲线图上取同一节气门开度下相邻两挡加速度曲线的交点,即满足关系式:

$$\frac{dv_a}{dt_n} = \frac{dv_{an+1}}{dt_{n+1}} \quad (2-118)$$

作图法的具体实施步骤如下:

①根据发动机—ISG 转矩输出特性绘制不同节气门开度下,不同挡位动力总成的驱动力曲线,在此基础上,获得各挡位下的加速度特性;

②求解同一油门开度下相邻两挡加速度曲线的交点;

③将同一挡位下求得的若干个换挡点转换到 $\alpha_g - v_a$ 坐标中,拟合各点即可得到该挡的动态三参数最佳动力性换挡规律曲线。为反映加速度 dv_a/dt 对换挡规律的影响,可在 dv_a/dt、v_a 和 α_g 所确定的空间坐标中表达所求得的换挡规律。

混合动力的动态三参数控制的各油门开度下的换挡车速如图 2-68 所示。图 2-69 为 dv_a/dt—α_g—v_a 空间坐标中的表达形式,从而反映了加速度对换挡规律的影响。图 2-70 给出了三参数求解的换挡规律与两参数换挡规律的比较结果。不难发现,三参数控制的各挡位换挡车速小于两参数控制的各挡位换挡参数,且 I 挡最为显著,其他挡位较不明显,这是由于 II 挡及 II 挡以上所对应的旋转质量换算系数均接近于 1。

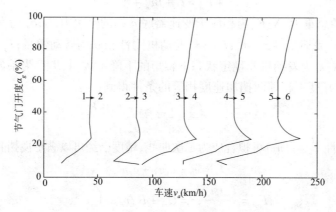

图 2-68　弱混合动力汽车三参数升挡换挡曲线

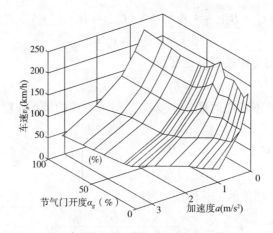

图 2-69　弱混合动力汽车三参数动力性换挡规律的空间表达

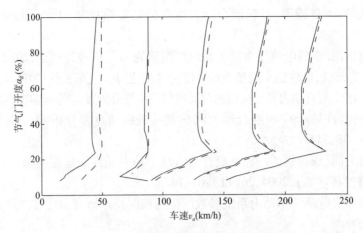

图 2-70 两参数、三参数动力性升挡曲线的比较

注:图中虚线所示为两参数升挡曲线,实线为三参数升挡曲线。

参 考 文 献

[1] 余志生. 汽车理论[M]. 5 版. 北京:机械工业出版社,2010.

[2] 马文星. 液力传动理论与设计[M]. 北京:化学工业出版社,2004.

[3] 朱经昌. 液力变矩器的设计与计算[M]. 北京:国防工业出版社,1991.

[4] 罗邦杰. 液力机械传动[M]. 2 版. 北京:人民交通出版社,2012.

[5] 张洪欣. 汽车系统动力学[M]. 上海:同济大学出版社,1997.

[6] 邱绪云. 汽车底盘集成控制系统设计与开发[D]. 上海:同济大学,2006.

[7] Mehrdad Ehsani,Yimin Gao,Sebastien E. Gay,Ali Emadi,倪光正,倪沛宏,熊素铭译. 现代电动汽车、混合动力电动汽车和燃料电池汽车—基本原理、理论和设计[M]. 北京:机械工业出版社,2010.

[8] Mehrdad Ehsani, Yimin Gao, Sebastien E. Gay, Ali Emadi. Modern Electric, Hybrid Electric, and Fuel Cell Vehicles—Fundamental, Theory and Design(Second Edition)[M]. London:CRC press,2010.

[9] 钱皓,吴森. 新型混联式混合动力系统的动力合成装置[J]. 新能源汽车,2006,7:6-8.

[10] 于秀敏,曹珊,李君等. 混合动力汽车控制策略的研究现状及其发展趋势[J]. 机械工程学报,2006,42(11):10-15.

[11] 王志杰. 浅谈混合动力汽车工作模式和控制策略[J]. 福建信息技术教育,2007,2:12-17.

[12] 舒红,秦大同,胡建军. 混合动力汽车控制策略研究现状及发展趋势[J]. 重庆大学学报,2001:24-30.

[13] 王东,田光宇,陈全世. 混合动力电动汽车动力系统选型策略分析[J]. 汽车工业研究,2001,2:12-15.

[14] 钱立军. 混合动力汽车传动系结构分析[J]. 合肥工业大学学报(自然科学版),2003,1:12-15.

[15] 姜帆,黄鼎友. 从功率流分配探讨混合电动汽车控制策略[J]. 先进制造与智能控制,2003,12:32-36.

[16] 刘金玲,宋健,于良耀等.并联混合动力客车控制策略比较[J].公路交通科技,2005,1(22).
[17] 郏怡颖,赵治国.燃料电池轿车动力系统匹配研究[J].机械与电子,2012,7:6-9.
[18] 赵治国,张赛.燃料电池轿车能量源混合度仿真优化[J].汽车工程,2014,2:168-173+180.
[19] 姜娇龙,赵治国.混合动力发动机快速起动过程模拟与分析[J].机械与电子,2013,5:31-35.
[20] 庄杰,杜爱民,许科.ISG型混合动力汽车发动机启动过程分析[J].汽车工程,2008,30(4):305-308,344.
[21] 杨伟斌,秦大同,杨亚联,等.轻度混合动力汽车动力元件的选型与参数匹配[J].重庆大学学报(自然科学版),2004,26(11):6-10.
[22] 杨兴旺.增程式电动汽车动力系统参数匹配与控制技术研究[D].长春:吉林大学汽车工程学院,2009.
[23] 葛安林,李焕松,武文至.动态三参数最佳换挡规律的研究[J].汽车工程,1999,14(4):239-247.

第3章 汽车经济性和排放性

汽车经济性是指为完成单位运输产品产量所支付的最少费用的工作性能。对于消耗石油资源的汽车来说,主要指燃料经济性。2013 年我国石油储量居世界第 14 位,产量居世界第 4 位,中国从 1993 年开始成为石油净进口国,1996 年开始成为原油净进口国。国家统计局的统计显示,2005 年中国原油产量 1.82 多亿 t,进口原油 1.26 多亿 t,中国已成为第二大石油消费国,第三大石油进口国。2010 年,包括原油、成品油、液化石油气(LPG)和其他石油产品在内的中国石油净进口量跃升 16.2%,达到创纪录的 25367 万 t,石油进口依存度约为 60%,其中原油净进口量为 23627 万 t,占石油总净进口量的比例由 2009 年的 91% 升至 93%。成品油需求旺盛和新增炼油能力投产使中国原油加工量增加 5000 万 t,至 4.2 亿 t。

在今后相当长的一段时期,汽车燃料仍将以石油产品为主。据统计,我国汽油产量的 3/4 和柴油产量的 1/4 用于汽车。此外,汽车运输的油耗占汽车运输成本的 20% 以上。根据我国公路法的规定,已经开始征收燃料附加费,燃料成本大幅度增加。良好的汽车燃料经济性,可以降低汽车的使用费用、减少国家对进口石油的依赖性、节省石油资源;同时降低发动机 CO_2 等温室气体的排放量,减少对全球变暖的贡献。为此,在保证达到有关排放标准和法规的前提下来降低发动机的燃料消耗率,提高汽车的燃料经济性,具有重要的意义。世界各国都把降低汽车能耗、汽车排放作为一项基本国策,并成为汽车制造和交通运输领域的重要课题。

3.1 汽车燃料经济性的评价指标

汽车燃料经济性,是指在保证动力性的条件下,汽车以尽量少的燃料消耗量经济行驶的能力。

发动机的燃料经济性通常用有效燃料消耗率 b 或有效效率 η_e 来评价。但由于它们不能反映发动机在汽车上的功率利用情况及行驶条件影响,故不能直接用于评价汽车燃料经济性。

为了评价汽车的燃料经济性,常选取单位行程的燃料消耗量(L/100km)或单位运输工作的燃料消耗量(L/100t·km,L/人·km)作为评价指标。前者用于比较相同容量的汽车燃料经济性,后者常用于比较和评价不同容载量的汽车燃料经济性。其数值越大,汽车的经济性越差。

汽车燃料经济性也可用汽车消耗单位量燃料所行驶的里程(km/L)作为评价指标,称为汽车经济性因数。例如,美国采用每加仑燃料能行驶的英里数,即 MPG 或 mile/USgal 表示。其数值越大,汽车的燃料经济性越好。

3.1.1 等速行驶百公里燃料消耗量

等速行驶百公里燃料消耗量是常用的一种评价指标,指汽车在一定载荷(我国标准规定轿车为半载、货车为满载)下,以最高挡在水平良好路面上等速行驶 100km 的燃料消耗量。常测出每隔 10km/h 或 20km/h 的速度间隔的等速行驶百公里燃料消耗量,然后在图上连成曲线,称为等速行驶百公里燃料消耗量曲线,用它来评价汽车的燃料经济性,如图 3-1 所示。

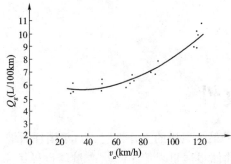

图 3-1 汽车等速行驶百公里燃料消耗量曲线

结合图 3-1,汽车在接近低速、中等车速时燃油消耗量 Q_s 最低,高速时随着车速的增加,Q_s 迅速增大。这是因为在高速行驶时,虽然发动机的负荷率较高,但汽车的行驶阻力增加很多而导致百公里油耗增加的缘故。

3.1.2 综合燃料经济性

等速行驶燃料经济性不能全面考核汽车运行燃料经济性,它只能作为一种相对比较性的指标。因为等速燃料经济性试验缺乏有关动力性要求的检验指标,容易造成试验汽车的动力性要求与燃料经济性匹配不合理的现象;此外,等速行驶燃料经济性不能反映汽车实际行驶中频繁出现的加速、减速等非稳定行驶工况。

我国针对载货汽车、城市公共汽车和乘用车提出了相应的燃料经济性试验规范。载货汽车"六工况燃料测试循环"、城市公共客车四工况(GB/T 12545.2—2001)方法见表 3-1、表 3-2 和图 3-2、图 3-3。试验中,用仪器记录行程－车速－时间曲线,检查试验参数。在每个试验单元中,车辆终速度偏差应小于 ±3.0km/h,其他工况速度偏差 ±1.5km/h,要求控制六工况的总行驶误差小于 ±1.5s。完成一个单元试验后,尽可能迅速地掉头,从相反方向重复试验。累计进行四个单元试验,将此六工况循环或四工况循环的累计耗油量折算成算术平均百公里耗油量测定值。

六工况循环试验参数表 表 3-1

工况	行程(m)	时间(s)	累计行程(m)	车速(km/h)	加速度(m/s²)
Ⅰ	125	11.3	125	40	—
Ⅱ	175	14.0	300	40～50	0.2
Ⅲ	250	18.0	550	50	—
Ⅳ	250	16.3	800	50～60	0.17
Ⅴ	250	15.0	1050	60	—
Ⅵ	300	21.6	1350	60～40	0.26

城市客车和双层客车四工况循环试验参数 表 3-2

工况序号	运转状态(km/h)	行程(m)	累积行程(m)	时间(s)	变速器挡位及换挡车速(km/h)	
					挡位	换挡车速
1	0～25 换挡加速	5.5	5.5	5.6	Ⅱ～Ⅲ	6～8
		24.5	30	8.8	Ⅲ～Ⅳ	13～15
		50	80	11.8	Ⅳ～Ⅴ	19～21
		70	150	11.4	Ⅴ	
2	25	120	270	17.2		
3	(30)25～40	160	430	(20.9)17.7	Ⅴ	
4	减速行驶	270	700		空挡	

注:①对于 5 挡以上变速器采用 Ⅱ 挡起步,按表中规定循环试验;对于 4 挡变速器 Ⅰ 挡起步,将 Ⅳ 挡代替表中 Ⅴ 挡,其他依次代替,则按表中规定试验循环进行。
②括号内数字适用于铰接式客车及双层客车。

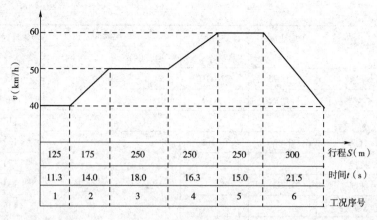

图 3-2 六工况测试循环图

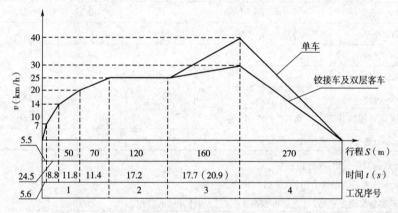

图 3-3 城市客车和双层客车四工况循环

"乘用车城市底盘测功机试验运转循环"(GB/T 12545.1—2008)方法见表 3-3 和图 3-4。距离测量准确度应为 0.3%,时间测量的准确度为 0.2s,燃料测量精度为 ±2%,燃料测量装置的进出口压力和温度变化不得超出 10% 和 ±5℃,环境温度应为 5~35℃,大气压力应为 91~104kPa。

乘用车十五工况循环试验参数　　　　表 3-3

工况	运转次序	加速度 (m/s^2)	速度 (km/h)	每次时间 运转(s)	每次时间 工况(s)	累计时间 (s)	手动变速器使用挡位
1	1. 怠速	—	—	11	11	11	$6sPM^① + 5sK_1^①$
2	2. 加速	1.04	0→15	4	4	15	1
3	3. 等速	—	15	8	8	23	1
4	4. 等速	-0.69	15→10	2	15	25	1
4	5. 减速,离合器脱开	-0.92	10→0	3		28	K_1
5	6. 怠速	—	—	21	21	49	$16Spm + 5sK_1$
6	7. 加速	0.83	0→15		12	54	1
6	8. 换挡			12		56	—
6	9. 加速	0.94	15→32			61	2
7	10. 等速	—	32	24	24	85	2

89

续上表

工况	运转次序	加速度 (m/s²)	速度 (km/h)	每次时间 运转(s)	每次时间 工况(s)	累计时间 (s)	手动变速器 使用挡位
8	11.减速	-0.75	32→10	8	11	93	2
	12.减速离合器脱开	-0.92	10→0	3		96	K_2
9	13.怠速	-	-	21	21	117	$16sPM + 5sK_1$
10	14.急速	0.83	0→15			122	1
	15.换挡					124	-
	16.加速	0.62	15→35	26	26	133	2
	17.换挡					135	-
	18.加速	0.62	35→50			143	3
11	19.等速		50	12	12	155	3
12	20.等速	0.52	50→35	8	8	163	3
13	21.等速	-	35	13	13	176	3
14	22.换挡					178	-
	23.减速	-0.86	32→10	12	12	185	2
	24.减速离合器脱开	-0.92	10→0			188	K_2
15	25.怠速	-	-	7	7	195	7sPM

注：①PM指变速器在空挡，离合器接合。

②K_1（或K_2）指变速器挂1挡（或2挡），离合器分离。

③如车辆装备自动变速器，驾驶员可根据工况自行选择合适的挡位。

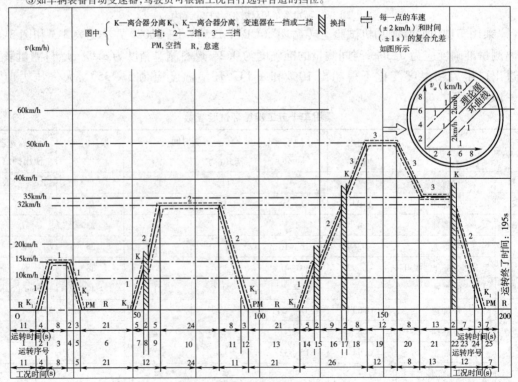

图 3-4 乘用车十五工况循环试验规范

美国机动车工程师协会(SAE)曾推荐了四种道路循环,见表 3-4 及图 3-5。道路循环试验在一定程度上反映了汽车实际行驶工况。它具有数据重复性好,使用仪器简单,花费时间少,消耗低等优点。所以,现在使用这类方法的很多。

SAE 道路循环试验规范 表 3-4

行驶循环	城 市	城 郊	州 际 55	州 际 70
开始试验条件	热车	热车	热车	热车
试验地点	试验道	试验道	试验道	试验道
长度(m)	3219	8369	7564	7564
行驶时间(min)	7.7	7.6	5.1	4.0
平均车速(km/h)	24.9	66.1	89.0	113.5
最高车速(km/h)	48.2	96.6	96.6	120.7
最大加速度(m/s^2)	2.1	2.1	0.3	0.3
定速时间(%)	58.3	75.2	61.8	51.5
加速时间(%)	11.3	11.3	19.1	24.3
减速时间(%)	17.4	10.5	19.1	24.2
怠速时间(%)	13.0	3.0	0	0
每英里停车次数	4.0	0.4	0	0

在汽车底盘测功器上进行汽车燃料经济性测量是汽车制造商和汽车检验认证机构常用的室内试验方法。这种试验能借助底盘测功器模拟汽车行驶阻力与加速时惯性阻力等道路上的行驶工况。所以,可以按照很复杂的循环规范对汽车进行室内试验。若试验间的气温也能控制,则室内汽车测功器就能控制主要使用因素。

图 3-6 是美国环保局(EPA)CVS-C 行驶循环(Urban Dynamometer Driving Schedule,即 UDDS)的速度—时间关系曲线。整个循环行驶时间为 22.87min,行程 12km,平均车速 31.4km/h,最高车速 90.9km/h。它是根据美国洛杉矶市中心的交通情况拟定的,包括了一系列不重复的加速、减速、怠速和接近于等速的行驶过程。除了 UDDS,还有公路行驶循环(Highway Fuel Economy Test,即 HWFET),如图 3-7 所示。

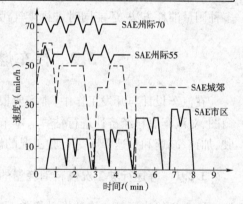

图 3-5 SAE 道路循环试验规范

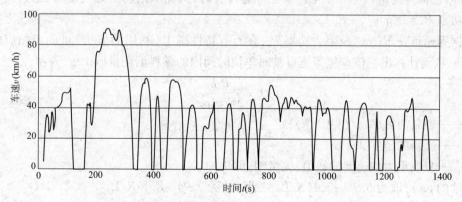

图 3-6 美国市内测功器行驶循环(UDDS)的速度—时间曲线

用汽车测功器测量的油耗有以下优点：在室内试验可不受外界气候条件的限制；能控制试验条件，周围环境影响的修正系数可以减到最少；若能控制室温，则可对不同气温条件的汽车工况进行模拟试验；室内便于控制行驶状况，故能采用符合实际的复杂循环；可以同时进行燃料经济性与排气污染试验；能采用多种测量油耗的方法，如质量法、体积法与碳平衡法。

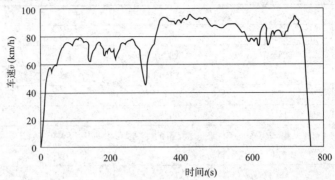

图 3-7　美国公路燃油经济性试验行驶循环（HWFET）的速度—时间曲线

用汽车底盘测功器测量油耗的方法尚需改进。例如，不易准确模拟道路滚动阻力和空气阻力；室内冷却风扇产生的冷却气流与道路行驶的实际情况有差异；难以给出准确的惯性阻力。

由于用汽车底盘测功器测量油耗的重复性好，能反映实际行驶时复杂的交通情况，能采用多种测量油耗方法，还能同时进行废气污染的测量，所以，这种方法得到了广泛重视。

3.2　汽车燃料经济性的计算方法

在汽车设计与开发工作中，常需要根据发动机台架试验得到的万有特性图与汽车功率平衡图，对汽车燃料经济性进行估算。本节将介绍燃料经济性循环行驶试验的各工况，如等速行驶、加速、减速和怠速停车等行驶工况的燃料消耗量计算方法。

3.2.1　等速行驶工况燃料消耗量的计算

图 3-8 给出了某一汽油发动机的万有特性曲线。在万有特性图上有等燃料消耗率曲线。根据这些曲线，可以确定发动机在一定转速 n、发出一定功率 P_e 时的燃料消耗率 b。为了便于计算，按照转速 n 和车速 v_a 的转换关系在横坐标上画出汽车（最高挡）的行驶车速比例尺。此外，计算时还需要知道汽车在水平路面上等速行驶时，为克服滚动阻力与空气阻力，发动机应提供的功率 $P_e = 1/\eta_T(P_f + P_w)$。

根据等速行驶车速 v_a 及阻力功率 P_e，在万有特性图上（利用插值法）可确定相应的燃料消耗率 b，从而计算出以该车速等速行驶时单位时间内的燃料消耗量（mL/s）为：

$$Q_t = \frac{P_e b}{367.1 \rho g} \tag{3-1}$$

式中：b——燃料消耗率，g/(kW·h)；

　　　ρ——燃料的密度，kg/L；

　　　g——只取重力加速度的数值，无量纲，即 9.81。

汽油的 ρg 可取为 6.96～7.15N/L，柴油可取为 7.94～8.13N/L。

整个等速过程行经 S(m) 行程的燃料消耗量（mL）为：

$$Q = \frac{P_e bs}{102 v_a \rho g} \tag{3-2}$$

折算成等速行驶百公里燃料消耗量(L/100km)为:

$$Q_s = \frac{P_e b}{1.02 v_a \rho g} \tag{3-3}$$

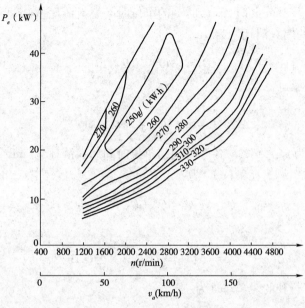

图 3-8　汽油发动机万有特性

3.2.2　等加速行驶工况燃料消耗量的计算

在汽车加速行驶时,发动机还要提供为克服加速阻力所消耗的功率。若加速度为 $\frac{dv}{dt}$(m/s²),则发动机提供的功率 P_e(kW)应为:

$$P_e = \frac{1}{\eta_T}\left(\frac{Gfv_a}{3600} + \frac{C_D A v_a^3}{76140} + \frac{\delta m v_a}{3600}\frac{dv}{dt}\right) \tag{3-4}$$

下面计算由 v_{a1} 以等加速度加速行驶至 v_{a2} 的燃料消耗量,如图 3-9 所示。把加速过程分隔为若干区间,例如按速度每增加 1km/h 为一个小区间,每个区间的燃料消耗量可根据其平均的单位时间燃料消耗量与行驶时间之积来求得。各区间起始或终了车速所对应时刻的单位时间燃料消耗量 Q_t(mL/s),可根据相应的发动机发出的功率与燃料消耗率求得 $Q_t = P_e b/367.1\rho g$。

而汽车行驶速度每增加 1km/h 所需时间(s)为:

$$\Delta t = \frac{1}{3.6\frac{dv}{dt}} \tag{3-5}$$

从行驶初速 v_{a1} 加速至 $v_{a1} + 1$km/h 所需燃料量(mL)为:

$$Q_1 = \frac{1}{2}(Q_{t0} + Q_{t1})\Delta t \tag{3-6}$$

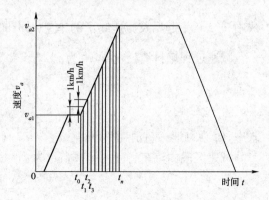

图 3-9　等加速过程的燃料消耗量计算

式中,Q_{t0}为行驶初速v_{a1}时,即t_0时刻的单位时间燃料消耗量(mL/s);Q_{t1}为车速为$v_{a1}+1$km/h时,即t_1时刻的单位时间燃料消耗量(mL/s)。

由车速$v_{a1}+1$km/h再增加1km/h所需的燃料量(mL)为:

$$Q_2 = \frac{1}{2}(Q_{t1} + Q_{t2})\Delta t \tag{3-7}$$

式中,Q_{t2}为车速为$v_{a1}+2$km/h时,即t_2时刻的单位时间燃料消耗量(mL/s)。

依此,每个区间的燃料消耗量为:

$$Q_3 = \frac{1}{2}(Q_{t2} + Q_{t3})\Delta t$$

$$\cdots$$

$$Q_n = \frac{1}{2}(Q_{t(n-1)} + Q_{tn})\Delta t \tag{3-8}$$

式中,Q_{t3}、Q_{t4}、$\cdots$、Q_{tn}为$t_3, t_4, \cdots, t_n$各个时刻的单位时间燃料消耗量(mL/s)。

整个加速过程的燃料消耗量(mL)为:

$$Q_a = \sum_{i=1}^{n} Q_i = Q_1 + Q_2 + \cdots + Q_n \tag{3-9}$$

或

$$Q_a = \frac{1}{2}(Q_{t0} + Q_{tn})\Delta t + \sum_{i=1}^{n-1} Q_{ti} \Delta t \tag{3-10}$$

加速区段内汽车行驶的距离(m)为:

$$S_a = \frac{v_{a2}^2 - v_{a1}^2}{25.92 \frac{dv}{dt}} \tag{3-11}$$

3.2.3 等减速行驶工况燃料消耗量的计算

减速行驶时,松开加速踏板(关至最小位置)并进行轻微制动,发动机处于强制怠速状态,其油耗量即为正常怠速油耗。所以,减速工况燃料消耗量等于减速行驶时间与怠速油耗的乘积。减速时间(s)为:

$$t = \frac{v_{a2} - v_{a3}}{3.6 \frac{dv}{dt_d}} \tag{3-12}$$

式中,v_{a2}、v_{a3}为起始及减速终了的车速(km/h),$\frac{dv}{dt_d}$为减速度(m/s^2)。

减速过程燃料消耗量(mL)为:

$$Q_d = \frac{v_{a2} - v_{a3}}{3.6 \frac{dv}{dt_d}} Q_i \tag{3-13}$$

式中,Q_i为怠速燃料消耗率(mL/s)。

减速区段内汽车行驶的距离(m)为:

$$s_d = \frac{v_{a2}^2 - v_{a3}^2}{25.92 \frac{dv}{dt_d}} \tag{3-14}$$

3.2.4 怠速停车时的燃料消耗量

若怠速停车时间为 $t_s(s)$,则燃料消耗量(mL)为:

$$Q_{id} = Q_i t_s \tag{3-15}$$

3.2.5 整个循环工况的百公里燃料消耗量

对于由等速、等加速、等减速、怠速停车等行驶工况组成的循环,如 ECE – R.15 和我国货车六工况法,其整个试验循环的百公里燃料消耗量(L/100km)为:

$$Q_s = \frac{\sum Q}{S} \times 100 \tag{3-16}$$

式中,$\sum Q$ 为所有过程油耗量之和(mL),S 为整个循环的行驶距离(m)。

3.2.6 装有液力变矩器汽车的燃料经济性计算

对装有液力传动的汽车,其燃料经济性的计算与普通机械式变速器的汽车有些不同。除要知道发动机的特性外,还要知道有关液力传动装置的特性,即泵轮的转矩曲线和无因次特性。且发动机的节流特性常用 $T_{tq}=f(n,\alpha)$ 及 $Q_t=f(n,\alpha)$ 的形式表示。Qt 系发动机发出一定功率时每小时的燃料消耗量,称为小时燃料消耗量(L/h),α 指节气门开度。图 3-10 即表示在不同节气门位置下发动机转矩与小时燃料消耗量对其转速的变化关系曲线。

要计算 100km 燃料消耗量时,可在发动机转矩曲线上画上泵轮的转矩曲线 $T_p=f(n_p)$,T_p 为泵轮转矩,n_p 为泵轮转速;然后根据变矩器的无因次特性 $K=f(i)$,确定在不同速比下的变矩比 K,再按下述关系:

$$T_t = KT_p \tag{3-17}$$

和

$$n_t = in_p \tag{3-18}$$

绘制不同节气门开度 α 下的 $T_t=f(n_t)$ 与 $n_p=f(n_t)$ 曲线,如图 3-11 所示。

式中,T_t 为涡轮转矩,n_t 为涡轮转速。

转速坐标按下列关系换算成速度坐标:

$$v_a = 0.377 \frac{rn_t}{i_o i_g} \tag{3-19}$$

为了确定汽车在不同道路上以不同速度行驶时发动机的节气门开度 α 与转速 $n(n=n_p)$,应利用转矩平衡,即在 $T_t=f(v_a)$ 的图上,按下列公式绘制汽车在不同道路阻力系数 ψ 下等速行驶时克服行驶阻力所需的涡轮转矩 T_c 与行驶速度 v_a 的关系:

$$T_c = \frac{(F_\psi + F_w)r}{\eta_T i_o i_g} \tag{3-20}$$

在选取 η_T 时,应考虑带动液力传动辅助装置(如齿轮油泵、变矩器散热片)的能量消耗以及离合器片在油中的转动损失。对于一般轿车,此项损失在发动机最大功率时约占6%。

所得 T_c 与 T_t 的交点决定了汽车在一定道路阻力系数(例如 ψ_1)下的汽车行驶速度与发动机节气门位置,并由所得速度在 $n_p=f(n_t)$ 曲线上确定 n_p(即 n)。于是,相应的小时燃料消耗量 Q_t 即可由图 3-10b)的 $Q_t=f(n,\alpha)$ 曲线上求出。而百公里燃料消耗量 Qs(L/100km),可按下式求得:

$$Q_s = \frac{Q_t}{v_a} \times 100 \tag{3-21}$$

这样,汽车的百公里燃料消耗量曲线 $Q_s - v_a$ 便可求出。表 3-5 为几种车型等速燃料消耗量对比表。

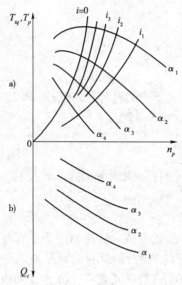
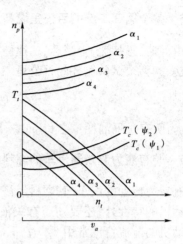

图 3-10　发动机与液力变矩器的共同工作曲线和发动机的小时燃料消耗量曲线

图 3-11　装有液力变矩器汽车的转矩平衡与 $n_p = f(n_t)$ 曲线

几种车型的等速燃料消耗量对比　　　　　　　　表 3-5

车　　型	变速器类型	等速燃料消耗量/(L/100km)（90km/h 匀速）
新捷达 1.6L	5 挡 MT	4.7
新宝来 1.6L	5 挡 MT	5.5
EQ1061T2	5 挡 MT	10.8
新朗逸 1.6L	6 挡手自一体	5.7
迈腾 3.0L V6FSI	6 挡手自一体	6.5
凯美瑞 2.0L	4 挡 AT	6.8
新桑塔纳 1.6L	6 挡 AT	4.9

3.2.7　定额计算法

计算某一具体条件下的汽车燃料消耗量也可采用定额计算法,它是一种能反映运输工作量的计算方法。

汽车运行燃料消耗量的影响因素,除汽车结构、工艺水平、车况外,尚有道路、载荷、运距、环境条件(如气温、风、雨、雾、交通情况等)及驾驶水平等,其中包括随机因素、自然因素和人为因素。为了全面地建立数学表达式,需要考虑可等级化和数量化的因素,如道路、载荷、气温、海拔高度等。交通因素将在道路分类中予以考虑,而车况、驾驶水平等因素,尽管它们对运行燃料消耗也有较大影响,但计算时将其视为一般正常水平,而不予以考虑。对风、雨、雾等特殊环境因素,由于它们的影响是局部的、地区性的,而且也难于等级化和数量化,其影响可根据实际情况在制订燃料消耗定额时确定。

汽车运行燃料消耗量的计算式用于计算汽车在不同运行条件下所消耗的燃料限额,以限制和考核汽车运行燃料经济性。它由汽车基本运行燃料消耗量和汽车运行条件修正系数两部分构成。

载货汽车运行燃料消耗量计算式为：

$$Q = \sum_{i=1}^{n}(q_a + q_b W_i + q_c \Delta m) S_i K / 100 \tag{3-22}$$

式中：q_a——汽车空驶基本燃料消耗量，L/100km；

q_b——货物（旅客）周转量的基本附加燃料消耗量，L/(100t·km)或 L/(人·km)；

q_c——整备质量变化的基本附加燃料消耗量，L/(100t·km)；

W_i——该运行条件下汽车的载质量，t；

Δm——汽车整备质量增量，其值为汽车实际整备质量（包括挂车整备质量）与本标准给出的汽车整备质量 m_0 之差，t；

S_i——该运行条件下汽车行驶里程，km；

K——运行条件修正系数。

$$K = K_{ri} K_{hi} K_{ti} K_{\gamma i} \tag{3-23}$$

式中：K_{ri}——该运行条件下道路修正系数；

K_{hi}——该运行条件下海拔高度（大气压力）修正系数，$K_{hi} = 1 + 0.0021(P - 100)$，$P$ 的单位为 kPa；

K_{ti}——该运行条件下气温修正系数，$K_{ti} = 1 + 0.0025(20 - T)$，$T$ 的单位为℃；

$K_{\gamma i}$——燃料密度修正系数，对于汽油 $K_{\gamma i} = 1 + 0.8(0.742 - \gamma_g)$，对于柴油 $K_{\gamma i} = 1 + 0.8(0.830 - \gamma_d)$，$\gamma_g$ 和 γ_d 分别为汽油和柴油气温为 20℃、气压为 100kPa 时的密度，单位为 g/mL。

大型载客汽车运行燃料消耗量计算式为：

$$Q = \sum_{i=1}^{n}(q_a + q_b N_i + q_c \Delta m) S_i K / 100 \tag{3-24}$$

式中：N_i——该运行条件下乘客人数。

轿车运行燃料消耗量计算公式为：

$$Q = \sum_{i=1}^{n} q S_i K / 100 \tag{3-25}$$

式中：q——为汽车空车质量综合基本燃料消耗量，L/100km。

气温和气压修正系数也可分别按表 3-6 和表 3-7 选取。道路条件修正系数可按表 3-8 选取。

气温区间及修正系数　　　　　　表 3-6

月平均气温 t(℃)	>28	28~5	5~-5	-5~-15	-15~-25	<-25
K_t	1.02	1.0	1.03	1.06	1.09	1.13

海拔高度（气压）修正系数　　　　　　表 3-7

月平均气温 t(℃)	≤5	5~15	15~25	25~35	>35
K_b	1.00	1.0	1.03	1.06	1.13

道路分级和修正系数　　　　　　表 3-8

道路类别	公路等级和条件	城市道路等级	修正系数 K_r
1 类	平原、微丘一、二、三级公路		1.00
2 类	平原、微丘四级公路	平原、微丘一、二、三、四级公路	1.10

续上表

道路类别	公路等级和条件	城市道路等级	修正系数 K_r
3类	山岭、重丘一、二、三级公路	重丘、一、二、三、四级公路	1.25
4类	平原、微丘级外公路	级外道路	1.35
5类	山岭、重丘四级公路		1.45
6类	山岭、重丘级外公路		1.70

3.3 汽车排放性

汽车的排放性主要是指汽车在工作时向大气及其环境排放有害物质（CO、HC、NO_x、柴油车 PM 等）的情况，常用汽车行驶单位里程或消耗单位燃料时某种污染物的平均排放量来评价。

在汽车数量多、行驶密度大的城市和地区，汽车排气中有害成分所造成的危害是十分严重的。其特点不仅是流动污染源、而且数量很大，在居民稠密处散发，常易造成局部地区的污染物浓度过高，危害人体。在某些国家，汽车排出的有害废气成了大气污染的主要根源，进入所谓"光化学烟雾"时期。最有代表性的就是美国洛杉矶光化学烟雾事件。汽车排出的碳氢化合物（HC）及氮氧化物（NO_x）在阳光紫外线作用下，形成一种有毒的"光化学烟雾"，可使人呼吸困难、眼红、喉痛，造成中毒。日本东京也不止一次地发生过光化学烟雾中毒事件。为了保护环境、保障人体健康，不少国家制定了汽车及内燃机的排污标准，成为必须遵守的法规。在美国1970年颁布了"大气净化法案"（马斯基法），1990年进行了修订，制定了最严格的排放法规；欧盟自1993年开始，积极强化汽车排放法规，2000年1月1日实行欧洲3号（Euro-Ⅲ），2005年1月1日实施排放要求更加严格强化欧洲4号（Euro-Ⅳ）标准。目前，我国正在进行这方面的工作。1999年1月1日，北京市首先实行《轻型汽车排气污染物排放标准》（GB14761—1999），从2000年1月1日起推广到全国执行，该标准与欧洲 ECE83.01（EURO-Ⅰ）等效。该标准对汽车尾气污染物控制得相当严格，因此目前国内生产的汽车必须进行改进，排气量不足1L的车，其动力装置必须改成汽油和双气——液化石油气和天然气；排气量大于1L的汽车需改成电喷装置，同时加装三元净化器才能在北京道路上行驶。我国及欧洲汽车排放标准见表3-9。

我国及欧洲汽车排放标准　　　　　表3-9

标　准		实施年份	
污染物	控制值	欧洲	中国
欧洲Ⅰ： CO(g/km) HC+NO_x(g/km) PM(g/km)（柴油车）	3.16 1.13 0.18	1992—1995	全国 2000.1.1—2004.6.30 北京 1999.1.1—2003.12.31
欧洲Ⅱ： CO(g/km) HC+NO_x(g/km) PM(g/km)（柴油车）	2.20 0.50 0.08	1996—2000	全国 2004.7.1 起 北京 2004.1.1 起

与我国2011年起陆续实施的国三、国四排放标准等效的欧洲EU-Ⅲ号、EU-Ⅳ号汽车尾气排放标准具体限值如下：乘员数为7~9人，或总质量大于2.5t且不大于3.5t的乘用车；总质量不大于3.5t的载货车。EU-Ⅲ号和EU-Ⅳ号的要求见表3-10及表3-11。

汽油车排放限值　　　　　　　　　　　　　　　表3-10

标　准	级　别	CO(g/km)	HC(g/km)	NO_x(g/km)
EU-Ⅲ号	1	2.30	0.20	0.15
	2	4.17	0.25	0.18
	3	5.22	0.29	0.21
EU-Ⅳ号	1	1.00	0.10	0.08
	2	1.81	0.13	0.10
	3	2.27	0.16	0.11

柴油车排放限值　　　　　　　　　　　　　　　表3-11

标　准	级　别	CO(g/km)	HC(g/km)	NO_x(g/km)
EU-Ⅲ号	1	0.64	0.50	0.56
	2	0.80	0.65	0.72
	3	0.95	0.78	0.86
EU-Ⅳ号	1	0.50	0.25	0.30
	2	0.63	0.33	0.39
	3	0.74	0.39	0.46

通过采用电控系统、优化燃烧状况、使用新型燃料、引入后处理技术和整车轻量化，都可以改善传统内燃机汽车的排放性。随着石油等化石燃料的不断消耗和环境污染问题日益严峻，内燃机燃烧效率的先天不足，加之电动汽车排放性的优势，使得发展电动汽车的必要性凸显。

3.4　电动汽车的燃料经济性

3.4.1　综合等效油耗、氢耗、电耗的概念

混合动力汽车是一个多能源输入系统，电机驱动时消耗的电能最终需有发动机燃油来补充，电机发电时产生的电能也相当于将一定燃油能量存入电池。因此，发动机和电机所消耗的总能量可以用最终所需消耗的燃油量来表示，这就是综合等效油耗。

燃料电池汽车也是多能源输入系统，其能量最终来自于氢的消耗。燃料电池车所消耗的总能量用最终所需消耗的氢量来表示就是等效综合氢耗。

纯电动汽车是单一动力源驱动系统，没有经过能源的转换，其综合电耗就是电池的耗电量。

下面仅对混合动力汽车和燃料电池汽车来分别确定对应的综合等效油耗和综合等效氢耗。

1) 综合等效油耗

混合动力车辆是双能源输入系统，在燃油经济性评价方法方面，其主要有两部分组成：其一，发动机的燃油特性曲线，这与传统车相同；其二，电机的等效油耗计算。通常的做法是将电

动机的电耗折算成等热值的燃油量,一起参与整车燃油经济性的评价。

电机电动消耗或发电产生的电池电能相当于一定的燃油消耗或燃油量。其计算可参考 SAEJl711 标准中的固定等效系数(8.834kwh/L),然而该参数无法考虑车型和零部件差异以及车辆运行状态等的影响。Johnson 等使用电池荷电状态(State of Charge,SOC)和行车时 SOC 的变化量计算等效燃油消耗量,但该方法计算量大且需要进行实时的计算,SOC 变化量的引入使换挡参数增加到 5 个,导致换挡规律过度复杂。另外,行车时变动相对较大的 SOC 变化量会引起最佳挡位变动频繁进行而影响整车燃油经济指标和排放性能。

当电机作为电动机或发电机工作时,会有能量的转换,将电能转换为等效的燃油量有助于评价换挡前后的燃油经济性。计算步骤如下:

电机电动或进行发电时的输入或输出功率为:

$$P_m = \begin{cases} T_m n_m / \eta_M & T_m \geq 0 \\ T_m n_m \eta_M & T_m \leq 0 \end{cases} \tag{3-26}$$

式中:η_M——电动机关于其转速和转矩的效率特性。

电机工作在电动机和发电机状态时,电路图结构如图 3-12 所示。

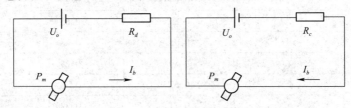

图 3-12 电机工作在电动机状态和发电机状态的等效电路

其中,I_b 为总电流;U_o、R_d、R_c 为电池组开路电压、放电内阻和充电电阻,以电动机状态为例,系统功率平衡方程:

$$U_o I_b = R_d I_b^2 + P_m \tag{3-27}$$

由(3-27)可得:

$$I_b = \frac{U_o - \sqrt{U_o^2 - 4R_d P_m}}{2R_d} \tag{3-28}$$

而此时需要的电池输出功率:

$$P_b = U_o I_b = \frac{U_o^2 - U_o \sqrt{U_o^2 - 4R_d P_m}}{2R_d} \tag{3-29}$$

按照类似方法也可计算得到电机发电时电池的输入功率。这样就包括了从电机到电池的能量效率。由计算得到的电池功率可知,当电机工作在电动机状态时,电池消耗功率折算的油耗值应与发动机油耗相加;而当电机工作在发电机状态时,电池得到的功率折算的油耗值应与发动机油耗相减。电机消耗的等效燃油为:

$$G_m = \frac{P_b}{C_L} \tag{3-30}$$

其中,$C_L = 42.6 \text{kJ/g}$ 为燃料的热值。

电机的等效燃油消耗 G_m 加上发动机的燃油消耗 G_e,就可以得到综合的等效燃油消耗:

$$G = G_e + G_m \tag{3-31}$$

2) 综合等效氢耗

燃料电池系统的综合氢耗 C 由燃料电池氢耗 C_{fuel} 和蓄电池的等效氢耗 C_{bat} 两部分组成。

$$C = C_{fuel} + \kappa C_{bat} \tag{3-32}$$

$$\kappa = 1 - \frac{2\mu[S - 0.5(S_H + S_L)]}{S_H - S_L} \tag{3-33}$$

式中：κ——修正系数；

S——蓄电池荷电状态值；

μ——SOC 平衡修正系数；

S_H——SOC 上限值；

S_L——SOC 下限值。

根据不同的路况和修正系数 μ 的值，保证 SOC 处于 $[S_H, S_L]$ 的范围之内。

根据台架试验数据，燃料电池氢耗 C_{fuel} 与 DC/DC 变换器输出功率 P_{dc} 之间呈线性关系：

$$C_{fuel} = aP_{dc} + b \tag{3-34}$$

根据等效消耗理论，蓄电池等效氢耗 C_{bat} 可按式（3-35）计算：

$$C_{bat} = \begin{cases} \dfrac{P_{bat}}{\eta_{dis}\overline{\eta_{chg}}} \dfrac{\overline{C_{fuel}}}{\overline{P_{dc}}} & P_{bat} \geq 0 \\ P_{bat}\eta_{chg}\overline{\eta_{dis}} \dfrac{\overline{C_{fuel}}}{\overline{P_{dc}}} & P_{bat} < 0 \end{cases} \tag{3-35}$$

式中：P_{bat}——为蓄电池功率；

$\overline{P_{dc}}$——DC/DC 变换器平均功率；

$\overline{C_{fuel}}$——燃料电池平均氢耗；

η_{dis}、η_{chg}——蓄电池放电效率和充电效率；

$\overline{\eta_{dis}}$、$\overline{\eta_{chg}}$——蓄电池平均放电效率和平均充电效率。

蓄电池的充放电效率为：

$$\begin{cases} \eta_{dis} = \dfrac{(1 + \sqrt{1 - 4R_{dis}P_{bat}/U_o^2})}{2} \\ \eta_{chg} = \dfrac{2}{(1 + \sqrt{1 - 4R_{chg}P_{bat}/U_o^2})} \end{cases} \tag{3-36}$$

式中：R_{dis}——放电电阻；

R_{chg}——充电电阻。

3.4.2 混合动力汽车经济性换挡规律的制定

传统汽车的经济性或动力性换挡策略，多以车速和发动机加速踏板作为换挡参数，因为其只有发动机一个动力源。而混合动力汽车的多动力源特性和动力总成结构，决定了其还须考虑电驱动系统的运行状态，尤其是经济性换挡策略，区别于传统汽车只需通过计算发动机的油耗情况确定最佳换挡时机，混合动力汽车还需考虑电能部分（蓄电池的电能变化）等效于内燃机的油耗部分，从而综合评价整车的燃油经济性。

1）换挡参数的选择

在混合动力汽车系统中，由于其多动力源的结构，使得节气门开度不能有效地反映驾驶员的转矩需求，所以应当另外选取换挡控制参数。驾驶员油门开度是个很好的选择，配合当前发动机转速和 SOC 状态，可以有效地反映出驾驶员的转矩需求。因此，油门开度 α_g、电池 SOC

值和车速 v 或发动机转速可以全面地表示发动机、电机和蓄电池的输出状态。

2）最佳燃油经济性换挡规律制定步骤

混合动力汽车行驶时，各种动力源都会消耗能量，需要将各种动力源最终等效为燃油消耗，才能很好地评价整车的经济性。为了整体反映整车的燃油经济性，需将发动机油耗和电机产生的等效油耗综合起来考虑。

最佳经济性换挡规律制定的流程图如图 3-13 所示，具体步骤如下：

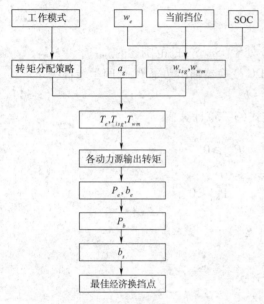

图 3-13　最佳经济换挡规律流程图

(1) 给定当前混合动力工作模式；

(2) 根据工作模式，确定转矩分配策略；

(3) 给定当前挡位 k；

(4) 给定电池 SOC；

(5) 给定一组发动机转速 ω_e，即给定了一组车速。根据发动机转速、ISG 电机转速和轮毂电机转速之间的关系，也就给定了一组 ISG 电机转速 ω_{isg} 和轮毂电机转速 ω_{wm}；

(6) 给定油门开度 α_g，根据转矩分配规则，确定对应车速下的转矩 T_e、T_{isg}、T_{wm}；

(7) 计算换入相邻高挡 $k+1$ 后各动力源的输出转矩；

(8) 计算不同车速下相邻两挡的发动机瞬时功率 P_e 及发动机油耗率 b_e；

(9) 计算不同车速下相邻两挡的蓄电池瞬时功率 P_b；

(10) 计算不同车速下相邻两挡的综合等效油耗率 b_s，并选择两挡综合等效油耗率曲线的交点作为最佳经济性换挡车速；

(11) 给定不同的油门开度 α_g，重复步骤(6)~(10)，即得到该挡位下不同加速踏板位置对应的经济性换挡点；

(12) 按步骤(4)~(11)可计算其他 SOC 状态时混合动力汽车的最佳经济性换挡规律；

(13) 按步骤(3)~(12)可计算其他挡位的最佳经济性换挡规律；

(14) 按步骤(1)~(13)可计算其他混合动力工作模式下的最佳经济性换挡规律；

上述步骤中的(7)、(8)、(9)和(10)是制定混合动力经济性换挡规律的关键。

3）经济性换挡规律计算结果及性能验证

由驾驶员油门开度 α_g、电池 SOC 和车速 v 共同决定的综合经济性换挡规律曲面如图 3-14 所示。为验证其有效性，以 NEDC 循环工况作为行驶工况，分别采用传统两参数和所设计的三参数换挡规律（加速踏板开度、电池 SOC 和车速）进行换挡控制实车转鼓性能试验，结果表明，考虑电池 SOC 状态的混合动力经济性换挡规律，相对传统换挡规律，燃油经济性改善了 2.4%。

3.4.3　电动汽车的能量经济性仿真方法及实例分析

1）电动汽车的能量经济性仿真建模方法

计算机仿真是能量管理策略设计的有力工具，仿真分析有助于深入理解混合动力系统的工作过程和分析能量管理策略中动力学的主要影响因素，快速验证能量管理策略。在能量管理策略设计中,系统部件模型还可以用来定量分析整车的能量消耗,建立能量消耗模型,用于算法设计。此外,在整车方案设计时,可以用整车仿真程序来评估整车性能,验证方案设计,以及对方案进行优化设计等。

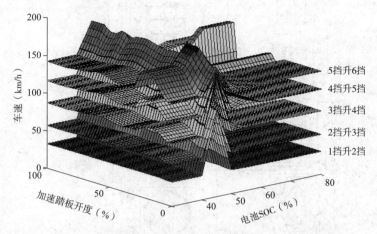

图 3-14 综合经济性换挡规律曲面

面向混合动力汽车能量经济性仿真模型着重分析各动力部件的能量消耗,通常采用主要基于各部件稳态试验数据,结合整车动力学动态模型的建模方法。同时,对于主要零部件模型一方面考虑对稳态特性在温升等参数改变时的修正,另一方面考虑负载变化和惯量的动态影响。国外的软件,如 ADVISOR 等以及国内对混合动力汽车的建模分析中几乎全部都是采用了这种建模方法。

此外,现在的汽车仿真方法主要有前向仿真和后向仿真两种,仿真软件也多采用其中的一种方法,使两种方法优劣不能互补,而 ADVISOR 采用了以后向仿真为主、前向仿真为辅的混合仿真方法,这样便较好地集成了两种方法的优点,既使仿真计算量较小,运算速度较快,同时又保证了仿真结果的精度。

如图 3-15 所示,ADVISOR 软件分模块建立了发动机、离合器、变速器、主减速器、车轮和车轴等部件的仿真模型,各个模块都有标准的数据输入/输出端口,便于模块间进行数据传递,而且各总成模块都很容易扩充和修改,各模块也可以随意的组合使用,用户可以在现有模型的基础上根据需要对一些模块进行修改,然后重新组装需要的汽车模型。

整车驱动模式控制以及发动机、发电机、蓄电池、电机等子系统之间的能量管理是混合动力汽车控制策略最核心的内容。在面向混合动力汽车能量管理策略开发的建模时,模型主要可以分为两大类:包括发动机、蓄电池、ISG 电机在内的动力总成模型,以及包括整车模型、车轮模型在内的整车纵向动力学模型,整个仿真系统通过加入驾驶员模型实现闭环。驾驶员模型包含了换挡策略以及跟踪目标车速的 PID 控制器,输入为汽车行驶目标车速与实际车速。

针对电动汽车能量经济性,主要是通过整车关键参数的优化匹配,例如混合度的优化,以及整车能量管理策略保证的。它主要包括制定经济性换挡规律,让发动机尽可能工作在高效区,取消发动机怠速等。

2) 弱混合动力轿车应用实例分析

针对弱混合动力轿车,在发动机曲轴后端连接 ISG 电机,ISG 后端再以离合器与传动系连接。这种结构可以实现发动机快速起停、ISG 电机助力发电以及再生制动等功能,系统结构紧凑,成本低,图 3-16 为该配置方案的简图,技术参数见表 3-12。

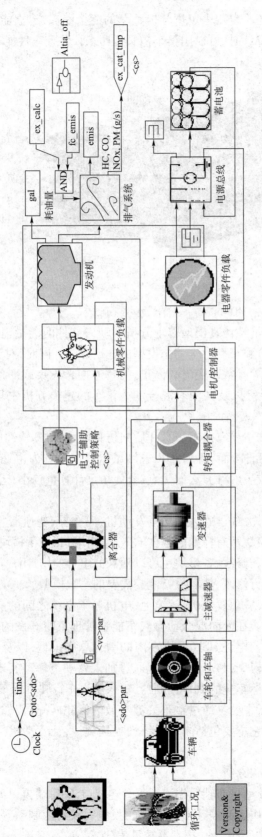

图 3-15 Advisor 仿真模型

混合动力汽车主要技术参数 表 3-12

试验总质量	发动机	ISG 电机	蓄电池	变速器
1910kg	1.8T 汽油机 125kW	永磁同步电机 峰值功率 15kW	144V,8Ah	6 挡 AMT

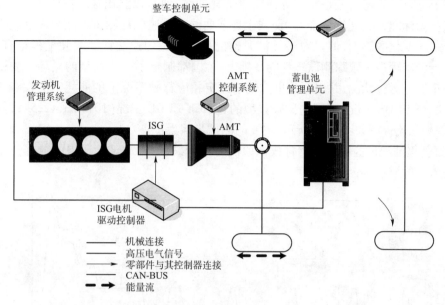

图 3-16 基于 ISG 的弱混合动力汽车结构简图

与传统汽车一样,混合动力汽车的动力全部来自发动机的燃料燃烧所释放的热能,电机驱动所需的电能是燃料的热能在车辆行驶中转换为电能后储存在蓄电池中。并联混合动力汽车通过取消发动机怠速运行工况、控制发动机工作于最佳效率区并且可通过负荷平衡来实现,即用电机来调整发动机,可以极大地提高燃料的使用效率,从而提高汽车的燃料经济性。能量管理策略的目标,是使能量转换效率尽可能高,因此,控制发动机工作于最佳效率区是能量管理策略需要解决的主要问题,也是保证混合动力汽车能量经济性的关键。

由于 ISG 功率限制,该种结构形式的混合动力车辆提高经济性排放性的途径主要是取消怠速,改善发动机工况,以及再生制动方面,并不能用于单独驱动车辆。

3.4.4 电动汽车的能量经济性测试方法及实例分析

1)电动汽车的能量经济性测试方法

如何对其科学合理地进行能量消耗量测试将是客观评价电动汽车经济性的重要基础,也是进行电动汽车研发过程中必不可少的技术手段之一。国家质检总局于 2013 年 12 月颁布了 GB/T 19753—2013《轻型混合动力电动汽车能量消耗量试验方法》,用于指导汽车研发企业和检测机构对 HEV 的能量消耗进行测试,以更好地改善节能水平。

车辆能耗经济性评价指标都是以一定的车速或者循环行驶工况为基础,以车辆行驶一定里程的能量消耗量或者一定能量使车辆可行驶的里程来衡量的。为了使电动汽车能耗经济性评价指标具有普遍性,其评价指标应该满足以下 3 个条件:

(1)可以对不同类型的电动汽车经济性进行评价;

(2)指标参数数值与整车储存能量总量无关;

(3)可以直接通过参数指标警醒能耗经济性判断。

电动汽车常用评价指标包括:续驶里程、单位里程容量消耗、单位里程能量消耗、单位容量和单位能量消耗行驶里程、等速能耗经济曲线以及比能耗和比容耗等。

针对能量消耗和续驶里程测试,均有等速法和工况法两种测量方法,计算和测试可以针对这两种情况进行。等速法就是绘制等速能量消耗曲线,通常以测出速度间隔为10km/h 的等速行驶能耗为标准,在"速度—能耗"曲线上连成曲线。等速能耗测试不能全面反映汽车实际行驶中受工况变化的影响,但是对于经济时速的确定以及匀速法计算续驶里程是有必要的。在对实际行驶车辆进行跟踪测试统计的基础上,各国都制定了一些典型的循环行驶试验工况来模拟汽车实际运行状况,并以百公里能耗来评定相应行驶工况下的能耗经济性。欧洲常用的一些工况是UDDS 工况,而国内比较典型的是 ECE-EUDC 工况(10.2km,1225s),如图3-17所示,测试步骤流程图如图3-18所示,主要的测试步骤为:

(1)百公里油耗试验和污染物排放试验同时进行,根据排放试验所得的数据使用碳平衡法计算所消耗的燃油量;

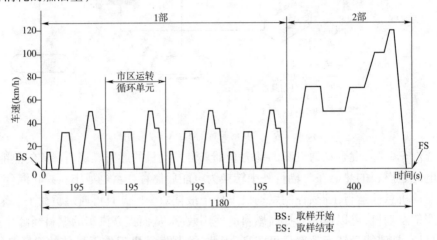

图 3-17 ECE_EUDC 工况

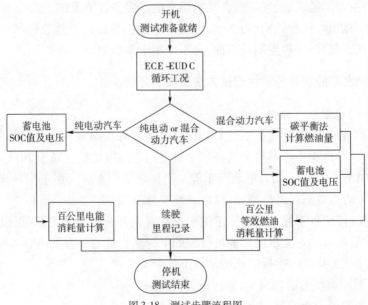

图 3-18 测试步骤流程图

(2)当测试混合动力模式下的油耗时,还应记录蓄电池 SOC 值及电压、实际行驶里程;

(3)ECE-EUDC 循环工况进行一次,计算百公里汽油消耗量;

(4)当测试混合动力模式下的油耗时,还应根据 ECE-EUDC 循环工况蓄电池 SOC 值的变化,计算每次变化折算的百公里油耗;

(5)计算 ECE-EUDC 循环工况蓄电池 SOC 值的变化折算成的百公里油耗量;

(6)计算总油耗;

(7)测试结束后停车关机。

值得说明的是以上测试步骤是针对于混合动力汽车,对于纯电动汽车而言,直接记录蓄电池 SOC 值及电压、实际行驶里程即可。

2)电动汽车的能量经济性试验分析

根据所提出的测试理论及步骤,分别针对纯电动和混合动力汽车进行能量经济性的测试。

(1)试验分析1。

以某款纯电动汽车为例,测试在不同车速下的匀速百公里能耗,该汽车的整车技术参数见表3-13。

车辆技术参数　　　　　　　　　　表3-13

外形尺寸 (mm×mm×mm)	整备质量 m(kg)	迎风面积 A(m²)	车轮半径 r(m)	滚动阻力系数 f	空气阻力系数 C_D	传动效率 n_t
4200×1780×1550	1100	2.1	0.285	0.015	0.3	0.92

等速百公里能耗测试时,测试方法遵循国家标准 GB/T 18386—2005 的测试方法。车速从 20km/h 开始,每组测试完毕速度依次增加 10km/h,直至 120km/h,并且在测试中实时记录电池的能量状况和计算续驶里程,待行驶百公里时测得在该速度下的能耗,这样就得到了等速百公里能耗经济曲线和续驶里程和车速关系数据,见表3-14。

等速百公里能耗和续驶里程与车速关系　　　　　　表3-14

车速 v(km/h)	20	30	40	50	60	70	80	90	100	110	120
百公里能耗 W(kWh)	7.9	8.0	8.6	9	9.9	10.1	11.8	12.2	14.7	16.2	18.6
续驶里程 S(km)	275	264	255	246	228	203	186	165	150	127	105

从表中可以看出,百公里能耗随着车速的提高而增加,续驶里程随着车速的提高而减少,低速行驶及能耗少时有助于增加电动汽车的续驶里程。此外,利用 UDDS 工况和 ECE-EUDC 工况进行百公里能耗和续驶里程测试时,该电动汽车在 UDDS 工况下百公里能耗为 11.05kWh,续驶里程为 205km;在 ECE-EUDC 工况下百公里能耗为 12.28kWh,续驶里程为 180km,后者能耗小,是由于电动汽车行驶时滚动阻力小、风阻小等。

(2)试验分析2。

以某款混合动力汽车为例,在 ECE-EUDC 工况下进行百公里能耗和续驶里程测试,该汽车的整车技术参数见表3-15。

车辆技术参数　　　　　　　　　　表3-15

外形尺寸 (mm×mm×mm)	整备质量 m(kg)	迎风面积 A(m²)	车轮半径 r(m)	滚动阻力系数 f	空气阻力系数 C_D	传动效率 n_t
4200×1780×1550	1900	2.095	0.308	0.0137	0.293	0.93

分析设备根据计算排放所采集的废气,使用碳平衡法得出,百公里油耗为 8.169L。

此外,根据 GB/T 19753—2013《轻型混合动力电动汽车能量消耗量试验方法》在混合动力模式下,蓄电池的 SOC 变化量应该折算成相应的燃油消耗量:

$$\Delta E = 0.0036 \times \Delta Q \times V_e = 汽油热值 \times 汽油密度 \times 消耗体积 \quad (3-37)$$

试验过程中主要记录的参数以及计算结果见表 3-16。

测试记录数据及能耗计算结果　　　表 3-16

起始SOC值(%)	结束SOC值(%)	起始动力蓄电池电压(V)	结束动力蓄电池电压(V)	汽油密度(kg/L)	汽油热值(MJ/kg)	电能变化平衡值(MJ)	百公里折算燃油消耗量(L/100km)	总百公里折算燃油消耗量(L/100km)
40	42	151.6	160.5	0.725	46	0.067	0.002	8.167

3.5　影响汽车经济性的因素

由上节可知,汽车等速行驶百公里燃料消耗量为:

$$Q_s = \frac{P_e b}{1.02 u_a \rho g} \quad 或 \quad Q_s = \frac{CFb}{\eta_T} \quad (3-38)$$

式中:C——常数;

F——行驶阻力,$F = F_f + F_w$。

由上式可知,等速行驶百公里燃料消耗量正比于等速行驶时的行驶阻力与燃料消耗率,反比于传动效率。

发动机的燃料消耗率,一方面取决于发动机的种类、设计制造水平;另一方面又与汽车行驶时发动机的负荷率有关。从万有特性图上可知,发动机负荷率低时,b 值显著增大。

当然,总的汽车燃料消耗还与加速、减速、制动、怠速停车等工况以及汽车附件(如空调)的使用有关。图 3-19 是美国中型轿车在 EPA 城市和 EPA 公路循环工况中的燃料化学能与汽车各处消耗能量的平衡图。由图可以看出,汽车燃料消耗除与行驶阻力(滚动阻力与空气阻力)、发动机燃料消耗率以及传动系效率有关之外,还与停车怠速油耗、汽车附件(空调等)消耗及制动能量损耗有关。在城市循环工况中,后三个因素的影响相当大,它们消耗的能量总计达燃料化学能的 25.2%。但传统结构的汽车在这些方面尚未找到提高燃料经济性的突破性措施。

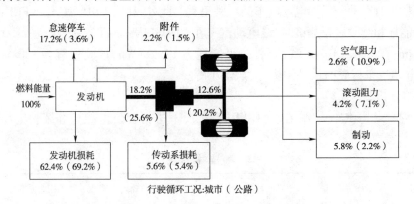

图 3-19　现代中型轿车 EPA 城市、公路循环行驶工况的能量平衡

下面从汽车结构与使用两个方面讨论影响汽车燃料经济性的因素,分析提高燃料经济性

的途径。

3.5.1 汽车结构方面

在汽车结构方面,可以通过下述途径来改善燃料经济性。

1)发动机

由图3-19可知,发动机中的热损失与机械损耗占燃料化学能中的65%左右。显然,发动机是对汽车燃料经济性影响最大的部件。目前看来提高发动机经济性的主要途径为:

(1)提高压缩比。

根据等容加热理论循环,当压缩比 ε 提高时,热效率增加,发动机动力性提高,油耗率降低。试验表明,在 $\varepsilon = 7.5 \sim 9.5$ 范围内,压缩比每提高一个单位,油耗可以下降4%以上。

汽油机压缩比的提高主要受爆震和 NO_x 污染物排放的限制,同时提高到一定程度后,不仅对提高发动机的功率和效率无明显效果,而且会增加排气中 NO_x 的浓度。提高压缩比,需要相应提高汽油辛烷值,使得汽油炼制成本提高。

改进燃烧室和进气系统,提高发动机结构的爆震极限;使用爆震传感器,自动延迟产生爆震时的点火提前角;开发高辛烷值汽油等都是提高压缩比的措施。

(2)采用汽油机电子燃料喷射系统。

可燃混合气燃烧的完全,燃烧的放热量就多,这不仅能使发动机发出更大的功率,而且可使排出废气中的有害物质得到控制;燃烧的及时,可使比油耗下降,热效率提高。电控汽油喷射系统可以根据发动机的进气量大小和运行工况,对混合气浓度进行自动控制。通过提供发动机各种工况下实际需要的最佳空燃比,使汽车的动力性能增强,油耗和排放物获得良好的控制。

与传统的化油器供给系统相比,电子汽油喷射系统通过电子技术对系统实行多参数控制,可使发动机的功率提高10%,在耗油量相同的情况下,转矩可增大20%;从 0~100km/h 加速度时间减少7%;油耗降低10%;尾气排污量可降低34%~50%,系统采用闭环控制并加装三元催化器,排放量可下降73%。

(3)多气门结构。

在未来 5~10 年内,多气门技术还将继续发展和普及。四气门的主要优点有:油嘴垂直且中心布置,使油线分布均匀,相应的燃烧室也可以中心布置,中心燃烧室与偏置燃烧室相比,进气涡流动能的衰减要明显小得多;中置油嘴加中置燃烧室可以改善混合气的形成,提高燃烧质量,获得低的排放和高的转矩功率;四气门增加了气门的流通面积和流通能力,进气面积可提高11%以上,排气面积可提高25%以上,从而降低了泵气损失,提高了充气系数,有助于降低燃料消耗率;中置燃烧室使活塞顶上的热负荷趋于均匀,便于冷却油腔的布置,采用冷却油腔的活塞能承受更高的热负荷;四气门采用两个独立的进气道,便于实现可变进气涡流,高转速、全负荷时两个进气道都打开,而在低速时只开一个进气道,从而提高了涡流比;中置且垂直的油嘴安装位置使用可变流道面积喷嘴,有助于减少排放,特别是低转速、低负荷的颗粒排放。

(4)涡轮增压技术。

增压是指对新鲜空气进行预压缩的过程。增压后进入燃烧室内的新鲜空气量增多,燃烧更多的燃料,从而可以提高发动机功率。增大空气密度 ρ_k,即提高进入汽缸空气的压力 p_k,降低进入汽缸空气的温度 T_k 是提高平均有效压力 p_{me} 最有效的方法。提高空气的压力和降低进入汽缸空气温度的办法是采用增压和中间冷却技术。该技术除明显改善发动机的动力性外,还可以改善燃料经济性。实践证明,在小型汽车发动机上采用涡轮增压,当汽车以正常的经济车速行驶时,可以获得相当好的燃料经济性,同时,发动机功率的增加,能得到驾驶员所期望的良好的加速性能。

采用增压技术不仅功率可提高30%～100%,还可以减少单位功率质量,缩小外形尺寸,节约原材料,降低燃料消耗。实践表明:在一般柴油机上,将进排气管作适当变动,并调整加大供油量,加装废气涡轮增压器后,可明显增加功率,降低油耗。

(5)燃烧稀混合气。

稀混合气可以提高发动机燃料经济性主要是因为稀混合气中的汽油分子有更多的机会与空气中氧分子接触,容易燃烧完全,同时混合气越接近于空气循环,绝热指数 K 越大,热效率随之提高;采用稀混合气,由于其燃烧后最高温度降低,使汽缸壁传热损失较少,并使燃烧产物的离解减少,从而提高了热效率。另外,采用稀混合气,由于汽缸内压力、温度低,不易发生爆震,则可以提高压缩比,增大混合气的膨胀比和温度,减少燃烧室残余废气量,因而可以提高燃料的能量利用效率。但若混合气过稀,燃烧速度过于缓慢,等容燃烧速度下降,混合气发热量和分子改变系数减少,指示功减小,但机械损失功变化很小,使机械效率下降;混合气过稀,发动机的工作对混合气分配的均匀性和汽油、空气及废气三者的混合均匀性变得更加敏感,循环变动率增加,个别缸失火的概率增加。

2)传动系统

通过改进传动系统的结构与参数,可以得到良好的节能效果:

(1)采用机械多挡变速器。

传动系的挡位越多,汽车在运行过程中越有可能选用合适的速比,使发动机处于经济的工作状况,以提高汽车的燃料经济性。因此,近年来轿车手动变速器已基本上采用5挡。大型货车有采用更多挡位的趋势,如装载质量为4t的五十铃货车,装用了7挡变速器。由专职驾驶员驾驶的重型汽车和牵引车,为了改善动力性和燃料经济性,变速器的挡位可多至10～16个。但挡位数过多会使变速器结构大为复杂,同时操纵机构也过于繁琐,从而使变速器操作不便,选挡困难。为此常在变速器后接上一个两挡或三挡的副变速器。

(2)采用无级变速器。

挡数无限的无级变速器,提供了使发动机在任何条件下都工作在最经济工况下的可能性。若无级变速器始终能维持较高的机械效率,则汽车的燃料经济性将显著提高。

图3-20a)是发动机的负荷特性,这些曲线的包络线是发动机提供一定功率时的最低燃料消耗曲线。利用此图可以找出发动机提供一定功率时的最经济工况(转速与负荷)。把各功率下最经济工况运转的转速与负荷率标明在外特性曲线上,便得到"最小燃料消耗特性",如图3-20b)中的$A_1A_2A_3$曲线。例如,在某道路阻力系数 ψ 的道路上以 v'_a 速度行驶,需要发动机提供功率 P'_e,发动机可以在 n_0、n'_e、n_1、n_2 等多种转速及相应的多种负荷率下工作,但只有在 P'_e 水平线与 A_2A_3 的交点处工作,即转速为 n'_e 和大致为90%负荷率工作时,燃料消耗率 b 最小。

有了发动机的"最小燃料消耗特性",可进一步确定无级变速器的调节性能,无级变速器的传动比 i' 与发动机转速 n_e 及汽车行驶速度之间有如下关系:

$$i' = 0.377\frac{n_e r}{i_0 v_a} = A\frac{n_e}{v_a} \tag{3-39}$$

式中:A——对某一汽车而言为常数,$A = 0.377\frac{r}{i_0}$。

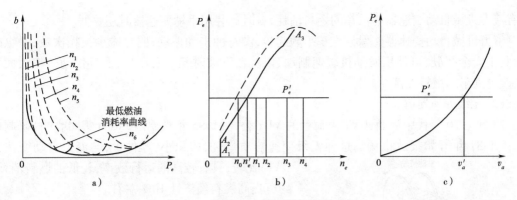

图 3-20 发动机最小燃料消耗特性的确定

如上所述,当汽车以速度 v_a' 在一定道路上行驶时,根据应提供的功率 $P_e' = (P_\psi + P_w)/\eta_T$ 由"最小燃料消耗特性"曲线可求出发动机经济的工作转速 n_e'。当然,节流阀也要作相应的控制,才能在 n_e' 时发出功率 P_e'。将 v_a' 和 n_e' 代入上式,即得无级变速器应有的传动比 i'。在同一阻力系数取值的道路上,将不同车速时无级变速器应有的 i' 连成曲线,便得到无级变速器的调节特性,如图 3-21 所示。AB 为变速器最大传动比,ED 为最小传动比。BC 表示发动机转速为最大功率转速时 i' 与车速的关系曲线,AE 表示发动机最低转速时 i' 与车速的关系曲线。AE 与 BCD 曲线间所包含的曲线,表示在不同道路阻力下无级变速器的调节特性。

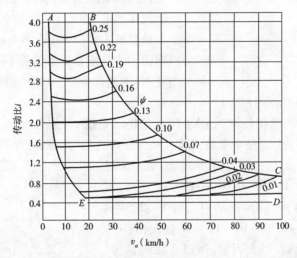

图 3-21 无级变速器的调速特性

目前,在轿车上所用的自动变速器主要有三种形式:液力机械自动变速器(Automatic Transmission,AT)、无级变速器(Continuously Variable Transmission,CVT)、电控机械式自动变速器 AMT(Automated Mechanical Transmission,AMT)。

(1)液力机械自动变速器(AT)。

液力机械自动变速器技术已十分成熟,目前占据着自动变速系统的主导地位。由于液力变矩器的传动效率低,汽车燃料经济性反而有所下降。近年来为了节油和进一步提高动力性,液力机械自动变速器的挡数有所增加,一般为五个挡,也有六、七、八、九挡的。有的挡位(如三挡)进行功率分流,即较大部分功率不经过液力变矩器而直接经输出轴输出。高挡装有锁止离合器,当离合器锁止时滑转完全消除,提高了传动效率,从而提高了装有液力变速器汽车的燃料经济性。据有关数据表明,由于液力机械自动变速器使发动机在较佳工况下运转,所以装有液力机械自动变速器的汽车的燃料消耗,有时比装用手动变速器时还要低。

液力机械自动变速器能保证汽车平顺起步,没有冲击和振动;明显减少换挡次数;操纵轻便,利于安全行驶;可使用发动机缓速制动,以及在下坡时起动发动机,而且传动效率大大提高,改善汽车的燃料经济性。

(2) 无级变速器(CVT)。

20世纪70年代中后期,CVT由荷兰的VDT公司(1995年被德国Bosch集团收购)研制成功,于1987年开始投放市场。这种无级变速器质量轻、体积小、零件少,与液力自动变速器(AT)比较,具有较高的运行效率,较低的燃料消耗,约可提高燃料经济性10%左右。

图3-22所示为CVT的结构及原理示意图。当主、从动工作轮的可动部分作轴向移动时,即可改变传动带与工作轮的传动半径,从而改变了传动比。工作轮可动部分的轴向移动是根据汽车的行驶工况,通过控制系统进行连续地调节而实现无级变速传动的。其动力传递是由发动机飞轮经离合器传到主动工作轮、金属带、从动工作轮后,再经中间减速齿轮机构和主减速器,最后传给驱动轮。可见,该系统使汽车具有无级自动变速传动的功能。其中,V型带轮及推力带(Pushing Belt)是其核心部件之一,根据使用的其他相关部件的不同及传动动力模式的差异,CVT通常可分为以下三种形式:

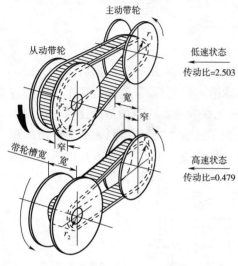

图3-22 金属带式无级变速器原理图

① 使用离合器与制动器的CVT。

图3-23所示为采用液压控制的CVT构成的传动系统,可分为4个子系统:换向器、速变器、主减速器和差速器。1为整个系统的输入元件。前进挡与倒挡是分别用6与7实现的:当6分离、7接合时,行星架与太阳轮同步转动,动力通过1→7→18、20→14→13、15→8→9→10→12→11输出,实现向前行驶;当7分离、6接合时,动力通过1→2、3→4→18、20→14→13、15→8→9→10→12→11输出,其中1正向转动,带动2、3转动,因5固定,所以2反向自转,从而3正向自转,导致4反向转动,实现倒车行驶。主动轮液压缸高压作动主动轮动盘,从动轮液压缸高压作动从动轮动盘,调整主、从动轮液压缸的压力比,使主、从动轮的动盘作轴向移动,改变钢带与主、从动轮的传动半径,从而调节传动比,满足车辆行驶的需要。

从机械无级变速器的工作原理可知,其动力源直接来自发动机,故其工作范围必然也受发动机最低稳定转速的限制,所以起步阶段仍需要离合器。

② CVT与液力变矩器组成无级变速传动。

图3-24所示为某汽车使用的CVT与液力变矩器组成无级变速传动系统示意图,动力由发动机传给液力变

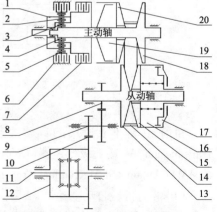

图3-23 使用CVT的传动及其控制原理
1-行星架输入轴组合;2-外行星轮;3-内行星轮;4-太阳轮;5-内齿圈;6-制动器;7-离合器;8-从动轴齿轮;9-主减速器中间轴;10-主减速器大齿轮;11-半轴;12-差速器;13-从动轮定盘;14-钢带;15-从动轮动盘;16-从动轮液压缸;17-背压缸;18-动轮定盘;19-主动轮液压缸;20-主动轮动盘

矩器的泵轮、导轮和涡轮，然后再经过 DNR 机构传给 CVT，这样可改善起步性能。前进挡与倒挡是分别用前进挡离合器与倒挡制动器来控制行星齿轮机构而实现的。动力最后经主减速器和差速器传给驱动车轮。ECU 根据 ABS 中的速度传感器的信号与发动机节气门开度传感器的信号，控制伺服缸的油压，调节工作轮的移动部分的位置，从而获得 CVT 在该工况下所要求的传动比。

③双模式无级变速器。

所谓双模式（Double Mode），即是当起步和低速时液力变矩器工作，当速度增加至变矩器偶合点工况时，转换到 CVT 传动，此时变矩器转换成偶合器工况下工作。这种先为液力无级变速，后转为"纯机械无级变速（CVT）"的组合，称为双模式无级传动。

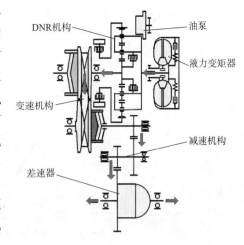

图 3-24 CVT 与液力变矩器组成的无级变速传动

图 3-25 是双模式无级变速传动的示意图，液力变矩器的功率通过传动链 10 传至差速器 8，CVT 无级传动与其平行布置。这种组合在传动比 7∶1 范围内，可提高效率的 30%，在不降低起步、爬坡等性能条件下，主减速比 i_o 可相应降低 30%，故即使在公路上行驶，仍可提高燃料经济性 5%～9%。因有液力变矩器而起步特别平顺，当加速行驶接近变矩器偶合点工况时，转换离合器 4 开始动作，CVT 开始工作。传递变矩器动力的传动链 10 的传动比，基本上与 CVT 钢带传动的低挡传动比相同，故当由液力变矩器传动转换到 CVT 传动时，车辆在重载大节气门下工作，转换离合器基本上能与 CVT 的工作轮同步转换。因此，从液力无级变速换入纯机械无级变速非常平顺。

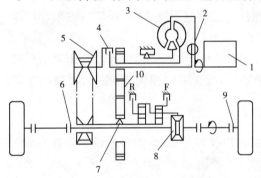

图 3-25 双模式无级变速传动示意图
1-发动机；2-扭转减振器；3-变矩器；4-转换离合器；
5-工作轮；6、9-内外侧万向节；7-单向轮；8-差速器；
10-传动链；R-倒挡离合器；F-前进离合器

（3）电控机械式自动变速器（AMT）。

AMT 是在不改变原车变速器主体结构的基础上，通过加装微机控制的电动装置。应用微电子知识和控制理论，以电子控制器（ECU）为核心，通过电动、液压或气动执行机构，对选换挡机构、离合器、节气门进行操纵，取代原来由人工操作完成的离合器的分离、接合及变速器的选挡、换挡动作，实现换挡全过程的自动化。AMT 能够模拟优秀驾驶员的行车技术，适时地根据驾驶员的操纵（节气门踏板、制动踏板、转向盘、选挡器的操纵）、车辆的运行状态（车速、发动机转速、变速器输入轴转速）、道路状况和驾驶员的主观意图，采用相应的控制规律，发出控制指令，对车辆的动力传动系统进行联合操纵，改善了汽车行驶时的动力性和经济性，避免换挡时的复杂操作，可明显降低劳动强度，确保行车安全。

AMT 的整体控制是电子技术在车辆上广泛采用的基础上产生的。目前，将 AMT 的控制同发动机、ABS、ASR、ACCS（Adaptive Cruise Control System）的控制相结合，实现动力传动系统一体化控制，可提高传动系统与整车的性能，优化控制效果。由于采用 AMT 的车辆存在换挡期间动力中断的缺点，可将 AMT 与轮边电动机和发电机相结合，形成混合动力传动。换挡时

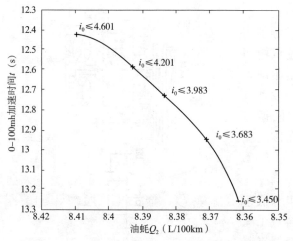

图 3-26 燃油经济性—加速时间曲线

电动机驱动车辆,车辆制动时发电机将机械能转换成电能储存起来,这种混合驱动方式可能是 AMT 技术发展的方向。

3) 主减速器

主减速器传动比的大小,对汽车动力性和经济性均有较大的影响。体现在汽车加速性能和百公里油耗上就是:其速比越大,加速性能和爬坡能力越强,燃料经济性越差。所以,应该在保证汽车一定的动力性的条件下使燃料经济性最好。

图 3-26 比较了同一发动机与变速器配合不同传动比的主减速器时,汽车的百公里油耗与百公里加速时间的结果,通常将其称为 C 曲线或反 C 曲线。

3.5.2 减小汽车行驶阻力

根据式(2-11),汽车在水平道路上等速行驶时,必须克服来自地面的滚动阻力(F_f)和来自空气的空气阻力(F_w),当汽车在坡道上爬坡行驶时,还必须克服坡道阻力(F_i);汽车在加速行驶时,还需要克服加速阻力(F_j)。

在诸阻力中,滚动阻力和空气阻力在任何行驶条件下均会产生,因此汽车经常需要消耗功率来克服这些阻力。所以,减小汽车行驶中的滚动阻力和空气阻力,对节约燃料,提高汽车的燃料经济性很有意义。

1) 减小汽车的滚动阻力

汽车的滚动阻力与路面状况、行驶车速、轮胎结构,以及传动系统、润滑油料等都有关系。

(1) 路面状况对汽车滚动阻力的影响。

从式(1-2)可以看出,在汽车总重一定的情况下,汽车行驶的滚动阻力主要决定于滚动阻力系数。不同路面的滚动阻力系数相差很大。

汽车在不平的路面上行驶时,经常跳动,引起悬挂装置和轮胎变形的增加,滚动阻力增加。为了节约燃油,一定要修好路面,养好路面。

(2) 汽车行驶速度对滚动阻力的影响。

当汽车在良好的硬路面上以 50km/h 以下的速度行驶时,汽车的滚动阻力占总行驶阻力的 80% 左右。行驶车速对轮胎滚动阻力的影响很大,第一章已给出了较多的分析。如图 3-27 所示,货车及轿车轮胎在车速 100km/h 以下时,滚动阻力逐渐增加但变化不大;轿车轮胎在 140km/h 以上时滚动阻力增长较快;车速达到某一临界车速,例如 200km/h 左右时,滚动阻力迅速增长,此时轮胎发生驻波现象,从而使滚动阻力显著增加。所以从经济性角度出发,在使用汽车时,载货汽车的车速最好控制在 100km/h 以下,轿车的车速最好控制在 140km/h 以下。

(3) 轮胎气压对滚动阻力的影响。

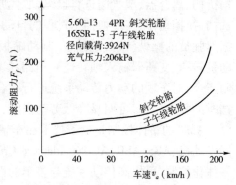

图 3-27 汽车行驶车速对滚动阻力的影响

轮胎的充气压力对滚动阻力系数影响很大,气压降低时,滚动阻力系数 f 迅速增大。

滚动阻力系数 f 取决于轮胎的径向变形量。对于一定规格、层次的轮胎来说,径向变形量的大小主要取决于轮胎承载负荷和胎内气压。气压下降,径向变形量增大,滚动阻力系数增加,油耗增加。如当汽车各轮胎的气压均较标准(各车型规定值)降低 49kPa,就会增加 5% 的油耗;而当轮胎气压低于标准的 5%~20% 时,就会减少 20% 的轮胎行驶里程,相应增加 10% 的油耗。可见,保持轮胎气压在标准范围,是减小滚动阻力,降低油耗的有效措施。

(4) 轮胎类型对滚动阻力的影响。

轮胎的结构、帘线和橡胶的品种对滚动阻力都有影响。子午线轮胎比斜交胎的滚动阻力系数小。这是因为子午线轮胎的胎线层数比斜交胎的层数少,一般为 4 层,从而层与层之间的摩擦损耗减小。当轮胎滚动一周时,子午胎与地面相对滑移量小,可多走 2% 左右,其耐磨性可提高 50%~70%。

研究表明,汽车轮胎滚动阻力减小 4%,油耗可降低 1% 左右。例如人字形花纹轮胎反向使用时,滚动阻力比顺向使用减少 10%~25%,约可降低油耗 3%~8%。

2) 减小汽车的空气阻力

(1) 汽车车身结构与燃油消耗量的关系。

空气阻力与汽车车身结构密切相关,它由发动机产生的牵引力来克服。减小空气阻力,就可以降低发动机消耗的功率,从而降低汽车的耗油量。

从式(1-55)中可以看出,要减小空气阻力,就必须减小汽车的迎风面积,并使之具有合理的流线型,从而降低空气阻力系数 C_D,另外,还要保持中速行驶。

空气阻力系数 C_D,一般应是雷诺数 Re 的函数,在车速较高,动压力较高而相应气体的黏性摩擦较小时,C_D 将不随 Re 而变化。C_D 将取决于汽车的外形,即汽车的流线型如何。汽车的外形从箱型、甲壳虫型、船型、鱼型到楔型,经过了 5 个发展时期。当今公路上实用汽车的行驶速度已达到 100~150km/h。为了保证较小的空气阻力和可靠的行驶稳定性,降低汽车的油耗,必须改善汽车车身的空气动力学性能。

(2) 改善汽车车身空气动力学性能的措施。

为了降低空气阻力,达到节油的目的,轿车的外形必然是在楔型的基础上不断改进的良好的流线型。货车及各类箱式车辆,尤其是大型牵引挂车,为了实用的目的,其车身一般均为非流线型,要想降低其空气阻力,解决的办法就是广泛使用各种局部的减阻装置。

① 外形设计的合理优化。首先是外形设计的局部优化,车头部棱角圆化可以防止气流分离和降低 C_D 值。图 3-28 所示为美国福特汽车公司对 3:8 比例的汽车模型进行风洞试验的结果。

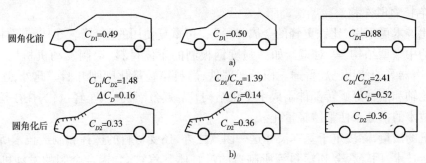

图 3-28 圆角化的影响
a) 圆角化前; b) 圆角化后

试验表明：当圆角半径取40mm时，即可防止气流在转角处分离。轿车模型可使阻力减小40%~50%；箱式客车模型阻力下降更大。试验还表明：如能使汽车的平均空气阻力减小2%，所需发动机的功率大约可减少0.5%；轿车C_D值下降0.2，在公路上行驶可节油22%，在市内可节油6%，而在综合循环条件下，约节油11%。例如Audi 100轿车试验数据表明：C_D从0.42降到0.30，在混合循环时，燃料经济性可改善9%左右，而当以150km/h的速度行驶时，燃料经济性改善达25%。端面带圆角的物体比不带圆角的物体的C_D值小得多。同时C_D值还与物体的长度有关，只要有较小的圆角半径r，就可以使C_D值大幅度的下降。

其次是外形设计的整体优化。局部优化和气动附加装置都可部分地改进空气动力特性，取得良好的效果。但要使空气动力性能有较大的改变以达到更高的水平，则应进行外形设计的整体优化，也就是将汽车空气动力学的各项研究成果及改进经验，系统地应用到整车外形设计中。

② 采用各种形式的减阻导流罩。导流罩是汽车四大节油装置之一，许多国家都广泛采用。

a. 凸缘型减少空气阻力装置。这种装置装在箱式车身的前部，并包覆其顶边及两侧。安装这种装置后，空气阻力系数可减少3%~5%。

b. 空气动力筛眼屏板。这种减少空气阻力的装置装在驾驶室顶上，安装这种屏板后，空气阻力系数可减少3%以上。

c. 导流罩。导流罩也称导流板或导风罩，多为顶装式，即安装在货车驾驶室顶上。安装导流罩后，空气阻力系数可减少3%~6%。

d. 间隔封罩。它装在驾驶室和车厢之间，由驾驶室后端延至车厢前端，将驾驶室和车厢间的空隙密封。封罩由柔软的膜布制成，多与其他减少空气阻力的装置共用。安装这种装置后可节约燃油12%。

3.5.3 汽车轻量化技术

钢铁材料仍是汽车的主要用材，但其所占的比例呈下降趋势。有色金属和塑料所占的比例上升得最快。直接原因是对汽车轻量化的要求越来越高，而有色金属和塑料本身性能的改善和加工工艺的进步也为其扩大应用创造了条件。其他非金属材料的比例提高也是令人瞩目的。这主要是由于对车辆的舒适性要求逐年提高，装饰更为高级、豪华，各种涂料、皮革、织物等非金属材料的用量越来越多。也正是由于汽车趋向于快速、高级、豪华、舒适、安全，形形色色的附配装置大量使用，使汽车的总质量有了较大的增加，进一步加剧了汽车轻量化的迫切性与难度。汽车材料的这种变化趋势还会继续下去。

1) 汽车轻量化技术

轻量化技术可采用"比铁更轻的金属材料"、"可重复使用的塑料"、"车体和部件的结构更趋合理化的中空型结构"等对策。如高强度钢板制的车体材料、铝制发动机机体、铝合金飞轮、塑料消声器等的使用已趋普遍。而悬架部件、燃料箱轻量化则刚开始。此外，还可以把发动机的凸轮轴和曲轴等旋转部件制成中空化结构，以减轻质量。汽车轻量化，往往是通过采用这些细小技术的措施来使整体轻量化。

发动机的质量，除决定于基本尺寸这一因素之外，还受材料的选择和制造技术所制约。使用薄壁铸造技术，用轻合金和塑料等所制造的汽缸体和汽缸套，铝合金制的发动机机体和曲轴，回转部分的中空结构，发动机凸轮轴和曲轴的以塑代钢、以陶代钢，以及采用陶瓷活塞销等，使零部件轻量小型，从而可实现提高功率、节能和燃料费降低的目标。

2)材料轻量化

(1)各种汽车材料的密度。汽车各种材料的密度有很大差异,因此存在着轻量化材料替代高密度材料,从而减轻制件的可能性。但是由于材料性能各异,特别是强度和刚性不同,材料间未必能等容积互代,低密度材料往往需要加大制件的尺寸才能等效地替代高密度材料。

(2)现用轻量化材料。汽车轻量化材料具有代表性的有轻金属、高弹力钢、塑料等。在构成材料中,这些材料所占有的比例渐渐增加。根据通用汽车公司的战略,今后将转向使用铝和塑料的轻量化材料。虽然对轻型新材料的研究在各汽车制造厂和研究所十分活跃,但对大批量生产还存在成本平衡问题。在汽车界价格激烈竞争的情况下,轻量化带来的成本提高是不容易得到认可的。实施轻量化,应尽可能降低成本的提高,是设计者们的目标。

(3)新型轻量化材料。多数新材料是在航空宇宙领域开发过程中产生的,现在汽车上使用的高强度钢,也是在20世纪60年代火箭开发中成熟起来的,新陶瓷、碳纤维,是航天飞机和火箭中必用的材料。现在市场规模小,但在今后如进入成长期,并能迅速批量生产和低价格化时,才可在汽车上得到应用。

3)轻量化材料减轻汽车质量的潜力

目前汽车的主导材料是钢。钢在汽车材料中的主导地位已受到密度较小的塑料和铝的竞争。主要领域仍限于轿车车身,而不是动力和传动系统,这是因为后者所包含的零部件大多是高应力件,所用钢种是高强度的中碳钢或合金中碳钢,往往运用热处理以及渗碳等化学热处理增强工艺。但车身应用低强度的低碳钢,因而其地位受到塑料和铝的挑战。

轿车质量的很大份额是车身壳体及车门、发动机罩、行李舱盖板、前后保险杠,以及汽油箱、座椅等薄板附件。现代汽车前后保险杠已基本实现了塑料代钢,汽油箱大体上也已被塑料占领,其他附件正处在激烈竞争状态。行李舱盖板和发动机罩等水平零部件是塑料和铝的发展热点。

传统的轿车车身是一种薄壳体,所用钢板已经很薄。由于钢的密度远远超过铝和塑料,从竞争角度,还需继续减薄和降低质量。车身用钢的发展方向一个是提高强度;另一个是提高延性;第三是提高抗蚀性,还要在采用这些新材料基础上,改善结构设计和制造成型技术。

不同种类的汽车对材料的需求是不同的,一般来说,轿车用铸铁和铸钢件较少,大多被铸铝件取代,相对来说轿车使用有色金属是比较多的。汽车所用的材料,由于节省能源、节省资源、轻量化的需要而有所变化,新材料相继被推出、应用。

3.6 电动汽车动力系统关键部件参数匹配

3.6.1 燃料电池汽车关键部件参数匹配

对于燃料电池汽车动力系统的设计首先应根据车辆的动力性能指标进行初步设计,完成驱动电机和传动比的选择,再对汽车动力性能进行检验和评估看能否满足动力性指标。如果不符合要求,重复上述过程直至达到要求为止,最后再对动力源进行匹配。

1)驱动电机参数选择

电动机的参数主要通过分析汽车在不同工况下的受力和功率需求来确定。

(1)电动机最大功率 $P_{M\max}$。

电动汽车驱动电动机的最大功率可以通过汽车的最高车速、最大爬坡度以及加速时间来确定。

①通过最高车速 v_{max} 来确定电动机的最大功率 $P_{M max1}$。

$$P_{Mmax1} = \frac{1}{\eta_T}\left(\frac{mgfv_{amax}}{3600} + \frac{C_D A v_{amax}^3}{76140}\right) \tag{3-40}$$

②根据最大爬坡度 i_{max} 确定电动机的最大功率 $P_{M max2}$。

$$P_{Mmax2} = \frac{1}{\eta_T}\left(\frac{mgfv_a\cos\theta_{max}}{3600} + \frac{mgv_a\sin\theta_{max}}{3600} + \frac{C_D A v_a^3}{76140}\right) \tag{3-41}$$

θ_{max} 是根据最大爬坡度换算的最大坡度角,将相应的动力性指标和整车参数带入可得 P_{Mmax2},此为根据最大爬坡度所得的电动机需要提供的最大功率。

③根据加速性能(即加速时间)来确定电动机的最大功率 $P_{M max3}$。

车用电动机的特性可以由图 3-29 来表示。在基速 n_b 以下电动机以 $T_{M max}$ 恒转矩运行,在基速 n_b 以上电动机以恒功率运行。根据加速性能来确定电动机的最大功率的时候需要分别对基速之前、之后进行加速时间积分运算,然后求和得到总的加速时间。通过式(3-42)先求得在基速 n_b 下的车速 v_b。

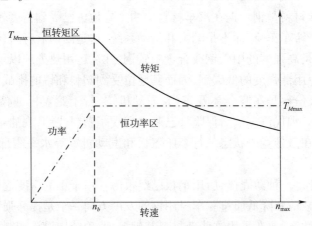

图 3-29 理想车用电机转矩、功率—转速特性曲线

$$v_b = \frac{0.377rn_b}{i} \tag{3-42}$$

式中:i——总的传动比。

基速 v_b 前的加速时间为:

$$t_1 = \int_0^{v_b} \frac{1}{3.6} \frac{\delta m}{3600P_{Mmax3}\frac{\eta_T}{v_b} - mgf - \frac{C_D A}{21.15}v^2} dv \tag{3-43}$$

式中:δ——汽车旋转质量换算系数。

同理,基速 v_b 之后的加速时间为:

$$t_2 = \int_{v_b}^{v_{amax}} \frac{1}{3.6} \frac{\delta m}{3600P_{Mmax3}\frac{\eta_T}{v} - mgf - \frac{C_D A}{21.15}v^2} dv \tag{3-44}$$

总的加速时间 $t = t_1 + t_2$。代入相应的参数可得由加速性能求得的最大需求功率 P_{Mmax3}。

电动机的最大功率必须满足上述所有设计要求。

$$P_{Mmax} \geq \max\{P_{Mmax1}, P_{Mmax2}, P_{Mmax3}\} \tag{3-45}$$

(2)电动机额定功率 P'_M。

电动机的额定功率可根据峰值功率由下式求出:

$$P'_M = \frac{P_{M\max}}{\lambda_M} \tag{3-46}$$

其中,λ_M 为电动机过载系数,一般取 2~3。

(3)电动机最高转速 $n_{M\max}$ 和额定转速 n'_M。

根据最高设计车速和传动比即可确定电动机的最高转速,电动机的最高转速对电动机的成本、制造工艺和传动比都有很大的影响。增大电动机最高转速有利于减少其体积和质量,但会使传动比增大,从而会增大传动系的尺寸、质量等。综合各方面因素初步选定电动机的最大转速后可根据下式计算电动机的额定转速。电动机扩大恒功率区系数 β_M 一般要求在 2~4 之间。根据式(3-47)可确定电机的额定转速。

$$n'_M = \frac{n_{M\max}}{\beta_M} \tag{3-47}$$

(4)电动机最大转矩 $T_{M\max}$ 和额定转矩 T'_M。

电动机的最大转矩 $T_{M\max}$ 应大于汽车爬坡时所需要的转矩,根据汽车纵向动力学平衡方程得到最大转矩可由下式得到:

$$T_{M\max} \geq \frac{mgf\cos\theta_{\max} + \frac{C_D A v^2}{21.15} + mg\sin\theta_{\max}}{\eta_T i} r_r \tag{3-48}$$

$$T'_M = \frac{P'_M}{n'_M} \tag{3-49}$$

(5)工作电压。

工作电压的选择涉及用电安全、元器件的工作条件等问题。工作电压过低,导致电流过大,从而导致系统电阻损耗增大,而工作电压过高,会对逆变器的安全性造成威胁。一般燃料电池汽车工作电压为 280~400V,但目前工作电压的设计有增高的趋势。

2)燃料电池与蓄电池参数匹配及混合度优化

目前,流行的燃料电池汽车普遍采用电电混合的能量方案,就是由燃料电池和动力蓄电池两种能量源为动力源,驱动电机提供动力。燃料电池与蓄电池参数匹配及混合度优化对燃料电池电动汽车动力系统的结构设计及整车动力性经济性非常重要,燃料电池功率偏大,车辆的成本会加大;燃料电池功率偏小,就需要配备功率等级较大的辅助动力源,这使得整车质量上升,系统的效率下降,而且整车布置难度增加,能量均衡控制难度增加。

燃料电池功率选择的主要依据是平均行驶阻力功率。燃料电池的功率应大于典型工况下平均行驶阻力功率,并有足够的后备功率给汽车的辅助系统提供能量。平均行驶阻力功率可由下式计算:

$$P_a = \frac{1}{T}\sum_{i=1}^{n} P_i t_i \tag{3-50}$$

式中:P_a——平均行驶阻力功率;

P_i——第 i 个功率区间的行驶阻力功率;

t_i——第 i 个功率区间的行驶时间;

T——总的行驶时间。

燃料电池汽车以汽车最大速度稳定运行所需求的功率也是燃料电池功率选择的一个重要

参考因素。燃料电池汽车在最高车速下运行时的行驶阻力功率和整车需求功率可由以下公式确定：

$$P_{fc} = \frac{1}{\eta_T \eta_m \eta_0}\left(\frac{Gfv_{amax}}{3600} + \frac{G_D A v_{amax}^3}{76140}\right) \tag{3-51}$$

$$P_{fc\_out} = P_{fc} + p_{fc\_par} \tag{3-52}$$

式中：η_m——电机的效率；

η_0——主减速的效率；

P_{fc}——燃料电池汽车行驶阻力功率；

P_{fc_out}——燃料电池发动机输出功率；

P_{fc_par}——燃料电池汽车辅助系统功率。

燃料电池功率的选择应遵循以下原则：

(1) SOC值在循环工况前后维持不变，从而确保燃料电池是整个行驶过程中功率消耗的唯一来源，因此，燃料电池的功率应大于平均行驶阻力功率，并留出足够大的后备功率。

(2) 燃料电池的最大功率应不高于车辆以最高车速稳定行驶时的需求功率，避免燃料电池单独驱动状态下有过多的富余功率。

蓄电池的参数由以下因素确定：

(1) 能回收大部分制动能量。

(2) 在混合驱动模式下，能满足车辆驱动和辅助电器系统的瞬时功率需求。

蓄电池的功率需求包括最大放电功率需求和最大充电功率需求。对于燃料电池汽车，蓄电池的首要作用是提供瞬时功率。根据整车的动力性要求，分析各个工况，如汽车起步、爬坡、超车等的功率需求，除以机械效率，可以得到车辆对动力源的最大功率需求。该功率由蓄电池和燃料电池共同提供。系统对蓄电池的放电功率需求为总功率需求减去燃料电池的功率。

根据上述分析，蓄电池的额定功率可由下式确定：

$$P_{bat\_rat} = \frac{P_{M\max}}{\eta_T} + P_{aux} - P_{fc\_out} + P_{fc\_par} \tag{3-53}$$

式中：P_{bat_rat}——动力蓄电池的额定功率，kW；

P_{aux}——汽车辅助电器系统的功率需求，kW。

燃料电池汽车的混合度直接表征了两种动力源的功率组合和分配比例，混合度可以定义为：

$$H = \frac{P_{fce}}{P_{fce} + P_{bat}} \tag{3-54}$$

混合度优化的目标是在保证满足整车动力性指标的前提下，尽可能提高燃料电池汽车的燃料经济性，其设计要求可以概括为：

目标函数：min{百公里燃料消耗}。

设计变量：燃料电池发动机功率：P_{fce}。

动力电池容量及功率：C，P_{bat}。

约束条件：最高车速、加速性、爬坡能力等满足设计要求。

除此之外，混合度的优化还要综合考虑成本以及车辆布置等因素，在设计时要综合考虑各种因素才能确定最合适的混合度。目前,国内外已发展了许多对燃料电池汽车混合度进行优化的方法,这里不再具体介绍。表3-17是某款Plug–in燃料电池轿车的动力系统关键零部件参数匹配结果。

某款燃料电池轿车的动力系统参数匹配结果　　　　　表3-17

项目	参数名称	数值	单位
整车参数	半载质量	2010	kg
	满载质量	2235	kg
	迎风面积	2.18	m^2
	风阻系数	0.31	—
轮胎	滚动半径	0.316	m
	滚动阻力系数	0.0086	—
传动系	主减速器速比	8.9	—
	传动效率	0.96	—
动力性	加速时间(0~100km/h)	15	s
	最高车速	150	s
	最大爬坡度	20	%
经济性	上海城市循环工况氢耗(100km)	1.32	kg
	匀速工况(60km/h)氢耗(100km)	0.9	kg
	NEDC工况氢耗(100km)	1.2	kg
燃料电池	最大功率	42	kW
蓄电池	最大功率	70	kW
电动机	额定/最大功率	42/88	kW
	额定/最大转矩	100/210	N·m
	额定/最大转速	4000/12000	r/min

3.6.2 混合动力汽车关键部件参数匹配

1) 弱混合微混用起停系统(发动机 + ISG 总成)的动力特性及匹配

基于起动机/发电机(Integrated Starter and Generator, ISG)一体化的混合动力汽车属于轻度混合型动力汽车,以同济大学自主研发的弱混合动力汽车为例,其结构简图如图3-30所示,主要由发动机、ISG电机、AMT变速器、动力蓄电池等组成。发动机 + ISG电动机总成如图虚线框所示,ISG直接安装在发动机曲轴输出端,其转子与曲轴固联,取代了飞轮以及原有的起动机和发电机,作为汽车的辅助动力源,能够实现发动机的自动起停。

当遇到红灯或交通拥堵时发动机自动关闭,当驾驶员松开制动踏板或脚踩离合器时,ISG电动机能迅速起动发动机。和传统起动机相比,ISG电动机能优化发动机起动过程,提高发动机起动喷油转速,减少起动过浓喷油量,使缸内混合气充分燃烧,从而降低起动模式下的燃油消耗和尾气排放量。以下具体分析发动机起动时ISG电动机的转矩计算过程。

为实现发动机自动起停功能,ISG电动机必须满足一定的性能要求,在理想情况下:ISG电

动机的机械输出特性服从低速恒转矩输出,高速恒功率输出的特性,即对于额定输出状态:

$$T'_{\text{ISG}}(n) = \begin{cases} 9550 P'_{\text{ISG}}/n_{\text{ISG}} & 0 \leq n_{\text{ISG}} \leq n'_{\text{ISG}} \\ 9550 P'_{\text{ISG}}/n_{\text{ISG}} & n'_{\text{ISG}} \leq n_{\text{ISG}} \leq n_{\text{ISGmax}} \end{cases} \quad (3\text{-}55)$$

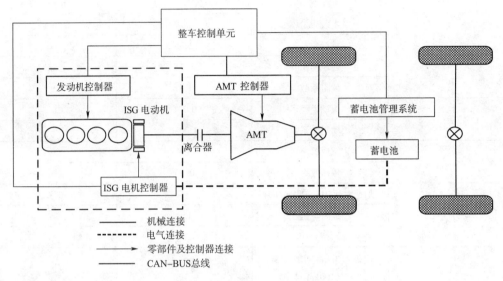

图 3-30　弱混合动力汽车结构简图

对于最大输出状态:

$$T'_{\text{ISGmax}}(n) = \begin{cases} 9550 P_{\text{ISGmax}}/n_{\text{ISG}} & 0 \leq n_{\text{ISG}} \leq n'_{\text{ISG}} \\ 9550 P_{\text{ISGmax}}/n_{\text{ISG}} & n'_{\text{ISG}} \leq n_{\text{ISG}} \leq n_{\text{ISGmax}} \end{cases} \quad (3\text{-}56)$$

式中:T'_{ISG}、T_{ISGmax}——分别为 ISG 电动机的额定转矩和最大转矩,N·m;
　　　P'_{ISG}、P_{ISGmax}——分别为 ISG 电动机的额定功率和最大功率,kW;
　　　n'_{ISG}、n_{ISGmax}——分别为 ISG 电动机的额定转速和最大转速,r/min。

ISG 电动机需要在短时间内提供足够大的起动转矩以克服发动机的起动阻力矩和惯性力矩,其中起动阻力矩为:

$$T_e^r = C_e L_e \quad (3\text{-}57)$$

式中:L_e——发动机排量,L;
　　　C_e——比例系数,0℃时汽油机取 30~40,柴油机取 70~75。

这里假设起动时采用恒加速度将发动机转速拖转到怠速转速,此过程中发动机的角加速度为:

$$\dot{\omega}_e = 0.105 n_{eidl}/t_e \quad (3\text{-}58)$$

式中:ω_e——发动机转动角速度,rad/s;
　　　n_{eidl}——发动机的怠速转速,r/min;
　　　t_e——将发动机拖转到怠速转速的时间,s。

发动机起动过程的动力学方程为:

$$I_e \dot{\omega}_e = T_{\text{ISG}}^s - T_e^r \quad (3\text{-}59)$$

式中:I_e——ISG 电动机转子连同发动机曲轴的转动惯量,kg·m²;

$T_{ISG}{}^s$——起动时 ISG 电动机的转矩，N·m。

根据式(3-57)至式(3-59)得：

$$T_{ISG}{}^s = \frac{0.105 I_e n_{eidl}}{t_e} + C_e L_e \tag{3-60}$$

从式(3-60)可以看出，ISG 起动所需的起动转矩随着发动机怠速转速的增加、起动时间的减小而增加。同时，随着发动机排量的增加，所需要的发动机起动转矩将线性增加。为此，对于给定的发动机，需要合理地设计 ISG 电动机的最大输出特性，以满足起动转矩的要求。同时 ISG 电动机的额定转速必须大于发动机的怠速转速，以保证 ISG 电动机能够以恒加速度将发动机拖转到怠速转速。

2）增程式混合动力用 APU 的匹配

电动汽车(Electric Vehicle, EV)因目前的动力蓄电池能量密度较低，其一次充电可实现的续驶里程还达不到燃油汽车一次加油的续驶里程，为了延长 EV 的续驶里程，将燃油发动机和电机组成的发电机组作为动力辅助单元(APU)(Auxiliary Power Unit)，与动力蓄电池一起构成动力源，是一种可供选择的方案，从而出现了一种全新概念的电动汽车——增程式电动汽车(Range–Extended Electric Vehicle, REEV)，其主要结构如图 3-31 所示，与串联混合动力的结构布置相似，主要由动力电池发动机—发电机、电动机等主要部件组成，发动机独立于车轮不直接参与驱动，主要是满足续驶里程延长模式下的功率需求，可将发动机的工作区控制在燃油经济区。增程式混合动力汽车含有两个主要的动力源：蓄电池和辅助动力单元，其中 APU 是增程式混合动力汽车的核心部件之一，其结构图如图 3-31 中虚框线内所示。

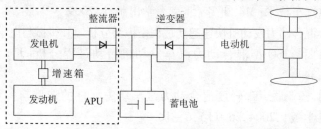

图 3-31　增程式电动汽车结构图

蓄电池电量较低时，APU 启动，为驱动电机提供电能，APU 参数的匹配依据以下几个原则：

(1)电压：发电机输出电压大于电池的端电压；
(2)功率：APU 的输出功率满足车辆需求；
(3)效率：发动机与发电机的高效率区相对应。

本节主要以功率匹配为例进行说明，当蓄电池电量较低时，车辆行驶所需的能量来源于 APU，因此 APU 的输出功率应能满足车辆行驶需求。功率匹配主要考虑以下两个方面：

(1)在高速公路工况下，APU 应能提供车辆高速行驶所需功率；
(2)在市区工况下，APU 应能提供行驶所需的平均功率，以使电池 SOC 能维持在一定水平。

以高速行驶为例进行说明，发动机和发电机组成的 APU 系统在蓄电池出现故障不能工作时应能保证车辆以 v_a 高速匀速行驶，即给驱动电机提供冗余功率。APU 的标定输出功率(冗余功率)可按下式进行计算：

$$P_{APU} = \frac{1}{3600\eta_T}\left(mgfv_a + \frac{C_D A v_a^3}{21.15}\right) \tag{3-61}$$

式中:P_{APU}——增城器 APU 需求功率,kW。

APU 系统工作时,发动机始终工作在其 MAP 图对应的高效低排放区域内,APU 更重要的功能是增加续驶里程,即实现蓄电池车载充电。考虑到发动机效率、发电效率和发动机经济工作区间等损失应适当提高发动机的功率。设定发电机发电效率为 η_M,则发电机额定功率匹配为:

$$P_M = \frac{P_{APU}}{\eta_M} \tag{3-62}$$

设发动机的效率为 η_e,则发动机功率匹配为:

$$P_e = \frac{P_{APU}}{\eta_M \eta_e} \tag{3-63}$$

市区工况 APU 的匹配需要根据具体的城市工况以及整车性能指标和整车参数进行匹配,这里不再描述。

参 考 文 献

[1] 余志生.汽车理论[M].3 版.北京:机械工业出版社,2004.

[2] 高延龄.汽车工程手册[M].北京:人民交通出版社,1998.

[3] 郑怡颖,赵治国.燃料电池轿车动力系统匹配研究[J].机械与电子,2012,07:6-9.

[4] 赵治国,张赛.燃料电池轿车能量源混合度仿真优化[J].汽车工程,2014,02:168-173+180.

[5] 崔胜民.新能源汽车技术[M].北京:北京大学出版社,2009.

[6] 姜娇龙,赵治国.混合动力发动机快速起动过程模拟与分析[J].机械与电子,2013,5:31-35.

[7] 庄杰,杜爱民,许科.ISG 型混合动力汽车发动机启动过程分析[J].汽车工程,2008,30(4):305-308,344.

[8] 杨伟斌,秦大同,杨亚联,等.轻度混合动力汽车动力元件的选型与参数匹配[J].重庆大学学报(自然科学版),2004,26(11):6-10.

[9] SAEJI 711,Recommended practice for measuring the exhaust emissions and fuel economy Of hybrid-electric vehicles[S].

[10] Valerie H. Johnson,Keith B. Wipke,David J. Rausen. HEV Control Strategy for Real-Time Optimization of Fuel Economy and Emissions,SAE,2000-01-1 543.

[11] 古艳春,殷承良,张建武.并联式混合动力汽车机械式自动变速器换挡策略[J].上海交通人学学报,2007:2-41.

[12] 徐梁飞,华剑锋,包磊,等.燃料电池混合动力客车等效氢耗优化策略[J].中国公路学报.2009.22(1):104-108.

[13] 何彬.串联式混合动力汽车能量管理及其动态控制研究[D].北京:清华大学,2006.

[14] 刘忠途,伍庆龙,宗志坚.基于台架模拟的纯电动汽车能耗经济性研究[J].中山大学学报(自然科学版),2011,01:44-48+52.

[15] 崔胜民.新能源技术[M].北京:北京大学出版社,2009.

第4章 汽车的制动性

汽车制动包括行车制动和驻车制动两方面。汽车制动性指汽车能在行驶时在一定距离内停车且维持行驶方向稳定性以及在坡道上能维持长时间停车不动的性能。汽车制动性关乎乘车人员的生命财产安全,是汽车的主要性能之一。大部分交通事故都与制动系统故障有关系,因此,改善汽车的制动性是汽车设计及制造环节中的重要任务。

本章主要介绍汽车制动性的相关内容,即基于轮胎受力及纵向动力学对汽车的制动性能进行分析和研究。

4.1 汽车制动性的评价指标及轮胎受力

根据上述汽车制动性的定义,可知汽车制动性能的内容包括以下:
(1)使汽车减速,必要时可使其在短距离内停车且维持行驶方向的稳定性。
(2)在下长坡时能维持一定车速。
(3)对已停驶(特别是在坡道上停驶)的汽车,可使其可靠地驻留原地不动。
前两方面主要指行车制动,第三方面指驻车制动。

1)汽车制动性能的评价指标
(1)制动效能,即制动距离和制动减速度。
(2)制动效能的恒定性,即抗热衰退与水衰退性能。
(3)制动时的方向稳定性,即汽车在制动时不发生跑偏、侧滑及不丧失转向的能力。
为了讨论以上各项指标,首先要分析制动过程中汽车,特别是车轮的受力情况。

2)车轮上所受的制动力
当驾驶员踩下制动踏板时,踏板上的力经过传动机构至轮缸,将驱使车轮内制动器中元件(指摩擦片与制动鼓或盘相对滑转时)形成摩擦力矩 T_μ 阻止车轮转动,称这种作用在车轮上的摩擦力矩为制动器制动力矩。图4-1显示了制动过程中轮胎的受力情况。由于车轮与路面间有附着力作用,车轮对路面作用一个向前的周缘力,其反作用力 F_μ 称为制动器制动力,相当于把汽车架离地面,并踩住制动踏板,在轮胎周缘沿纵向切线方向推动车轮直至它能转动所需的力,其大小为:

$$F_\mu = \frac{T_\mu}{r} \tag{4-1}$$

式中:T_μ——制动器的摩擦力矩,N·m。

同时路面对车轮作用一个向后的作用力 F_b,称为地面制动力,正是这个力由车轮经车轴和悬架系统传给车架和车身,迫使整个汽车产生一定的减速度,地面制动力越大,制动减速度也愈大,制动距离就愈短。如忽略滚动阻力偶和减速的惯性力,则地面制动力与 T_μ 应有以下关系,即:

$$F_b = \frac{T_\mu}{r} \tag{4-2}$$

制动器制动力与踏板力近似成正比,但地面制动力却受车轮与地面间附着力 F_φ 的限制,图 4-2 表示三者的关系。

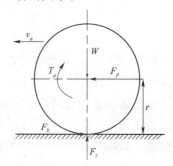

图 4-1 轮胎受力图

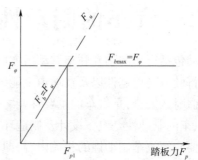

图 4-2 F_μ、F_b 和 F_φ 的关系

当踏板力在 $0 \sim F_{p1}$ 之间时,有:

$$F_\mu = F_b \tag{4-3}$$

即地面制动力等于制动器制动力。

当踏板力大于 F_{p1} 时,制动器制动力 F_μ 随踏板力继续成正比例增长,而地面制动力由于受地面附着力限制不再增长,故有以下关系式:

$$F_b \leq F_\varphi = F_z \cdot \varphi \tag{4-4}$$

亦即得到最大地面制动力:

$$F_{b\max} = F_z \cdot \varphi \tag{4-5}$$

式中:F_z——地面垂直反作用力;
  φ——附着系数。

此时车轮即抱死不转而出现拖滑现象。

4.2 汽车的制动效能及其恒定性

4.2.1 制动距离与制动减速度

制动距离是与行驶安全直接有关的一项制动效能指标,制动减速度反映地面制动力的大小,是决定制动距离的一项重要因素。

图 4-3 给出了制动过程中经过简化后的制动减速度,车速变化的时间历程,并导出相应的停车距离和制动距离。

整个制动过程可归纳为四个时间段,即 t_1、t_2、t_3 和 t_4。

t_1 是驾驶员接到制动停车信号(如见到交通信号显示红灯,或前方遇到障碍等)后的反应时间,一般需 $0.4 \sim 1.5s$,这与驾驶员反应快慢有关,这段时间内,汽车仍以原来的初速度 v_{a0} 行驶。

t_2 是驾驶员意识到要制动后踩下踏板,克服踏板自由行程,消除制动器中制动蹄与鼓或制动块与制动盘间隙的接合时间,此时车速仍为 v_{a0},而 t_2 大小与制动器形式有关。液压制动系:$0.015 \sim 0.03s$;气压制动系:$0.05 \sim 0.06s$。

t_3 是驾驶员踩踏板的力继续增大,制动压力也迅速增长,从而制动减速度也随之迅速增长

直至最大减速度 a_{bmax} 的时间,在此过程中车速由 v_{a0} 减至 v_{a2},这段时间称制动力增长时间,它与制动器形式有关。液压制动系:0.15~0.3s;气压制动系:0.3~0.8s。

t_4 是持续制动时间,如踏板力保持不变,其减速度基本不变,直到汽车停住为止。$v_a = 0$ 由此可见,从驾驶员发现停车信号,制动至停车所需时间应为:

$$T_b = t_1 + t_2 + t_3 + t_4 \quad (4\text{-}6)$$

T_b 称为停车时间,与其相对应的汽车制动到停车行驶过距离称为停车距离 S_T。要计算停车距离,则应利用图 4-3 中减速度时间历程对时间进行两次积分后可求得如下式所示:

$$S_T = (t_1 + t_2)v_{a0} + \frac{1}{2}v_{a0}t_3 + \frac{v_{a0}^2}{2a_{bmax}} \quad (4\text{-}7)$$

为评价不同车辆制动系统的制动效能可用制动距离 S_b 这一指标,S_b 是指在一定制动初速下,驾驶员开始踩下制动踏板,直到汽车停住为止行驶过的距离,它用下式表示:

$$S_b = v_{a0}\left(t_2 + \frac{1}{2}t_3\right) + \frac{v_{a0}^2}{2a_{bmax}} \quad (4\text{-}8)$$

制动距离与制动踏板力大小,车辆载荷、路面附着条件等许多因素有关,故在测试和比较不同车辆的制动距离时,应对以上因素先作具体规定。制动距离与制动器的工作温度也有关,故规定它在实验中起始制动时的制动器温度在100℃以下,表4-1列出了一些国家的轿车制动规范对行车制动器性能的要求。

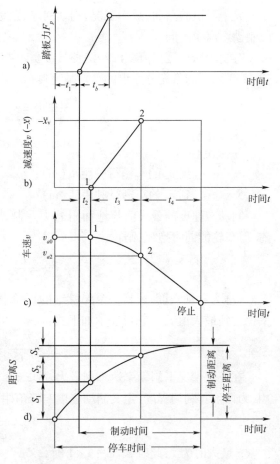

图4-3 制动过程中汽车减速度、车速和停车距离
a)、b)理想的踏板力,制动力,因而也是减速度随时间的变化;c)由此得到的车速度变化;d)距离变化;t_1-反应时间;t_b-踏板力增长时间;t_2-协调时间;t_3-制动力增长时间;t_4-完全制动时间;v_{a0}-制动初速度

一些国家的轿车自动规范对行车制动器性能的要求　　表4-1

项目	GBT 12676—1999	欧洲经济共同体（EEC）71/320 及 ECE R13-H(Annex3 Pt2)（Annex3 Pt2）	GB7258-2012	FMVSS135
试验路面	干水泥路面	附着良好	$\varphi \geq 0.7$	$\varphi \geq 0.9$
载重	满载	一个驾驶员或满载	任何载荷	轻,满载
制动初速度	100km/h	100km/h	50km/h	96.5km/h(60mile/h)
制动时的稳定性	不许偏出3.7m通道	不抱死跑偏	不需偏出2.5m通道	不抱死偏出3.66m(12ft)
制动距离或制动减速度	≤70m,≥6.43m/s²	≤70m,≥6.43m/s²	≤19m,≥6.2m/s² ≤20m,≥3.9m/s2	≤65.8m(216ft)
踏板力	<500N	<500N	400N/空载 500N/满载	66.7~667N(15~150lb)

表中对试验路面、载荷工况、制动初速、踏板力都有具体规定,由于试验条件不同,所要求的制动距离也不同。

对制动减速度仅有欧洲经济委员会提出要求,因为制动中减速度是变化的,故 ECER13 和 GB7258 采用的是充分发出的平均减速度(m/s^2)。

$$\text{MFDD} = \frac{v_b^2 - v_e^2}{25.92(S_e - S_b)} \tag{4-9}$$

式中:$v_b = 0.8 v_{a0}$;

$v_e = 0.1 v_{a0}$;

S_b——v_{a0} 到 v_b 的车辆行驶距离(m);

S_e——v_{a0} 到 v_e 的车辆行驶距离(m)。

制动减速度的最大值与地面附着力及制动系是否有防抱装置有关。若设计中规定汽车前、后车轮能同时抱死,则:

$$z = \frac{F_b}{G} = \frac{F_b}{mg} = \frac{a_b}{g} \tag{4-10}$$

z 称为制动强度,这是一个无量纲的评价制动强度的数值,当制动力达到最大值时,制动率也达到最大值 $z_{\max}$,它可表示如下式:

$$z_{\max} = \frac{F_{b\max}}{G} = \frac{\varphi \cdot F_z}{G} = \varphi \tag{4-11}$$

在一般情况下制动率达不到最大,故 $z < \varphi$。当 $z = z_{\max} = \varphi$,说明对地面附着系数的充分利用,为评价其利用程度,定义制动强度与峰值附着系数之比为附着系数利用率 ε,则有:

$$\varepsilon = \frac{z}{\varphi_p} \leq 1 \tag{4-12}$$

ε 最大时为 1,此时 $z = \varphi_p$;$\varepsilon < 1$ 时,$z < \varphi_p$。

只有在四个车轮都是在 $\varphi - s$ 曲线上峰值 φ_p 情况下制动,才能设 $\varepsilon = 1$,这是一种理想状况。

4.2.2 制动效能的恒定性

它是指制动器抗热衰退和水衰退的一种性能。汽车制动器工作繁重时(如下长坡)制动器温度常在 300℃ 以上,甚至达到 600~700℃,轿车高速制动时,制动器温度也会迅速上升,此时制动蹄片的摩擦系数因温升而下降,制动力也下降(图 4-4)导致制动效能降低,这种现象称为制动效能的热衰退(Heat Fade)。

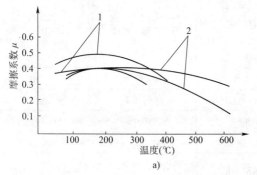
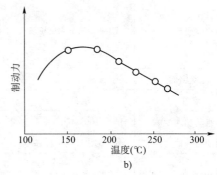

图 4-4 温度对摩擦系数及制动力的影响
a)温度对摩擦系数的影响;b)温度对制动力的影响
1-鼓式制动器用摩擦材料;2-盘式制动器用摩擦材料

热衰退对制动效能的影响大小与制动器的结构型式有密切关系。图 4-4 中比较了不同结构型式的制动器在不同摩擦系数时,其制动效能因数的变化情况。制动效能因数是单位制动轮缸推力 F_{pu} 所产生的制动器制动力 F_μ,即:

$$K_{ef} = \frac{F_\mu}{F_{pu}} = \frac{T_\mu}{F_{pu} r_c} \tag{4-13}$$

式中:r_c——制动器作动力作用半径;

T_μ——制动器的制动力矩。

图 4-5 中曲线表明,自行增力作用愈大的鼓式制动器(如双向自动增力蹄式或双领蹄式)对热衰退引起的摩擦系数的变化愈敏感,摩擦系数的微小变化会使其制动效能因数有较大改变,而盘式制动器和双从蹄式制动器,其制动效能因素随摩擦系数的改变就小得多,即制动效能恒定性好。

制动器抗热衰退性能一般用一系列连续制动时制动效能的保持程度来衡量。根据国家行业标准 QC/T 564—2008 要求,在摩擦衬块上温度在 80±2℃ 的制动初温条件下从一定车速以 0.1~0.8g 的制动减速度做至少 5 次试验,记录每次试验的制动初速度、制动初温、制动最高温度、制动时间、制动管路压力和输出制动力矩。以一定车速连续制动 15 次,每次制动减速度为 3m/s²,最后的制动效能应不低于规定的冷试验制动效能的 60%(在制动踏板力相同的条件下)。国家规定对山区行驶的大型货车,必须装备辅助制动器以弥补由于主制动器热衰退而损失的制动效能。前轮采用制动稳定性较好的盘式制动器能达到以上要求。对高速轿车制动系统热衰退性要求也较高,前后都用盘式制动器。

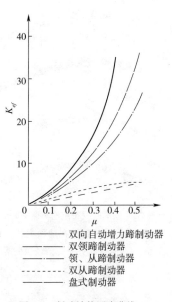

图 4-5 制动效能因素曲线

制动效能恒定性的另一重要内容就是要减少制动器涉水引起制动效能下降的水衰退现象(Water Fade)。制动器涉水时引起制动效能下降是因为制动器摩擦表面浸水后,水的润滑作用使摩擦系数下降而造成的。若水衰退只发生在汽车一侧的制动器里,将会造成左右车轮制动力不等,使汽车制动时的方向稳定性变坏。

制动器浸水后,经过若干次(一般为 5~15 次)制动后,由于制动时在制动器摩擦副上产生热量,可使摩擦片干燥,并逐渐恢复到浸水前的制动性能,这称为水恢复(Water Recovery)现象。图 4-6 给出了鼓式制动器和盘式制动器浸水后制动效能的下降程度及经过若干次制动后制动效能恢复的情况。图中曲线表明,盘式制动器的水衰退影响比鼓式制动器的要小,制动效

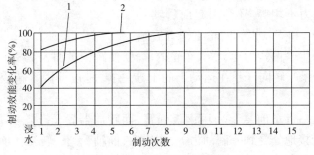

图 4-6 制动器的水衰退及恢复特性

1-鼓式制动器;2-盘式制动器

能因数下降少,恢复也较快。首先是因为盘式制动器的制动盘在旋转时易将所沾的水甩出,其次是制动块压力高,易将摩擦片上的水分挤出,而鼓式制动器排水和干燥较难,故恢复也较慢。

4.3 汽车制动时的方向稳定性

汽车在制动过程中维持直线行驶的能力或按预定弯道行驶的能力称为汽车制动时的方向稳定性。

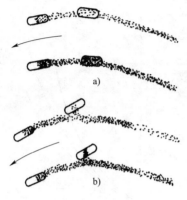

图4-7 制动时汽车跑偏与侧滑时的情形
a)制动跑偏时轮胎在地面上留下的印迹;b)制动跑偏引起后轴轻微侧滑时轮胎留在地面上的印迹

汽车制动达不到方向稳定性常有以下三种情况:
(1)制动跑偏。
(2)制动时后轴侧滑。
(3)制动时前轮失去转向能力。
此时,汽车运动轨迹及轮胎印迹的情况如图4-7所示。

4.3.1 制动跑偏

在汽车直线行驶,转向盘固定不动的条件下,制动过程中发生汽车自动向左或向右偏驶的现象称为制动跑偏。图4-7画出了单纯制动跑偏和由跑偏引起后轴侧滑时轮胎留在地面上的印迹的示意图。

制动跑偏的主要原因是:
(1)汽车左右车轮,特别是转向轴(前轴)左右车轮上制动力不相等。通常是由制造、调整误差引起的,向左或向右跑偏有随机性。

图4-8给出了制动跑偏时受力情况。为了简化,假定车速较低,跑偏不严重,且跑偏过程中转向盘保持不动。在制动过程中也没有发生侧滑,并忽略汽车作转向运动时产生的离心力及车身绕质心的惯性力矩。

图中设左前轮的制动器制动力大于右前轮,故地面制动力 $F_{1l} > F_{1r}$,他们对各自主销相成的力矩不相等,且方向相反,而转向系中存在间隙及杆件弹性的影响,所以即使转向盘不动,也会使转向轮向力矩大(图4-8左轮上力矩)的方向偏转一个角度,使汽车有轻微跑偏,前后轴中心的速度分别为 v_A、v_B,左右车轮制动力不相等,还会引起前后轴上产生侧向反作用力 F_{y1} 和 F_{y2},当转向轮主销有后倾时,F_{y1} 会对转向轮产生一偏转力矩,增大车轮的偏转,使跑偏量加大。

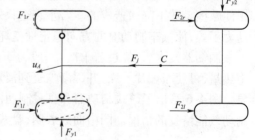

图4-8 制动时地面制动力和侧向力

(2)悬架导向杆系与转向杆系在运动上的干涉,主要是设计因素造成的,比较确定,总是向某一方向跑偏。

图4-9a)示出了一货车前悬架采用钢板弹簧,而转向器置于车轮前方的一种设计方案。图4-9b)示出当车轮接地处受到一制动力 F_{xb} 作用后,前轴受到一转矩使前轴中心线逆时针方向扭转 θ 角,如弹簧扭转刚度小,这个角度就大,而此时转向纵拉杆与转向节上球头应保持不动(因转向盘未转动)。这致使转向节臂相对于主销作向右偏转,拉动转向轮右转动,造成汽

车跑偏。这一现象完全是由于设计方案不好造成的,如改进设计,使转向节节臂球头销位置下移,或增加前钢板弹簧扭转刚度,就可消除这种跑偏现象。

汽车制动时跑偏可使其撞入对方车辆行驶轨道,或滑下山坡造成严重交通事故。故现在许多国家对制动跑偏量均有法规加以限制。表 4-1 中制动稳定性一项就规定了具体要求,在测定车辆是否达到此要求时,常规定一定宽度的测试通道(如 1.5 倍车宽或 3.7m),在规定的制动初速及路面条件下,被测试车不允许其制动时偏出此通道。

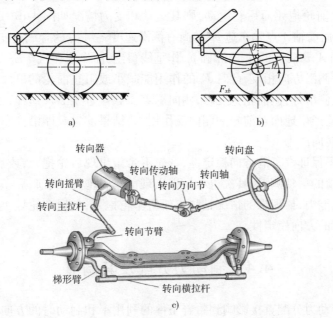

图 4-9　悬架导向杆系与转向系拉杆在运动学上不协调引起的制动跑偏
a)未制动时;b)制动时,前轴转动 θ 角;c)转向传动机构示意图

4.3.2　制动时后轴侧滑

上面已经提到,由制动器制动力引起的地面制动力起初是两者相等且一起增长的,地面制动力是以克服制动器摩擦力矩而使车轮滚动,但地面制动力受地面附着特性限制,它的值不能超过附着力,当制动踏板力上升到某一值,使制动器制动力达到和超过地面制动力的最大值——地面附着力时,车轮即抱死,沿路面拖滑。此时轮胎上的地面制动力等于法向载荷与附着系数的乘积。同时轮胎与地面的横向附着系数接近于零,如图 1-19 所示。只要微小的侧向力就可以使车轮沿侧向力作用方向滑移,称为车轮侧滑。当出现后轮制动时抱死且侧滑,而前轮虽受到制动力但仍继续滚动时,其受力情况可用图 4-10 表示。

此时汽车前轴中点 A 以车速 v_A 前进,而后轴中点 B 除有车速 v_A 外还有一侧滑速度 v_s,B 点的合成速度为 v_B,它与纵轴线形成夹角 α。由 A、B 两点的速度 v_A 和 v_B,作垂线即可求得其交点,它就是此时汽车运动的瞬间中心 O。汽车将绕此中心做旋转运动,并

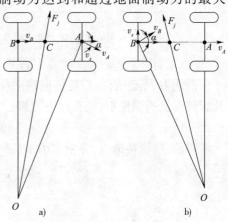

图 4-10　汽车侧滑时引起的汽车运动
a)前轴侧滑;b)后轴侧滑

产生作用在汽车质心 C 上的惯性力（离心力）F_j，其方向为图中所示，由于惯性力 F_j 的作用方向与侧滑方向一致，因而加剧了后轴的侧滑，而后轴侧滑增大后又加剧旋转运动，转弯半径变小，惯性力 F_j 增大，如此恶性循环，致使汽车将急剧转动，形成一种不稳定工况，如不加控制，转弯半径将愈来愈小，惯性力 F_j 愈来愈大，甚至导致翻车重大事故，所以是一种危险工况。

4.3.3 制动时前轴侧滑

如制动时发生前轮抱死而后轮滚动，则其运动和受力情况如图 4-10b) 所示，此时后轴 B 点以车速 v_B 前进，而前轴 A 点除车速 v_B 外尚有侧滑速度 v_s，A 点的合成速度为 v_A，此时汽车运动的瞬时中心 O 由 A、B 两点的速度 v_A 和 v_B 作垂线得到，而作用在汽车质心 C 上的惯性力 F_j 的作用方向和前轮侧滑方向相反，此时 F_j 的作用能减小或阻止前轮的侧滑，促使汽车趋向稳定。这一点比后轮侧滑好，但前轮抱死时，侧向附着系数接近于零。这样，虽然转动转向盘可使前轮偏转，但不能产生地面对前轮的侧向反作用力，结果前轮只能沿汽车纵轴线滑移，而整车不能转向，丧失转向能力。

由此可见，为了保证汽车的方向稳定性，首先不希望出现后轮抱死，或后轮先于前轮抱死的情况，以防止危险的后轴侧滑；其次也尽量少出现前车轮抱死，或前、后车轮都抱死的情况，以维持汽车的转向能力，最理想的情况是防止任何车轮抱死，前后车轮处于滚动状态，这样才能确保汽车制动时的方向稳定性。

4.4 制动力分配及其调节

汽车前后轮制动力分配直接影响到附着条件的利用率和制动时的方向稳定性，是设计制动系统时必须重视的问题，要妥善地处理和解决。首先分析制动时前、后轮的地面法向反作用力的情况。图 4-11 表示出了制动时作用在汽车上的力。

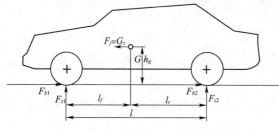

图 4-11 制动时作用在汽车上的力

设制动时前、后车轮上作用有制动力 F_{b1} 和 F_{b2}。它使整车产生减速度 a_b，则作用在质心上的惯性力为：

$$F_J = ma_b = G\frac{a_b}{g} = Gz \quad (4-14)$$

其中，$z = \dfrac{a_b}{g}$，称为制动率或制动强度。

惯性力 F_j 造成前、后轮传向地面反作用力的转移，若忽略汽车的滚动阻力偶、空气阻力以及旋转质量的惯性矩，则有以下方程：

$$F_{b1} + F_{b2} = F_j = Gz \quad (4-15)$$

对前、后轮接地点，分别求力矩后可得以下方程组：

$$\left.\begin{array}{l} F_{z1} = G(l_r + z h_g)/l \\ F_{z2} = G(l_f - z h_g)/l \end{array}\right\} \quad (4-16)$$

式(4-16)表示，前、后轮法向地面反作用力是制动强度的函数。其分配比例随制动率的大小而变。前轮法向反作用力随 z 的增大而增大，而后轮法向反作用力随 z 的增大而减小。

4.4.1 理想的前、后轮制动器制动力分配

前已指出,传统的制动器(不带 ABS)如能在附着系数为 φ 的道路上制动时,使前、后轮制动到同步抱死,则总制动力和减速度将达到最大,这是制动系理想的设计目标。符合这一目标的前、后制动器制动力分配也达到理想的分配(这里认为附着系数不随车轮滑动率变化,不是真正的理想制动力分配)。

根据上述设计目标,应使前、后轮制动器制动力 $F_{\mu 1}$ 和 $F_{\mu 2}$ (从而前、后轮上地面制动力 F_{b1} 和 F_{b2})能同时达到各该轴的附着力 $F_{\mu 1} = F_{z1}\varphi$ 和 $F_{\mu 2} = F_{z2}\varphi$ 的制动强度 $z = z_{\max} = \varphi$,因而方程(4-16)变为:

$$\left. \begin{array}{l} F_{z1} = G(l_r + \varphi h_g)/l \\ F_{z2} = G(l_f - \varphi h_g)/l \end{array} \right\} \tag{4-17}$$

此时,前、后轮轴附着力为:

$$\left. \begin{array}{l} F_{\mu 1} = F_{\varphi 1} = G\varphi(l_r + \varphi h_g)/l \\ F_{\mu 2} = F_{\varphi 2} = G\varphi(l_f - \varphi h_g)/l \end{array} \right\} \tag{4-18}$$

$$\frac{F_{\mu 1}}{F_{\mu 2}} = \frac{l_r + \varphi h_g}{l_f - \varphi h_g} \tag{4-19}$$

由式(4-18)还可以得到:

$$F_{\mu 1} + F_{\mu 2} = F_{\varphi 1} + F_{\varphi 2} = (F_{z1} + F_{z2})\varphi = \varphi G \tag{4-20}$$

式(4-19)和(4-20)表明 $F_{\mu 1}$ 和 $F_{\mu 2}$ 之间的关系,这种关系是随 φ 值而变的。联解上两式消去变量 φ,得:

$$F_{\mu 2} = \frac{1}{2}\left[\frac{G}{h_g}\sqrt{l_r^{\,2} + \frac{4l\,h_g}{G}F_{\mu 1}} - \left(\frac{Gl_r}{h_g} + 2F_{\mu 1}\right)\right] \tag{4-21}$$

式(4-19)、(4-20)直接表达了在一定 φ 值下,$F_{\mu 1}$ 和 $F_{\mu 2}$ 理想的分配关系,但不够直观,现常用下列图线来表达它们之间关系,作图方法如下:

(1)先建立 $F_{\mu 1}$ 为横轴,$F_{\mu 2}$ 为纵轴的坐标关系;
(2)将式(4-20)按各种 φ 值($\varphi = 0.1, 0.2, 0.3 \cdots \cdots$)画在 $F_{\mu 1} - F_{\mu 2}$ 的坐标系中(图4-12),它们应是一组与坐标轴成45°的平行线;
(3)将式(4-19)按各种 φ 值($\varphi = 0.1, 0.2, 0.3 \cdots \cdots$)画在 $F_{\mu 1} - F_{\mu 2}$ 的坐标系中(图4-12),它们应是一组通过坐标原点,斜率不同的射线;
(4)将这两组直线放在一张图上,对应于不同的 φ 值有很多交点,选取同一个 φ 值时的交点,即可得到图(4-12)中 $A(\varphi = 0.1)$,$B(\varphi = 0.2)$,$C(\varphi = 0.3) \cdots \cdots$ 直至 $J(\varphi = 1.0)$;
(5)将原点与 $A, B, C \cdots \cdots J$ 联成一条曲线,即是式(4-21)中的 $F_{\mu 1}$ 和 $F_{\mu 2}$ 的理想分配曲线,一般简称为 I 曲线;
(6)曲线上任一点代表在该附着系数路面上前、后制动器制动力应有的数值。

欲求一辆汽车的具体的 I 曲线,必须先给出该车的总质量(或汽车重力)、轴距、汽车质心位置,下面用实例说明。已知一货车的有关参数,见表4-2。

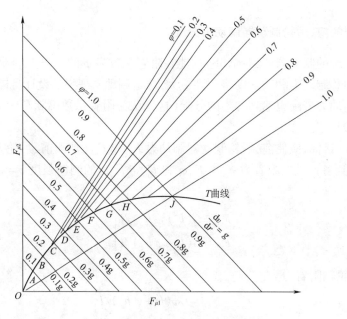

图 4-12 理想的前、后制动力分配曲线

一货车的有关参数　　　　　　　表 4-2

参数项目	满　载	空　载
汽车所受重力 G(kN)	52.5	28.0
轴距 l(mm)	3300	3300
质心到前轴距离 l_f(mm)	2360	1670
质心到后轴距离 l_r(mm)	940	1630
质心高度 h_g(mm)	1055	850
车轮半径 r(mm)	426	426

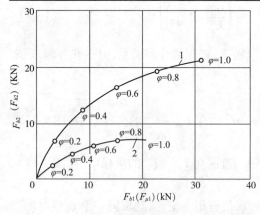

图 4-13 满载和空载时的 I 曲线
1-满载；2-空载

可根据式(4-21)求出的满载及空载时的 I 曲线，如图 4-13 所示。

I 曲线实质上是踏板力增长到前、后轮同时抱死拖滑时前、后轮制动器制动力的分配曲线，此时：

$$F_{\mu 1} = F_{b1} = F_{\varphi 1} \qquad (4-22)$$

$$F_{\mu 2} = F_{b2} = F_{\varphi 2} \qquad (4-23)$$

故图 4-13 中坐标既是 F_μ，也可以是 F_b 和 F_φ。上图还表明，汽车载质量不同时，质心位置参数也不同，因而 I 曲线也不同。

4.4.2 制动力分配系数和同步附着系数

按照上述理想的制动力分配特性的要求，前、后制动器制动力之比应该是可变化的。确定前制动器制动力与汽车总制动力之比，称为制动器制动力分配系数，并以符号 β 表示，即：

$$\beta = \frac{F_{\mu 1}}{F_\mu} \qquad (4-24)$$

其中，$F_\mu = F_{\mu 1} + F_{\mu 2}$，为汽车总制动力。

由此可得：

$$F_{\mu 1} = \beta F_\mu = \beta(F_{\mu 1} + F_{\mu 2}) \tag{4-25}$$

或

$$\beta F_{\mu 2} = (1 - \beta) F_{\mu 1}$$

$$F_{\mu 2} = \frac{(1 - \beta)}{\beta} F_{\mu 1} \tag{4-26}$$

$$\frac{F_{\mu 1}}{F_{\mu 2}} = \frac{\beta}{1 - \beta} \tag{4-27}$$

理想的制动力分配特性要求 β 是可变的，但传统的制动器系统中（特别是货车制动系）其制动力分配系数 β 设计成恒定的，即 β = 常数，因而其实际制动力分配特性如式(4-24)所示是线性的，此直线在 $F_{\mu 1} - F_{\mu 2}$ 坐标中通过坐标原点，这条直线为实际前后制动器制动力分配线，称为 β 线。其斜率为：

$$\left.\begin{array}{l} \tan\theta = \dfrac{(1-\beta)}{\beta} \\ F_{\mu 2} = \tan\theta \cdot F_{\mu 1} \end{array}\right\} \tag{4-28}$$

β 值恒定的制动系是不可能在所有的附着条件和汽车实际的装载情况下都使汽车实现理想制动的。

设上述举例的货车（其参数见表4-2）采用恒定的制动力分配系数 $\beta = 0.477$。该车的 β 线、满载时的 I 曲线以及对应于不同 φ 值的表示 $F_{\mu 1} + F_{\mu 2} = \varphi G$ 关系的一组平行斜线画在图4-14上。除原点外，I 曲线和 β 线只在对应于 $\varphi = 0.6$ 的 M 点相交。这表明该车只在 $\varphi = 0.6$ 的道路上才有可能将前、后轴制动到同步抱死，故称 β 线与 I 曲线交点所对应的附着系数为同步附着系数，用符号 φ_0 表示，此时可能得到的最大制动力为：

$$F_\mu = F_{\mu 1} + F_{\mu 2} = \varphi G = 0.6 \times 52.5 = 31.5 \text{kN} \tag{4-29}$$

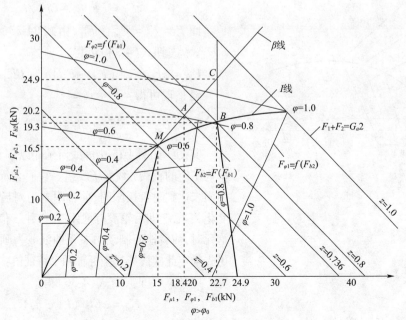

图4-14 β 值恒定时汽车在各种附着系数路面上制动过程

其中,制动强度:$z = \varphi = 0.6$;减速度:$a_b = \varphi g = 0.6g$;附着系数利用率:$\varepsilon = z/\varphi = 1$。

故同步附着系数是反映了由汽车结构参数和制动系设计方案的一个特性参数。

同步附着系数在已知 β 值和质心位置参数时也可用解析法求出,用式(4-19)代入(4-27),并令 φ_0 代替 φ。

则得:

$$\frac{\beta}{1-\beta} = \frac{l_r + \varphi_0 h_g}{l_f - \varphi_0 h_g} \tag{4-30}$$

经整理后得:

$$\varphi_0 = \frac{l\beta - l_r}{h_g} \tag{4-31}$$

用表 4-2 参数及 $\beta = 0.447$ 代入上式得:

$$\varphi_0 = \frac{3300 \times 0.477 - 940}{1055} = 0.6 \tag{4-32}$$

4.4.3 制动力分配系数为恒定时(β = 常数)汽车在各种附着系数路面上制动过程的分析

上面已经提到,当制动系的 β 值恒定时只有在同步附着系数 φ_0 的路面上才能作到前、后轮同步抱死,但在大多数情况下,所行驶路面的附着系数是大于或小于 φ_0,此时制动时往往是一轴上车轮先抱死,另一轴的车轮还在滚动,之后随着踏板力的增大,另一轴才抱死。下面就来分析这种情况下前、后制动力的一些关系。

设前轮先抱死,此时:

$$\left. \begin{array}{l} F_{b1} = F_{\varphi 1}, F_{b2} < F_{\varphi 2} \\ F_b = F_{b1} + F_{b2} = F_{\varphi 1} + F_{b2} \end{array} \right\} \tag{4-33}$$

由图 4-11 可知,对后轮接地点求力矩,可得:

$$F_{z1} = (F_j h_g + Gl_r)/l \tag{4-34}$$

而 $F_j = F_b = F_{\varphi 1} + F_{b2}$,由式(4-33) $F_{\varphi 1} = F_{b1} = \varphi F_{z1}$,考虑到式(4-34)可得:

$$F_{\varphi 1} = \varphi F_{z1} = \varphi [(F_{\varphi 1} + F_{b2}) h_g + Gl_r]/l \tag{4-35}$$

经整理可得:

$$F_{\varphi 1} = \frac{\varphi}{l - \varphi h_g}(Gl_r + h_g F_{b2}) = F_{b1} \tag{4-36}$$

其图线如图 4-15 中虚线所示的以 φ 为变量,而斜率为正值的直线族统称 f 线组。它们表示在后轴制动力尚未达到附着极限时,前轴附着力对后轴制动力的变化关系,亦即后轮没有抱死,在各种 φ 值路面上前轮抱死时,前后地面制动力关系曲线。为画出这族直线可先确定此族线经过坐标轴两个特征值:

令 $F_{b2} = 0$ 时,由式(4-36)得:

$$F_{b1} = \varphi Gl_r/(l - \varphi h_g) \tag{4-37}$$

为求经过纵坐标值令 $F_{\varphi 1} = 0$,则 $F_{b2} = -Gl_r/h_g$

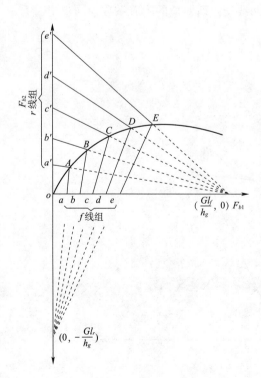

图 4-15 f 线组与 r 线组

与 φ 值无关,这样可在图 4-15 上画出一族辐射虚线,其原点纵坐标在纵轴线下方$(0, -Gl_r/h_g)$处,在横坐标上 a、b、c、d、e 的位置和 φ 值有关。各点与原点距离 oa、ob、oc 等可用不同的 φ 值代入式(4-37)求出。

同样,设在某一制动强度下,后轮先开始抱死滑移 $F_{b2}=F_{\varphi 2}$,$F_{b1}<F_{\varphi 1}$,此时:

$$F_b = F_{b1} + F_{b2} = F_{b1} + F_{\varphi 2} \tag{4-38}$$

由图 4-11 中求 F_{z2},此时对前轮接地点求力矩,可得:

$$F_{z2} = (Gl_f - F_j h_g)/l \tag{4-39}$$

而此时 $F_j = F_b = F_{b1} + F_{\varphi 2}$,代入上式,考虑到 $F_{\varphi 2} = \varphi F_{z2}$,整理后可得:

$$F_{\varphi 2} = \frac{\varphi}{l + \varphi h_g}(Gl_f - h_g F_{b1}) = F_{b2} \tag{4-40}$$

$F_{\varphi 2}$ 和 F_{b1} 的关系可用图 4-15 中实线所示的以 φ 为变量而斜率为负值的直线族表示,统称 r 线组。它们表示前轴制动力尚未达到附着极限时,后轴附着力对前轴制动力的变化关系,亦即前轮没有抱死而后轮抱死时前后地面制动力关系曲线。

为画好这族直线,应先确定此族线经过坐标轴的两个特征值。由式(4-40)可知:

令 $F_{b1}=0$,则有 $F_{\varphi 2}=\varphi/(l+\varphi h_g)Gl_f$;
令 $F_{\varphi 2}=0$,则有 $F_{b1}=Gl_f/h_g$,与 φ 值无关。

这表明:这族线在横坐标 $\left(\dfrac{Gl_f}{h_g},0\right)$ 处有一交点。这线族与纵坐标交点位置分别为 a'、b'、e' ……,它与原点 o 的距离 oa'、ob'、oc' …… 与 φ 值有关。

在图 4-15 中 f 线组与 r 线组有很多交点,但有意义的是在同一个 φ 值下的交点,即图中的 A、B、C、D、E 诸点,这一点表示既符合 $F_{b1}=\varphi F_{z1}$,又符合 $F_{b2}=\varphi F_{z2}$,所以这些交点便都是前、后轮同时抱死的点。因此连结 A、B、C……各点的曲线也就是前面所讲的 I 曲线。

下面把 β 线、I 曲线、f 和 r 线组画在一个坐标系中(图 4-16)来分析汽车在不同 φ 值路面上的制动过程,为便于分析,以表 4-2 所示的货车及其参数为例,其同步附着系数 $\varphi=0.6$,$\beta=0.477$。

图中还给出了 F_{b1} 与 F_{b2} 之和为 $0.1mg$ 或 $0.2mg$ 或 $0.3mg$ 的斜率为 -1 的直线族,同一根斜线上的点均有同样大小的总地面制动力,故也称其为等地面制动力线,相应的制动减速度也是常数,即 $0.1g$,或 $0.2g$,或 $0.3g$……故还可称其为等制动减速度线。

(1)假设该车在 $\varphi<\varphi_0$,例如 $\varphi=0.4$ 道路上制动。

第一阶段:制动踏板力开始增加,前、后车轮尚未抱死,此阶段中前、后制动器制动力 $F_{\mu 1}$ 和 $F_{\mu 2}$ 按 β 线上升,地面制动力 F_{b1} 和 F_{b2} 也按 β 线上升,直到 A 点,到达 A 点时 β 线与 f 线($\varphi=0.4$)相交,说明前轮先开始抱死滑移,此时:

$$F_{b1A} = F_{\mu 1A} = F_{\varphi 1A} = 8.2 \text{kN}$$
$$F_{b2A} = F_{\mu 2A} = 8.9 \text{kN}$$
$$F_{bA} = 8.2 + 8.9 = 17.1 \text{kN}$$
$$z = 17.1/52.5 = 0.326 < \varphi = 0.4$$
$$\varepsilon = 0.326/0.4 = 0.817。$$

说明制动强度和附着系数利用率均未达到最大,必须继续增大 $F_{\mu 1}$ 和 $F_{\mu 2}$。

第二阶段:驾驶员继续增加踏板力,$F_{\mu 1}$ 和 $F_{\mu 2}$ 沿 β 线继续增长到 C 点,而 F_{b1} 与 F_{b2} 将必须沿 $\varphi=0.4$ 的 f 线增长,因为上面已讲过 f 线是指前轮先抱死,后轮未抱死时,前、后地面制动力的关系曲线。但当 F_{b1} 和 F_{b2} 增长到 B 点时,由于 B 点正好处在 I 曲线上($\varphi=0.4$),所以就发生前、后轮同时抱死现象。

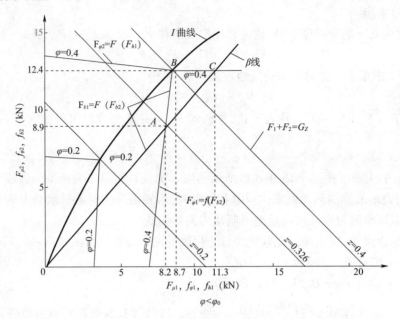

图 4-16　β 值固定 φ 不同时汽车制动过程分析

此时:
$$F_{bB} = F_{b1B} + F_{b2B} = 8.7 + 12.4 = 21.1 \text{kN}$$

同时:
$$z = 21.1/52.5 = 0.4 = \varphi, \varepsilon = 1$$

从 B 点做水平线交 β 线于 C,此点对应的 $F_{\mu1}=11.3\text{kN}$,$F_{\mu2}=12.4\text{kN}$。
$$F_\mu = F_{\mu1} + F_{\mu2} = 11.3 + 12.4 = 23.7 \text{kN}$$
$$F_b/F_\mu = 21.2/23.7 = 0.890$$

从以上讨论可见,采用的 β 线位于 I 线下方时,制动时总是前轮先抱死,前轮先抱死能使制动稳定性较好,但丧失转向能力。

(2)假设该车在 $\varphi > \varphi_0$,例如 $\varphi = 0.8$ 的道路上制动的情况(图 4-14)。

第一阶段:制动踏板力开始增加,前、后车轮尚未抱死,当 $F_{\mu1}$ 和 $F_{\mu2}$ 沿 β 线上升到 A 点时,β 线与 r 线($\varphi=0.8$)相交,此时后轮开始抱死滑移。
$$F_{b2A} = F_{\varphi2A} = F_{\mu2A} = 20.2 \text{kN}$$
$$F_{\mu1A} = F_{b1A} = 18.4 \text{kN}$$

总制动力:
$$F_{bA} = 18.4 + 20.2 = 38.6 \text{kN}$$

制动强度:
$$z = 38.6/52.5 = 0.736 < \varphi = 0.8$$

附着系数利用率:
$$\varepsilon = 0.736/0.8 = 0.92$$

第二阶段:驾驶员继续增加踏板力,$F_{\mu1}$ 和 $F_{\mu2}$ 沿 β 线继续增长到 C 点,而 F_{b1} 与 F_{b2} 将沿 $\varphi=0.8$ 的 r 线下降,因 r 线是指后轮先抱死,前轮未抱死时前、后制动力的关系曲线。由于制动力增加时,后轮法向反作用力有所减少,故 F_{b1} 和 F_{b2} 从 A 点沿 r 线下降至 B 点,由于 B 点正好处于 I 曲线上($\varphi=0.8$)所以就发生前、后轮同时抱死现象。

此时:
$$F_{bB} = F_{b1B} + F_{b2B} = 22.7 + 19.3 = 42.0\text{kN}$$

同时:
$$z = 42.0/52.5 = 0.8 = \varphi, \varepsilon = 1$$

从 B 点作垂线向上交 β 线于 C 点,此点对应的 $F_{\mu1} = 22.7\text{kN}, F_{\mu2} = 24.9\text{kN}$。
$$F_\mu = F_{\mu1} + F_{\mu2} = 22.7 + 24.9 = 47.6\text{kN}$$
$$F_b/F_\mu = 42.0/47.6 = 0.883$$

由此可见,当 β 线位于 I 线上方时,制动时总是后轮先抱死,后轮先抱死使制动稳定性变差是一种危险工况。

综上所述,制动力分配系数 β 为常数时,只在同步附着系数 φ_0 路面上制动时前、后车轮才会同时接近抱死状态,附着性能得到充分利用,汽车获得最佳制动。在其他各种附着系数的路面上($\varphi<\varphi_0$ 或 $\varphi>\varphi_0$),即若 β 曲线在 I 曲线下方,当制动踏板力足够大会出现前轮先抱死,提前丧失转向能力,若 β 线在 I 线上方,则会出现后轮先抱死而使汽车处于不稳定的制动状态。因此,若要在制动过程中,能保持前轮转向能力,又不会出现后轴侧滑的危险工况,则在一定附着系数 φ 的条件下其制动强度 z 总小于附着系数,即 $z<\varphi$。附着系数利用率 $\varepsilon<1$。

4.4.4 轮胎—道路附着性能的利用

考虑到当制动力增长到使其一轴先抱死滑移时,汽车即开始丧失稳定性而有发生车祸的危险,再继续增加制动力矩,不一定能收到预期的圆满制动效果。在评价制动性时,只能以在保持汽车稳定性的条件下所得最大可能的(在 $\varphi=0.6$ 时,如图 4-14 中 M 点对应的,而在 $\varphi \neq \varphi_0$ 时,则为 A 点所对应的)总制动力或减速度为依据,据上所述 $\varphi=\varphi_0$ 时,$z=\varphi, \varepsilon=1$。

$\varphi \neq \varphi_0$ 时分下列两种情况:

(1) $\varphi<\varphi_0$,在图 4-16 中,A 点所对应的是前轮刚要抱死,后轮仍未抱死,此刻 $F_{b1}=F_{\varphi1}$,制动强度为 z。

由式(4-16)求出 F_{z1},则:
$$F_{z1} = G(l_r + z h_g)/l \tag{4-41}$$

当 β 确定时,有:
$$F_{b1} = \beta F_b = \beta G z \tag{4-42}$$

联解以上两式(4-41)、(4-43),可得:
$$\varphi = \varphi_f = \frac{F_{b1}}{F_{z1}} = \frac{\beta l z}{l_r + z h_g} \tag{4-43}$$

$$z = \frac{l_r \varphi}{\beta l - \varphi h_g} \tag{4-44}$$

或
$$\varepsilon_f = \frac{z}{\varphi} = \frac{l_r}{\beta l - \varphi h_g} \tag{4-45}$$

(2) $\varphi>\varphi_0$,在图 4-14 中,A 点所对应的是后轮刚要抱死,前轮尚未抱死,此时,后轮制动力 F_{b2} 达到地面附着力。$F_{\varphi2}=\varphi F_{z2}$。

由式(4-16)得 F_{z2},代入上式得:

$$F_{z2} = G(l_f - zh_g)/l \tag{4-46}$$

当 β 一定时,有:

$$F_{b2} = (1-\beta)F_b = (1-\beta)Gz \tag{4-47}$$

联解以上两式(4-46)(4-47),可得:

$$\varphi = \varphi_r = \frac{F_{b2}}{F_{z2}} = \frac{(1-\beta)lz}{l_f - zh_g} \tag{4-48}$$

或

$$z = \frac{l_f \varphi}{(1-\beta)l + \varphi h_g} \tag{4-49}$$

由此求出:

$$\varepsilon_r = \frac{z}{\varphi} = \frac{l_f}{(1-\beta)l + \varphi h_g} \tag{4-50}$$

式(4-43)和(4-48)中的 φ 值反映了前、后轴在 $\varphi \neq \varphi_0$ 时可利用地面附着性能的程度,故称为前轴利用附着系数 φ_f 和后轴利用附着系数 φ_r,而式(4-45)和(4-50)中的 ε_f、ε_r 相应地称为前后轴的附着系数利用率或附着效率,即制动效率。

图 4-17 中给出了 φ 与 z 和 ε 间的关系曲线。此曲线以 φ 为横坐标,z、ε 为纵坐标,用表 4-2 中货车数据,$\varphi_0 = 0.6$。

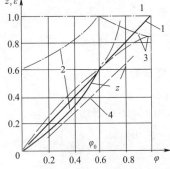

图 4-17 φ、z 和 ε 的关系曲线

$\varphi = \varphi_0$ 时,任何道路上都有 $z = \varphi$,在此图上即为斜率为 45°的直线 1。

$\varphi < \varphi_0$ 时,用曲线 2 表示 φ 与 z 的关系,可按式(4-43)算出,但当 $\varphi > 0.6$ 之后,曲线无意义,故用虚线表示。

$\varphi > \varphi_0$ 时,用曲线 3 表示 z 与 φ 的关系,可按式(4-43)算出,但当 $\varphi < 0.6$ 之后,曲线无意义,故用虚线表示。

同时,在此图上画出不同 φ 时的 ε 值:

$\varphi = \varphi_0$ 时,任何 φ 时 $\varepsilon = 1$ 在图中为一水平直线 1(虚点线)

$\varphi < \varphi_0$ 时,由曲线(虚点线2)表示,当 $\varphi = 0$ 时,$\varepsilon = 0.597$,

当 $\varphi = \varphi_0 = 0.6$ 时,$\varepsilon = 1$。

$\varphi > \varphi_0$ 时,由虚点线 3 表示。当 $\varphi = 1$ 时,$\varepsilon = 0.848$。

此图中该货车在 $\varphi < \varphi_0$ 时附着系数利用率从最大为 1,下降较快,而在 $\varphi > \varphi_0$ 时附着系数利用率下降较慢。改变 φ_0 值,也可以改变这一变化趋势。

为了保证制动时汽车的方向稳定性和有足够的制动强度,联合国欧洲经济委员会制定的 ECER13 制动法规对双轴汽车前、后轮制动制动力提出了明确的要求,法规规定,在各种装载情况下轿车在 $0.15 \leq z \leq 0.8$,其他汽车在 $0.15 \leq z \leq 0.3$ 的范围内,前轮都必须能先抱死。此外,在车轮尚未抱死的情况下,在 $0.2 \leq \varphi \leq 0.8$ 范围内,对轿车和最大总质量大于 3.5t 的货车,要求制动强度:

$$z \geq 0.1 + 0.85(\varphi - 0.2) \tag{4-51}$$

在图 4-17 上斜线 4 代表式(4-50)中 z 和 φ 的关系,这是指在 $0.2 \leq \varphi \leq 0.8$,范围内制动强度的下限值,所设计制动系的制动强度在图 4-17 中斜直线 1 和 4 之间,则认为就是合理的。实践表明,对一般货车而言,采用 β 一定的制动力分配系数,若整车参数选择适当,在满载时还是有可能基本上满足上述要求的,但空载时,不能满足法规要求,必须在车上配备恰当的制动力调节装置,使其具有变比值制动力分配特性,这亦可由式(4-48)看出。

4.4.5 制动力调节装置及其特性

具有恒定制动力分配系数(β 不变)的制动系,除了在 φ_0 附近的不大区段内有较高的附着系数利用率 ε 外,其他 φ 值区 ε 都很小,而在空载和部分载时情况总不能令人满意(因 β 值一般按满载选取)。为此,出现了一些制动力调节装置,其目的是使实际制动力分配曲线按近理想分配曲线。

1)限压阀

限压阀装在后轮制动管路中,其作用是当前轮制动管路压力增长到一定程度后,即自动限制后轮制动管路压力作用。图4-18a)为限压阀结构,其阀门平时在弹簧作用下保持开启,由主缸来的制动液(其压力等于 p_1)通过阀输出至轮缸,此时输出压力 $p_2 = p_1$,当 p_1 升高到某一定值 p_s,使活塞克服弹簧力右移而关闭阀门,切断了主缸至后轮缸的通路,以后,即使 p_1 再继续增高,p_2 仍保持上述 p_s 值不变,限压阀这一特性如图4-18中折线 OAB 所示。图中曲线1和2分别为汽车满载和空载时理想的前、后制动管路压力分配特性曲线。制动管路压力分配特性 $p_2 = f(p_1)$,可按 $F_{\mu 1} = k_1 p_1$ 和 $F_{\mu 2} = k_2 p_2$ 的关系由理想的制动力分配特性求得。此处 k_1 和 k_2 为比例系数,图中与坐标轴成 $45°$ 夹角的直线 OK 为不用任何制动力调节装置时的实际管路压力分配特性。由图4-18b)可见采用限压阀后,图中影线区表示前轮先抱死区,在 OA 段与不带限压阀时的相同,转折点 A 以后的 AB 段显然是采用限压阀后新增加的前轮先抱死区,如不用限压阀,则应为 AK 段,将造成后轮先抱死的危险工况。

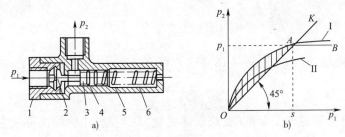

图4-18 限压阀及其静特性
a)结构;b)特性曲线
1-阀盖;2-阀门;3-活塞;4-活塞密封圈;5-弹簧;6-阀体;
I-满载理想特性;II-空载理想特性

其缺点是由于限压阀弹簧预紧力为定值,故 p_s 也是定值,故只适用一种载荷工况,如图4-18b)所示,空载时 OAB 线与理想特性线 I 差距很大,不能得到令人满意的效果。为此,研制出一种新的限压阀叫感载限压阀。

2)感载限压阀

其结构特点是阀门弹簧力并非定值,而是随汽车装载情况不同而变化,其限压作用起始点压力 p_s 也能随之而变化,故满载时,有折线 OA_1B_1,空载时其特性折线变为 OA_2B_2,如图4-19所示。

3)比例阀

比例阀是一种较限压阀灵活的调节装置。用它来代替限压阀后,其工作特点是当主缸及前制动管路压力 p_1 继续增长时,后制动管路压力 p_2 仍可随之增长,但其增量小于 p_1 的增量,比例阀一般采用差径活塞结构,其示意图如图 4-20 所示。设输入压力 p_1 的作用面积为 $A_1 = \pi/4(D^2 - d^2)$,输出压力 p_2 的作用面积为 $A_2 = \dfrac{\pi}{4}D^2$,Q 为活塞的作用力。阀盖关闭时差径阀门的力平衡方程为:

$$p_2 A_2 = p_1 A_1 + Q \tag{4-52}$$

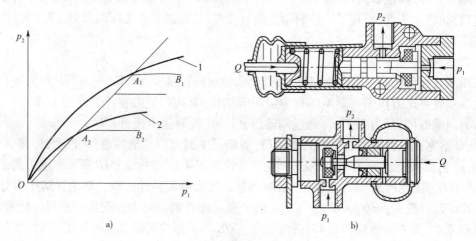

图 4-19 感载限压阀静特性
a) 静特性; b) 感载限压阀
1-满载理想特性; 2-空载理想特性

由此可得:

$$p_2 = \frac{A_1}{A_2} p_1 + \frac{Q}{A_2} \tag{4-53}$$

此即比例阀静特性线 AB 段(图 4-18b)的方程,在节压作用起始点 A 处,$p_1 = p_2 = p_s$,故:

$$p_s = \frac{Q}{A_2 - A_1} \tag{4-54}$$

若使弹簧力 Q 受后悬架变形量(反映载荷变化)的控制,比例阀便可成为感载式比例阀,其特性如图 4-20b)所示。

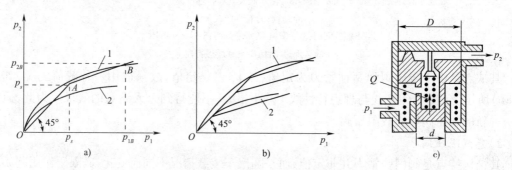

图 4-20 比例阀静特性及结构示意图
a) 比例阀; b) 感载比例阀; c) 比例阀示意图
1-满载理想特性; 2-空载理想特性

图 4-20a)、b) 显示,其转折点后是一条斜线,只要参数选择恰当,可使实际分配特性与理想分配特性线非常接近,大大提高了附着系数利用率,以及增大了制动稳定性。图 4-21 表示轿车使用感载比例阀后附着系数利用率 ε 与附着系数 φ 的关系曲线。

$\varphi > \varphi_{01}$ 时的虚线为不装制动力调节装置时的附着系数利用率，与 $\varphi > \varphi_{01}$ 时的实线相比，可见感载比例阀使附着利用系数 ε 提高很多。

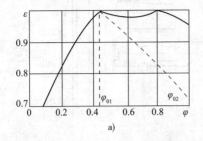
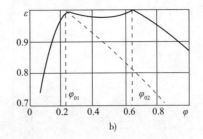

图 4-21 使用感载比例阀后 ε 改善的情况

制动力调节装置还有很多种，如感载射线阀、减速度传感比例阀、惯性阀等，对提高附着系数利用率和减少制动抱死概率，提高制动时的稳定性能起一定作用，但不完善，随着车速提高，对制动安全性的要求更为紧迫，需要一种更为先进的调节装置来控制制动力，使其既能充分利用地面附着系数，又不让车轮抱死而失稳，保证行驶安全可靠。

4.4.6 电子制动力分配系统

GB/T 12676—1999 和 ECE R13 - H 都对前后轴制动力分配作这样的规定，在制动强度 0.15～0.8 范围内后轮不得先于前轮抱死。采用传统机械/液压式限压阀或比例阀的车辆，制动力分配虽然能满足法规要求，但受结构限制，后轮制动压力往往被调节得过低而导致制动距离的延长。随着防抱制动系统技术 ABS 的普及，一种能使前后制动力分配接近理想的电子制动力分配系统(Elektonic Brakingforce Distrubution, EBD)也早已得到普遍采用。电子制动力分配是集成在 ABS 软件中的一个附加软件模块，在车辆常规制动范围内通过较高频率的后轮制动压力调节优化前后轴之间的制动力分配，如图 4-22 所示，因此，后轴附着系数得到充分利用，同时又避免后轮过度制动，保证制动方向稳定性。

EBD 控制策略和调节原理如下：常规半制动工况下，EBD 利用 4 个 ABS 轮速传感器信号对各车轮滑移率进行监控，通过电磁阀开闭，脉动的调节后轮制动压力，允许后轮产生较大的制动压力而又避免抱死。如图 4-23 所示，当电

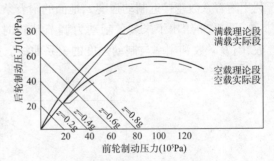

图 4-22 电子制动力分配曲线

子控制单元识别到某一后轮的滑移率达到 EBD 介入门限，有过度制动趋势时，即向液压单元发送指令，关闭进油阀，保持制动压力不再继续上升(保压)，如果仍有过度制动的趋势，则通过开启出油阀将制动液排出到低压蓄能器，以降低该后轮制动压力(降压)，为了最佳利用后轴附着系数，当该后轮制动不足时，进油阀又再次打开，同时关闭出油阀，将制动压力上升到主缸压力水平(升压)。当制动结束后，制动踏板松开，总泵内的制动压力为零，此时再次打开进油阀，低压蓄能器中的制动液经出油阀、进油阀中的单向阀返回总泵，低压蓄能器排空，为下一次电子制动力分配调节做好准备。

现代轿车通常将 EBD 作为 ABS 系统的标准功能配置，因此装备 ABS 的车辆上，传统的机械/液压式限压阀或比例阀可以取消。EBD 利用现成的 ABS 功能件实现其功能，无需额外零件。

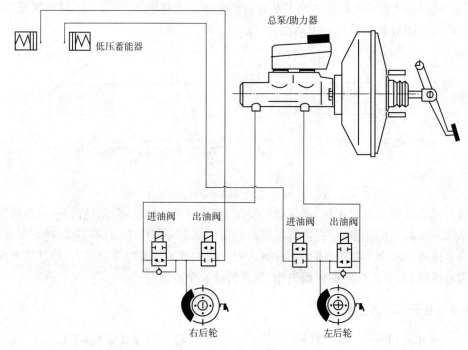

图 4-23 EBD 液压原理图

4.4.7 制动力调节装置对地面附着条件利用的改善

前文中式(4-43)和式(4-44)给出了前轴利用附着系数和后轴利用附着系数的计算方法,它们分别反映了在车轮将要抱死的最大制动强度 z 时汽车前、后轴所利用的路面附着系数。显然,利用附着系数越接近制动强度 z,地面的附着条件利用得越充分,前、后的制动力分配也越合理。

图 4-24 给出了未装备制动力调节装置时,某货车在空载和满载两种情况下利用附着系数、附着系数利用率与制动强度的关系曲线。此曲线以 z 为横坐标,φ、ε 为纵坐标,用表 4-2 中货车的数据。

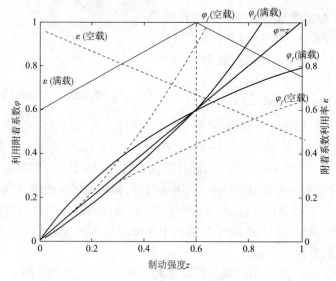

图 4-24 未装备调节装置时利用附着系数、附着系数利用率与制动强度的关系

由图4-24可见,满载情况下,制动强度$z=0.6$时,前、后轴利用附着系数均为0.6,这就是这一货车的同步附着系数,此时货车将获得最大的附着系数利用率。由图还可见,空载时,φ_r全在对角线上方,所以汽车总是出现后轮先抱死的工况,易出现后轴侧滑等危险工况。此时φ_r曲线就是汽车的利用附着系数曲线,而且随制动强度z的增大,附着系数利用率急剧下降,制动力及其分配很不合理。

应用制动力调节装置使实际制动力分配曲线接近理想分配曲线,提高附着系数利用率,避免出现后轴侧滑等危险工况。

1) 限压阀

该货车应用限压阀后,前、后制动管路压力的特性曲线如图4-18b)中OAB所示。

在OA段,限压阀未限制后制动管路制动压力,制动力分配系数恒定,仍取0.477,φ_r、φ_f随z变化的关系曲线可由式(4-43)和式(4-48)确定;在AB段,限压阀开始限制后制动管路的压力,使后制动管路压力维持定值,制动力分配系数为变化的值。制动器制动力:

$$F_\mu i = \frac{2p_i \pi d_i^2 r_{ci} \mu_i}{4r} \quad (i \text{为} f \text{、} r \text{时分别代表前后轴制动器}) \tag{4-55}$$

式中:p——制动轮缸压力,Pa;

d——制动器轮缸直径,m;

μ——制动器摩擦系数。

则在AB段前、后制动器制动力为:

$$\begin{cases} F_{\mu f} = zG - F_{\mu r} = zG - \dfrac{2p_s \pi d_r^2 r_c \mu_r}{4r} \\ F_{\mu r} = \dfrac{2p_s \pi d_r^2 r_c \mu_r}{4r} \end{cases} \tag{4-56}$$

从而使用限压阀后前、后轴利用附着系数可由式(4-43)、式(4-48)和式(4-16)确定:

$$\varphi_f = \frac{(4zrG - 2p_s \pi d_r^2 r_c \mu_r)l}{4rG(l_r + zh_g)} \tag{4-57}$$

$$\varphi_r = \frac{p_s \pi d_r^2 r_c \mu_r l}{2Gr(l_f - zh_g)} \tag{4-58}$$

由此可确定在AB段φ_r、φ_f与制动强度z的关系曲线,且由式(4-45)和式(4-50)可确定前后轴的附着系数利用率ε与制动强度z关系曲线。

图4-25给出了应用限压阀时,该货车在空载和满载时利用附着系数、附着系数利用率与制动强度的关系曲线。为便于区分,(满载)曲线在图中用点画线表示。

由图中可以看出,制动强度$z<0.6$时,曲线关系图4-24完全相同,限压阀此时还未开始限压作用;$z>0.6$时,满载时后轴利用附着系数曲线在前轴利用附着系数曲线上方,说明制动时前轮先于后轮抱死,且比未应用限压阀时后轮先抱死的工况稳定。同时,满载时附着系数利用率曲线减小趋势变缓,路面附着条件利用变好。

限压阀只适用于一种载荷工况,货车满载时的路面附着条件得到了更好的利用,但图中空载时的曲线基本没有变化,说明限压阀对空载工况并未起到较好的调节作用。对其他载荷工况的调节就需要感载限压阀的应用。

2) 感载限压阀

应用感载限压阀后,前、后制动管路压力的特性曲线如图4-19a)所示,满载时对应OA_1B_1,

空载时对应 OA_2B_2 曲线,其限压作用随汽车载荷情况不同而变化。

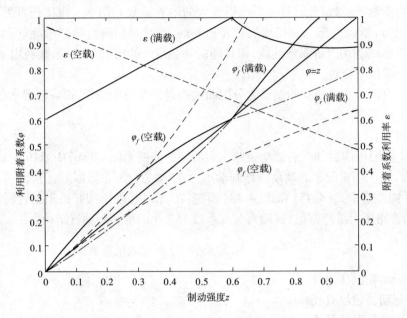

图 4-25 应用限压阀时利用附着系数、附着系数利用率与制动强度的关系

与限压阀讨论类似,给出应用感载限压阀时,该货车在满载和 1/2 载荷时利用附着系数、附着系数利用率与制动强度的关系曲线,如图 4-26 所示。

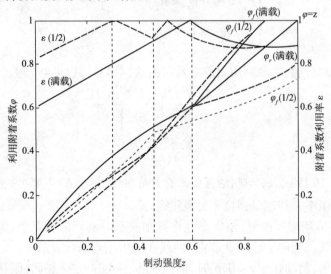

图 4-26 应用感载限压阀时利用附着系数、附着系数利用率与制动强度的关系

由图可以见,1/2 载荷下,制动强度 $z>0.45$ 时,感载限压阀开始作用,利用附着系数曲线较未采用感载限压阀调节时更接近直线,在两处均获得最大的附着系数利用率。满载时的关系曲线与图 4-25 中相同。

3) 比例阀

应用比例阀时,静特性如图 4-20a) 中 OAB 所示。

在 OA 段,制动力分配系数恒定,为 0.477,φ_r、φ_f 随 z 的关系同前;

在 AB 段,制动力分配系数为变化值,由式 (4-53)、(4-55) 式可确定前后轮制动器制动力关系：

$$F_{\mu r} = \frac{2p_r \pi d_r^2 r_{cr} \mu_r}{4r} = \frac{d_r^2 r_{cr} A_1 \mu_r}{d_f^2 r_{cf} A_2 \mu_f} F_{\mu f} + \frac{2\pi d_r^2 r_{cr} \mu_r Q}{4rA_2} = M \cdot F_{\mu f} + F \quad (4\text{-}59)$$

式中：$M = \dfrac{d_r^2 r_{cr} A_1 \mu_r}{d_f^2 r_{cf} A_2 \mu_f}$；$F = \dfrac{\pi d_r^2 r_{cr} \mu_r Q}{2rA_2}$。

从而可求出前后制动器制动力：

$$\begin{cases} F_{\mu f} + F_{\mu r} = zG \\ F_{\mu r} = M \cdot F_{\mu f} + F \end{cases} \quad (4\text{-}60)$$

$$\begin{cases} F_{\mu f} = \dfrac{zG - F}{1 + M} \\ F_{\mu r} = \dfrac{zMG + F}{1 + M} \end{cases} \quad (4\text{-}61)$$

前、后轴利用附着系数可由式(4-43)和(4-48)确定：

$$\varphi_f = \frac{(zG - F)l}{G(1 + M)(l_r + zh_g)} \quad (4\text{-}62)$$

$$\varphi_r = \frac{(zMG + F)l}{G(1 + M)(l_f - zh_g)} \quad (4\text{-}63)$$

由此可确定 φ_r、φ_f 与 z 的关系曲线，且由式(4-45)与(4-50)确定前后轴的附着系数利用率 ε 与 z 的关系曲线。

图 4-27 给出了应用比例阀时，该货车利用附着系数、附着系数利用率与制动强度的关系曲线。

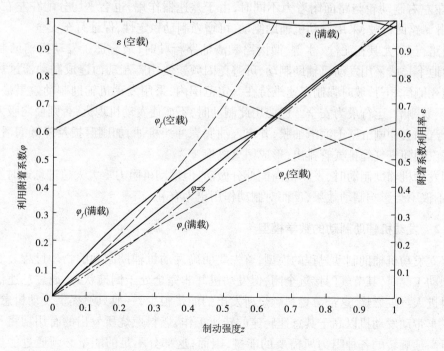

图 4-27 应用比例阀时利用附着系数、附着系数利用率与制动强度的关系

由图可见,制动强度 $z>0.5$ 时,比例阀开始作用,实际的利用附着系数曲线与直线十分接近,附着系数利用率较图 4-25 中应用限压阀时更高,路面的附着条件利用得更好。因此,若比例阀参数选择适当,可使利用附着系数与制动强度非常接近,获得比限压阀更好的调节效果。

4.5 发动机辅助制动作用及其对汽车制动性能的影响

4.5.1 发动机辅助制动的机理分析

汽车在行驶中,为了避免发生事故,有时要将高速运行的车辆速度变慢,甚至紧急停车,除了采用脚、手制动装置制动外,还可采用松开加速踏板,不踩离合器踏板,靠运行的汽车强迫发动机加速转动所产生的阻力,来实现牵阻作用,以降低汽车行驶速度。以一定速度行驶的汽车,驾驶员放松加速踏板,节气门关闭而切断供电,但不分离离合器(使运转的发动机曲轴没有和驱动车轮切断传动),也不使用其他制动器,而仅仅靠发动机的牵阻作用来迫使其速度降低,从而达到制动的目的,此种方法即为发动机辅助制动,它是一种较为理想的辅助制动方法之一。

发动机辅助制动,是靠汽车传动机构,强迫发动机加速运转来产生阻力而实现牵阻作用的。这种阻力主要来源于活塞与汽缸壁,以及曲轴轴承的摩擦;还有一部分是强制发动机内气体工作时的能量损耗。发动机辅助制动一般都挂中、低速挡,挡位越低,汽车在同样行驶速度下,发动机的转速也就越快,那么克服上述发动机阻力所消耗的能量就越多,发动机牵阻作用的效果就更佳。

采用发动机辅助制动时汽车稳定性常高于其他常规的制动方法,因采用发动机辅助制动时,车轮不太可能抱死而继续滚动,稳定性就好。此外,由于发动机的牵阻作用所引起的路面制动力,在左右制动轮与路面附着力不同时,由于差速器作用,也会平均分配在左右车轮上。因此,在滑溜路面行驶,采用发动机辅助制动,可增强制动稳定性,保证行车安全。

在山路行车,尤其在泥泞、冰雪、溜滑路和渣油路行驶时,最合适于发动机辅助制动的方法。如山地下长坡采用发动机辅助制动,可避免因频繁使用脚制动而造成制动器过热和磨损及车轮抱死侧滑;下坡时强制车速维持在一定范围内,采用发动机辅助制动效果最佳,稳定性最好,不易侧滑,运行最为安全。但使用此制动时,不能使发动机熄火,否则使之吸入混合气中的部分汽油会冲刷缸壁上润滑油膜,并流入油底壳冲淡机油,加剧磨损及降低润滑性能,还会使一些汽油随废气经排气管排出,形成回火放炮。

采用发动机辅助制动时,发动机尚能部分做功,但发动机阻力矩大大超过怠速时发出的力矩,此时不仅不会影响制动效果,反而对制动作用更为有利。

4.5.2 发动机辅助制动的数学模型

要建立发动机辅助制动过程的模型,首先要明确发动机辅助制动的物理过程。发动机处于辅助制动工况时,其节气门接近全闭,但发动机并非完全处于倒拖状态,通过怠速油道尚有少量燃料进入汽缸燃烧,这部分燃料燃烧所发出的能量很少,一般只够提供发动机怠速之用,若此时汽车带动发动机以高于其怠速转速的转速工作,燃料燃烧所发出的有用功将不足以克服发动机高速旋转的各种阻力所需要的能量,因而,这部分不足的能量必须通过能量反传来提供。

可见,辅助制动工况是发动机的一种特殊工况,由于此时发动机转速高于怠速转速,造成发动机缸内的工作过程以及换气过程必然不同于一般的怠速工况。本节在考虑这些变化的基础上,建立了缸内工作过程和换气过程的模型。汽缸内工作过程采取单区计算模型,即假定新鲜充量与燃烧产物瞬时完全混合,整个汽缸内的状态用平均参数表示。换气过程采用容积法模型,即将进、排气管中实际不稳定的流动过程作为准稳定流动处理,只考虑状态参数随时间的变化。

1) 基本方程式

无论是换气过程还是缸内工作过程均须遵守如下热力学基本方程和约束方程。

(1) 热力学基本方程。

状态方程:

$$pV = mRT \tag{4-64}$$

能量守恒方程:

$$dU = dW + \sum_i dQ_i + \sum_j h_j dm_j \tag{4-65}$$

质量守恒方程:

$$dm = \sum_k dm_k \tag{4-66}$$

式中:p——压力,Pa;

V——体积,m^3;

T——温度,K;

R——气体常数,J/Kg·K;

W——机械功,J;

Q_i——通过系统边界交换的热量,J;

$h_j dm_j$——质量 dm_j 带入(或带出)系统的能量,J。

(2) 外部约束方程。

汽缸瞬时容积:

$$V = \frac{L_s}{2} \left[\frac{2}{\varepsilon_e - 1} + 1 - \cos\varphi + \frac{1}{\lambda_s}(1 - \sqrt{1 - \lambda_s^2 \sin^2\varphi}) \right] \tag{4-67}$$

汽缸容积随曲轴转角的变化率:

$$\frac{dV}{d\varphi} = \frac{L_s}{2} \left(\sin\varphi + \lambda_s \frac{\sin\varphi \cos\varphi}{\sqrt{1 - \lambda_s^2 \sin^2\varphi}} \right) \tag{4-68}$$

式中:φ——发动机曲轴转角,°CA;

L_s——汽缸行程容积,m^2;

λ_s——曲柄连杆比;

ε_e——压缩比。

上面的外部约束方程在仿真计算中已经可以直接使用,但热力学诸方程还是抽象的,无法直接用于仿真计算,因而要对其进行具体化。

2) 汽缸内工作过程所遵守的方程

结合缸内工作过程及发动机各冲程工作的特点,对热力学方程式(4-64)、(4-65)和(4-66)进行具体化,得到如下方程式:

(1) 能量方程。

$$\frac{d(mu)}{d\varphi} = \frac{dQ_B}{d\varphi} + \frac{dQ_W}{d\varphi} - p\frac{dV}{d\varphi} + \frac{dm_E}{d\varphi}h_E + \frac{dm_A}{d\varphi}h_A \tag{4-69}$$

针对发动机各冲程,进一步具体化为:

压缩和膨胀过程:

$$\frac{dT}{d\varphi} = \frac{1}{mC_v}\left(\frac{dQ_W}{d\varphi} - p\frac{dV}{d\varphi}\right) \tag{4-70}$$

燃烧过程:

$$\frac{dT}{d\varphi} = \frac{1}{mC_v}\left(\frac{dQ_B}{d\varphi} + \frac{dQ_W}{d\varphi} - p\frac{dV}{d\varphi} - m\frac{\partial u}{\partial C_v}\frac{\partial C_v}{\partial \varphi}\right) \tag{4-71}$$

换气阶段:

$$\frac{dT}{d\varphi} = \frac{1}{mC_v}\left[\frac{dQ_W}{d\varphi} - p\frac{dV}{d\varphi} + \frac{dm_E}{d\varphi}(h_E - u) + \frac{dm_A}{d\varphi}(h_A - u)\right] \tag{4-72}$$

(2)质量守恒方程。

$$\frac{dm}{d\varphi} = \frac{dm_E}{d\varphi} + \frac{dm_A}{d\varphi} \tag{4-73}$$

式中:Q_B——燃料燃烧放出的热量,J;

Q_W——通过壁面交换的热量,J;

C_v——工质定容比热,J/kg·K;

m_E——流入汽缸的质量,kg;

m_A——流出汽缸的质量,kg;

h_E——进气门前的比焓,J/kg;

u——汽缸内比内能,J/kg。

在上述方程式中出现了放热项 $dQ_B/d\varphi$ 和传热项 $dQ_w/d\varphi$,可采用式(4-74)和式(4-75)计算。

燃料燃烧的过程代用放热规律:

$$\frac{dQ_B}{d\varphi} = 6.908\frac{\eta_u \cdot m_{B0} \cdot H_u}{\Delta\varphi}(m+1)\left(\frac{\varphi - \varphi_{VB}}{\Delta\varphi}\right)^{m'} \cdot \exp\left[-6.908\left(\frac{\varphi - \varphi_{VB}}{\Delta\varphi}\right)^{m'}\right] \tag{4-74}$$

式中:η_u——燃烧效率,取 0.95~1;

m_{B0}——每循环燃料量,kg;

H_u——燃料的低热值,J/Kg;

φ_{VB}——烧始点的曲轴转角,°CA;

$\Delta\varphi$——烧持续角,°CA;

m'——品质指数,取 1.5~2。

由于对流换热问题在本质上也是通过热边界层的导热问题,故计算对流换热时采用牛顿公式,单位曲轴转角的传热量为:

$$\frac{dQ_w}{d\varphi} = \frac{\alpha' A(T_w - T_g)}{6n} \tag{4-75}$$

式中:A——传热面积,m^2;

T_w——壁面温度,K;
T_g——工质温度,K;
n——发动机转速,r/min;
$α'$——瞬时换热系数,J/m²·s·K。

本文采用 Woschni 公式算,其表达较繁,这里从略。

3)进、排气管所遵守的方程

(1)热力学方程。

①能量守恒方程。

$$\frac{dT}{d\varphi} = \frac{1}{mC_v}\left[\frac{dm_E}{d\varphi}(h_E - u) + \frac{dQ_W}{d\varphi} + \frac{dm_A}{d\varphi}(h_A - u)\right] \tag{4-76}$$

②质量守恒方程同式(4-73)。
③状态方程同式(4-64),但变量的意义有所不同。

式中:h_E——管道前的比焓,J/kg;
h_A——管道内的比焓,J/kg;
u——管道内比内能,J/kg。

(2)流量方程。

互相连通的两个容积内压力不等时,流体从高压容器流向低压容器。用下脚 u 表示高压容积参数;用下脚 d 表示低压容积参数。当 $p_d/p_u > (2/K+1)^{\frac{K}{K+1}}$ 时,流动是亚临界的,工质以亚音速流出;当 $p_d/p_u > (2/K+1)^{\frac{K}{K+1}}$ 时,流动是超临界的,工质以当地音速流出。

质量流量:

$$\frac{dm}{dt} = C_0 \cdot AF_0 \sqrt{\frac{2}{RT_\mu}} \cdot p_\mu \tag{4-77}$$

超临界流动时:

$$F_0 = \left(\frac{2}{K+1}\right)^{\frac{1}{K-1}} \sqrt{\frac{K}{K+1}} \tag{4-78}$$

亚临界流动时:

$$F_0 = \sqrt{\frac{K}{K-1}\left[\left(\frac{p_d}{p_u}\right)^{\frac{2}{K}} - \left(\frac{p_d}{p_u}\right)^{\frac{K+1}{K}}\right]} \tag{4-79}$$

式中:K——比热比;
C_0——流量系数;
A——流通截面积,m²。

节气门流通截面积为:

$$A_T = \frac{\pi D_{tr}^2}{4}\left(1 - \frac{\cos\theta}{\cos\theta_0}\right) \tag{4-80}$$

式中:D_{tr}——节气门孔直径,m;
θ——节气门全闭时的关角,°CA;
θ_0——气门实际开度角。节气门处的流量 C_0 可由稳流试验求出,°CA。

气门与气门座之间的流通截面积为:

$$A_V = \pi(d + h\sin\theta \cdot \cos\theta)\cos\theta \tag{4-81}$$

式中：h——升程，m；
　　　d——门座直径，m；
　　　θ——气门座角，°CA。

气门座与气门杆之间的流通截面为：

$$A'_v = \frac{\pi}{4}(d^2 - d_0^{\ 2}) \tag{4-82}$$

式中：d_0——气门杆直径，m。

进、排气门的流通截面积应取 A_V 和 A'_v 中的较小者。进、排气门处的流量系数为：

$$C_0 = a - b\left(\frac{h}{d}\right)^c \tag{4-83}$$

式中，$a = 0.8 \sim 1, b = 1 \sim 4, c = 1 \sim 2$。

4) 发动机辅助制动作用仿真计算及结果分析

利用数值方法在计算机上对上述模型进行循环模拟，便可得到辅助制动工况下汽缸内压力随曲轴转角的变化规律。利用上述模拟计算程序，对一台排量为1.8L的四缸四冲程汽油机进行了发动机辅助制动过程的仿真计算，计算工况点分别为转速1000r/min、2000r/min、3000r/min、4000r/min和5000r/min。计算得到的缸内压力随曲轴转角变化情况如图4-28所示（为清晰起见，仅示出了1000r/min、3000r/min和5000r/min的情况）。从图中可以看出，辅助制动工况下，随着发动机转速的提高，发动机排气所需消耗功将增加（0°CA 附近），但缸内燃烧压力将显著降低（360°CA 附近）。利用数值积分方法便可求出缸内平均压力声 p_i。

通过上面的模拟计算得到的是发动机辅助制动作用的"指示指标"，为了得到发动机制动作用的"有效指标"，还需要确定平均摩擦压力的数值。平均摩擦压力近似采用如下公式计算：

$$p_m = 0.08 + 0.11\frac{n}{n_N} \tag{4-84}$$

式中：p_m——平均摩擦压力，MPa；
　　　n_N——发动机最高转速，r/min。

于是，发动机辅助制动时的有效压力可表达为：

$$p_e = p_i - p_m \tag{4-85}$$

再利用下面的公式即可求出发动机的辅助制动力矩。如图4-29所示。

$$M_e = \frac{318.3 p_e L_s n}{\tau} \tag{4-86}$$

式中：n——汽缸数；
　　　τ——冲程数；
　　　p_e——有效压力，MPa。

从图4-29中可以看出，发动机转速越高，发动机的辅助制动作用越大。即在挡位一定的情况下，车速越高发动机的辅助制动作用越明显。

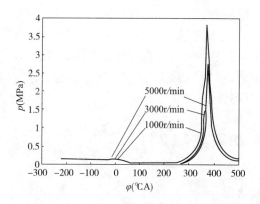

图 4-28 制动工况下气缸内压力随曲轴转角的变化情况

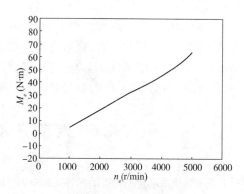

图 4-29 发动机辅助制动力矩随转速的变化情况

5) 发动机制动产生的车轮制动力

由于发动机辅助制动工况下,离合器处于接合状态,发动机制动力矩最终将通过传动系作用在驱动轮上形成车轮制动力,这一制动力是传动比、发动机制动力矩和轮胎半径的函数。车辆驱动轮上的制动力可表达为:

$$F = \frac{M_e i}{\eta_T r} \tag{4-87}$$

式中:η_T——传动效率;

i——发动机与车轮之间的传动比。

显然,变速箱挡位越低,由于发动机制动作用所产生的车轮制动力将越大。

6) 发动机辅助制动作用对整车制动性能的影响

在车辆持续下坡时,发动机制动作用可以减轻制动器的负担。但正如计算结果表明的那样,这种制动力是非常有限的,为了充分利用发动机的辅助制动作用,人们已经想出了许多办法来提高它的效率。一种方法是通过关闭排气管道来增加发动机的压气机作用,这种类型的制动器通常称为排气制动器。排气制动器由安装在排气系统中的节气阀组成,该节气阀可以通过机械、电动或气动方法来开闭。这种制动器在某些山区公路较多的国家(如法国)的重型车上使用得较普遍。据称,使用排气制动器时,按照不同的情况,制动蹄和制动鼓的磨损可减少 25%~30%。研究还表明,车辆下坡时若使用车轮制动器制动,则发动机汽缸表面的温度将显著下降,在同样的试验条件下,使用排气制动器则发动机汽缸表面的温度下降比较少。众所周知,热状态的改变(过冷)会引起发动机过早磨损,可见,排气制动对于发动机工作的热状态也是比较有利的。

发动机辅助制动作用对汽车制动时的行驶稳定性也有影响。对于两轮驱动的汽车而言,发动机制动作用所产生的制动力总是作用在正常行驶时作为驱动轮的车轮上。这就是说,发动机的制动力矩将改变制动力分配曲线。这种作用可用图 4-30 来说明。在后轮驱动时,后轴的制动力提高,这会使汽车容易处于不稳定状态。在前轮制动时,汽车趋向前轴过制动,此时汽车是稳定的,但会失去转向能力。发动机制力矩随行驶速度的增大而增大,当然也与所挂的挡位有关。

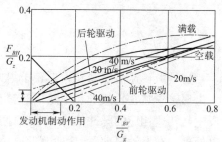

图 4-30 由于发动机制动力矩的作用,使制动力固定分配线移动的情况

有载荷汽车的抛物线要陡一些,这说明对后轴驱动和制动力固定分配的汽车,发动机制动对稳定性的作用由于承载而变得较为有利。为了不至于影响安全性,对后轴驱动的汽车,在空载时从较高的车速开始制动,要脱开离合器。相反在满载制动时离合器如处于接合状态,发动机辅助制动无损于稳定性;对前轮驱动的汽车制动时,可以不脱开离合器,汽车仍处于稳定状态,但在制动引起的不足转向趋势显著时,则要脱开离合器。

4.6 汽车防抱死制动系统(ABS)

4.6.1 汽车防抱死制动系统(ABS)的构成及功用

汽车制动系中装用制动防抱死装置(Antilock Braking System, ABS),其目的是使汽车在紧急制动时,防止车轮完全抱死,充分利用轮胎与地面间的峰值附着系数和高的侧向力系数,使汽车制动减速度提高,制动距离缩短,保证汽车制动时的方向稳定性,使后轴不会侧滑,前轮保持良好的转向能力,从而避免了因侧滑和转向失控引起的交通事故,有利于行驶安全性(主动安全性)。制动防抱装置有电子控制式和机械式两大类,目前用得最多的是电子控制防抱装置,下面主要讨论这一系统。

电子防抱制动系统与传统的制动系统组成上不同之处就在于它增加了以下装置:

(1)车轮转速采集装置;
(2)电子控制装置;
(3)执行装置。

此外,还应有警报装置,如警报灯及相关电子系统。这些装置在轿车上的布置示意图如图4-31所示。

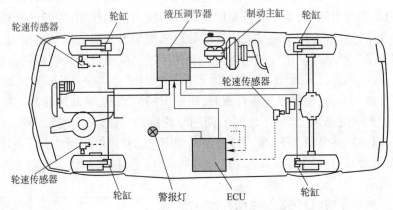

图 4-31　ABS 在汽车上的布置图

1)车轮转速采集装置

它是由转速传感器和齿形转子组成,其作用是获得车轮转速的信号,由图4-31可见,前轮上齿形转子装在轮毂上和车轮一起转动,转速传感器装置装在转向节上。车轮转动时,传感器产生与转速相应的脉冲信号,单位时间的脉冲数与转速成正比,这束信息传到电子控制装置加以处理。在发动机前置、后轮驱动的轿车中往往将转速采集装置装在驱动轴前端,其齿形转子装在主动锥齿轮轴上,如图4-32所示。ABS的转速传感器安装在后轴圆锥齿轮上的形式,如图4-33所示。

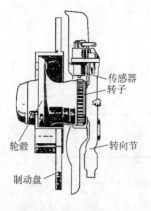
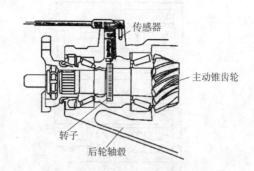

图4-32 ABS的转速传感器安装在前轴上

图4-33 ABS的转速传感器安装在后轴圆锥齿轮上

2) 电子控制装置

它由三个组成部分,即相位闭环、计算部分和逻辑处理部分。

相位闭环把经过输入放大器放大的反映车轮转速的输入脉冲变成数字,同时滤掉车轮和轴振动引起的高频噪声,输出车轮转速信号 v_w 和轮速度变化信号 Δv_w;数字处理器接收上述 v_w 和 Δv_w 数字信息,对这些变量进行计算并和阈值进行比较,最后输出加速度 $\pm a$ 信号和车轮滑移值 s 信号到逻辑处理部分。逻辑处理部分根据上述信号产生激励电磁阀的指令信号,经过电流调节器(集成电路 IC4.1 和 IC4.2)以不同电流激励电磁阀处于不同阶段,以调节制动轮缸中的油压及制动力(图4-34)。

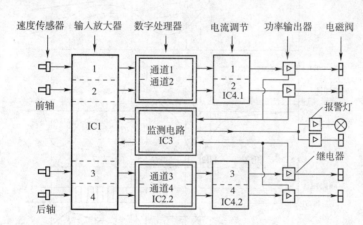

图4-34 由集成线路构成的方框原理线路图

3) 执行装置

它由3或4个电磁阀和1个电动机驱动的泵组成。这些电磁阀有三个阶段,如图4-35所示。

第一阶段:电磁阀中无激励电流。主油缸与车轮制动缸相通,车轮上制动油压随踏板力一起增加。

第二阶段:电磁阀中有一半激励电流。主油缸和轮缸之间的通道被切断,轮缸内油压保持定值。

第三阶段:电磁阀中有最大激励电流。轮缸和回油箱接通,轮内油压下降。

ABS中的一个调节过程,可用图4-36来说明。

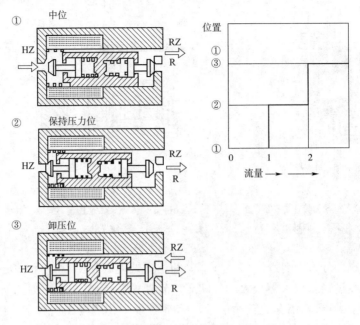

图 4-35 Bosch ABS 3/3—电磁阀(3 位 3 通)
HZ-主制动缸;RZ-轮制动缸;R-回流

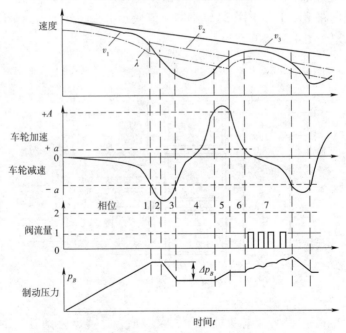

图 4-36 ABS 的一个调节循环中速度、车轮减速度和制动压力的时间历程
v_1-车轮速度;v_2-基准速度(参考车速);v_3-汽车速度

驾驶员开始踩踏板制动后,车速及车轮转速均下降,制动油压上升,当车轮减速度越过阈值($-a$)时,电磁阀由第一阶段转至第二阶段,使其处于"保持油压"位置,如果减速度进一步增加,且达到了规定的滑移率 s,则电磁阀由第二阶段转入第三阶段,即"降低压力"位置,轮缸同回油槽相通,车轮重新被加速。如果越过($-a$)阈值,电磁阀又回到第二阶段"保持压力",如果车轮转速进一步提高,如速度超过了($+A$)阈值,则电磁阀切入第一阶段"升高压力"位

置,主缸和轮缸接通,如果此时车轮减速在 $+A$ 和 $-a$ 两阈值间,电磁阀又换入第二阶段"保持压力"位置接下来低于 $+a$ 直至 $-a$ 值,表明车轮进入 $\varphi-s$ 曲线的非稳定区,制动力降低到最优值下。通过操纵阀,在"升高压力"和"保持压力"位置间脉动换位、制动压力逐级提高直到车轮重新急剧减速,这就是一个调节循环。

4.6.2 防抱制动系统力学

ABS 制动力学基本方程及最优控制方法如下。

在建立防抱制动系统力学模型时,通常作如下假设:

(1)车轮承受载荷为常数。
(2)忽略迎风阻力和车轮滚动阻力。
(3)附着系数—滑动率关系 $\varphi-s$ 曲线用两条直线近似的表示(图4-37)。

定义滑动率为:

$$s = \frac{1-\omega r}{v} \tag{4-88}$$

式中:ω——车轮转动角速度,rad/s;
v——车速,m/s。

附着系数 φ 和滑动率 s 的关系曲线为:

$$\varphi = \begin{cases} \dfrac{\varphi_p}{s_p} \cdot s & 0 \leqslant s \leqslant s_p \\ \varphi_s + \dfrac{(1-s)(\varphi_p - \varphi_s)}{1-s_p} & s_p < s \leqslant 1 \end{cases} \tag{4-89}$$

式中:φ_p——峰值附着系数;
s_p——峰值附着系数时的滑移率;
φ_s——车轮抱死时($s=1$)的附着系数。

在此前提下,车轮的单轮模型可表示为(图4-38),车轮抱死过程中动力学方程如下:

$$I_w \frac{d\omega}{dt} = -T_b + rF_b \tag{4-90}$$

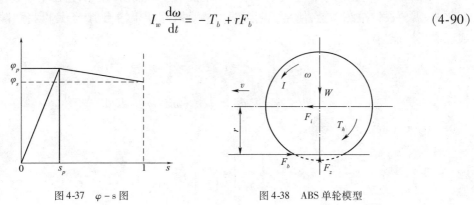

图4-37 $\varphi-s$ 图   图4-38 ABS 单轮模型

$$m\frac{du}{dt} = -F_b \tag{4-91}$$

$$F_b = \varphi(s)F_z \tag{4-92}$$

式中:I_w——车轮转动惯量,kg·m²;
T_b——制动力矩,N·m;
m——车辆总质量,kg;

F_b——地面制动力，N。

制动力矩可表示为制动缸压力函数：

$$T_b = K'_{ef} p(t) \tag{4-93}$$

式中：$p(t)$——随时间而变的制动缸压力，MPa；

K'_{ef}——是与 K_{ef} 有关的量，m^3。

根据现代控制理论，可写出车轮控制系统的状态方程，取 ω、$\dot{\omega}$ 为变量，由(4-90)至式(4-92)，可得：

$$I_w \dot{\omega} = r\varphi F_z - K'_{ef} p = r \frac{\varphi_p}{s_p} s F_z - K'_{ef} p \tag{4-94}$$

经整理，并对 $\dot{\omega}$ 求导数可得：

$$\begin{cases} \dot{\omega} = -E\omega - \dfrac{K'_{ef}}{I_w} p + \dfrac{E}{r} \\ \ddot{\omega} = -E\dot{\omega} - \dfrac{K'_{ef} \dot{p}}{I_w} \end{cases} \tag{4-95}$$

其中，$E = \dfrac{r^2 F_z \varphi_p}{I_w v s_p}$。

为了便于汽车速度 v 相比较，一般将车轮角速度和角加速度两个状态变量，用车轮的速度 $v_w = r \cdot \omega$ 和加速度 $\dot{v}_w = r\dot{\omega}$ 来代替作为系统的状态变量，即：

$$\begin{cases} \ddot{v}_w = -E\dot{v}_w - \dfrac{K'_T}{I_w} \dot{p} \\ \dot{v}_w = r\dot{\omega} \end{cases} \tag{4-96}$$

其中，$K'_T = rK'_{ef}$。

据现代控制理论的要求，除需要选取 ω、$\dot{\omega}$ 为状态变量外，为了形成闭环控制系统，还应把 $\varphi \sim s$ 关系曲线峰值处的车轮速度 v_w^* 作为系统的期望值输出，显然，它在制动过程中是随时间变化的，需要设计跟踪系统，使系统实际输出的是跟踪期望输出值，于是可将跟踪输出器设计成二次型性能指标，即：

$$I_{r1} = \int_0^t (\omega r - v_w^*) \, dt = \int_0^t (v_w - v_w^*) \, dt \tag{4-97}$$

$$I_{r2} = \int_0^t I_{r1} \, dt = \int_0^t \int_0^{t_1} (\omega r - v_w^*) \, dt_1 \, dt \tag{4-98}$$

上面两式可写成如下形式：

$$\begin{bmatrix} \dot{I}_{r1} \\ \dot{I}_{r2} \end{bmatrix} = \begin{bmatrix} v_w \\ I_{r1} \end{bmatrix} + \begin{bmatrix} -v_w^* \\ 0 \end{bmatrix} \tag{4-99}$$

将式(4-96)和式(4-99)联合成矩阵的形式：

$$\begin{bmatrix} \ddot{v}_w \\ \dot{v}_w \\ \dot{I}_{r1} \\ \dot{I}_{r2} \end{bmatrix} = \begin{bmatrix} -E & 0 & 0 & 0 \\ 1 & 0 & 0 & 0 \\ 0 & 1 & 0 & 0 \\ 0 & 0 & 1 & 0 \end{bmatrix} \begin{bmatrix} \dot{v}_w \\ v_w \\ I_{r1} \\ I_{r2} \end{bmatrix} + \begin{bmatrix} -K'_T/I_w \\ 0 \\ 0 \\ 0 \end{bmatrix} \dot{p}(t) + \begin{bmatrix} 0 \\ 0 \\ -1 \\ 0 \end{bmatrix} v_w^* \tag{4-100}$$

上式可简写为：

$$\dot{X} = AX + BU + Nd \tag{4-101}$$

$$Y = CX \tag{4-102}$$

其中：

$$A = \begin{bmatrix} -E & 0 & 0 & 0 \\ 1 & 0 & 0 & 0 \\ 0 & 1 & 0 & 0 \\ 0 & 0 & 1 & 0 \end{bmatrix}, B = \begin{bmatrix} -K_T'/I_w \\ 0 \\ 0 \\ 0 \end{bmatrix},$$

$$N = \begin{bmatrix} 0 \\ 0 \\ -1 \\ 0 \end{bmatrix}, X = \begin{bmatrix} \dot{v}_w \\ v_w \\ I_{r1} \\ I_{r2} \end{bmatrix}$$

$$C = \begin{bmatrix} 0 & 1 & 0 & 0 \end{bmatrix},$$

$$Y = \omega r = v_w$$

$$U = p(t),$$

$$d = v^*。$$

式中：A——系统矩阵；

B——控制矩阵；

N——误差矩阵；

X——状态变量；

C——输出矩阵；

Y——输出向量；

U——控制向量；

d——误差向量。

用现代控制理论中的最优控制方法使防抱系统在工作中，其目标函数为最小，一般选用二次型目标函数，即：

$$J_T = \int_0^{t_0} (X^T QX + U^T RU) \, dt \tag{4-103}$$

式中：Q——状态变量的加权矩阵；

R——控制变量的加权矩阵。

由最优控制理论不难求出控制向量的最佳值，即最优控制律：

$$U_{opt} = -R^{-1}B^T LX = -KX \tag{4-104}$$

式中，$K = R^{-1}B^T L$ 称为反馈控制的线性反馈系数，其中在 A,B,Q,R 为定常的情况下，反馈控制系数中的 L 可以由以下的黎卡提(Riccati)方程求得：

$$-LA - A^T L + LBR^{-1}B^T L - Q = 0 \tag{4-105}$$

这是一组代数方程，用计算机不难求出 L 矩阵：

$$L = \begin{bmatrix} L_{11} & L_{12} & L_{13} & L_{14} \\ L_{21} & L_{22} & L_{23} & L_{24} \\ L_{31} & L_{32} & L_{33} & L_{34} \\ L_{41} & L_{42} & L_{43} & L_{44} \end{bmatrix} \tag{4-106}$$

代入 $K = R^{-1}B^{T}L$,就可求得反馈控制系数 $K = (K_1, K_2, K_3, K_4)$ 中各元素 K_i,线性二次型最优调节器结构可用图 4-39 来表示。

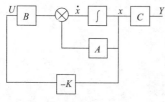

图 4-39 控制系统结构图

以上介绍的是防抱死制动系统的最优控制方法。此外尚有逻辑门限值控制法和滑动模态变结构控制法等,限于篇幅不再赘述,其结果都是相类似的。图 4-40 给出的是某中型客车气动 ABS 的半实物仿真结果。从结果可以看出,可通过车轮制动力矩的施加,使车轮获得一期望的滑动状态,并在相应的峰值附着系数附近工作。

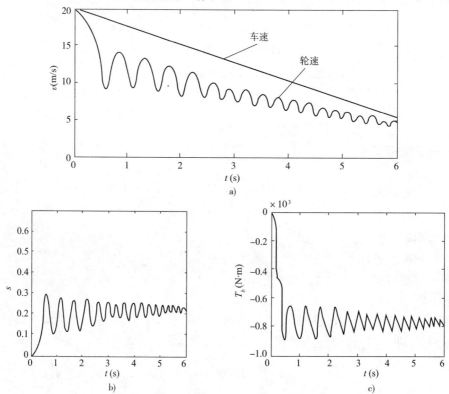

图 4-40 气动 ABS 系统的半实物仿真结果
a)车速与轮速的时间例程;b)滑动率的结果;c)制动器制动力矩的变化

4.7 电动汽车制动系统构型及复合制动控制

4.7.1 电动汽车制动系统构型

电动汽车复合制动系统由液压制动系统和再生制动系统组成。液压制动系统主要用来提供快速强大的制动需求,再生制动系统能够将车辆的部分机械能转化为电能,并存储在电池中。常见的复合制动系统构型分为踏板非解耦式制动系统和踏板解耦式制动系统。其中,前者的制动踏板与液压制动系统存在机械连接;后者的制动踏板与原液压系统完全断开连接,采用线控制动。

1)踏板解耦式制动系统构型

踏板非解耦式复合制动系统可分为并联式和串联式两种。其中并联式不改变原有液压制动系统,不主动调节液压制动力,在保持前后成固定比例的制动力分配基础上,增加了再生制动系统。此制动系统仅仅是再生制动和液压制动的简单叠加,不涉及复杂的控制策略。串联式是基于原有的 ABS/ESP 系统,对主缸或制动管路进行改造,在制动管路上安装调节阀、蓄能器以及电机等,以达到调节液压制动转矩的目的。串联式系统中,驾驶员踏板力与液压力之间仍然存在耦合。

图4-41 为日本国家环境协会研发的 Eco–Vehicle 电动车,在传统制动系统的液压主缸与前后轴制动器上加装了制动压力控制阀单元。该压力控制阀单元包括主缸压力传感器和两个可控的电磁调节阀,分别作用于前后轴液压制动器。

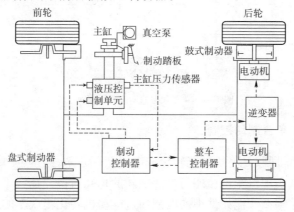

图4-41 Eco–Vehicle 混合动力汽车复合制动系统

制动过程中,制动控制器采集得到主缸压力,根据再生制动策略计算出电机制动力,并将此信号发送给整车控制器来控制电机制动;整车控制器将实际再生制动力信号反馈给制动控制器;然后,制动控制器基于此反馈结果,控制制动压力控制阀与电机泵,实现对液压制动力的控制。

2)踏板非解耦式制动系统构型

踏板解耦式的制动系统可分为电子机械线控系统(Electric Mechanic Brake,EMB)和电液式线控制动系统(Electric Hydraulic Brake,EHB)。其中,EMB 是一种完全的线控制动系统,制动踏板仅提供制动信号,通过电动机和机械装置推动制动钳进行制动,驾驶员踏板力与车轮制动力完全解耦。但此系统技术复杂,可靠性低,仍处于研制阶段。EHB 保留了一定的驾驶员与制动系统的机械连接,通过传感器采集驾驶员制动意图,由液压泵、蓄压器等作为液压源,采用电子控制机构来实现制动油压线控。

图4-42 为第二代普锐斯混合动力汽车的液压制动系统,包括加装了踏板行程传感器、踏板行程模拟的制动踏板,包含液压能量供给源、各种电磁阀的液压执行器。该制动系统是典型的 EHB 系统。在正常情况下,切换电磁阀 SMC1 和 SMC2 处于关闭状态,轮缸制动压力全部来自液压能量供给源中的高压蓄能器,此时踏板制动力与轮缸压力解耦。当系统发生故障失效时,切换电磁阀导通,制动主缸的压力则直接进入轮缸,起到失效保护作用。

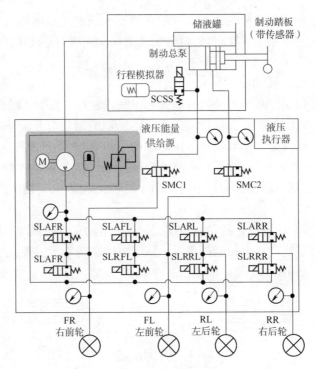

图 4-42 第二代普锐斯的液压制动系统

4.7.2 电动汽车复合制动控制

纯电动车制动能量回收是将机械能转化成电能储存起来,其基本原理是:通过具有可逆作用的发电机/电动机来实现汽车机械能与电能之间的相互转换。在汽车驱动过程中,电动机以电动机形式工作,将储存在储能元件中的电能通过电动机转化为汽车的动能;在汽车制动减速时,电机以发电机的形式工作,汽车的动能在发电机的作用下转化为电能并储存在储能元件蓄电池中,从而提高汽车的能量利用率,增加续驶里程。该制动原理被称为再生制动。由于电机制动能力有限,因此,传统车上的液压制动系统仍不可少。再生制动与液压制动共同作用被称为电液复合制动。

复合制动控制策略整体框图如图 4-43 所示,主要包含两部分:①常规制动工况时电动机再生制动与液压制动的协调控制;②紧急制动触发抱死信号时再生制动与 ABS 的协调控制,主要任务为保证制动的安全性与稳定性。具体思路如下:

(1)驾驶员踩踏制动踏板时,制动意图识别模块根据制动踏板开度来计算驾驶员目标制动减速度和总需求制动力矩的大小,其结果输出给制动力矩分配模块;

(2)电动机最大制动能力计算模块根据各电动机转速与外特性曲线、动力电池 SOC 情况,计算出此刻各电动机能够提供的最大制动力矩,并输出给制动力矩分配模块;

(3)车辆状态与路面识别模块实时判断车轮是否处于抱死的状态,将判断结果 ABS_flag 发送给制动力矩分配模块;

(4)制动力矩分配模块中的轮缸压力控制策略分为常规制动轮缸压力控制策略和防抱死制动轮缸压力控制策略,常规制动时根据(1)、(2)的输入结果分配电液制动力矩,当(3)判断将发生抱死情况时,进行防抱死控制策略;

(5)制动力矩分配模块向各电动机控制器发送再生制动力矩指令,向液压制动系统发送液压制动力矩指令,并同时向蓄电池管理单元发送充电准备指令。

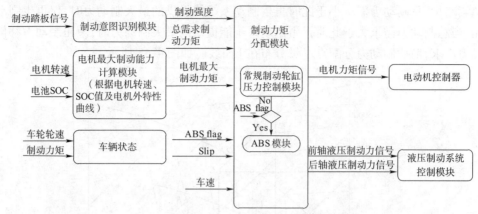

图 4-43　复合制动协调控制策略整体框图

由以上分析可知,复合制动控制策略分为上层控制策略与下层控制策略。上层控制策略主要指制动力分配,包括前后轴制动力分配,再生制动力与液压制动力分配;下控制策略指再生制动力与液压制动力的实现。

基于制动力分配,提出了三类典型的制动力分配方案,分别是理想制动力分配策略、最优能量回收策略和并行制动力分配策略。这三种典型的分配方案体现了复合制动分配策略的几个关键点:制动稳定性、能量回收率、系统可行性及成本,之后的复合制动分配策略的研究都围绕这三点进行深入发展。

1)理想制动力分配策略

图 4-44 为理想制动力分配策略示意图,横轴为前轮制动力,纵轴为后轮制动力。当制动力需求较小时,仅再生制动系统工作;当制动力需求增大时,制动力分配点分布在 I 曲线上,其中前轴为液压制动与再生制动力总和。

为了保证制动时汽车的方向稳定性和有足够的制动效率,联合国欧洲经济委员会制定的 ECE R13 制动法规对双轴汽车前后轮制动器制动力提出了明确的要求。我国的行业标准 GB/T 12676—1999 也提出了类似标准,对于 $\phi=0.2 \sim 0.8$ 之间的各种车辆,要求制动强度满足 $z \geqslant 0.1+0.85(\phi-0.2)$。根据该标准得出图 4-44 中的最小后轮制动力曲线。

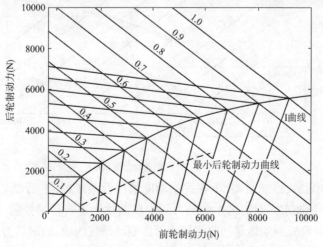

图 4-44　理想制动力分配策略

2) 最优能量回收策略

该策略指,总制动力需求小于此时再生制动系统能提供的最大制动力时,仅再生制动系统起作用,当总制动力需求大于此时再生制动系统能提供的最大制动力时,液压制动力补偿不足的制动力需求,前后制动力分配点尽量分布在 I 曲线。如图 4-45 所示。

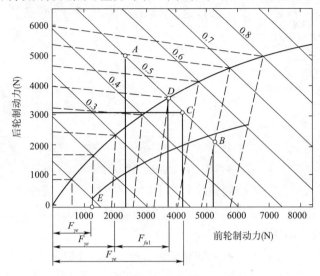

图 4-45　最优能量回收策略

3) 并行制动策略

该策略指再生制动与液压制动以固定配比分担驱动轮制动力,如图 4-46 所示。当总制动力需求较小时,由再生制动单独作用;当总制动力需求逐渐增大,超过了再生制动系统最大制动力时,再生制动力与液压制动力以固定配比实现总需求制动力;当处于紧急制动需求时,再生制动系统不作用,仅液压制动起作用。

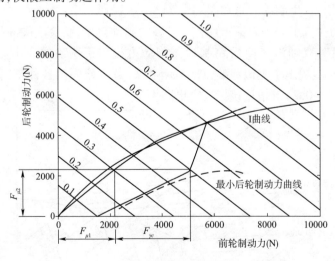

图 4-46　并行制动力分配策略

前两种策略为串联式控制策略,串联式制动能量回收系统的前、后制动器制动力可精确调节,制动能量回收系统要求同时对再生制动力和液压制动力进行精确控制,制动系统结构复杂,实现的难度较大。并联式制动能量回收系统中液压制动系统的前、后制动力无法准确调节,能量回收系统前后制动器制动力按照固定的比例(或分段的几个固定比例)来分配目标制动力,电动机在不超过前轮最大制动力的前提下输出制动力,其大小与目标制动力成一定比例。其制动力分配关系简单,控制简单,但在同等目标制动强度下所获得的实际制动强度会大于无能量回收制动系统汽车的制动强度,驾驶员制动感觉波动大,制动能量回收率也相对较低。

4.7.3 应用试验及分析

考虑到目前世界范围电动汽车的研发情况,日产 LEAF 续航里程达 160km,复合制动是其节能的重要技术之一。以日产 LEAF 为例,分析比较不同循环工况不同复合制动系统的回收再生制动能量和充电情况。表 4-3 为 LEAF 的基本参数。

表 4-3 LEAF 基本参数

整车质量(kg)	1550	前后轴载荷比	56:44
车长(m)	4.445	主减速器传动比	7.9377:1
车宽(m)	1.77	车轮半径(m)	0.35
车高(m)	1.55	电动机类型	交流电动机
轴距(m)	2.7	电动机最大功率(kW)	80
风阻系数	0.28	电动机最大转矩(N·m)	280

图 4-47 为 LEAF 在循环工况(New European Driving Cycle,NEDC)下能量回收历程。在图 4-47a)给出的城市循环工况 NEDC 下,图 4-47b)给出车型 A 搭载未解耦式的复合制动系统的充放电变化情况;图 4-47c)给出其制动能量回收情况。图 4-47d)给出了解耦式的复合制动系统充放电变化情况,其中搭载解耦式前后液压制动力分配比恒定的复合制动系统的充放电变化情况与搭载解耦式前后液压制动力自由分配的复合制动系统基本相同。图 4-47e)给出的制动能量回收情况也基本相同。由此可知,未解耦式的复合制动系统未解耦式复合制动系统回收制动能量能力远低于解耦式复合制动系统。

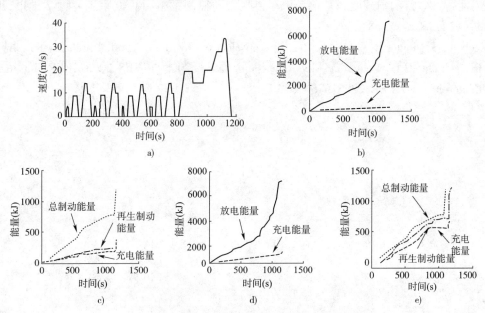

图 4-47 车型 A 在循环工况 NEDC 下能量回收历程
a)EC + EUDC(NEDC)循环工况; b)CCS 的电池充放电情况; c)CCS 的制动能量回收情况; d)DCS 的电池充放电情况; e)DCS 制动能量回收情况

参 考 文 献

[1] 余志生. 汽车理论[M]. 3版. 北京:机械工业出版社,2000.
[2] 汽车工程手册(基础篇)[M]. 北京:人民交通出版社,2001.
[3] 张洪欣. 汽车系统动力学[M]. 上海:同济大学出版社,1997.
[4] 邱绪云. 汽车底盘集成控制系统设计与开发[D]. 上海:同济大学,2006.
[5] 李文辉,高全均,魏宏,等. 发动机辅助制动作用及其对汽车制动性能的影响[J]. 内燃机工程,2002,04:25-29.
[6] 杨妙梁. 丰田普锐斯混合动力车制动系统的发展[J]. 汽车与配件,2010(35).
[7] 张元才,余卓平,张立军,等. 电动车复合制动系统相关问题分析[C]. 天津:2007年中国汽车工程学会年会,2007.
[8] Gao Y,Chen L,Ehsani M. Investigation of the Effectiveness of Regenerative Braking for EV and HEV[J]. SAE transactions,2000,108(6;PART 2):3184-3190.
[9] Michael Panagiotidis,George Delagrammatikas,Dennis Assanis. Development and Use of a Regenerative Braking Model for a Parallel Hybrid Electric Vehicle[C]. SAE paper,2000-01-0995.
[10] Gao Yimin,Chen Liping,Ehsani M. Investigation of the effectiveness of regenerative braking for EV and HEV[C]. SAE Paper,1999-01-2910.
[11] Hoon Yeo. Performance Analysis of Regenerative Braking System for Parallel Hybrid Electric Vehicle Using HILS[C]. EVS. 19,2003.
[12] Gao Yimin,Ehsani M. Electronic Braking System of EV and HEV-Integration of Regenerative Braking,Automatic Braking Force Control and ABS[C]. SAE Paper,2001-01-2478.
[13] 冯能莲,么居标,俞黎明,等. 电动汽车再生制动控制策略[J]. 北京工业大学学报,2009,34(12):1332-1338.
[14] Zechang S,Qinghe L,Xidong L. Research on electro-hydraulic parallel brake system for electric vehicle[C]//Vehicular Electronics and Safety,2006. ICVES 2006. IEEE International Conference on. IEEE,2006:376-379.

第5章 汽车的操纵稳定性

提到汽车的操纵稳定性,离不开汽车的转向性能,尽管他们不是两个独立的性能。

汽车的转向性能,是指汽车能遵循驾驶者转向盘的输入,通过转向系及转向车轮给定的方向,按预定轨迹(路径)行驶的能力。

汽车的操纵稳定性,是指汽车能按驾驶员操纵方向行驶,抵抗力图改变行驶方向的外界干扰,维持一定的速度,不会造成驾驶员过度紧张和疲劳,保持稳定行驶。

由上述定义可知:在汽车低速行驶时,人们通常提汽车的转向性能;而在高速时,则主要关心操纵稳定性。前者是后者在低速时的特殊情形。随着汽车行驶速度的显著提高,汽车操纵稳定性已成为现代汽车的主要性能之一。汽车的操纵稳定性与交通安全有直接的关系,操纵稳定性不好的汽车难以控制,严重时还可能发生侧滑或倾翻,而造成交通事故。因此,良好的操纵稳定性是行车安全的重要保证。如何评价和设计汽车的操纵稳定性、获得良好的汽车主动安全性一直是开展汽车研究的最重要的课题之一。

5.1 概 述

5.1.1 汽车的操纵性与稳定性

一辆行驶中的汽车,外界对它的作用(即输入)有三个方面,即驾驶员的操作(通过转向盘、加速与制动踏板等)、路面作用力(通过轮胎作用)和空气作用力(通过车身和轮胎等的作用)。就汽车操纵稳定性而言,驾驶员通过操纵转向盘对汽车的输入引起的响应是汽车的操纵性(Handling)问题,即汽车是否能听从驾驶员的指挥;路面和空气对汽车的输入而引起的响应是汽车的稳定性(Stability)问题。

即通常认为汽车的操纵稳定性包括相互关联的两个部分:一是操纵性,即汽车能确切地按照驾驶员通过转向盘给定的转向指令行驶的能力;二是稳定性,即汽车受到外界干扰(路面扰动或突然阵风扰动)后,汽车能抵抗干扰恢复和保持稳定行驶的能力。前者反映了汽车实际行使轨迹与驾驶员主观意图在时间上及空间上吻合的程度,后者描述了汽车运行状态的稳定程度,两者很难截然分开。汽车操纵性能的丧失往往导致整车的侧滑、急转甚至倾翻,而汽车稳定性的丧失,常常导致整车失控。因此,常把两者统称为汽车操纵稳定性。

汽车的操纵稳定性不仅影响到汽车行驶的操纵方便程度,而且也是决定高速汽车安全行驶的一个主要性能,同时还间接影响到汽车其他使用性能的有效发挥,是汽车主动安全性的重要性能之一。

5.1.2 汽车操纵稳定性的研究方法与内容

在汽车操纵稳定性的研究中,线性控制理论得到了较广泛的应用,并对汽车进行时域与频域响应特性分析,在小侧向加速度范围内对汽车依线性模型进行分析,随后的研究进入了大侧向加速度的非线性领域,并且从单纯以汽车为研究对象的开环特性研究,转入考虑驾驶员影响因素的闭环系统的研究,把汽车与驾驶者作为统一整体来研究,如图 5-1 所示。在汽车行驶中,驾驶员根据道路与交通状况、天气情况操纵汽车,同时汽车受空气和路面扰动,影响着汽车的操纵稳定性,驾驶员通过感知到的汽车的运动状况修正他对汽车的操纵,如此循环往复,驾驶汽车前行。

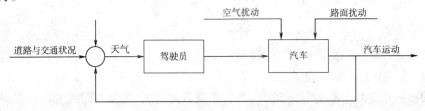

图 5-1 人—汽车闭环系统框图

这里的车辆系统动力学(操纵性或稳定性)指的是汽车的"行驶、转弯和制动",它是汽车最重要的性能行为表现形式,其研究工作是对车辆和轮胎行为的建模分析,包括车辆动力学控制、状态估计以及驾驶员—车辆系统的分析等方面。需注意到,轮胎在研究活动中是很关键的影响因素之一,不管直接或间接的,因为轮胎在汽车行驶中起到重要的作用。

在汽车动力学领域的各个研究阶段中,着重是对基本理论与方法的研究,主要在改善汽车运动学行为和安全的以下三个方面。

1)对车辆和轮胎行为的建模分析

考虑到轮胎对车辆操纵的重要性,应对轮胎特性,特别是从轮胎模型在车辆动力学仿真计算中的应用角度,进行研究和建模。在对车辆动力学行为的分析时,通常假定路面在大部分情况下都是平坦的,尽管实际路面不可避免地有波动和不平度。

2)车辆动力学控制和状态估计

近年来,用来提高车辆动力学特性和安全性能的各种主动安全控制系统相继出现,用以估计车辆运动状态及轮胎特性的技术也是这些控制系统发展的关键。

3)驾驶员—车辆系统的分析

本章主要研究汽车的操纵稳定性,其内容涉及汽车的操纵稳定性的诸多问题,有操纵性的问题,如在转向盘角阶跃输入下的稳态响应和瞬态响应问题、转向轻便性的问题、典型行驶工况的性能和极限行驶能力等问题;也有稳定性的问题,如回正性等方面的问题,每一方面的问题又都包含相关的评价参量,见表 5-1。

汽车操纵性和稳定性的基本内容及评价参量 表 5-1

	基本内容	评价参量
操纵性	转向盘角阶跃输入下的稳态响应	稳态横摆角速度增益—转向灵敏度、前、后轮侧偏角之差、转向半径的比、静态储备系数
	转向盘角阶跃输入下的瞬态响应	横摆角速度波动的固有频率、阻尼比、反应时间、达到第一峰值的时间
	横摆角速度频率响应特性	共振峰频率、共振时振幅比、相位滞后角、稳态增益
	转向盘中间位置时的操纵稳定性	转向灵敏度、转向盘力特性—转向盘转矩梯度、转向功灵敏度
	转向轻便性	转向力、转向功
	转弯半径	最小转弯半径

续上表

	基本内容	评价参量
操纵性	直线行驶性	转向盘转角(维持直线行驶所需的转向盘累计转角)
	典型行驶工况(蛇行、单移线、双移线—回避障碍)性能	转向盘转角、转向力、侧向加速度、横摆角速度、侧偏角、车速等
	极限行驶能力	极限侧向加速度、极限车速
稳定性	回正性	回正后剩余横摆角速度与剩余横摆角、达到剩余横摆角速度的时间
	直线行驶性(侧向风敏感性、路面不平敏感性)	侧向偏移

据统计,很多事故都是人为因素引起的,因此,对驾驶员—车辆闭环系统的研究非常重要。

5.1.3 操纵稳定性的评价指标

汽车的操纵稳定性可用汽车稳态转向特性、瞬态特性、汽车稳定极限以及驾驶员—汽车系统在紧急状态下操纵稳定性作为评价指标,其主要的评价参量已列在表5-1中。

汽车稳态转向特性是评价汽车操纵稳定性的重要指标。驾驶员都习惯于驾驶具有适度不足转向的汽车(本章第五节做了一定的分析与讨论)。所以,设计时,一般都要有适当的不足转向量,以保证汽车突然出现甩尾时仍能保持良好的驾驶性能。为保证在通常行驶状态下汽车具有良好的操纵稳定性,还要求汽车对转向盘角输入的响应要灵敏,直行性及回正性良好,转向操作轻便等。

汽车转向行驶时的稳定极限对安全行车影响很大。如果驾驶员对汽车的操纵动作使汽车的运动状态超过了这一限度,汽车的运动就会失去稳定,发生侧滑或倾翻,从而危及行车安全。

当前轮上的侧向反力先达到附着极限时,因前轮发生的侧滑,汽车的横摆角速度减小,转向半径增大,汽车将向外侧甩出,发生"偏航"现象,很容易导致交通事故;如果后轮上的侧向反力先达到附着极限,后轮将先于前轮向外侧侧滑,发生"甩尾"现象,因转向半径减小,极易诱发汽车倾翻。

汽车在水平路面上转向行驶时,不发生侧滑的极限稳定车速为:

$$v_1 = 3.6\sqrt{Rg\varphi} \tag{5-1}$$

式中:R——汽车转弯半径,m;
g——重力加速度;
φ——路面附着系数;
v_1——不发生侧滑的极限稳定车速,km/h。

汽车转向时不发生侧向倾翻(图5-70)的极限车速为:

$$v_2 \leqslant 3.6\sqrt{\frac{RS_t an}{2H_{cg}}} \tag{5-2}$$

式中:S_t——汽车的轮距,m;
H_{cg}——汽车的重心高度,m;
v_2——汽车不发生侧向倾翻的极限车速,km/h。

(注:没有考虑侧倾轴线的高度,结果趋于保守。)

驾驶员在行车中突然遇到危险,由于驾驶员心理上的问题,极易发生操作上的失误。这时,汽车的运动状态虽未超过稳定性界限也会发生事故,这可看成是人—车系统工作失调所引起的。因此,研究人—车系统中驾驶员的特性,尤其是对反应时间和心理素质进行检测是非常重要的。人—车系统的操纵稳定性,可通过躲避障碍物能力试验进行评价,如汽车单、双移线实验等。

5.2 汽车转向系统特性与动力学模型建立

5.2.1 汽车转向系统特性

1)转向力矩与前轮转角的关系

转向力矩是由地面和转向轮之间的相互作用以及转向系统内部摩擦而产生的。地面对转向轮的作用力主要包括侧向力、纵向力与垂向力。构成转向力矩的主要部分是侧向力与轮胎拖距之积形成的轮胎自回正力矩及侧向力与主销后倾拖距之积形成的侧向力回正力矩,其次是重力回正力矩和纵向力回正力矩。轮胎作用力的情况如图 5-2 所示,其中地面接触点中心部位的作用力,提供了分析转向反应的依据。

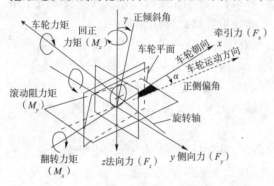

图 5-2 轮胎力与力矩坐标系

本节主要介绍转向角对重力产生的回正力矩的影响。根据 SAE 坐标系,由于转向轴倾斜,F_z 产生了促使车轮转向的力矩分量。这个力矩的大小与主销后倾角及主销内倾角有关。当车轮转向时,假设角度很小并忽略车轮外倾角,则这两个角产生的力矩和约为:

$$M = -(F_{zl} + F_{zr})d\sin\lambda\sin\delta + (F_{zl} - F_{zr})d\sin\nu\sin\delta \tag{5-3}$$

式中:M——总回正力矩;

d——主销内倾偏置距;

λ——主销内倾角;

δ——车轮转向角;

ν——主销后倾角;

F_{zl}——左轮垂向力;

F_{zr}——右轮垂向力。

上式等号右侧第一项和第二项分别与内倾角和后倾角有关。可以很容易地分别从内倾角和后倾角分析出各个力矩。

考虑车轮内倾角时,车轮所受垂向力如图 5-3 所示,当车轮转向时,将产生以 $d\sin\delta$ 为力臂的侧向力分量 $F_{zr}\sin\lambda$,转向角为 0°时,这个力矩为 0。当出现转向角时,作用在左、右车轮的力矩共同产生回正力矩,如图 5-4 所示。总力矩与车轮载荷成正比,但不依赖于左右车轮载荷的不平衡。当转向时,车辆两侧均升高,这是产生通常所说的回正力矩的来源。回正力矩大小为:$M_1 = -(F_{zl} + F_{zr})d\sin\lambda\sin\delta$。力矩梯度与下列项相关:

(1)主销内倾偏置距;

(2)主销内倾角;

(3)车轮载荷。

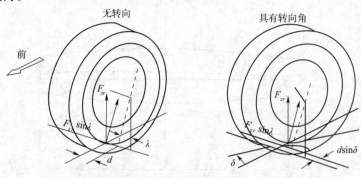

图 5-3 作用在右侧车轮上的力与力矩

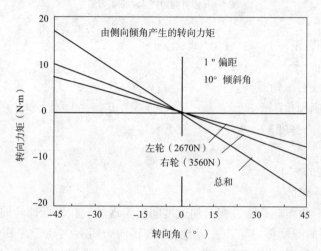

图 5-4 考虑内倾角时垂直力产生的回正力矩

当考虑主销后倾角时,车轮垂向力在主销垂向上的分力为 $(F_{zl}+F_{zr})\sin\nu$,其力臂为 $d\cos\delta$,如图 5-5 所示。

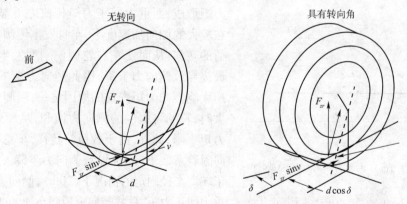

图 5-5 考虑车轮后倾角时垂直力产生的回正力矩

左、右车轮力矩方向相反,如图 5-6 所示,作用于悬架和车身,两者趋于平衡。平衡取决于左、右车轮载荷相等。载荷和后倾角影响到前束,并且不平衡的载荷或者几何的不对称可能产生转向阻力矩。随着转向角的产生,车轴的一侧升高,而另一侧降低,所以前悬架侧倾角刚度影响到左、右车轮载荷,从而影响总力矩。力矩大小为:$M_2 = -(F_{zl} - F_{zr})d\sin\nu\sin\delta$。

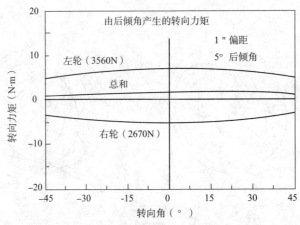

图 5-6 由后倾角产生的回正力矩

力矩梯度取决于：
（1）主销内倾偏置距；
（2）主销后倾角；
（3）转弯时的左、右车轮载荷差；
（4）前、后悬架侧倾角刚度；
（5）悬架侧倾中心高度；
（6）重心高度；
（7）侧向加速度的大小。

2）转向力矩与车速的关系

车速对转向力矩的影响是通过侧向加速度间接实现的。在极低速转向以及原地转向条件下，轮胎与地面之间的静摩擦力矩占主导地位，故转向力矩大大高于在其他车速下行驶的力矩。在低速大转角条件下，汽车的侧向加速度较小，因此轮胎的侧偏角很小，由侧向力形成的回正力矩较小，而此时转角大，故由前轴负荷形成的重力回正力矩占主导地位。当汽车在中高速行驶时，其侧向加速度较大，导致车轮的侧向力较大，故转向力矩主要由侧向力引起的回正力矩形成，而重力回正力矩相比之下显得不重要。在较大的侧向加速度下，车身发生侧倾导致车轮载荷的转移，从而使左右轮侧偏刚度发生显著变化，最终导致侧向力下降，因此转向力矩下降，这是车速影响转向力矩变化的原因之一；当侧向加速度过大时，轮胎可提供的侧向力饱和，从而轮胎自回正力矩下降；此外，由于载荷的转移，车轮与地面的侧向附着系数下降，也导致侧向力下降。图 5-7 给出了转弯半径固定的情况下（20m），侧向力回正力矩、重力回正力矩、总的转向力矩随车速的变化情况。

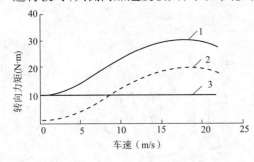

图 5-7 侧向力回正力矩、重力回正力矩、总的转向力矩随车速变化

1-总转向力矩；2-侧向力回正力矩；3-重力回正力矩

5.2.2 线性两自由度转向系统模型建立

汽车转向系统如图 5-8 所示。由驾驶员操控的转向盘转动，经转向管柱、转向器、转向杆系和转向节臂的传动变换，被转换为转向轮绕转向主销的转向运动。

为了便于描述转向盘转动和转向轮绕转向主销旋转运动之间的关系，可按功能原理将上述转向系统转化为绕转向主销转动的等效动力学模型,如图 5-9 所示。其中,转向轮绕转向主销转动的等效构件就是其自身,其等效转动惯量及转向角分别用 I_s 和 δ 表示;转向盘及转向管柱等构件按动能相等的原则转化为绕转向主销转动的等效构件,其等效转动惯量用 I_h 表示。不考虑转向系统传动链的弹性和阻尼时,可完全按传动比关系将转向盘转角 α' 转换为转向盘绕转向主销的理论转向角 α。此时,相当于转向盘等效构件与转向轮等效构件完全刚结,有 $\delta = \alpha$。但由于转向系统传动链弹性和阻尼的客观存在,在转向盘和转向轮等效构件之间实际上存在着等效扭转刚度为 k_s 的弹性连接,因而转向轮实际转角 $\delta \neq \alpha$。此时,系统等效阻尼可用转向盘等效构件绕转向主销的等效阻尼系数 c_h 和转向轮等效构件绕转向主销的等效阻尼系数 c_s 两个参数来描述。显然,这个等效动力学模型是一个二自由度扭振系统。其中,k_s 表征了转向盘等效构件相对于转向轮等效构件绕转向主销的扭转刚度;c_h 表征了从转向盘到转向主销之间所有阻尼力等效转化为绕转向主销阻尼力矩的等效阻尼系数。

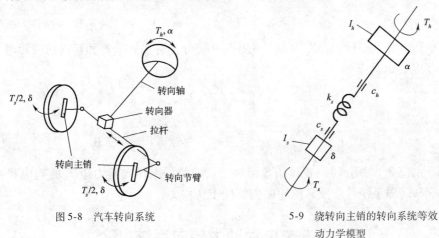

图 5-8　汽车转向系统　　　　5-9　绕转向主销的转向系统等效
　　　　　　　　　　　　　　　　　　　动力学模型

刚度 k_s、阻尼系数 c_h、c_s 与转向传动系统各传动环节的刚度、阻尼、传动比及运动副间隙相关。一般,刚度越小,阻尼系数越大,转向轮相对于转向盘转向操纵的响应越迟缓。因此,需要研究转向系统刚度与阻尼对汽车转向性能的影响。为此,首先必须建立转向系统动力学方程。

转向系统的几何布置如图 5-10 所示。车轮绕转向轴的转动产生转向角,转向轴也称转向主销。通常这个轴不是垂直的,而是底部向外倾斜,产生了侧向倾斜角(主销内倾角),轿车内倾角为 10°～15°。

对于车轮,转向轴与地面的交点的侧向偏出,是常见的。从地面交点到车轮中心平面的侧向距离就是在地面上的偏距,并且车轮位于地面交点外时,偏距为正。偏距可能是为了留出制动器、悬架和转向组件的安装空间。同时,它允许轮胎在转向时沿圆弧滚动,从而增加了"路感",减少了静态转向阻力。

转向轴在纵向平面的倾斜角产生了后倾角。后倾角为正时,转向轴与地面交点位于轮胎地面接触中心线之前。类似的,可用转向轴与地面的交点到车轮旋转轴(中心线)的纵向偏移量表示相同效果。这一偏移量即为主销后倾拖距。

当汽车行驶时,若给转向盘某一角度,则转向轮产生的侧偏力将绕转向主销形成回正力矩,如图 5-11 所示。这一回正力矩由转向系统传递给转向盘,产生回复原位的作用。设转向轮侧偏刚度为 k_f,侧偏角为 β_f,则轮胎侧偏力产生的回正力矩为:

$$T_s = -(\xi_n + \xi_c)k_f\beta_f = -\xi k_f\beta_f \tag{5-4}$$

式中,$\xi = \xi_n + \xi_c$,ξ_n 称为轮胎拖距,ξ_c 称为主销后倾拖距,如图 5-11 所示。ξk_f 为转向系统的回正力矩系数。

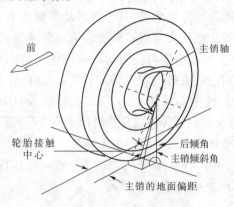

图 5-10　车轮的转向旋转几何参数　　　　图 5-11　转向侧偏力绕转向主销的回正力矩

设汽车转向时的横摆角速度为 ω_r。由图 5-9 可分别写出转向盘和转向轮绕转向主销的等效动力学方程式如下:

$$I_h\left(\frac{d^2\alpha}{dt^2} + \frac{d\omega_r}{dt}\right) + c_h\frac{d\alpha}{dt} + k_s(\alpha - \delta) = T_h \tag{5-5}$$

$$I_s\left(\frac{d^2\delta}{dt^2} + \frac{d\omega_r}{dt}\right) + c_s\frac{d\delta}{dt} - k_s(\alpha - \delta) = T_s = -\xi k_f\beta_f \tag{5-6}$$

式(5-5)、(5-6)表明,转向轮转角 δ 相对于驾驶员操纵转向盘力矩 T_h 的响应和汽车转向行驶动力学与转向系统特性及转向轮侧偏特性密切相关。

5.3　汽车电动助力转向系统(EPS)

5.3.1　EPS 的发展

随着汽车技术的不断进步,现代汽车越来越多地采用助力转向装置,以减轻驾驶汽车时转向操纵所带来的疲劳,并提高汽车转向性能。

汽车助力转向装置主要包括传统的液压动力转向系统(Hydraulic Power Steering,HPS)、电动液压动力转向系统(Electric Hydraulic Power Steering,EHPS)和近十数年发展起来的电动助力转向系统(Electric Power Steering,EPS)。与传统的 HPS、EHPS 相比,EPS 由于采用了现代计算机控制技术和电子技术,完全消除了 HPS、EHPS 在油液泄漏、耗能和噪声等方面的不足,在节能环保、转向助力特性和主动安全性等方面都有很大的优越性,见表 5-2。

三种助力转向系统性能比较表　　　　表 5-2

类型	EPS	EHPS	HPS
助力特性	准确、灵活、方便、控制性能最优	灵活性、传递性较 HPS 差	中等
燃油特性	耗油最少	中等	耗油最多
低温运行性能	最优	中等	中等
环保性能	不存在渗油、环保性好	中等	中等

续上表

类型	EPS	EHPS	HPS
电子集成性能	集成度高、易于集成	不易集成	无法集成
安装维护性能	易安装维护	不易安装维护	不易安装维护
占用空间	只有4个组件,结构紧凑、占用空间最小	有10个左右零部件,占用空间较大	有10个左右零部件,占用空间较大
质量	质量较大	较大	较大

因此,自从1988年日本铃木公司首次开发应用EPS以来,这一技术得到了迅速发展,如日本的大发、三菱、本田、光洋精工,美国的Delphi、TRW,英国的Lucas,德国的ZF,都已研制了各自的EPS系统。而且,伴随着电子技术的迅速发展,EPS的价格得以大幅度下降,性能也日趋成熟,应用对象正在从最初的微型汽车扩展到轿车和商用车等场合,大有取代HPS、EHPS的趋势。可以说,电动助力转向已成为汽车动力转向系统的发展方向。进一步,在EPS技术基础上,传统的电控液压式四轮转向技术也开始向电动四轮转向系统方向发展。比如,1992年日本本田序曲的汽车上采用了电控电动式4WS系统;1993年日产全新的LAUREL车系上也开始采用电控电动式Super HICAS的4WS系统。电控电动式4WS系统具有结构简单、布置容易、控制性能好等优点。

5.3.2 EPS硬件组成和工作原理

EPS是一种直接依靠电动机提供辅助转矩的动力转向系统。根据助力电动机安装位置的不同,可分为转向柱助力式、齿轮助力式和齿条助力式3种类型,如图5-12所示。转向柱助力式EPS的电动机固定在转向柱一侧,通过减速机构与转向轴相联,直接驱动转向轴助力转向;齿轮助力式EPS的电动机和减速机构与转向器小齿轮相联,直接驱动小齿轮助力转向;齿条助力式EPS的电动机和减速机构安装在转向器齿条处直接提供助力。

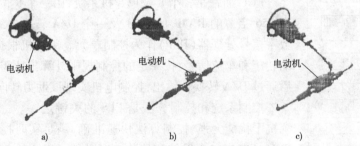

图5-12 EPS助力电动机的布置形式
a)转向柱助力式;b)齿轮助力式;c)齿条助力式

不论何种EPS,其构成硬件通常包括转矩传感器、电动机、离合器、减速机构、电子控制单元(ECU)和机械转向系统,如图5-13所示。各主要部件的功能如下:

1)转矩传感器

转矩传感器用于检测作用于转向盘上的转矩信号的大小和方向。目前,采用较多的是扭杆式电位计传感器,即在转向轴位置加一扭杆,通过检测扭杆两端的相对扭转位移得到转矩信号,属于接触式转矩传感器。

目前,转矩传感器的研发方向是向非接触式转矩传感器发展,又分为具有转角信号和没有转角信号等种类,EPS一般需要角度信号进行辅助回正功能。图5-14所示为一种采用一对磁极环的非接触式转矩传感器结构示意图。其原理是:当传感器两端在发生相对扭转位移时,磁极环之间的空气间隙发生变化,从而引起电磁感应系数变化。非接触式转矩传感器的优点是体积小、精度高,缺点是成本较高。

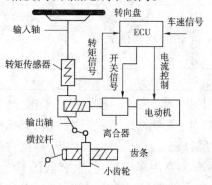

图 5-13　转向柱助力式 EPS 系统结构图

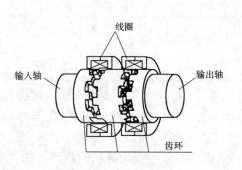

图 5-14　非接触式转矩传感器

2) 电动机

EPS 的动力源是电动机,通常采用无刷永磁式直流电机,其功能是根据 ECU 的指令产生相应的输出转矩。电动机是影响 EPS 性能的主要因素之一,要求低速大转矩、波动小、惯量小、尺寸小、质量轻、可靠性高、控制性能好。

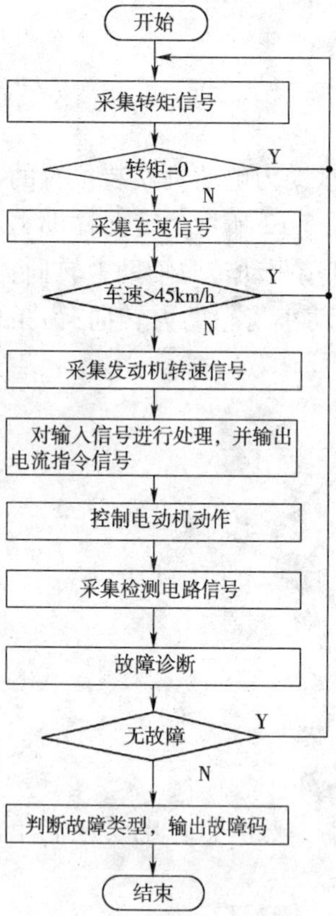

3) 减速机构

减速机构用来增大电动机输出转矩,主要有两种形式:蜗轮蜗杆减速器和双行星齿轮减速器。也有在齿条助力式中采用滚珠丝杠机构的情形。

4) 电子控制单元(ECU)

ECU 通常是一个 8 位单片机系统,由一个 8 位单片机,另加一个 256 字节的 RAM、4KROM 及一个 D/A 转换器组成。也可采用数字信号处理器(DSP)作为控制单元。单片机根据传感器检测到的转矩和车速信号,按一定的控制规则计算出所需的助力转矩,然后通过 D/A 转换器输出,控制电机实现该助力转向。

控制系统和控制算法是 EPS 的关键之一。一般要求 ECU 系统抗干扰能力强、控制算法快速准确,满足实时控制要求。同时,ECU 还应有安全保护和故障诊断功能。EPS 的工作原理是:不转向时,电动机不工作;转向时,转矩传感器和车速传感器分别检测出驾驶操纵转向盘的转矩和车速,其信号被传送给 ECU;ECU 处理后,向电动机发出指令,控制电动机的输出电流和方向,实现转向助力。

图 5-15 所示为 EPS 系统的控制流程。

图 5-15　EPS 的控制流程图

5.3.3　EPS 转向系统的动力学模型

建立 EPS 转向系统的动力学模型,并进行助力控制特性和控制策略的仿真分析等,是开发 EPS 系统的重要基础环节。参考图 5-12 所示的转向系统模型,并参照式(5-5)、(5-6)的导

出过程,可得到转向柱助力式 EPS 转向系统的动力学方程:

$$I_h \frac{d^2\alpha}{dt^2} + c_h \frac{d\alpha}{dt} + k_s(\alpha - \delta) = T_h + T_a \tag{5-7}$$

$$I_s \frac{d^2\delta}{dt^2} + c_s \frac{d\delta}{dt} - k_s(\alpha - \delta) = T_s \tag{5-8}$$

式中,T_h、T_a、T_s 分别表示驾驶员的操纵力矩、电动机的助力力矩和来自地面回正力矩。若忽略比转向盘转动惯量小得多的前轮绕转向主销转动惯量 I_s 和黏性阻尼系数 c_h、c_s,则由式(5-7)、(5-8)可得:

$$I_h \frac{d^2\alpha}{dt^2} - T_s = T_h + T_a \tag{5-9}$$

设电动机采用比例系数为 K_P 的比例控制,即电枢电压 $U = K_P T_h$,则:

$$\begin{aligned}T_a &= i_2 \frac{K_a}{R_L}\left(U - K_b i_1 \frac{d\alpha}{dt}\right) \\ &= \frac{i_2 K_a K_P}{R_L} T_h - \frac{i_1 i_2 K_a K_b}{R_L} \frac{d\alpha}{dt}\end{aligned} \tag{5-10}$$

式中,i_1、i_2 分别是电动机减速机构的传动比和转向系的传动比。K_a、K_b 和 R_L 分别是电动机的力矩系数、反电动势系数和电枢绕组电阻。

将式(5-10)代入式(5-9),可得转向盘力矩的计算公式为:

$$T_h = \frac{I_h \frac{d^2\alpha}{dt^2} + \frac{i_1 i_2 K_a K_b}{R_L} \frac{d\alpha}{dt} - T_s}{1 + \frac{i_2 K_a K_P}{R_L}} \tag{5-11}$$

EPS 系统转向助力的效果如图 5-16 所示。

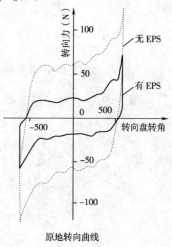

图 5-16 EPS 系统转向助力的效果

5.4 汽车操纵稳定性模型建立使用的坐标系及运动学分析

本节主要介绍几个与车辆模型建立相关的坐标系,包括车辆坐标系、惯性坐标系、中间坐标系,其中车辆坐标系有 ISO8855 以及 SAE 规定的两种车辆坐标系;车辆运动学分析是后续的车辆操纵动力学建模及分析的基础。

5.4.1 车辆坐标系

车辆系统动力学模型通常都建立在右手法则坐标系的基础上,ISO8855 的坐标系指向为:x 轴指向前方,y 轴指向车辆左侧,z 轴指向上方。之所以采取 z 指向上方的约定,其主要原因为:在 xy 平面上可以反映车辆的运动轨迹;xz 平面上可以反映车辆运动的侧视;垂向的轮胎力是正的。

图 5-17 即为固结于汽车上的 $Oxyz$ 直角动坐标系就是车辆坐标系,其 xOz 处于汽车左右对称的平面内,当车辆在水平面上处于静止状态下,x 轴平行于地面指向前方,z 轴通过质心指向上方,y 轴指向驾驶员的左侧,坐标系的原点 O 常可令其与质心重合。与操纵稳定性有关的主

要运动参量为:车身角速度在 z 轴上的分量——横摆角速度 ω_r,汽车质心速度在 y 轴上的分量——侧向速度 v,汽车质心加速度在 y 轴上的分量 α_y 等。

此外,SAE 规定的车辆坐标系如图 5-18 所示,原点设在 CG,汽车有 6 个自由度:即沿 x,y 和 z 轴方向的平动,绕 x,y,z 轴的转动。绕 x 轴的转动被称为侧倾运动,用 φ 表示;绕 y 轴的转动为纵倾运动,用 ρ 表示;绕 z 轴转动为横摆运动,用 θ 表示。每个转动的正方向根据右手法则确定。本书中使用的是 ISO8855 坐标系。

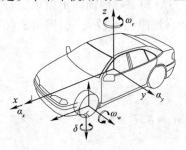

图 5-17 ISO 规定的车辆坐标系

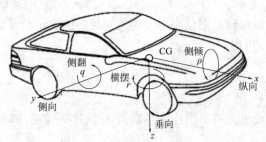

图 5-18 SAE 规定的车辆坐标系

5.4.2 惯性及中间坐标系

图 5-19 所示为与整车有关的三个坐标系,$Ox_E y_E z_E$ 惯性坐标系、$Ox_V y_V z_V$ 车辆坐标系及 $Oxyz$ 中间坐标系。中间坐标系主要用于定义车辆水平面,其 z 轴与重力方向平行,x 轴与车辆纵轴线 x_V 位于同一铅垂平面内。汽车的运动通常是借固结于运动着的汽车上的动坐标系——车辆坐标系来描述的。

欧拉角(Euler Angles):车辆坐标系与惯性坐标系关系用欧拉角定义,它是一个三个转动角度序列。在惯性坐标系中,车辆坐标系先沿横摆方向(绕 z 轴)转动,之后沿俯仰方向(绕 y 轴)转动,最后沿侧倾方向(绕 x 轴)转动,以使其与惯性坐标系相一致,这三个角度即为欧拉角。

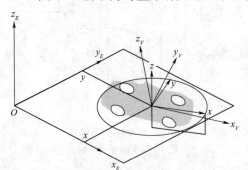

图 5-19 惯性、车辆及中间坐标系
说明:1. z 轴平行于 z_E 轴;
2. x 轴位于包含 x_V 轴的铅垂平面内;
3. x_E 轴与 x 轴的夹角为 ψ。

5.4.3 车辆运动学分析

汽车是外力作用下的复杂运动系统。汽车相对于地面运动时,地面对轮胎的作用力是左右其行驶性能的最主要的外在激励。其中,轮胎侧偏力是影响汽车转向性能的主要因素。汽车在轮胎侧偏力作用下的运动方程式可以较好地描述汽车操纵稳定性能。

如图 5-20 所示,取固定于地面的坐标系为 $O-xy$,原点与汽车质心 C 重合,x 轴沿汽车纵向,y 沿汽车横向的汽车坐标系为 $C-xy$。当汽车在地面上运动时,质心速度 $\vec{v}$ 可表示为:

$$\vec{v} = v_x \vec{i} + v_y \vec{j} \tag{5-12}$$

式中,$\vec{i}$、$\vec{j}$ 分别为 x、y 方向的单位向量,v_x、v_y 分别为 $\vec{v}$ 在 x、y 方向速度分量的大小。$\vec{v}$ 与汽车纵向所成夹角 β 称为汽车质心的侧偏角,$\beta = \arctan(v_y/v_x)$。由时间微分式(5-12)可得 C 点加速度:

$$\frac{d\vec{v}}{dt} = \frac{dv_x}{dt}\vec{i} + v_x\frac{d\vec{i}}{dt} + \frac{dv_y}{dt}\vec{j} + v_y\frac{d\vec{j}}{dt} \tag{5-13}$$

设汽车横摆角速度为 ω_r，则固联于车身的单位向量 $\vec{i}$、$\vec{j}$ 在 Δt 时间内的变化量 $\Delta\vec{i}$、$\Delta\vec{j}$ 可由图 5-21 求得：$\Delta\vec{i} = \omega_r\Delta t\vec{j}$，$\Delta\vec{j} = -\omega_r\Delta t\vec{i}$，可得：

$$\frac{d\vec{i}}{dt} = \omega_r\vec{j}, \frac{d\vec{j}}{dt} = -\omega_r\vec{i} \tag{5-14}$$

代入式(5-13)得：

$$\frac{d\vec{v}}{dt} = \left(\frac{dv_x}{dt} - v_y\omega_r\right)\vec{i} + \left(\frac{dv_y}{dt} + v_x\omega_r\right)\vec{j} \tag{5-15}$$

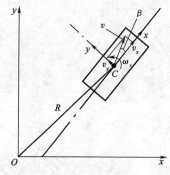

图 5-20　汽车在地面固定坐标系中的运动描述　　　图 5-21　单位向量的时间微分

由于汽车行驶时，一般 $v_x \gg v_y$，故 β 值通常微小。此时，用侧偏角 β 来描述 C 点的运动更方便。$v_x = v\cos\beta \approx v$，$v_y = v\sin\beta \approx v\beta$。当 v 一定时，有：

$$\frac{dv_x}{dt} = -v\sin\beta\frac{d\beta}{dt} = -v\beta\frac{d\beta}{dt} \tag{5-16}$$

$$\frac{dv_y}{dt} = v\cos\beta\frac{d\beta}{dt} = v\frac{d\beta}{dt} \tag{5-17}$$

因此，式(5-12)和(5-15)可分别改写为：

$$\vec{v} = v\vec{i} + v\beta\vec{j} \tag{5-18}$$

$$\frac{d\vec{v}}{dt} = -v\left(\frac{d\beta}{dt} + \omega_r\right)\beta\vec{i} + v\left(\frac{d\beta}{dt} + \omega_r\right)\vec{j} \tag{5-19}$$

由式(5-18)和(5-19)可知，$\frac{d\vec{v}}{dt} \cdot \vec{v} = 0$，二向量正交。表明 β 很小时，质心加速度 $\frac{d\vec{v}}{dt}$ 垂直于质心速度 $\vec{v}$，其沿 y 向的侧向分量为 $v\left(\frac{d\beta}{dt} + \omega_r\right)$，即为侧向加速度 a_y。

5.5　基于两自由度模型的操纵稳定性分析

5.5.1　行驶动力学方程

车辆的两自由度模型如图 5-22 所示。车辆的两个自由度分别为沿 y 轴的侧向运动与绕 z 轴的横摆运动。其中，ψ 为车辆的航向角，$\dot{\psi} = \omega_r$。

根据 5.4.2 所分析的车辆行驶运动学关系，设汽车以一定速度 v 转向行驶时，前轮转向角

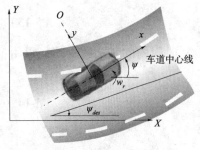

图 5-22 车辆两自由度模型

为 δ，前后轮各侧偏角分别为 β_{f1}、β_{f2}、β_{r1}、β_{r2}，各侧偏力分别为 F_{Yf1}、F_{Yf2}、F_{Yr1}、F_{Yr2}，如图 5-23a) 所示。理论上车轮侧偏角应与转向方向相反，但是为了更清晰地描述转向过程中，车辆的运动状态，将侧偏角设为正，这并不影响侧偏角和侧偏力的表达式。当 δ、β_{f1}、β_{f2}、β_{r1}、β_{r2} 较小时，F_{Yf1}、F_{Yf2}、F_{Yr1}、F_{Yr2} 方向与汽车侧向运动近似一致，并假定所有侧偏力的力作用点均作用于前后车轴。则汽车运动方程式可近似表示为：

$$mv\left(\frac{d\beta}{dt}+\omega_r\right) = F_{Yf1} + F_{Yf2} + F_{Yr1} + F_{Yr2} \tag{5-20}$$

$$I_Z \frac{d\omega_r}{dt} = l_f(F_{Yf1}+F_{Yf2}) - l_r(F_{Yr1}+F_{Yr2}) \tag{5-21}$$

式中：m,I_Z——汽车质量、绕质心 C 的转动惯量；
l_f,l_r——质心 C 至前、后轴的距离。

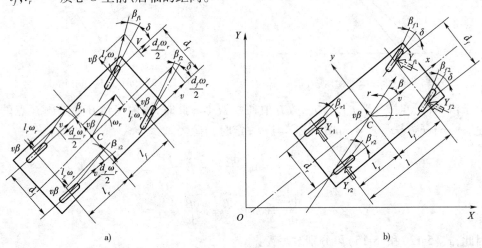

图 5-23 汽车在水平面内的运动
a) 车轮侧偏力; b) 车轮速度

根据质心侧偏角的定义，同样可得到关于 ω_r 及 v 的整车两自由度转向动力学模型。

由于汽车在水平面内的运动是随质心 C 以纵向速度 $v_x = v\cos\beta \approx v$，侧向速度 $v_y = v\sin\beta \approx v\beta$ 平动，同时以横摆角速度 ω_r 绕质心 C 旋转，因此，前后各车轮速度应是质心速度与各车轮绕质心以 ω_r 转动的速度合成，如图 5-23b) 所示。由此可分别确定各车轮侧偏角 β_{f1}、β_{f2}、β_{r1}、β_{r2} 为：

$$\beta_{f1} \approx \tan\beta_{f1} = \frac{v\beta + l_f\omega_r}{v - d_f\omega_r/2} - \delta \approx \beta + \frac{l_f\omega_r}{v} - \delta \tag{5-22}$$

$$\beta_{f2} \approx \tan\beta_{f2} = \frac{v\beta + l_f\omega_r}{v + d_f\omega_r/2} - \delta \approx \beta + \frac{l_f\omega_r}{v} - \delta \tag{5-23}$$

$$\beta_{r1} \approx \tan\beta_{r1} = -\frac{v\beta - l_r\omega_r}{v - d_r\omega_r/2} \approx -\beta + \frac{l_r\omega_r}{v} \tag{5-24}$$

$$\beta_{r2} \approx \tan\beta_{r2} = -\frac{v\beta - l_r\omega_r}{v + d_r\omega_r/2} \approx -\beta + \frac{l_r\omega_r}{v} \tag{5-25}$$

其中，d_f、d_r 为前、后轮距，且有 $|\beta|$，$\left|\frac{l_f\omega_r}{v}\right|$，$\left|\frac{l_r\omega_r}{v}\right|$，$\left|\frac{d_f\omega_r}{2v}\right|$，$\left|\frac{d_r\omega_r}{2v}\right| \ll 1$。可见，前后轮的

左右轮侧偏角分别相等,可分别表示为:

$$\beta_f = \beta_{f1} = \beta_{f2} = \beta + \frac{l_f \omega_r}{v} - \delta \tag{5-26}$$

$$\beta_r = \beta_{r1} = \beta_{r2} = \beta - \frac{l_r \omega_r}{v} \tag{5-27}$$

因此,忽略车身侧倾运动,只研究在水平面内以一定速度行驶的汽车运动时,可认为其左右轮侧偏角相等且其值很小、前轮转向角也很小。这种情形就相当于前后车轮被分别集中于汽车前后轴中点而构成的一假想二轮车,其前后轮侧偏力分别为 $2F_{Yf}$、$2F_{Yr}$,如图 5-24 所示。相应地,式(5-20)、(5-21)成为:

$$mv\left(\frac{d\beta}{dt} + \omega_r\right) = 2F_{Yf} + 2F_{Yr} \tag{5-28}$$

$$I_Z \frac{d\omega_r}{dt} = 2l_f F_{Yf} - 2l_r F_{Yr} \tag{5-29}$$

设二轮车模型中前后轮侧偏刚度之和分别为 k_f、k_r,则有:

$$F_{Yf} = \frac{1}{2}k_f \beta_f = \frac{1}{2}k_f \left(\beta + \frac{l_f \omega_r}{v} - \delta\right) \tag{5-30}$$

$$F_{Yr} = \frac{1}{2}k_r \beta_r = \frac{1}{2}k_r \left(\beta - \frac{l_r \omega_r}{v}\right) \tag{5-31}$$

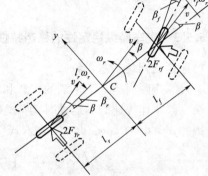

图 5-24 四轮汽车的等效二轮车模型

代入式(5-28)、(5-29),整理后,可得:

$$mv\frac{d\beta}{dt} - (k_f + k_r)\beta + \left\{mv - \frac{1}{v}(l_f k_f - l_r k_r)\right\}\omega_r = -k_f \delta \tag{5-32}$$

$$(l_f k_f - l_r k_r)\beta - I_Z \frac{d\omega_r}{dt} + \frac{(l_f^2 k_f + l_r^2 k_r)}{v}\omega_r = l_f k_f \delta \tag{5-33}$$

式(5-32)、(5-33)是给定转向轮转角输入时求解 β、ω_r 响应的一阶微分方程组。它是研究汽车转向性能和操纵稳定性的基础方程式。

将式(5-26)代入式(5-8),联立求解式(5-5)、(5-6)、(5-32)和(5-33),即可分析汽车相对于转向盘(或轮)转角输入的转向响应特性。

5.5.2 汽车两自由度模型的状态空间表达

在大多数行驶状况下,汽车的侧向加速度不超过 $0.4g$,若忽略一些次要因素,则可以把汽车近似地看作一线性动力学系统。

上一节已推得了式(5-32)和(5-33)的两自由度模型,本节将根据它讨论一些转向与操纵稳定性特性,为了讨论控制等方面问题的方便,可将其写成状态空间形式。

将转向角 δ 作为控制输入,可以将方程写成下面的状态空间形式:

$$x(t) = \begin{bmatrix} \beta \\ \omega_r \end{bmatrix} \quad v(t) = \delta \tag{5-34}$$

则可得:

$$\begin{cases} \dot{x}(t) = Ax(t) + Bv(t) \\ x(t_0) = x_0 \end{cases} \tag{5-35}$$

式中：$A = \begin{bmatrix} A_{11} & A_{12} \\ A_{21} & A_{22} \end{bmatrix}$；

$B = \begin{bmatrix} B_{11} \\ B_{21} \end{bmatrix}$。

且 $A_{11} = \dfrac{k_f + k_r}{mv}$，$A_{12} = -1 + \dfrac{k_f l_f - k_r l_r}{mv^2}$；

$A_{21} = \dfrac{k_f l_f - k_r l_r}{I_z}$，$A_{22} = \dfrac{k_f l_f^2 + k_r l_r^2}{I_z v}$；

$B_{11} = -\dfrac{k_f}{mv}$，$B_{21} = -\dfrac{k_f l_f}{I_z}$。

5.5.3 汽车操纵稳定性的稳态特性

1) 等速圆周运动基本特性

考察等速圆周运动下车辆的状态和参数的变化，是研究汽车转向性能及操纵稳定性的基本方法。汽车作等速圆周运动时，前轮转角 δ、车速 v、质心侧偏角 β 和横摆角速度 ω_r 应保持不变。因此，$d\beta/dt = 0$，$d\omega_r/dt = 0$，代入式(5-32)、(5-33)可得汽车等速圆周运动方程为：

$$(k_f + k_r)\beta + \left[-mv + \frac{1}{v}(l_f k_f - l_r k_r)\right]\omega_r = k_f \delta \tag{5-36}$$

$$(l_f k_f - l_r k_r)\beta + \frac{(l_f^2 k_f + l_r^2 k_r)}{v}\omega_r = l_f k_f \delta \tag{5-37}$$

解得：

$$\beta = \frac{1 + \dfrac{m}{l}\dfrac{l_f}{l_r k_r}v^2}{1 + Kv^2} \dfrac{l_r}{l}\delta \tag{5-38}$$

$$\omega_r = \frac{1}{1 + Kv^2} \dfrac{v}{l}\delta \tag{5-39}$$

式中，$K = \dfrac{m}{l^2}(l_f k_f - l_r k_r)/k_f k_r$，称为稳定性因数(Stability Factor)。

因此，等速圆周运动的半径 R 可表示为：

$$R = \frac{v}{\omega_r} = (1 + Kv^2)\frac{1}{\delta} \tag{5-40}$$

式(5-38)至式(5-40)表示在一定的转向轮转角 δ 下，质心侧偏角 β、横摆角速度 ω_r 和等速圆周运动的半径 R 将随车速 v 不同而变化。讨论如下：

(1) 低速圆周运动转向特性。

汽车以极低速转向时，$v \approx 0$，式(5-38)至式(5-40)中的 v^2 成为二阶无穷小量，可以忽略。得质心侧偏角 $\beta = \beta_s$、横摆角速度 $\omega_r = \omega_{rs}$ 和转向半径 $R = R_s$ 如下：

$$\begin{cases} \beta = \beta_s = \dfrac{l_r}{l}\delta \\ \omega_r = \omega_{rs} = \dfrac{v}{l}\delta \\ R = R_s = \dfrac{l}{\delta} \end{cases} \tag{5-41}$$

实际上,低速转向时,其质心 C 的离心力很小,因而可认为前后轮不产生侧偏力,也没有侧偏角,故车轮行驶速度与车轮平面方向一致,车身速度瞬心 O_s 位于后轮(非转向轮)车轴的延长线上,满足各车轮沿轮胎平面作纯滚动的阿克曼(Ackermann)转向几何学原理,如图5-25所示。通过该图可以看出,在低速时,质心处速度的方向与前轮转动的方向一致,而高速时方向相反。

(2) 一定车速下的等速圆周运动转向特性。

当汽车以不能忽略的一定速度作圆周运动时,由于质心离心力的存在,需要前后轮产生侧偏力与之平衡,前后轮必存在侧偏角 β_f、β_r。因此,车身速度瞬心 O 将偏离阿克曼(Ackermann)转向几何中心 O_s,如图5-26所示。

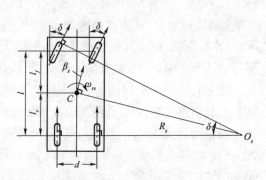

图5-25　极低速的等速圆周运动　　　　图5-26　一定车速下的等速圆周运动

此时,由式(5-40)可知,固定转向盘转角 α,以一定车速 v 作等速圆周运动的转向半径 R 与 $l_fk_f - l_rk_r$ 密切相关。当 $l_fk_f - l_rk_r > 0$ 时,转向半径 R 随车速 v 的增加而增大。因此,在一定的转向盘转角 α(或前轮转角 δ)下,若要增加车速并维持转向半径 R 不变,原定的转向盘转角 α(或前轮转角 δ)就显得不足,需要增大。故称 $l_fk_f - l_rk_r > 0$,即 $K > 0$ 时的转向特性为不足转向(Under-steer, US)。当 $l_fk_f - l_rk_r < 0$,即 $K < 0$ 时,转向半径 R 随车速 v 的增大而减小。因此,在一定的转向盘转角 α(或前轮转角 δ)下,若要增加车速并维持转向半径 R 不变,原定的转向盘转角 α(或前轮转角 δ)就显得过多,需要减小。故称 $l_fk_f - l_rk_r < 0$ 时的转向特性为过多转向(Over-steer, OS)。当 $l_fk_f - l_rk_r = 0$,即 $K = 0$ 时,转向半径 R 与车速 v 无关,称之为中性转向(Neutral-steer, NS)。因此,汽车的圆周运动特性受 $l_fk_f - l_rk_r$ 影响很大。具体分析如下:

① 转向轮转角。

由式(5-40)可得,欲使汽车以一定的半径 R_0 保持等速圆周运动,前轮转角 δ 应满足如下关系式:

$$\delta = (1 + Kv^2)\frac{l}{R_0} \tag{5-42}$$

其中稳定性因素 $K(\mathrm{s}^2 \cdot \mathrm{m}^{-2} \cdot \mathrm{rad})$ 的数值随侧向加速度的变化而变化,通常在 $0.002 \sim 0.004$ 之间。

由此可定性给出前轮转角 δ 随不同车速变化的情况,如图5-27所示。可见,对于 $l_fk_f - l_rk_r > 0$,即 $K > 0$,具有 US 特性的汽车,必须随车速增加而增大前轮转角 δ,否则就不能保持半径 R_0 的圆周运动。相反,对于 $l_fk_f - l_rk_r < 0$ 即 $K < 0$,具有 OS 特性的汽车,必须随车速增大而减小前轮转角 δ,以保持半径 R_0 不变,在 $v = v_C$ 处,

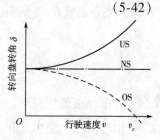

图5-27　转向半径一定时,前轮转角 δ 随不同车速的变化

$\delta=0$。只有 $l_f k_f - l_r k_r = 0$ 即具有 NS 特性的汽车,才有 δ 与速度 v 无关,但具有这样特性的汽车在现实中是难以实现的。

②横摆角速度。

而当前轮转角保持一定值 δ_0 时,横摆角速度 ω_r 可按式(5-39)表示为:

$$\omega_r = \frac{1}{1+Kv^2} \frac{v}{l} \delta_0 \qquad (5\text{-}43)$$

或引入横摆角速度增益的概念:

$$\frac{\omega_r}{\delta_0} = \frac{1}{1+Kv^2} \cdot \frac{v}{l} \qquad (5\text{-}44)$$

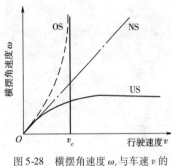

图 5-28 横摆角速度 ω_r 与车速 v 的关系($\delta = \delta_0$)

由此可定性绘出 ω_r 与车速 v 的关系如图 5-28 所示。可见,具有 NS 特性的汽车,当它以一定的前轮转角 δ 作等速圆周运动时,其横摆角速度 ω_r 与车速 v 的变化成正比。具有 US 特性的汽车,其横摆角速度 ω_r 随车速 v 增加而增大,但不会超过一定值,该速度为特征速度,显然其大小为 $v_{ch} = \sqrt{1/K}$,在此速度下,NS 的增益为 US 增益的 2 倍。而具有 OS 特性的汽车,其横摆角速度 ω_r 会随车速 v 增加而急剧增大,在 $v=v_C$ 处其理论值达无穷大。意味着具有 OS 特征的汽车,在 $v \geqslant v_C$ 时,其运动会处于不稳定状态。因此,v_C 被称为临界速度,由下式确定:

$$1 + Kv^2 = 0 \qquad (5\text{-}45)$$

$$v_C = \sqrt{-\frac{1}{K}} = l\sqrt{-\frac{ek_f k_r}{m(l_f e k_f - l_r k_r)}} \qquad (5\text{-}46)$$

过多转向汽车达到临界车速时,将失去稳定性。因 $\omega_r/\delta_0 \to \infty$,只要极其微小的前轮转角便会产生极大的 ω_r。这意味着汽车的转向半径极小,汽车发生激转而侧滑或翻车。由于过多转向的汽车有失去稳定性的危险,故汽车都应只有适度的不足转向特性。

由 v_C 表达式可见,当 $K<0$,即 $l_f k_f - l_r k_r < 0$ 时,存在稳定极限速度值 v_C。而且,$l_f k_f - l_r k_r$ 越小,汽车惯性质量 m 越小,前后轮胎侧偏刚度 k_f、k_r 越大,轴距 l 越长,则稳定极限速度 v_C 越大。现实中,应避免设计出具有 OS 倾向的汽车。一般应使汽车表现为 US 特性,即 $l_f k_f - l_r k_r > 0$,或稳定性因数 $K>0$。所以,K 的正负及数值大小表征了转向过程中车速对汽车运动稳定性的影响程度,故被称为稳定性因数。

③质心侧偏角。

下面再来考察一下等速圆周运动中汽车质心侧偏角 β 随车速 v 变化的情况。设前轮转角 δ 保持某一定值 $\delta = \delta_0$,则由式(5-38)得:

$$\beta = \frac{1 + \dfrac{m}{l} \dfrac{l_f}{l_r k_r} v^2}{1+Kv^2} \frac{l_r}{l} \delta_0 \qquad (5\text{-}47)$$

在车速极低情况下,$v \approx 0$,其质心侧偏角为 $\beta|_{v=0} = l_r/l\delta_0$。

由此可定性绘出 β 和 v 的关系,当车辆左转或右转($-\beta$)时侧偏角如图 5-29 所示。由图可见,不论汽车具有何种转向特性,β 都随 v 的增加而减小。在某速度以上,其值变负,而绝对值增大。从该图上也能找到 v_C 及 v_{ch}。

汽车质心侧偏角是汽车纵向与质心运动方向,即汽车旋转圆切线方向之夹角,表示汽车在等速圆周运动中相对于旋转圆的姿态。如图 5-30 所示,图示特性反映了汽车速度越高,则作圆周运动时车头偏向旋转圆内侧的倾向越强。并且,US 特性越强的汽车,这种倾向越明显。

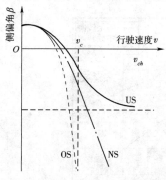

图 5-29 汽车质心侧偏角 β 随车速 v 的变化($\delta = \delta_0$)

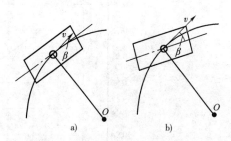

图 5-30 汽车相对于旋转圆的姿态
a) v 较小时;b) v 较大时

④圆周运动半径。

如前所述,$l_f k_f - l_r k_r$ 是影响汽车转向特性的重要参数,汽车转向特性主要取决于 $l_f k_f - l_r k_r$ 值,根据式(5-40)可知汽车圆周运动半径与车速及 K 的取值之间的关系。如图 5-31 和图 5-32 所示。由图可见,前轮侧偏刚度 k_f 越小,$l_f k_f - l_r k_r$ 负值倾向就越强,即转向特性趋于不足转向(US)的倾向越强。

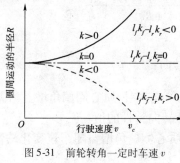

图 5-31 前轮转角一定时车速 v 与转向半径 R 的关系

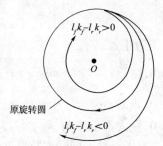

图 5-32 汽车旋转圆随车速增大而变化

2)汽车的其他稳态特性

除了上述的汽车操纵稳定性的参数与评价指标外,还有一些其他参数与评价指标。

(1)质心侧偏角。

如果用质心侧偏角表示汽车操纵稳定性的稳态特性,则可得:

$$\frac{\beta_s}{\beta_{s0}} = \frac{1 + \frac{l_f}{l_r}\frac{m}{lk_r}v^2}{1 + Kv^2} \tag{5-48}$$

式中,$\beta_{s0} = \beta_s|_{v=0} = l_r/R_{s0}$,其中 $R_{s0} = l/\delta$,为车速接近零时的转弯半径,参见式(5-41)。

根据上式,可得过多转向、中性转向和不足转向车辆的特性如图 5-33 所示。

由图可见,对于车辆的侧偏角,从定性分析的角度看,结果并没有什么不同,但具有不足转向特性的车辆通常侧偏角增益(相对 β_{s0})的绝对值更小。对于不同前后轮的侧偏刚度比 k_f/k_r,即不同转向特性,$K>0$、$K=0$ 与 $K<0$,图 5-33 表示对于恒定的转向半径 R,具有不足转向特性的车辆在转向盘转角为 α 的条件下(在忽略转向系统刚度的条件下 $\alpha = \delta$),前后轮的转向角增

益随不断增加的速度或者侧向加速度的变化情况,这是一种所期望的转向特性;相反,具有过度转向特性的车辆在车速不断增加的情况下,需要减小转向角输入。在车辆稳态行驶中,其 $v \approx v_x$,因此,有时不分 v 和 v_x。

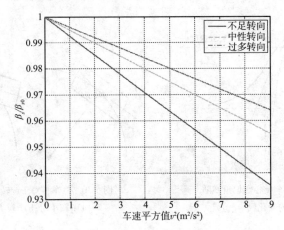

图 5-33 汽车质心侧偏角的稳态特性

(2)质心侧偏角增益。

由式(5-38)可得:

$$\left.\frac{\beta}{\delta}\right|_s = \frac{\frac{l_r}{l} + \frac{ml_f v^2}{k_r l^2}}{1 + Kv^2} = \frac{1 + \frac{ml_f}{l \cdot l_r \cdot k_r} v^2}{1 + Kv^2} \cdot \frac{l_r}{l} \tag{5-49}$$

式中,分子为正数:

①若 $K = 0$,则 $\left.\frac{\beta}{\delta}\right|_s = l_r/l + ml_f v^2/k_r l^2$,为中性转向;

②若 $K < 0$,则增益要大于中性转向,当 $v_{cr} = \sqrt{-1/K}$ 时,质心侧偏角增益为无穷大;

③若 $K > 0$,则为不足转向,则增益要小于中性转向特性的值。

图 5-34 给出了三种不同转向特性的汽车,其质心侧偏角增益随车速变化的情况。

(3)转向盘或转向轮转角。

如果用前轮转角或转向盘转角表示操纵稳定性的稳态特性,由式(5-40),则可得到式(5-50):

$$\frac{\delta_s}{\delta_{s0}} = 1 + \frac{(k_f l_f - k_r l_r)m}{k_r k_f l^2} v^2 = 1 + Kv^2 \tag{5-50}$$

其中,$\delta_{s0}\big|= \delta_s\big|_{v=0} = l/R_{s0}$。

根据上式,可得中性转向、过多转向和不足转向车辆的特性如图 5-35 所示。

(4)静态储备系数和中性转向点。

静态储备系数是建立在中性转向点概念基础上的。中性转向点就是使前后轮产生同一侧偏角的侧向力作用点,中性转向点至前轴的距离为:

$$l'_f = \frac{F_{Yr} l}{F_{Yf} + F_{Yr}} = \frac{k_r}{k_f + k_r} l \tag{5-51}$$

静态储备系数 S. M. (Static Margin)就是中性转向点至前轴距离 l'_f 和汽车质心至前轴距离 l_f 之差($l'_f - l_f$)与轴距的比值,即:

$$\text{S. M.} = \frac{l'_f - l_f}{l} = \frac{k_r}{k_f + k_r} - \frac{l_f}{l} \tag{5-52}$$

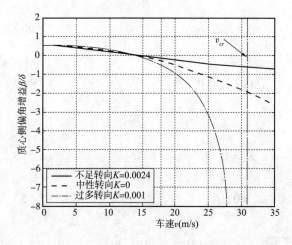

图 5-34 质心侧偏角增益与车速的关系

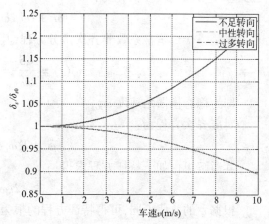

图 5-35 汽车前轮转角的稳态特性

从 S.M. 的定义可知,S.M. 与 K 有着密切关系。
① 当中性转向点与质心重合时,S.M. $=0$,汽车有中性转向特性;
② 当 S.M. >0 时,汽车有不足转向特性;
③ 当 S.M. <0 时,汽车有过多转向特性。

5.5.4 汽车操纵稳定性的瞬态响应特性及其评价指标

1) 用横摆角速度表示时的瞬态特性

设系统的输入 δ 为阶跃形式,根据二自由度的汽车运动微分方程式,即由式(5-33)可得 $\beta,\dot{\beta}$,代入式(5-32),可以写成以 ω_r 为变量的形式:

$$m'\ddot{\omega}_r + h\dot{\omega}_r + c\omega_r = b_1\dot{\delta} + b_0\delta \tag{5-53}$$

其中, $m' = mvI_z$;

$$h = -[m(l_f^2 k_f + l_r^2 k_r) + I_Z(k_f + k_r)];$$

$$c = mv(l_f k_f - l_r k_r) + \frac{l^2 \cdot k_f \cdot k_r}{v};$$

$$b_1 = -mv l_f k_f;$$

$$b_0 = l k_f k_r。$$

或写成二阶一般强迫振动微分方程式:

$$\ddot{\omega}_r + 2\omega_0\zeta\dot{\omega}_r + \omega_0^2\omega_r = B_1\dot{\delta} + B_0\delta \tag{5-54}$$

式中, $\omega_0 = \sqrt{c/m_1} = \frac{l}{v}\sqrt{k_f k_r/mI_z(1+Kv^2)}$, ω_0 称为固有圆频率; $\zeta = h/2\omega_0 m' = -[m(l_f^2 k_f + l_r^2 k_r) + I_Z(k_f + k_r)]/2m \cdot I_Z \cdot l\sqrt{k_f k_r/mI_z(1+Kv^2)}$, ζ 称为阻尼比; $\zeta < 1$,对于实际的汽车,称为小阻尼,横摆角速度 $\omega_r(t)$ 是一条收敛于 ω_{r0} 的减幅正弦曲线。 $B_1 = \frac{b_1}{m'}$; $B_0 = \frac{b_0}{m'}$。

当汽车前轮转角阶跃输入时,前轮转角的数学表达式为: $\begin{cases} t<0, \delta=0 \\ t\geqslant 0, \delta=\delta_0 \\ t>0, \dot{\delta}=0 \end{cases}$ 因此,当 $t>0$ 时,

公式(5-54)可进一步简化为:

$$\ddot{\omega}_r + 2\omega_0\zeta\dot{\omega}_r + \omega_0^2\omega_r = B_0\delta \tag{5-55}$$

这是一个二阶常系数非齐次微分方程,其特解为:

$$\omega_r(t) = \frac{B_0\delta_0}{\omega_0^2} = \frac{v/l}{1+Kv^2}\delta_0 = \frac{\omega_r}{\delta}\bigg|_s \delta_0 \tag{5-56}$$

即为稳态横摆角速度 ω_{r0}。

对应齐次方程为:

$$\ddot{\omega}_r + 2\zeta\omega_0\dot{\omega}_r + \omega_0^2\omega_r = 0 \tag{5-57}$$

其通解可由如下特征方程求得:

$$s^2 + 2\zeta\omega_0 s + \omega_0^2 = 0 \tag{5-58}$$

根据 ζ 的数值不同,可得特征方程的根为:

$$\begin{cases} \zeta<1, s = -\zeta\omega_0 \pm \omega_0\sqrt{1-\zeta^2}i & \text{(一对共轭复根)} \\ \zeta=1, s = -\omega_0 & \text{(重根)} \\ \zeta>1, s = -\zeta\omega_0 \pm \omega_0\sqrt{\zeta^2-1} & \text{(两个不同实根)} \end{cases} \tag{5-59}$$

齐次方程的通解为:

$$\begin{cases} \zeta<1, \omega_r = Ce^{-\zeta\omega_0 t}\sin(\omega_0\sqrt{1-\zeta^2}t+\psi) \\ \zeta=1, \omega_r = (C_1+C_2 t)e^{-\omega_0 t} \\ \zeta>1, \omega_r = C_3 e^{(-\zeta\omega_0+\omega_0\sqrt{\zeta^2-1})t} + C_4 e^{(-\zeta\omega_0-\omega_0\sqrt{\zeta^2-1})t} \end{cases} \tag{5-60}$$

式中,C、ψ、C_1、C_2、C_3、C_4 均为积分常数,可以根据运动的初始条件来确定。

由于正常汽车都具有小阻尼的瞬态特性,所以只分析在角阶跃输入下,$\zeta<1$ 时的横摆角速度的变化规律。当 $\zeta<1$ 时,横摆角速度为:

$$\omega_r(t) = \frac{B_0\delta_0}{\omega_0^2} + Ce^{-\xi\omega_0 t}\sin(\omega_0\sqrt{1-\zeta^2}t+\psi) \tag{5-61}$$

令 $\omega = \omega_0\sqrt{1-\zeta^2}$,上式可写为:

$$\omega_r(t) = \frac{B_0\delta_0}{\omega_0^2} + Ce^{-\xi\omega_0 t}\sin(\omega t+\psi) \tag{5-62}$$

或

$$\omega_r(t) = \frac{B_0\delta_0}{\omega_0^2} + A_1 e^{-\xi\omega_0 t}\cos\omega t + A_2 e^{-\xi\omega_0 t}\sin\omega t \tag{5-63}$$

下面确定积分常数 C、A_1、A_2。

运动的初始条件为:$t=0$ 时,$\omega_r=0$,$v=0$,$\delta=\delta_0$;并可由汽车二自由度运动微分方程(5-32)和(5-33)求得:

$$\dot{\omega}_r = \frac{l_f k_f \delta_0}{I_z} = B_1\delta_0 \tag{5-64}$$

由 $t=0$、$\omega_r=0$,求得:

$$A_1 = -\frac{B_0\delta_0}{\omega_0^2} \tag{5-65}$$

由 $t=0$、$\dot{\omega}_r = \dfrac{l_f k_f \delta_0}{I_z} = B_1 \delta_0$，可求得：

$$A_2 = \dfrac{B_0 \delta_0}{\omega_0^2}\left(\dfrac{B_1}{B_0}\omega_0^2 - \zeta \omega_0\right)\dfrac{1}{\omega} = \dfrac{\omega_r}{\delta}\bigg|_s \cdot \delta_0 \left(\dfrac{-mul_f \omega_0}{lk_r} - \zeta\right)\dfrac{1}{\sqrt{1-\zeta^2}} \tag{5-66}$$

而

$$C = \sqrt{A_1^2 + A_2^2} = \dfrac{\omega_r}{\delta}\bigg|_s \cdot \delta_0 \sqrt{\left[\left(\dfrac{-mul_f}{lk_r}\right)^2 \omega_0^2 + \dfrac{2mul_f \zeta \omega_0}{lk_r} + 1\right]\dfrac{1}{(1-\zeta^2)}} \tag{5-67}$$

$$\psi = \arctan \dfrac{A_1}{A_2} = \arctan\left(\dfrac{-\sqrt{1-\zeta^2}}{-\dfrac{mul_f \omega_0}{lk_r} - \zeta}\right) \tag{5-68}$$

因此，得到方程的解析解为：

$$\omega_r(t) = \dfrac{\omega_r}{\delta}\bigg|_s \cdot \delta_0 \left[1 + \sqrt{\left[\left(-\dfrac{mul_f \omega_0}{lk_r}\right)^2 \omega_0^2 + \dfrac{2mul_f \zeta \omega_0}{lk_r} + 1\right]\dfrac{1}{(1-\zeta^2)}} e^{-\xi\omega_0 t}\sin(\omega t + \psi)\right] \tag{5-69}$$

横摆角速度瞬态响应如图 5-36 所示。

2）时域内的评价指标

以横摆角速度时域响应评价为例，介绍时域内的评价指标，这些指标同样适用于其他变量的时域响应评价。

（1）反应时间。

汽车的横摆角速度不能立即达到稳态横摆角速度 ω_{r0}，而是需要经过时间 τ 后才能第一次达到 ω_{r0}。这段滞后时间称为反应时间。反应时间短，则驾驶员感到转向响应灵敏、迅速，否则就会转向迟钝。也可用到达第一峰值的时间 ε 来表示滞后时间。

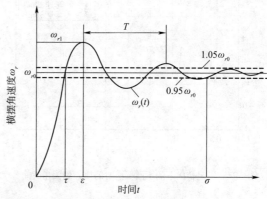

图 5-36 横摆角速度时域响应

（2）超调量。

最大横摆角速度常大于稳态值 ω_{r0}，$\omega_{r1}/\omega_{r0} \times 100\%$ 称为超调量，它表示执行指令误差的大小。

（3）横摆角速度的波动。

在瞬态响应中，横摆角速度以频率 ω 在 ω_{r0} 值上下波动。波动的频率 ω 取决于取车动力学系统的结构参数，它也是表征汽车操纵稳定性的一个重要参数。

（4）稳定时间。

横摆角速度达到稳定值 95%～105% 之间的时间 σ 称为稳定时间，它表明进入稳态响应所经历的时间。

3）质心侧偏角增益表示

如用质心侧偏角增益表示，由汽车二自由度运动微分方程组(5-32)、(5-33)，则可得传递函数为：

$$F(s) = \dfrac{\beta(s)}{\delta(s)} = \dfrac{\beta}{\delta}\bigg|_s \cdot \dfrac{1 + Ts}{1 + \dfrac{2K_1}{H}s + \dfrac{1}{H}s^2} \tag{5-70}$$

式中：$K_1 = \zeta\omega_0 = -\dfrac{I_z(k_f+k_r)+m(k_fl_f^2+k_rl_r^2)}{2I_zmv}>0$；

$T = -\dfrac{I_zv}{k_rl_rl+l_fmv^2}$；

$H = \dfrac{k_fk_rl^2+mv^2(k_fl_f-k_rl_r)}{I_zmv^2}$；

$\left.\dfrac{\beta}{\delta}\right|_s = \dfrac{k_f(k_rl_rl+l_fmv^2)}{l^2k_fk_r+(k_fl_f-k_rl_r)mv^2} = \dfrac{B_0'}{\omega_0^2}$。

对质心侧偏角的微分方程求解析解过程，与求横摆角速度的解析解的过程相同，此处不再赘述。此处，传递函数法求解在角阶跃输入下的响应，如图 5-37 所示。

选取某一具有不足转向特性的车辆进行计算，其结果如图 5-37 所示，由图可见，车速越高，稳态增益越小。此外，可通过图 5-38 看出不同的 K 对瞬态特性的影响。

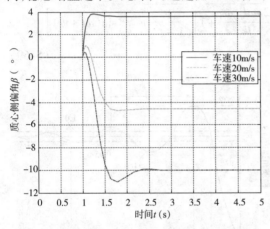

图 5-37　不足转向下的不同车速时的质心侧偏角时间历程

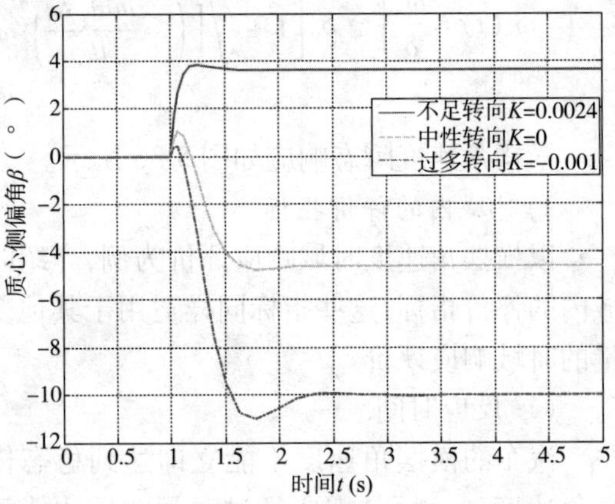

图 5-38　车速 10m/s 下不同 K 值的质心侧偏角时间历程

5.5.5　汽车操纵稳定性的频率响应特性及其评价指标

一个线性系统，如输入为一正弦函数，达到稳定状态时的输出亦为具有相同频率的正弦函数，但两者的幅值不同，相位也要发生变化。输出、输入的幅值比是频率 f（或是角频率 ω）的函数，记为 $A(f)$ 或 $A(\omega)$，称为幅频特性；位差也是 f（或 ω）的函数，记为 $\Phi(f)$ 或 $\Phi(\omega)$，称为相频特性，两者统称为频率特性。

在汽车操纵稳定性分析中，常以前轮转角 δ 或转向盘转角 α 为输入，汽车横摆角速度 ω_r、质心侧偏角 β 为输出来表征汽车的动态特性。

1）用横摆角速度表示

二自由度汽车模型的横摆角速度频率特性，可由其运动微分方程的傅立叶变换求得。

对式（5-54）进行傅立叶变换，可得：

$$-\omega^2\omega_r(\omega)+2\omega_0\zeta j\omega\omega_r(\omega)+\omega_0^2\omega_r(\omega) = B_1j\omega\delta(\omega)+B_0\delta(\omega) \tag{5-71}$$

式中：$\delta(\omega)$、$\omega_r(\omega)$——分别为 δ 和 ω_r 的傅立叶变换。

频率响应函数 $H(j\omega)_{\omega_r-\delta}$ 为：

$$H(j\omega)_{\omega_r-\delta} = \dfrac{\omega_r(\omega)}{\delta(\omega)} = \dfrac{B_1j\omega+B_0}{-\omega^2+2\omega_0\zeta j\omega+\omega_0^2}$$

$$= \frac{(B_1 j\omega + B_0)[(\omega_0^2 - \omega^2) - 2\zeta\omega_0\omega j]}{[(\omega_0^2 - \omega^2) + 2\zeta\omega_0 j\omega][(\omega_0^2 - \omega^2) - 2\zeta\omega_0\omega j]}$$

$$= \frac{2B_1\zeta\omega_0\omega^2 + B_0(\omega_0^2 - \omega^2)}{(\omega_0^2 - \omega^2)^2 + 4\zeta^2\omega_0^2\omega^2} + \frac{B_1\omega(\omega_0^2 - \omega^2) - 2B_0\zeta\omega_0\omega}{(\omega_0^2 - \omega^2)^2 + 4\zeta^2\omega_0^2\omega^2} j$$

$$= B(\omega) + C(\omega)j \tag{5-72}$$

幅频特性为：

$$A(\omega) = \sqrt{[B(\omega)]^2 + [C(\omega)]^2} \tag{5-73}$$

亦相应于：

$$\left.\frac{B_0}{\omega_0^2}\right|_s \cdot \frac{1 + \frac{B_1}{B_0}s}{1 + \frac{2\delta}{\omega_0}s + s^2} \tag{5-74}$$

相频特性为：

$$\Phi(\omega) = \arctan\frac{C(\omega)}{B(\omega)} \tag{5-75}$$

选取某一车辆，车速在10m/s时，其频域响应如图5-39所示。

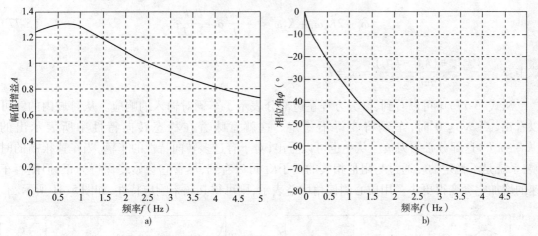

图5-39 横摆角速度幅频和相频特性
a) 横摆角速度幅频特性；b) 横摆角速度相频特性

2) 操纵稳定性频域内的评价指标

如图5-40所示，用横摆角速度频率特性上的五个参数来评价汽车的操纵稳定性，它们分别是：

(1) 频率为0时的幅值比，即稳态增益，图中用 a 表示。

(2) 共振峰频率 f_r，f_r 值越高，操纵稳定性越好。

(3) 共振时的幅值比 b/a，增幅比 b/a 应小些。

(4) $f=0.1$Hz 时的相位滞后角 $\angle\Phi_{f=0.1}$，它代表缓慢转动转向盘时响应的快慢，这个数值应接近于0。

(5) $f=0.6$Hz 时的相位滞后角 $\angle\Phi_{f=0.6}$，它代表以较快速度转动转向盘时响应的快慢，其数值应当小些。

3) 用质心侧偏角增益表示

对于汽车操纵稳定性瞬态特性的研究，还可给出如下用质心侧偏角的表达形式：

$$\ddot{\beta} + 2K_1\dot{\beta} + K_2\beta = -\frac{k_f}{mv}\dot{\delta} + \frac{k_f(l_f mv^2 + k_r l_r l)}{I_z mv^2}\delta \tag{5-76}$$

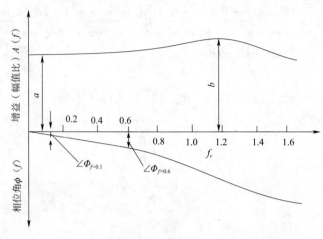

图 5-40　评价横摆角速度频率特性的参数

$$\ddot{\omega}_r + 2K_1\dot{\omega}_r + K_2\omega_r = -\frac{l_f k_f}{I_z}\dot{\delta} + \frac{l k_f k_r}{mv I_z}\delta \tag{5-77}$$

式中：$K_2 = \dfrac{l^2 k_f k_r + (k_f l_f - k_r l_r)}{I_z m v^2} = \omega_0^2 = H$。

从式(5-77)中可以看到,微分方程左边部分表示了车辆对输入的响应。从时域内的解可以看出,当 $K_2 < 0$ 时,车辆将变得不稳定。这就意味着在稳态转向特性中所表示出的 $(k_f l_f - k_r l_r)$ 这部分必须为负。从中也可以看出,对于有过多转向特性的车辆,当车速很高的时候,系统是不稳定的。通过与阻尼相关的因子 K_1 可以看到,尽管它会始终保持为正,但随着车速的增加它会变得更小。用质心侧偏角增益表示,则可得其频率响应特性,如图 5-41 所示。

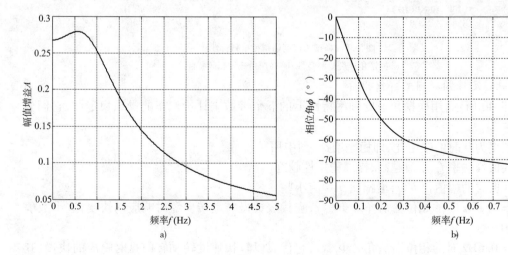

图 5-41　质心侧偏角幅频和相频特性

4) 用侧向加速度表示

由 5.4.3 可知,侧向加速度表达式为：

$$a_y = (\dot{\beta} + \omega_r)v \tag{5-78}$$

根据(5-78)可求出车辆侧向加速度随前轮转向角状态空间输出函数：

$$a_y(t) = Cx(t) + Dv(t) \tag{5-79}$$

式中，$C = v[A_{11}A_{12} + 1]$；$D = v[B_{11}]$。

由状态空间输出函数，可求侧向加速度在一个为谐波的前轮转角 δ 输入作用下的频率响应，从中可以估计出操纵特性变化的情况。在图 5-42 中，对于不足转向的车辆，在频率不超过 $0.6H_z$ 的条件下——这也是驾驶中通常所使用的频率范围，标准化的侧向加速度响应增益 $A_{a_y}(f)/A_{a_y}(f=0)$ 的变化很小，同时也没有太大的相位滞后。车速的影响也不大，这是驾驶员所期望的车辆动态特性；相反，过多转向的车辆的频率响应会产生较大的变化，并且在车速到达 50m/s 时，已经变得不稳定。由于驾驶员生理上的限制，一般不再考虑转向频率高于 2 ~ 3H_z 的情况。

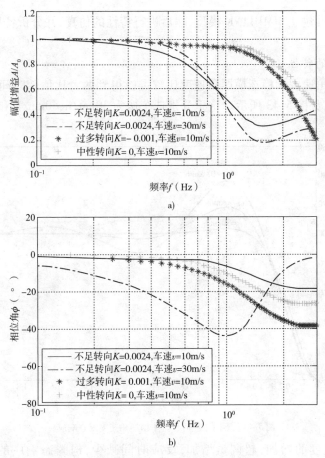

图 5-42 谐波转向角输入下的侧向加速度频率响应

5.5.6 操纵稳定性影响因素分析

有了汽车两自由度数学模型后，就可以进行瞬态特性的仿真，并分析不同参数对其特性的影响，这里对某小型车进行角阶跃输入情况下响应的仿真，该车的有关参数见表 5-3。

两自由度模型中的参数　　　　　　　表 5-3

参 数 名 称	符　号	量　纲	参　数　值
整车质量	m	kg	1150
车轮半径	r	m	0.287
质心至前轴距	l_f	m	1.4
质心至后轴距	l_r	m	1.26
前轮侧偏刚度	k_f	N/rad	-18500
后轮侧偏刚度	k_r	N/rad	-22500
绕 z 轴转动惯量	I_z	kg·m²	1850

输入 δ 可以是任意的确定函数，因为这里考虑的是角阶跃输入所以取 $\delta = \begin{cases} 1 & (t \geqslant 0) \\ 0 & (t < 0) \end{cases}$。

根据以上数据可建立 SIMULINK 模型，然后进行特性的仿真，并分析各种因素对汽车操纵稳定性的影响。

1）不同速度下的特性

将输出的横摆角速度和稳态横摆角速度比较可以得到两者比值随时间变化的曲线，即汽车的瞬态响应曲线，如图 5-43 所示。这里分别选车速为 30km/h，60km/h 和 100km/h。

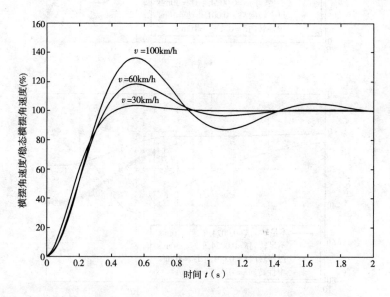

图 5-43　不同车速时小型车横摆角速度瞬态响应

由图可见，随速度的增加，超调量增加，反应时间减少，但瞬态响应的稳定时间也相应增加。

2）不同轮胎对应的特性

根据该模型，还可以分析具有不同侧偏特性的轮胎对瞬态特性的影响，如图 5-44 和图 5-45 所示。可见，增加前轮或后轮胎的侧偏刚度（子午线胎的侧偏刚度大于标准轮胎）可以减小横摆角速度的峰值响应时间和稳定时间，但会增加一定的超调量。

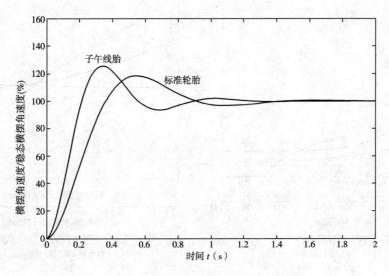

图 5-44　后轮安装不同轮胎时的角速度瞬态响应

3)不同轴距对应的特性

以前轴到质心距离 l_f 同轴距 l 的比值 l_f/l 作为变量,选定三个比值分别为 0.480、0.625、0.723作为参考量,这三个比值分别对应不足转向、中性转向和过多转向,由图 5-46 可见轴距对横摆角速度的时域响应影响。

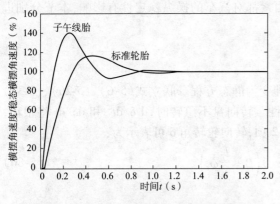

图 5-45　前轮安装不同轮胎时的角速度瞬态响应

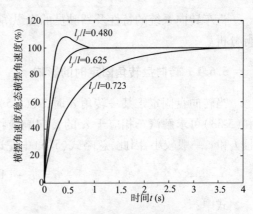

图 5-46　不同轴距对横摆角速度的影响

4)固有频率的影响因素分析

由横摆角速度二阶微分方程(5-53),可得到固有圆频率 ω_0。图 5-47 为频率的影响因素分析结果。

由图可见,前轴到质心距离 l_f 同轴距 l 的比值 l_f/l 对固有频率的影响分析可见,随比值增加,固有频率降低,操纵性能变差。整车质量变化对固有频率的影响分析可见,随整车质量增加,固有频率下降。车速对固有频率的影响分析可见,可见随车速的变化,在低速区内,固有频率变化很快;当车速进入中高速度区,固有频率趋向稳定值。整车转动惯量对固有频率的影响分析可见,随转动惯量的增加,固有频率下降。轮胎侧偏刚度对固有频率影响分析可见,随前轮侧偏刚度绝对值的增加,固有频率略有减小;随后轮侧偏刚度绝对值的增加,固有频率增大。

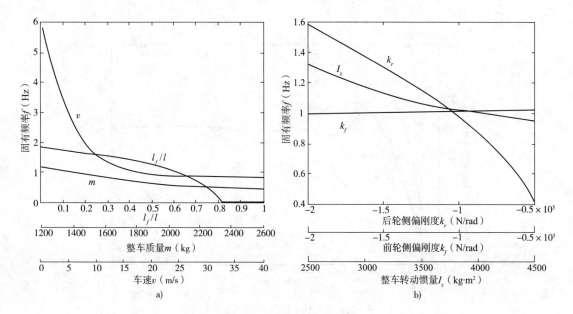

图 5-47 频率的影响因素分析

a) 整车质量、车速对固有频率的影响；b) 车轮侧偏刚度、整车转动惯量对固有频率的影响

5.6 转向系统对汽车操纵稳定性的影响

汽车转向系统的特性及驾驶员的操纵等因素都对汽车的操纵稳定性有影响,本节分别进行分析。

5.6.1 转向盘转角固定时的影响

当转向盘固定于某一转角 α 时,式(5-5)即变为静态方程。联立式(5-6)、(5-26)、(5-32)和(5-33)可求解汽车相应于 α 的转向响应特性。转向盘不急转时, $d^2\delta/dt^2$ 和 $d\delta/dt$ 将很小,且 I_s 和 c_s 一般较小,因此,忽略式(5-6)中左边2项,转向轮转角 δ 可表示为：

$$\delta = e\alpha + (1-e)\left(\beta + \frac{l_f}{v}\omega_r\right) \tag{5-80}$$

式中：

$$e = \frac{k_s}{k_s + \xi k_f} = \frac{1}{1 + \frac{\xi k_f}{k_s}} \tag{5-81}$$

将 δ 代入式(5-32)、(5-33),整理后,得：

$$mv\frac{d\beta}{dt} - (ek_f + k_r)\beta + \left[mv - \frac{1}{v}(l_f ek_f - l_r k_r)\right]\omega_r = -ek_f\alpha \tag{5-82}$$

$$(l_f ek_f - l_r k_r)\beta - I_Z\frac{d\omega_r}{dt} + \frac{l_f^2 ek_f + l_r^2 k_r}{v}\omega_r = l_f ek_f\alpha \tag{5-83}$$

比较式(5-36)、(5-37)与(5-32)、(5-33)可知,前者实际上相当于是用 ek_f 和 α 分别代替后者的 k_f 和 δ 的结果。

此时,汽车的转向特性与转向轮转角 δ 直接输入的转向特性类似,所不同的只是参数 e 对转向特性的影响。这里特别要说明的是：考虑转向系统特性后，汽车操纵稳定性的稳态与动态特性表达式均不发生变化，但其稳定性因素 K 的表达式却发生了变化，即：

$$K = \frac{m(el_f k_f - l_r k_r)}{l^2 e k_f k_r} \tag{5-84}$$

式中，参数 e 集中体现了转向系统对转向特性的影响。

由式(5-81)可知，e 与转向系统等效刚度 k_s、总纵向拖距 ξ 及前轮侧偏刚度 k_f 有关。当 k_s 足够大时，可取 $k_s = \infty$，代入式(5-80)、(5-81)得 $e=1$，$\delta = \alpha$。此时，相当于不考虑转向系统等效刚度的情形。

实际转向系统的等效刚度 $k_s \neq \infty$，故 $e < 1$。与不考虑转向系统特性的 $e=1$ 的情形相比，相当于转向轮的侧偏刚度 k_f 变小了。而由式(5-81)可知，转向系统的等效刚度 k_s 越小，回正力矩系数 $2\xi k_f$ 越大，则 e 越小，式(5-82)、(5-83)中的转向轮等效侧偏刚度 ek_f 就越小，因而使 $l_f ek_f - l_r k_r$ 更趋于负向，即有利于汽车转向性能趋于不足转向(US)。因此，转向系统的回正力矩系数 $2\xi k_f$ 越大，等效刚度 k_s 越小，则汽车不足转向(US)倾向越强，方向稳定性越好。可见，汽车的 US、OS 特性不仅与轮胎特性和质心的位置有关，还与上述转向系统特性有很大的相关性。有时称由于转向系统回正力矩 T_s 的作用而引起的转向轮转角 $\alpha - \delta$ 为转向操纵时的变形转向(Compliance Steer)。

此外，当驾驶员急转转向盘并固定于某一转角 α 时，式(5-6)左边 2 项，即转向轮的惯性不能忽略。此时，忽略其中的 $\dfrac{\mathrm{d}\omega_r}{\mathrm{d}\omega_t}$，变形式(5-6)、(5-26)、(5-32) 和(5-33)可得：

$$\xi k_f \beta + \frac{l_f \xi k_f}{v} \omega_r + I_s \frac{\mathrm{d}^2 \delta}{\mathrm{d}t^2} + c_s \frac{\mathrm{d}\delta}{\mathrm{d}t} - (k_s + \xi k_f)\delta = -k_s \alpha \tag{5-85}$$

$$mv\frac{\mathrm{d}\beta}{\mathrm{d}t} - (k_f + k_r)\beta + \left[mv - \frac{1}{v}(l_f k_f - l_r k_r)\right]\omega_r + k_f \delta = 0 \tag{5-86}$$

$$(l_f k_f - l_r k_r)\beta - I_Z \frac{\mathrm{d}\omega_r}{\mathrm{d}t} + \frac{(l_f^2 k_f + l_r^2 k_r)}{v}\omega_r - l_f k_f \delta = 0 \tag{5-87}$$

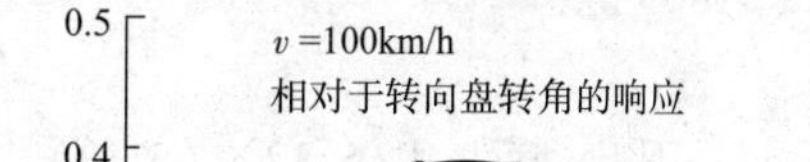

可见，绕转向主销的转向轮惯性项和黏性项将会延迟转向轮转角 δ 相对于 α 的响应，进而影响汽车转向运动的响应速度。这种效应在转向系统的刚性和回正力矩系数越小时越大。图 5-48 所示为改变转向系统刚性，实测汽车在周期性 α 变动条件下的横摆角速度响应曲线。

图 5-48 转向系统刚性对操纵响应的影响

由式(5-85)至式(5-87)可知，减小转向系统的刚性，则汽车相应于转向盘的转向运动响应速度将延迟。因此，在转向轮惯性和黏性不能忽略时，不宜过度减小转向系统的刚性。而如前所述，转向系统的回正力矩系数 ξk_f 越大，则汽车 US 特性越强，且由式(5-85)至式(5-87)可知，增大该项系数也不会太大延迟汽车相应于转向盘转角的转向运动响应速度。因此，在转向盘操纵力不至过大的范围内，转向系统的回正力矩系数 ξk_f 应尽可能大。

5.6.2 转向盘转角不固定时的影响

1) 不固定转向盘转角时汽车转向行驶动力学模型

所谓不固定转向盘转角是指转向盘的转角 α 可随意变化的情形。在实际操作中,相当于驾驶员从转向盘完全撒手(Free Control)或给转向盘施加某一力矩而完全不管转向盘转角位置的情形。称这种不指定转向盘转角变化规律的转向操控为自由操纵。

汽车在自由操纵下的一般运动方程由式(5-5)、(5-6)、(5-32)、(5-33)表示。为了简化问题,需要忽略一些次要因素。转向轮绕转向主销的转动惯量一般远比转向盘绕转向主销的等效转动惯量小,可以忽略。黏性阻尼系数 c_h、c_s 较小,也予忽略。则式(5-5)、(5-6)成为:

$$I_h \frac{d^2\alpha}{dt^2} + k_s(\alpha - \delta) = T_h \tag{5-88}$$

$$k_s(\alpha - \delta) = \xi k_f \left(\beta + \frac{l_f}{v}\omega_r - \delta \right) \tag{5-89}$$

将式(5-89)代入式(5-88),得:

$$I_h \frac{d^2\alpha}{dt^2} + \xi k_f \left(\beta + \frac{l_f}{v}\omega_r - \delta \right) = T_h \tag{5-90}$$

由式(5-89)可求得 δ,与式(5-80)相同。若转向系统的刚性足够大,可令 $k_s = \infty$,则由式(5-80)得:

$$\delta = \alpha \tag{5-91}$$

因此,联立式(5-32)、(5-33)、(5-90)和(5-91),可写出自由操纵条件下考虑了转向系统特性的汽车运动方程式如下:

$$mv\frac{d\beta}{dt} - (k_f + k_r)\beta + \left[mv - \frac{1}{v}(l_f k_f - l_r k_r) \right]\omega_r + k_f \alpha = 0 \tag{5-92}$$

$$(l_f k_f - l_r k_r)\beta - I_z \frac{d\omega_r}{dt} + \frac{(l_f^2 k_f + l_r^2 k_r)}{v}\omega_r - l_f k_f \alpha = 0 \tag{5-93}$$

$$\xi k_f \beta + 2\frac{\xi l_f k_f}{v}\omega_r + I_h \frac{d^2\alpha}{dt^2} - \xi k_f \alpha = T_h \tag{5-94}$$

为了进一步简化问题,对前后轮侧偏刚度、汽车质心位置和汽车绕质心的转动惯量作如下假定:

$$k_f = k_r = k, \ l_f = l_r = \frac{1}{2}, \ I_z = m\left(\frac{l}{2}\right)^2 \tag{5-95}$$

代入式(5-92)至式(5-94),得:

$$mv\frac{d\beta}{dt} - 2k\beta + mv\omega_r + k\alpha = 0 \tag{5-96}$$

$$m\left(\frac{l}{2}\right)^2 \frac{d\omega_r}{dt} + \frac{l^2 k}{v}\omega_r + \frac{lk\alpha}{2} = 0 \tag{5-97}$$

$$\frac{\xi k}{I_h}\beta + 2\frac{\xi lk}{I_h v}\omega_r + \frac{d^2\alpha}{dt^2} + \omega_s^2 \alpha = \frac{T_h}{I_h} \tag{5-98}$$

式中:

$$\omega_s^2 = -\frac{2\xi k_f}{I_h} = -\frac{2\xi k}{I_h} > 0 \tag{5-99}$$

其中，ω_s 为转向系统固有频率。

2）汽车运动的稳定性条件

对式（5-96）至式（5-98）作拉普拉斯变换，得到关于转向盘转角的特征方程：

$$A_4 s^4 + A_3 s^3 + A_2 s^2 + A_1 s + A_0 = 0 \qquad (5\text{-}100)$$

式中：

$$\begin{cases} A_0 = -\dfrac{4k}{ml}\omega_s^2 \\ A_1 = -\dfrac{4k}{mv}\omega_s^2 \\ A_2 = \omega_s^2 - \dfrac{4k^2}{m^2 v^2} \\ A_3 = -\dfrac{4k}{mv} \\ A_4 = 1 \end{cases} \qquad (5\text{-}101)$$

要使汽车稳定运动，特征方程式（5-100）的系数必须满足罗茨（Routh）—霍尔维茨（Hurwitz）稳定条件，如下：

$$A_0, A_1, A_2, A_3, A_4 > 0 \qquad (5\text{-}102)$$

四阶 Hurwitz 行列式为正，即：

$$A_1 A_2 A_3 - A_0 A_3^2 - A_1^2 A_4 > 0 \qquad (5\text{-}103)$$

由式：(5-99)可知，A_0, A_1 在 $\xi > 0$ 时为正，而 A_2, A_3, A_4 恒为正。因此，$\xi > 0$ 是汽车运动稳定性条件之一。

再将式（5-101）代入式（5-103），整理后得：

$$\frac{8k^2}{m^2 v^2} + \omega_s^2 + \frac{8k}{ml} > 0 \qquad (5\text{-}104)$$

要使汽车在任意速度下都能稳定行驶，上式的成立应与车速无关，其条件是：

$$\omega_s^2 + \frac{8k}{ml} > 0 \qquad (5\text{-}105)$$

若记，

$$\omega_y^2 = -\frac{8k}{ml} = -\frac{2lk}{m\left(\dfrac{l}{2}\right)^2} \qquad (5\text{-}106)$$

则式（5-106）右边分母相当于汽车横摆转动惯量，分子相当于前后轮侧偏刚度。式（5-105）可改写为：

$$\omega_s^2 - \omega_y^2 > 0 \qquad (5\text{-}107)$$

若 $\omega_s < \omega_y$，则存在使式（5-104）左边为零的车速 V_{cr}，其值为：

$$v_{cr} = \sqrt{-\frac{lk}{m}\frac{1}{1-(\omega_s/\omega_y)^2}} \qquad (5\text{-}108)$$

当 $\omega_s < \omega_y$，且 $v < v_{cr}$ 时，式（5-105）仍成立，运动稳定；而 $v > v_{cr}$，则式（5-105）不成立，运动不稳定。称 v_{cr} 为汽车运动稳定的临界速度。

由式（5-99）可知，ξ 对 ω_s 影响很大。由式（5-108）可计算 ξ

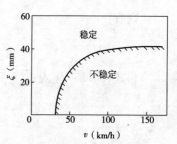

计算所用各参数为：$l = 2.5\text{m}$，$k = -19600\text{N/rad}$，$I_h = 2.0\text{kg} \cdot \text{m}^2$，$\omega_y = 9.4\text{rad/s}$

图5-49 ξ 与稳定临界速度的关系

和稳定极限速度 v_{cr} 的关系，如图 5-49 所示。

综上所述，ξ 在转向操纵力允许的范围内应尽量大。转向系统固有频率 ω_s 应尽量大，因此，I_h 越小越好。

5.6.3 驾驶员对操纵稳定性的影响

驾驶员对转向盘的操纵，只要不是明确的转向动作，大多数情形只是用手轻轻地搭着转向盘，根据路面行驶状况对转向盘施加既非固定转角，也非撒手自由操纵的作用。下面从理论上说明这种操纵动作对汽车稳定运动的作用。

当驾驶员的手搭在转向盘上时，可假想其手、腕与转向盘之间存在一刚度为 k_h 的等效弹簧。设手给出的转向盘转角指令为 α_h，转向盘实际转角为 α，则手、腕施加于转向盘的力矩 T_h 可表示为：

$$T_h = k_h(\alpha_h - \alpha) \tag{5-109}$$

将式(5-109)代入式(5-94)得：

$$\xi k_f \beta + \frac{\xi l_f k_f}{v}\omega_r + I_h \frac{d^2\alpha}{dt^2} - \xi k_f \alpha + k_h \alpha = k_h \alpha_h \tag{5-110}$$

因此，考虑了驾驶员操纵效应和转向系统特性的汽车运动方程式可由式(5-92)、(5-93)和式(5-110)表示。由式(5-110)可得此时的转向系统固有频率 ω_s' 为：

$$\omega_s' = \sqrt{\frac{-\xi k_f + k_h}{I_h}} > \omega_s \tag{5-111}$$

可见，驾驶员的手、腕具有增大转向系统固有频率的作用。且 k_h 越大，ω_s' 越大，越有利于汽车运动稳定性。从这一点来看，k_h 越大越好。

式(5-110)中，若进一步忽略转向系统的惯性影响，则得：

$$\xi k_f \beta + \frac{\xi l_f k_f}{v}\omega_r - \xi k_f \alpha + k_h \alpha = k_h \alpha_h \tag{5-112}$$

解得：

$$\alpha = \frac{k_h}{-\xi k_f + k_h}\alpha_h + \left(1 - \frac{k_h}{-\xi k_f + k_h}\right)\left(\beta + \frac{l_f}{v}\omega_r\right) \tag{5-113}$$

记：

$$e_h = \frac{k_h}{-\xi k_f + k_h} = \left(\frac{1}{1 - \frac{\xi k_f}{k_h}}\right) \tag{5-114}$$

则有：

$$\alpha = e_h \alpha_h + (1 - e_h)\left(\beta + \frac{l_f}{v}\omega_r\right) \tag{5-115}$$

将式(5-115)代入式(5-96)、(5-97)，整理后，得：

$$mv\frac{d\beta}{dt} - (e_h k_f + k_r)\beta + \left[mv - \frac{1}{v}(l_f e_h k_f - l_r k_r)\right]\omega_r = -e_h k_f \alpha_h \tag{5-116}$$

$$(l_f e_h k_f - l_r k_r)\beta - I_Z \frac{d\omega_r}{dt} + \frac{-(l_f^2 e_h k_f + l_r^2 k_r)}{v}\omega_r = -l_f e_h k_f \alpha_h \tag{5-117}$$

比较式(5-116)、(5-117)和式(5-96)、(5-97)可知，前轮侧偏刚度从 k_f 变成了 $e_h k_f$。由于

e_h 小于 1,相当于前轮侧偏刚度比转向盘转角完全固定的情形减小了。如前所述,前轮侧偏刚度越小,则汽车转向特性的 US 倾向越强,方向稳定性越好。从这一点来看,k_h 越小越好。

这样,就参数 k_h 而言,从汽车运动稳定性来说有两个完全相反的要求。因此,现实中的 k_h 只能取兼顾二者的适当值。具体表现在,驾驶员在操纵汽车高速行驶时,既不是紧握乃至完全固定转向盘而使 k_h 很大,也不是完全从转向盘撒手而使 k_h 为 0,而是以适当的力度轻轻握住转向盘,从而获得合适的 k_h。可以说,驾驶员轻轻搭在转向盘上的手、腕的作用是使汽车运动更趋稳定。

5.7 汽车的四轮转向对转向及操纵稳定性的影响

汽车的四轮转向(4WS)是指汽车的前后轮都能相对于车身主动转向。一般,仅有前轮转向的高速汽车在转向时,车身后部往往会产生较大的摆尾和侧滑,严重影响汽车行驶安全性。因此,从 20 世纪 80 年代中期起,日产汽车首先推出了采用四轮转向技术的高性能客车,即在前轮转向的同时,附加后轮主动转向,以改善汽车机动性、提高操纵稳定性和行驶安全性。随着 4WS 汽车技术的不断发展,现已出现了许多不同结构、不同控制策略的实用 4WS 系统。

通过实时控制 4WS 汽车后轮相对于前轮的转向角关系,一般可以提高汽车低速时的转向灵活性和高速时的操纵稳定性。下面给出相关的理论分析。

5.7.1 四轮转向的运动方程式

设前后轮转角分别为 δ_f、δ_r,则前后轮侧向力可表示为:

$$F_{Yf} = \frac{1}{2}k_f\beta_f = \frac{1}{2}k_f\left(\beta + \frac{l_f\omega_r}{v} - \delta_f\right) \tag{5-118}$$

$$F_{Yr} = \frac{1}{2}k_r\beta_r = \frac{1}{2}k_r\left(\beta - \frac{l_r\omega_r}{v} - \delta_r\right) \tag{5-119}$$

代入式(5-28)、(5-29),得四轮转向时的汽车运动方程式如下:

$$mv\frac{d\beta}{dt} - (k_f + k_r)\beta + \left[mv - \frac{1}{v}(l_fk_f - l_rk_r)\right]\omega_r = -k_f\delta_f - k_r\delta_r \tag{5-120}$$

$$-(l_fk_f - l_rk_r)\beta + I_z\frac{d\omega_r}{dt} - \frac{(l_f^2k_f + l_r^2k_r)}{v}\omega_r = -l_fk_f\delta_f + l_rk_r\delta_r \tag{5-121}$$

5.7.2 比例于前轮转角的后轮转向

四轮转向的转向控制模式很多。其中,按比例于前轮转角的转角指令控制后轮转角是最简单的一种。此时,前后轮转角 δ_f、δ_r 可表示为:

$$\delta_f = \frac{\alpha}{i} \tag{5-122}$$

$$\delta_r = k_p\delta_f = \frac{k_p}{i}\alpha \tag{5-123}$$

式中,α 为转向盘转角,i 为前轮转向系统从转向盘至前轮的角传动比,k_p 为比例系数。将式(5-122)、(5-123)代入式(5-120)、(5-121),并用传递函数表示汽车相对于转向盘转角 α 输入的响应,得:

$$\frac{\beta(s)}{\alpha(s)} = \frac{1}{i} \frac{\begin{vmatrix} -(k_f + k_p k_r) & mv - \frac{1}{v}(l_f k_f - l_r k_r) \\ (-l_f k_f + k_p l_r k_r) & I_z s - \frac{(l_f^2 k_f + l_r^2 k_r)}{v} \end{vmatrix}}{\begin{vmatrix} mvs - (k_f + k_r) & mv - \frac{1}{v}(l_f k_f - l_r k_r) \\ (-l_f k_f + l_r k_r) & I_z s - \frac{(l_f^2 k_f + l_r^2 k_r)}{v} \end{vmatrix}} \tag{5-124}$$

$$\frac{\omega_r(s)}{\alpha(s)} = \frac{1}{i} \frac{\begin{vmatrix} mvs - (k_f + k_r) & -(k_f + k_p k_r) \\ (-l_f k_f + l_r k_r) & (-l_f k_f + k_p l_r k_r) \end{vmatrix}}{\begin{vmatrix} mvs - (k_f + k_r) & mv - \frac{1}{v}(l_f k_f - l_r k_r) \\ (-l_f k_f + l_r k_r) & I_z s - \frac{(l_f^2 k_f + l_r^2 k_r)}{v} \end{vmatrix}} \tag{5-125}$$

如5.4.3中所述，β 很小时，质心加速度 $\frac{d\vec{v}}{dt}$ 垂直于质心速度 $\vec{v}$，其沿 y 向的侧向分量为 $\ddot{y} = v\left(\frac{d\beta}{dt} + \omega_r\right)$，因此，由式(5-124)、(5-125)可导出质心侧向加速度、横摆角速度相对于转向盘转角的传递函数为：

$$\frac{\ddot{y}(s)}{\alpha(s)} = \frac{1 - k_p}{i} G_\alpha^{\ddot{y}}(0) \frac{1 + (1 + \lambda_1) T_{y1} s + (1 + \lambda_2) T_{y2} s^2}{1 + \frac{2\zeta s}{\omega_n} + \frac{s^2}{\omega_n^2}} \tag{5-126}$$

$$\frac{\omega_r(s)}{\alpha(s)} = \frac{1 - k_p}{i} G_\alpha^{\omega_r}(0) \frac{1 + (1 + \lambda_r) T_r s}{1 + \frac{2\zeta s}{\omega_n} + \frac{s^2}{\omega_n^2}} \tag{5-127}$$

式中，

$$\lambda_1 = \frac{l}{l_r} \frac{k_p}{1 - k_p}, \lambda_2 = \frac{k_f + k_r}{k_r} \frac{k_p}{1 - k_p}, \lambda_r = \frac{l_f k_f - l_r k_r}{l_f k_f} \frac{k_p}{1 - k_p}$$

$$T_{y1} = \frac{l_r}{v}, T_{y2} = -\frac{I_z}{lk_r}, T_r = -\frac{ml_f v}{lk_r}$$

$$G_\alpha^{\ddot{y}}(0) = \frac{1}{1 + Kv^2} \frac{v^2}{l} = v G_\alpha^{\omega_r}(0), G_\alpha^{\omega_r}(0) = \frac{1}{1 + Kv^2} \frac{v}{l}$$

$$K = \frac{m}{l^2} \frac{l_f k_f - l_r k_r}{k_f k_r}$$

$$\omega_n = \frac{l}{v} \sqrt{\frac{k_f k_r}{mI_z}(1 + Kv^2)}$$

$$\zeta = \frac{m(l_f^2 k_f + l_r^2 k_r) + I_z(k_f + k_r)}{2l \sqrt{mI_z k_f k_r (1 + Kv^2)}}$$

式中，ω_n、ζ 为车辆运动的固有频率和阻尼系数，与仅有前轮转向时相同，没有变化。

由式(5-126)、(5-127)可知，若与前轮转向角成比例地控制后轮转向角，则总增益将达 $1 \sim k_p$ 倍，同时，传递函数分子的 s 及 s^2 项的系数增加 λ_r、λ_1、λ_2 倍。若 $0 < k_p < 1$，则 λ_1、λ_2 为正。所

以,如果后轮与前轮转向相同,且转向角小于前轮,则侧向加速度相对于转向盘输入的相位延迟将减少。若汽车特性接近于中性转向,则由于$\lambda_r \approx 0$,故后轮转向对横摆角速度响应的影响很小。

图 5-50 所示为利用式(5-126)计算中性转向汽车后轮转向对侧向加速度的影响。可见,通过与前轮同向的后轮附加转向,侧向加速度的响应特性有了提高。

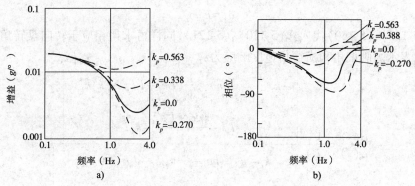

图 5-50 与前轮转角成比例的后轮转向对汽车侧向加速度响应的影响
a)幅频特性;b)相频特性
车速 80km/h,$1g = 9.8 \text{m/s}^2$

相应于一定的转向盘转角,由式(5-124)可求得侧偏角 β 的稳态值 β_s 为:

$$\beta_s = \frac{1}{i} \frac{\begin{vmatrix} -k_f - kk_r & vm - \dfrac{1}{v}(l_f k_f - l_r k_r) \\ kl_r k_f - l_f k_f & \dfrac{-l_f^2 k_f + l_r^2 k_r}{v} \end{vmatrix}}{\begin{vmatrix} -k_f - k_r & mv - \dfrac{1}{v}(l_f k_f - l_r k_r) \\ -l_f k_f + l_r k_r & -\dfrac{l_f^2 k_f + l_r^2 k_r}{v} \end{vmatrix}} \tag{5-128}$$

使上式侧偏角 β_s 为 0 的 k_p 为:

$$k_{p0} = \frac{l_r + \dfrac{ml_f}{lk_r}v^2}{l_f - \dfrac{ml_r}{lk_f}v^2} \tag{5-129}$$

因此,若按式(5-129)设定后轮相对于前轮的转向角比例系数 k_{p0},则汽车以一定速度作等速圆周运动时的侧偏角恒为零,即汽车行驶方向与汽车纵向完全一致。显然,该比例系数随车速 v 而变化,如图 5-51 所示。可见,当汽车低速行驶时,k_{p0} 取负值,表明前后轮转向相反;当汽车高速行驶时,k_{p0} 取正值,表明前后轮转向相同。

因此,四轮转向汽车典型的转向模式是:低速时前后轮转向相逆,以减小转向半径,提高机动性;高速时

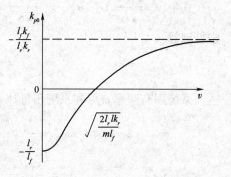

图 5-51 使侧偏角恒为零的后轮对前轮转角比

转向相同，以改善操纵稳定性。

5.7.3 比例于横摆角速度的后轮转向

按比例于横摆角速度的后轮转角操纵后轮转向也是一种四轮转向的控制策略。此时，前轮转角仍按式(5-122)确定，而后轮转向角可表示为：

$$\delta_r = k_\omega \omega_r \tag{5-130}$$

将式(5-122)、(5-130)代入式(5-120)、(5-121)，同样可求得相应于转向盘转角输入，以传递函数形式表示的侧偏角和横摆角速度响应为：

$$\frac{\beta(s)}{\alpha(s)} = \frac{1}{i} \frac{\begin{vmatrix} -k_f & mv - \dfrac{1}{v}(l_f k_f - l_r k_r) + k_\omega k_r \\ -l_f k_f & I_z s - \dfrac{l_f^2 k_f + l_r^2 k_r}{v} - k_\omega l_r k_r \end{vmatrix}}{\begin{vmatrix} mvs - k_f - k_r & mv - \dfrac{1}{v}(l_f k_f - l_r k_r) + k_\omega k_r \\ -l_f k_f + l_r k_r & I_z s - \dfrac{l_f^2 k_f + l_r^2 k_r}{v} - k_\omega l_r k_r \end{vmatrix}} \tag{5-131}$$

$$\frac{\omega_r(s)}{\alpha(s)} = \frac{1}{i} \frac{\begin{vmatrix} mvs - k_f - k_r & -k_f \\ -l_f k_f + l_r k_r & -l_f k_f \end{vmatrix}}{\begin{vmatrix} mvs - k_f - k_r & mv - \dfrac{1}{v}(l_f k_f - l_r k_r) + k_\omega k_r \\ -l_f k_f + l_r k_r & I_z s - \dfrac{l_f^2 k_f + l_r^2 k_r}{v} - k_\omega l_r k_r \end{vmatrix}} \tag{5-132}$$

由式(5-131)、(5-132)，按 $\ddot{y} = v\left(\dfrac{d\beta}{dt} + \omega_r\right)$ 的关系，可求得相应于转向盘转角输入，侧向加速度和横摆角速度响应为：

$$\frac{\ddot{y}(s)}{\alpha(s)} = \frac{1}{i} G_\alpha^{\ddot{y}}(0) \frac{1 + (1 + \lambda_1) T_{y1} s + T_{y2} s^2}{1 + \dfrac{2\zeta^* s}{\omega_n^*} + \dfrac{s^2}{\omega_n^{*2}}} \tag{5-133}$$

$$\frac{\omega_r(s)}{\alpha(s)} = \frac{1}{i} G_\alpha^{\omega_r}(0)^* \frac{1 + T_r s}{1 + \dfrac{2\zeta^* s}{\omega_n^*} + \dfrac{s^2}{\omega_n^{*2}}} \tag{5-134}$$

式中，$\lambda_1 = \dfrac{k_\omega v}{l_r}$，$G_\alpha^{\omega_r}(0)^* = \dfrac{1}{1 + K^* v^2} \dfrac{v}{l}$，$G_\alpha^{\ddot{y}}(0)^* = v G_\alpha^{\omega_r}(0)^* = \dfrac{1}{1 + K^* v^2} \dfrac{v^2}{l}$，$K^*$ 为此时的稳定性因数：

$$K^* = K + \frac{k_\omega}{l} \frac{1}{v} \tag{5-135}$$

系统固有频率 ω_n^* 和系统阻尼比 ζ^*：

$$\omega_n^* = \frac{l}{v} \sqrt{\frac{k_f k_r}{m I_z}(1 + K^* v^2)} = \sqrt{\omega_n^2 + \frac{4 k_\omega k_f k_r}{m I_z v}} \tag{5-136}$$

$$\zeta^* = -\frac{m(l_f^2 k_f + l_r^2 k_r) + I_z(k_f + k_r) + k_\omega m l_r k_r v}{2l \sqrt{m I_z k_f k_r (1 + K^* v^2)}} \tag{5-137}$$

可见,比例于横摆角速度操纵后轮转向角的汽车,其稳定性因数、系统固有频率和阻尼比均发生了变化。

由式(5-136)可知,若 $k_\omega > 0$,则系统固有频率增大。同时,由于 λ_1 增大,式(5-133)所示侧向加速度分子部分 s 项的系数也增大,使汽车响应特性得到改善。

5.7.4 质心侧偏角为零的后轮转向控制

如前所述,以比例于前轮的转向角控制后轮转向时,若按式(5-129)选择比例系数,则可使以一定速度作等速圆周运动的汽车质心侧偏角恒为零。但车速改变时,质心侧偏角还将发生变化。下面进一步给出使质心侧偏角恒为零的后轮转向控制策略。

1)后轮相对于前轮转角的变比例控制

设后轮转角由下式给定:

$$\delta_r(s) = k_\delta(s)\delta_f(s) = \frac{k_\delta(s)}{i}\alpha(s) \tag{5-138}$$

式中,$k_\delta(s)$ 为后轮转角相对于前轮转角的一般性传递函数。则同理可求得质心侧偏角对转向盘转角 α 的响应为:

$$\frac{\beta(s)}{\alpha(s)} = \frac{1}{i}\frac{\begin{vmatrix} -k_f - k_\delta(s)k_r & mv - \frac{1}{v}(l_f k_f - l_r k_r) \\ -l_f k_f + k_\delta(s)l_r k_r & I_z s - \frac{l_f^2 k_f + l_r^2 k_r}{v} \end{vmatrix}}{\begin{vmatrix} mvs - k_f - k_r & mv - \frac{2}{v}(l_f k_f - l_r k_r) \\ -l_f k_f + l_r k_r & I_z s - \frac{l_f^2 k_f + l_r^2 k_r}{v} \end{vmatrix}} \tag{5-139}$$

令式(5-139)分子为0,即:

$$\begin{vmatrix} -k_f - k_\delta(s)k_r & mv - \frac{1}{v}(l_f k_f - l_r k_r) \\ -l_f k_f + k_\delta(s)l_r k_r & I_z s - \frac{l_f^2 k_f + l_r^2 k_r}{v} \end{vmatrix} = 0 \tag{5-140}$$

则可解得使质心侧偏角恒为零的 $k_\delta(s)$ 为:

$$k_\delta(s) = \frac{k_{p0}}{1 + T_e s} - \frac{k_f}{k_r}\frac{T_e s}{1 + T_e s} \tag{5-141}$$

式中:

$$T_e = \frac{I_z v}{-l l_f k_f + m l_r v^2} \tag{5-142}$$

因此,若按式(5-141)实时控制后轮转向角,则质心侧偏角恒为零,可实现汽车行驶方向始终与汽车纵向一致。此时,相对于转向盘转角 α 的横摆角速度响应为:

$$\frac{\omega_r(s)}{\alpha(s)} = \frac{1}{i}\frac{1}{1 - \frac{m l_r}{l l_f k_f}v^2}\frac{v}{l_f}\frac{1}{1 + T_e s} \tag{5-143}$$

2)比例于前轮转角+比例于横摆角速度的后轮转向控制

采用这种控制方式也能实现汽车侧偏角恒为零。这时,后轮转角按下式控制:

$$\delta_r(s) = k_\delta \delta_f + k_\omega \omega_r = \frac{k_\delta}{i}\alpha + k_\omega \omega_r \tag{5-144}$$

同理可求得侧偏角相对于转向盘转角 α 的响应为：

$$\frac{\beta(s)}{\alpha(s)} = \frac{1}{i} \frac{\begin{vmatrix} -k_f - k_\delta k_r & mv - \frac{1}{v}(l_f k_f - l_r k_r) + k_\omega k_r \\ l_f k_f - k_\delta l_r k_r & I_z s - \frac{(l_f^2 k_f + l_r^2 k_r)}{v} - k_\omega l_r k_r \end{vmatrix}}{\begin{vmatrix} mvs - k_f - k_r & mv - \frac{1}{v}(l_f k_f - l_r k_r) + k_\omega k_r \\ -l_f k_f + l_r k_r & I_z s - \frac{l_f^2 k_f + l_r^2 k_r}{v} - k_\omega l_r k_r \end{vmatrix}} \tag{5-145}$$

令式(5-145)中分子为零，即：

$$\begin{vmatrix} -k_f - k_\delta k_r & mv - \frac{1}{v}(l_f k_f - l_r k_r) + k_\omega k_r \\ -l_f k_f + k_\delta l_r k_r & I_z s - \frac{l_f^2 k_f + l_r^2 k_r}{v} - k_\omega l_r k_r \end{vmatrix} = 0 \tag{5-146}$$

展开上式，可得关于 s 的 1 次式。若令其中 s 项的系数和常数项为零，则可解得 k_δ、k_ω 为：

$$k_\delta = \frac{k_f}{k_r} \tag{5-147}$$

$$k_\omega = \frac{mv^2 - l_f k_f + l_r k_r}{-k_r v} \tag{5-148}$$

按上述比例常数控制后轮转角，将使 $\beta(s)/\alpha(s)$ 恒等于 0，从而使汽车质心侧偏角相对于转向盘转角输入保持恒为 0。另外，此时横摆角速度相对于转向盘转角 α 的响应与式(5-143)相同。

5.7.5 前后轮转向的主动控制

近年，随着微电子控制技术的进步，汽车线控转向技术的发展引人注目。比如，GM 汽车在 2002 年展出的 Hy–wire、丰田汽车在 2003 年在东京国际汽车展上推出的 Fine–N 概念车都采用了前轮线控转向技术。其结构特点是转向盘与前轮转向器之间取消了机械传动装置，因而，转向盘与前轮在机械连接上是分离的。这样，就便于对前轮转向实施某种控制策略，以进一步提高汽车转向的主动安全性。对前后轮实施主动转向控制，实际上就是一种基于线控转向的四轮转向新技术。图 5-52 所示为前后轮转向系统之间的结构关系。

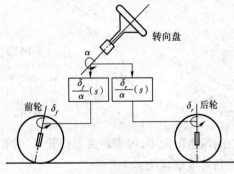

图 5-52 前后轮转向主动控制的汽车

对式(5-120)、(5-121)作拉氏变换，并用侧偏角、横摆角速度、前轮转角、后轮转角相对于转向盘转角的传递函数形式表达如下：

$$\{mvs - k_f - k_r\}\frac{\beta(s)}{\alpha(s)} + \left[mv - \frac{1}{v}(l_f k_f - l_r k_r)\right]\frac{\omega_r(s)}{\alpha(s)} = -k_f \frac{\delta_f(s)}{\alpha(s)} - k_r \frac{\delta_r(s)}{\alpha(s)} \tag{5-149}$$

$$(-l_fk_f+l_rk_r)\frac{\beta(s)}{\alpha(s)}+\left\{I_Zs-\frac{(l_f^2k_f+l_r^2k_r)}{v}\right\}\frac{\omega_r(s)}{\alpha(s)}=-l_fk_f\frac{\delta_f(s)}{\alpha(s)}+l_rk_r\frac{\delta_r(s)}{\alpha(s)} \quad (5\text{-}150)$$

通常,给定前后轮转角的控制规律时,汽车的运动变化将由式(5-120)、(5-121)确定。反过来,若要实现预定的汽车运动,即 $\beta(s)/\alpha(s)$、$\omega_r(s)/\alpha(s)$ 的变化规律给定时,则可由式(5-149)、(5-150)联立求得前后轮的转向控制策略如下:

$$\frac{\delta_f(s)}{\alpha(s)}=-\frac{ml_rvs-lk_f}{lk_f}\frac{\beta(s)}{\alpha(s)}-\frac{I_zs+ml_rv-\frac{l_flk_f}{v}}{lk_f}\frac{\omega_r(s)}{\alpha(s)} \quad (5\text{-}151)$$

$$\frac{\delta_r(s)}{\alpha(s)}=-\frac{ml_fvs-lk_r}{lk_r}\frac{\beta(s)}{\alpha(s)}+\frac{I_zs-ml_fv-\frac{l_rlk_r}{v}}{lk_r}\frac{\omega_r(s)}{\alpha(s)} \quad (5\text{-}152)$$

因此,理论上可按式(5-151)、(5-152)控制前后轮相对于转向盘转角的转向规律,实现任意设定的汽车相应于转向盘的运动要求,即侧偏角和横摆角速度响应。

现设要求实现的汽车侧偏角和横摆角速度响应为关于时间常数 T 的一阶延迟响应,如式(5-153)、(5-154)所示。

$$\frac{\beta(s)}{\alpha(s)}=\frac{G_\beta}{1+Ts} \quad (5\text{-}153)$$

$$\frac{\omega_r(s)}{\alpha(s)}=\frac{G_\omega}{1+Ts} \quad (5\text{-}154)$$

由此,可求得侧向加速度响应为:

$$\frac{\ddot{y}(s)}{\alpha(s)}=v\left\{s\frac{\beta(s)}{\alpha(s)}+\frac{\omega_r(s)}{\alpha(s)}\right\}=\frac{G_\omega v\left(1+\frac{G_\beta}{G_\omega}s\right)}{1+Ts} \quad (5\text{-}155)$$

若取 $G_\beta=0$,则侧偏角 β 恒为零。侧向加速度响应为:

$$\frac{\ddot{y}(s)}{\alpha(s)}=\frac{G_\omega v}{1+Ts} \quad (5\text{-}156)$$

由式(5-151)、(5-152)求得此时前后轮的转向控制策略如下:

$$\frac{\delta_f(s)}{\alpha(s)}=-\frac{G_\omega}{lk_f}\left[\frac{I_z}{T}+\left(ml_rv-\frac{l_flk_f}{v}-\frac{I_z}{T}\right)\frac{1}{1+Ts}\right] \quad (5\text{-}157)$$

$$\frac{\delta_r(s)}{\alpha(s)}=-\frac{G_\omega}{lk_r}\left[-\frac{I_z}{T}+\left(ml_fv+\frac{l_rlk_r}{v}+\frac{I_z}{T}\right)\frac{1}{1+Ts}\right] \quad (5\text{-}158)$$

这就是使侧偏角恒为零,并使横摆角速度相对于转向盘转角的响应表现为一阶延迟特性的前后轮转向控制策略。

若取 $G_\beta=G_\omega T$,则有:

$$\frac{\ddot{y}(s)}{\alpha(s)}=G_\omega v \quad (5\text{-}159)$$

即汽车侧向加速度响应完全与转向盘转角成比例。将式(5-153)、(5-154)代入式(5-151)、(5-152),解得此时前后轮转向的控制策略为:

$$\frac{\delta_f(s)}{\alpha(s)}=-\frac{G_\omega}{lk_f}\left[\frac{I_z}{T}+ml_rv+\left(\frac{-l_flk_f}{v}-lk_fT-\frac{I_z}{T}\right)\frac{1}{1+Ts}\right] \quad (5\text{-}160)$$

$$\frac{\delta_r(s)}{\alpha(s)}=-\frac{G_\omega}{lk_r}\left[-\frac{I_z}{T}+ml_fv+\left(\frac{l_rlk_r}{v}-lk_rT+\frac{I_z}{T}\right)\frac{1}{1+Ts}\right] \quad (5\text{-}161)$$

按式(5-157)、(5-158)求得前后轮相应于转向盘斜坡转角输入的转向角响应算例如图5-53所示。图5-54所示为其频率响应。

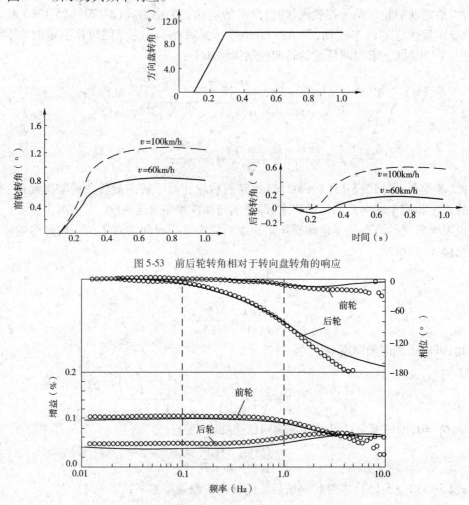

图 5-53 前后轮转角相对于转向盘转角的响应

图 5-54 前后轮转角相对于转向盘转角的频率响应

按上述结果操控前后轮转向,即可实现式(5-154)所要求的横摆角速度响应,且保持侧偏角恒为0,其侧向加速度响应将如式(5-156)所示。

5.8 汽车操纵稳定性与悬架的关系

本节通过静力学分析阐述了侧倾中心高度、侧倾角刚度、悬挂质量质心位置等对侧倾运动的影响,即通过静力学分析建立数学模型,从而得到汽车在转弯时垂向力在各个轮胎上的分配系数。

车辆的旋转运动包括了横摆、侧倾和俯仰运动,横摆运动是转向所必需的,而侧倾和俯仰运动是由悬架等引起的,它们对车辆的动力学特性有着重要的影响。

这里利用带有刚性梁悬架的动力学模型分析侧倾运动,得到车辆转弯时垂向力在各个轮胎上的分配,并建立车辆稳态转向时的 ADAMS 动力学仿真模型。

在转弯时,车辆受到离心力作用,由于侧倾轴线低于质心,这就使车身顶部偏向行驶路线的外侧。

这里还讨论了侧倾轴线高于质心的情况,即汽车像两轮自行车转弯时侧倾趋势的可能性。如图5-55所示,通常的侧倾姿态(Roll Attitude)被称为"外倾"(Outward Roll),而像自行车的侧倾姿态被称为"内倾"(Inward Roll)。

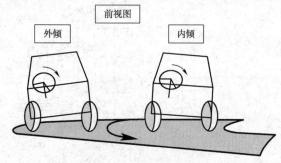

图 5-55 汽车转弯时的侧倾姿态

5.8.1 侧倾分析模型

1) 侧倾中心

车身侧倾、相对地面转动时的瞬时轴线称为车身侧倾轴线(Roll Axis),该轴线通过车身在前后轴处横断面上的瞬时转动中心,这两个瞬时中心称为侧倾中心。

假设车身是刚性的,悬架系统决定了一根侧倾轴线,侧倾就是指车身相对于地面关于这根轴的旋转运动。如有两个平面分别通过前、后轮的接地点,并且垂直于车身的纵向轴线,那么侧倾轴线和这两个平面的交点就分别是前、后悬架的侧倾中心。确定侧倾中心可以根据相对运动的原理,即假设车身不动,让地面相对于车身转动,求出地面相对于车身的瞬时转动中心,在此过程中,忽略轮胎与地面间的相对运动。下面介绍车身在几种不同悬架上的侧倾中心的位置。

(1) 单横臂独立悬架。

图5-56 所示为单横臂独立悬架。地面与轮胎接触点 A、D 处的速度与 $\overline{AB}$、$\overline{CD}$ 垂直,因此,$\overline{AB}$、$\overline{CD}$ 延长线上的交点 O_m 即为车身在单横臂独立悬架上的侧倾中心点。

(2) 双横臂独立悬架。

图5-57 所示为双横臂独立悬架,其左右两侧的导向杆系与车身各组成一个四连杆机构,根据"三心定理",可以分别确定左右两侧车轮相对于车身运动的瞬时中心 O_r 及 O_l(图中左侧未画出)。因此,可以分别作瞬时转动中心 O_r、O_l 相应轮胎与地面接触点的连线,并相交于 O_m 点,即双横臂独立悬架的侧倾中心。

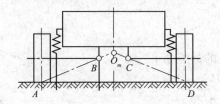

图 5-56 单横臂独立悬架上车身的侧倾中心

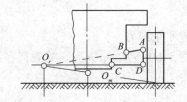

图 5-57 双横臂独立悬架上车身的侧倾中心

(3) 麦弗逊独立悬架。

图5-58 所示为麦弗逊独立悬架,其左右两侧车轮相对于车身运动的瞬时中心的确定与双横臂独立悬架类似,图中 O_m 为麦弗逊独立悬架的侧倾中心。

图5-59 是一个用于侧倾分析的悬架模型。这个刚性梁悬架上有一点 RC,悬挂质量和非悬挂质量在这一点处连接,这个连接点沿着悬挂质量的滑动导向上升和下降。悬挂质量由左右悬架共同承受,如忽略非悬挂质量,这一模型的侧倾中心就是连接点 RC。

假设只有悬挂质量的侧向力传到 RC,垂向力可以忽略,此外不考虑质心的垂直和水平运动,通常情况下,$\sin\theta$ 和 $(1-\cos\theta)$ 项忽略不计。

下面先介绍本节所用的术语与符号：

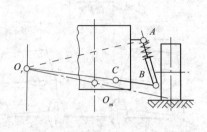
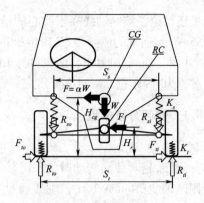

图 5-58　麦弗逊独立悬架上车身的侧倾中心　　　图 5-59　悬架模型的前视图

前缀：1-前；2-后；o-向外；i-向内。

前部分配系数：x(前部)/x(总共)。

CG：悬挂质量中心。

RC：侧倾中心。

H_{cr}：侧倾力臂长度。

rL：轴荷分配。

rR：侧倾刚度分配。

H_{cg}：CG 高度。

IdD：转弯时的载荷转移分配。

Idu：轮胎垂向力分配。

2）转弯时的轮胎垂向力和侧倾角

（1）使用力学模型计算。

①侧翻阈值（Rollover Threshold，rT）。

侧翻阈值 rT 是由式（5-162）表示的，这是反映翻车余量为 g 时的侧向加速度指标。

$$rT = \frac{S_t}{2H_{cg}} \tag{5-162}$$

②轮胎垂向力。

如图 5-60 所示，车辆静止时载荷在前后轮上的分配如下：

$$rL_1 = \frac{L_2}{(L_1 + L_2)} \tag{5-163}$$

$$rL_2 = \frac{L_1}{(L_1 + L_2)} = 1 - rL_1 \tag{5-164}$$

ϕ_r 表示侧倾轴线的倾角，其大小为：

$$\phi_r = \frac{H_{r2} - H_{r1}}{L_1 + L_2} \tag{5-165}$$

侧倾轴线通过前后悬架的侧倾中心，悬挂质量侧倾时是以侧倾轴线为旋转轴的。在图 5-61 中，悬挂质量的侧向力指向纸的背面。

H_{cr} 代表了 CG 和侧倾轴线的高度差。

$$H_{cr} = H_{cg} - H_{r1} - L_1 \cdot \phi_r \tag{5-166}$$

为了简单起见,假设前后轮距、前后悬架跨距是一样的,那么侧倾力矩 $M_b = F \cdot H_{cr}$ 就由前、后悬架共同承受。由方程 $M_b = 2 \cdot [K_s \cdot (\theta_s \cdot S_s/2) \cdot (S_s/2)]$ 可得车身侧倾角为:

$$\theta_s = \frac{2F \cdot H_{cr}}{(K_{s1} + K_{s2}) \cdot S_s^2} \tag{5-167}$$

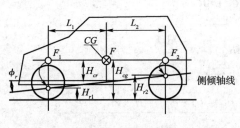

图 5-60 侧倾轴线

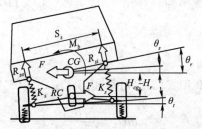

图 5-61 侧倾力矩和侧倾角

rR_1 和 rR_2 是侧倾刚度的分配系数,如假设前后弹簧的跨距相等,则其值如下:

$$rR_1 = \frac{K_{s1}}{(K_{s1} + K_{s2})} \tag{5-168}$$

$$rR_2 = \frac{K_{s2}}{(K_{s1} + K_{s2})} = 1 - rR_1 \tag{5-169}$$

相应地,可由式(5-167)至式(5-169)得出载荷的侧向转移为:

$$dR_{s1} = \frac{\theta_s \cdot S_s \cdot K_{s1}}{2} = \frac{F \cdot H_{cr} \cdot rR_1}{S_s} \tag{5-170}$$

$$dR_{s2} = \frac{\theta_s \cdot S_s \cdot K_{s2}}{2} = \frac{F \cdot H_{cr} \cdot rR_2}{S_s} \tag{5-171}$$

下面仅对非悬挂质量进行静力学分析,假设它们的侧向力 F_1 和 F_2 分别作用于前后侧倾中心,则由其引起的轮胎载荷变化量 dR'_{t1},dR'_{t2} 分别为:

$$dR'_{t1} = \frac{F_1 \cdot H_{r1}}{S_t} = \frac{F \cdot rL_1 \cdot H_{r1}}{S_t} \tag{5-172}$$

$$dR'_{t2} = \frac{F_2 \cdot H_{r2}}{S_t} = \frac{F \cdot rL_2 \cdot H_{r2}}{S_t} \tag{5-173}$$

式(5-170)和(5-171)乘以 S_s/S_t,然后加上式(5-172)和(5-173),则可得同时考虑悬挂质量与非悬挂质量的轮胎垂向载荷的变化,由式(5-172)、(5-173)可得:

$$dR_{t1} = dR'_{t1} + dR'_{s1} = \frac{F \cdot H_{ra1}}{S_t} \tag{5-174}$$

$$dR_{t2} = dR'_{t2} + dR_{s2} = \frac{F \cdot H_{ra2}}{S_t} \tag{5-175}$$

式中:

$$H_{ra1} = rL_1 \cdot H_{r1} + H_{cr} \cdot rR_1 \tag{5-176}$$

$$H_{ra2} = rL_2 \cdot H_{r2} + H_{cr} \cdot rR_2 \tag{5-177}$$

利用式(5-176)、(5-177)和式(5-163)至式(5-165),可得如下两式:

$$H_{ra1} + H_{ra2} = H_{cg} \tag{5-178}$$

$$dR_{t1} + dR_{t2} = \frac{F \cdot H_{cg}}{S_t} = \frac{F}{2rT} \tag{5-179}$$

式(5-176)至式(5-178)表明 H_{ra1}, H_{ra2} 是前后的等效质心高度,式(5-168)表明前后载荷转移的总量和侧倾轴线的位置无关。

如果定义 IdD_1, IdD_2 为前后载荷转移系数,则可得如下公式:

$$IdD_1 = \frac{dR_{t1}}{(dR_{t1} + dR_{t2})} \tag{5-180}$$

$$IdD_2 = \frac{dR_{t2}}{(dR_{t1} + dR_{t2})} = 1 - IdD_1 \tag{5-181}$$

利用式(5-174)至式(5-179),式(5-180)可表达为:

$$IdD_1 = \frac{H_{ra1}}{H_{ra1} + H_{ra2}} = \frac{H_{ra1}}{H_{cg}} = \frac{rL_1 \cdot (H_{cg} - L_1 \cdot \phi_r) + H_{cr}(rR_1 - rL_1)}{H_{cg}} \tag{5-182}$$

则载荷转移后四个轮胎的受力为:

$$R_{to1} = \frac{W \cdot rL_1}{2} + dR_{t1} \tag{5-183}$$

$$R_{ti1} = \frac{W \cdot rL_1}{2} - dR_{t1} \tag{5-184}$$

$$R_{to2} = \frac{W \cdot rL_2}{2} + dR_{t2} \tag{5-185}$$

$$R_{ti2} = \frac{W \cdot rL_2}{2} - dR_{t2} \tag{5-186}$$

式中:W——整车质量。

这几个方程在随后计算载荷分配率中将会用到。

③考虑侧倾轴线时的侧倾角。

由于载荷转移和轮胎刚度的不同,前后非悬挂质量的侧倾角是不同的,但这一区别和悬挂质量的侧倾角相比是可以忽略的。于是,定义 θt 为前、后非悬挂质量侧倾角的平均值:

$$\theta_t = \frac{F_1 \cdot H_{r1} + F_2 \cdot H_{r2}}{K_t \cdot S_t^2} = \frac{F \cdot (rL_1 \cdot H_{r1} + rL_2 \cdot H_{r2})}{K_t \cdot S_t^2} \tag{5-187}$$

θs 定义为悬挂质量相对于非悬挂质量的侧倾角,再根据式(5-167),可得到悬挂质量相对于地面的侧倾角 θr 为:

$$\theta_r = \theta_s + \theta_t = \frac{2 \cdot F \cdot H_{cr}}{(K_{s1} + K_{s2}) \cdot S_s^2} + \frac{F \cdot (rL_1 \cdot H_{r1} + rL_2 \cdot H_{r2})}{K_t \cdot S_t^2} \tag{5-188}$$

(2)转弯时前后的内外轮胎受力分配系数。

①轮胎力的前后分配。

IdU_{o1}, IdU_{o2} 表示转弯时外侧轮胎力的分配系数,由式(5-162),(5-174)至式(5-180),(5-183)和(5-185)可得:

$$IdU_{o1} = \frac{R_{to1}}{R_{to1} + R_{to2}} = \frac{W \cdot rL_1/2 + dR_{t1}}{W/2 + (dR_{t1} + dR_{t2})}$$

$$= \frac{rL_1 \cdot S_t + 2 \cdot \alpha \cdot H_{cg} \cdot IdD_1}{S_t + 2\alpha \cdot H_{cg}}$$

$$= \frac{rL_1 \cdot rT + \alpha \cdot IdD_1}{rT + \alpha}$$

$$= rL_1 - \frac{(rL_1 - IdD_1) \cdot \alpha}{rT + \alpha} \tag{5-189}$$

式中:$\alpha = \dfrac{a_y}{g}$。

$$IdU_{o2} = 1 - IdU_{o1} \tag{5-190}$$

IdU_{i1}，IdU_{i2}表示车辆转弯时内侧轮胎力的分配系数，其值如下：

$$IdU_{i1} = rL_1 + \frac{(rL_1 - IdU_1) \cdot \alpha}{rT - \alpha} \tag{5-191}$$

$$IdU_{i2} = 1 - IdU_{i1} \tag{5-192}$$

②各个分配系数的核对。

图5-62表示了各个分配系数与设计参数的关系，利用轮距、侧向加速度及IdD_1，可求出前外侧轮胎垂直力分配系数IdU_{o1}，它表示转弯时，车辆前外侧轮胎载荷转移的比率。可按如下方法对式(5-189)进行分析，即这一个等式由两项组成，第一项rL_1是基础量，表示了前悬载荷分配，第二项决定了IdD_1的波动。当$rL_1 = IdD_1$时，第二项变为0，同时，$IdU_{o1} = rL_1$。

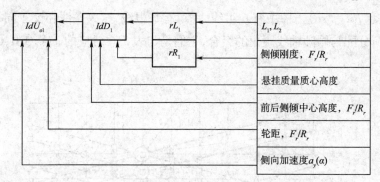

图5-62 各系数的关系

其中IdD_1是由式(5-182)得出，该式分子的第二项为$H_{cr} \cdot (rR_1 - rL_1)$，当$rR_1 = rL_1$时这一项可去掉。通常情况下，设计时$rR_1$应和$rL_1$相近，这样转弯时，$H_{cr}$对$IdD_1$和$IdU_{o1}$的影响不大。

另外，式$H_{cr} \cdot (rR_1 - rL_1)$表示$H_{cr}$的正负侧倾，即向外或向内侧倾，且$rR_1 > rL_1$为外倾，这样可在$rL_1$的基础上，通过变化$rR_1$来调节；侧倾轴线的倾角$\varphi r$，因其在式(5-182)上乘以$L_1$，而总是对$IdU_{o1}$有影响。

5.8.2 在包括内倾工况下的参数研究

1）技术参数说明

车辆的技术参数见表5-4，各个变量见表5-5。

基本技术参数说明　　　　　　　　　　　表5-4

悬挂质量	W	10000(kg)	轴距	$L_1 + L_2$	2.5(m)
悬挂质量CG高度	H_{cg}	0.6(m)	侧向加速度	a_y	0.5(g)
轮距	S_t	1.4(m)	悬架总侧倾刚度		70000(N·m/rad)
悬架弹簧跨度	S_s	1.1(m)	轮胎刚度(垂直)	K_t	165000(N/m)

变量列表　　　　　　　　　　　　　表 5-5

Id No.	①	②	③		
前悬架载荷/总载荷(rL_1)	0.6	0.5	0.4		
Id No.	A1	A2	A3	A4	A5
侧倾中心高度(Fr.)前	0.30	0.45	0.60	0.75	0.90
(Rr.)后	0.30	0.45	0.60	0.75	0.90
Id No.	B1	B2	B3	B4	B5
侧倾中心高度(Fr.)前	0.15	0.30	0.45	0.60	0.75
(Rr.)后	0.15	0.30	0.45	0.60	0.75

这是一辆小型的 SUV(Sport Utility Vehicle),在表 5-5 中第一组有 3 个等级的载荷分配,分别用①,②,③表示;其他组是关于前后悬架的侧倾中心高度的。在 A 组中,前后悬架侧倾中心高度是一样的;在 B 组中,后悬架比前悬架的侧倾中心高 0.3m。A、B 组中都有 5 个不同等级的侧倾轴线高度;高度编号 3 表示侧倾轴线和质心的高度是相同的;编号 4 和 5 中 H_{cr} 是负值,产生"内倾"。

2)结果分析

图 5-63 表示 $IdU_{o1}/rR1$。图中有 6 组线,每组有 5 根线,这 5 条线相交于同一点。每一组代表了一种载荷分配与侧倾轴线倾角的组合,它们是与表 5-6 对应的①A、①B、②A、②B、③A 和③B。

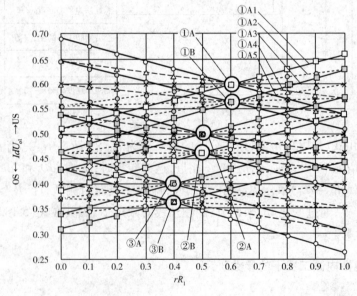

图 5-63　IdU_{o1}/rR_1 的关系

由每组线的交点位置可知,当前悬载荷分配增加(③→②→①), IdU_{o1} 表明车辆趋于不足转向;当后侧倾中心高于前侧倾中心时(A→B),车辆趋于过多转向。各交点代表侧倾刚度分配和载荷分配系数相同(①(0.6)→0.6,②(0.5)→0.5,③(0.4)→0.4)。

此外,IdU_{o1} 相对于 H_{cr} 的变化关系表明了侧向力臂的长度和这些线的倾角是一致的。如果这些线的斜率为正,则说明侧倾中心比 CG 低,当前悬架的侧倾刚度增加时,车辆趋于不足转向;当这些线的斜率为负时,说明侧倾中心比 CG 高,当前悬的侧倾刚度增加时,车辆趋于多度转向，IdU_{o1} 的这些性质可由式(5-189)得到。

图 5-64 表示了内侧轮胎垂向力分配和侧倾刚度分配之间的关系，即 IdU_{i1}/rR_1，它反映了侧倾刚度分配与侧倾轴线高度或者倾角之间的关系。当 $IdU_{i1}/rR_1 = 0.5$ 时，说明前、后轮胎上的垂向力是相等的，且它们的变化也是相同的。

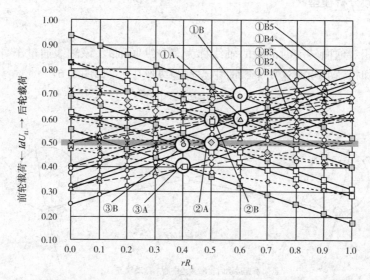

图 5-64 IdU_{i1}/rR_1 的变化关系

根据式(5-167)，图 5-65 表示车身侧倾角(相对于非簧载部分)和侧倾力臂(H_{cr})之间的关系，它们之间是线性的，说明侧倾角不受载荷分配、侧倾刚度分配和侧倾轴线倾角的影响。同时也表明当车辆前、后悬架总的侧倾刚度一定时，侧倾刚度的分配不影响侧倾角。

由图 5-66 和式(5-188)，当非悬挂质量的侧倾角 θ_t 为正，悬挂质量比非悬挂质量的侧倾角 θ_s 大时，可得到负的侧倾角。在本例中，车辆内倾阈值的对应工况是侧倾轴线比 CG 高 0.05m。

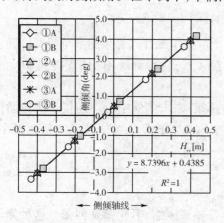

图 5-65 侧倾角/H_{cr}(侧倾力臂)的变化关系

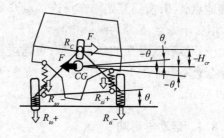

图 5-66 内倾静力学分析

3) 通过对刚性轴悬架模型侧倾问题的分析，可得到以下结果
(1) 当侧倾轴线高于 CG 时，车辆会产生侧倾，对车辆的行驶无不利影响。
(2) 转弯时，无论是内侧还是外侧轮胎，前后垂向力的分配系数是可以得到的。在底盘的布置设计中，这些系数比其他任何分配系数(如侧倾刚度，载荷分配，载荷转移)都有效，这一点可由三个参数证明：载荷分配、侧倾轴线的倾角和高度、侧倾刚度分配。

(3) 如用高度和倾角定义侧倾轴线的位置,那么高度和行驶稳定性基本没有关系,可根据侧倾刚度的分配对它进行调节,但侧倾轴线的倾角是和行驶稳定性有关的,根据侧倾刚度的分配对它进行调节会比前者困难。

5.8.3 纵倾分析模型

1) 纵倾中心

车身纵倾、相对地面转动时的瞬时轴线称为车身纵倾轴线,该轴线通过车身在内外侧车轮处横断面上的瞬时转动中心,这两个瞬时中心称为纵倾中心,如图 5-67。

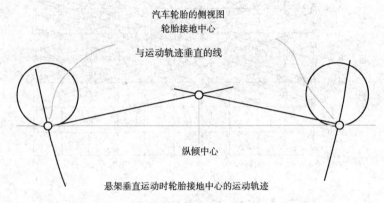

图 5-67 纵倾中心

车辆的俯仰运动(即纵倾)与车辆的悬架特性、车辆运动状态等因素有关。悬架的种类及其具体参数,直接影响了纵倾轴线及纵倾中心的位置,进而影响到车辆的俯仰振动。同时悬架也影响车辆的侧倾轴线及侧倾中心位置,影响到车辆的侧倾振动。在某些工况下,如加速转弯、转弯制动,车辆的侧倾振动与纵倾振动耦合在一起。因此需要考虑悬架及耦合振动对车辆操纵性能的影响。

2) 纵倾中心的确定

将车辆模型简化为平面半车模型,如图 5-68 所示为单纵臂式悬架的半车模型。确定前后轮胎接地点 A、B,前后悬架与车身连接点 C、D;连接 A、C 点,得到线 AC,同理得到 BD,延长 AC 与 BD 相交于 S 点,S 即为纵倾中心。

对于双纵臂式悬架的半车模型,可通过悬架的瞬心来求侧倾中心。连接车辆轮胎接地点 A 与瞬心 P_F,得到 $P_F A$,同理得到 $P_R B$,延长 $P_F A$ 与 $P_R B$ 交于 S 点,点 S 即为车辆侧倾中心,如图 5-69 所示。

5.8.4 运动学影响

在放松加速踏板后,由于车轮载荷的变化,前轮弹簧压缩,后轮弹簧伸张。这种弹簧位移引起了运动学上的外倾角改变和前束变化,前轮获得较少的正外倾角,而后轮获得较多,因此前轮能传递的侧向力大,而后轮的小(图 5-70)。侧偏角的改变使汽车趋向过多转向。

弹簧的压缩和伸张除了影响车轮外倾角的改变外,还影响车轮前束的变化,这可能加剧了转入效应。承载大的外侧车轮对后轴的影响最大,它通过弹簧压缩导致负前束,并帮助了转入效应。对有些后轴结构,车轮倾角不随弹簧位移而变(如刚性轴),则对载荷的变化不敏感。

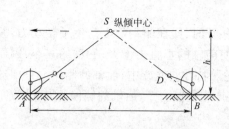

图 5-68 单纵臂悬架侧倾中心的确定

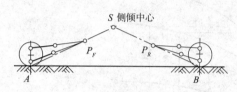

图 5-69 双纵臂悬架侧倾中心的确定

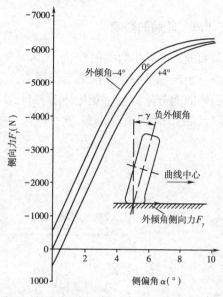

图 5-70 外倾对侧向力的影响

5.8.5 弹性运动学影响

由于考虑在噪声和振动方面的舒适性,现代汽车的车轴(桥)都是用橡胶件与车身或副车架相连。车轮、悬架橡胶支承的柔性可通过刚度和转向摇臂的相应布置来减小载荷变换效应。因驱动后轴的导向对引入载荷变换效应是有意义的,所以弹性运动学应使车轮在驱动力作用下调整为负前束,在制动力作用下调整为前束;在前轮驱动时则与此相反,弯道外侧车轮必须处于负前束,内侧车轮必须处于前束。

5.9 传动系统对汽车操纵稳定性的影响

5.9.1 载荷变换效应

转弯时载荷变换反应是评价汽车非稳态特性的一个重要评价指标。如果在弯道上突然移开加速踏板,由于发动机的制动力矩,使得驱动轮上的纵向力反向,驱动力变成了制动力。汽车对这种载荷变换的反应是向弯道的内侧产生一个转动。

在一般情况下,如果驾驶员事先对弯道估计不足而驶入弯道太快,或转弯半径随线路的延伸而变小,便出现载荷变换效应。驾驶员在这种情况下的自然反应是脚从加速踏板移开,因为接下来的载荷变换反应是使汽车向弯道内侧转动,而有利于缓和危险情况,所以在某种程度上这一般不是有害的,但转入效应不能太多,以致驾驶员很难纠正方向而措手不及。

载荷变换是由众多影响因素共同作用引起的,它们在汽车后轴驱动与前轴驱动时的作用是不同的。下面将讨论轮胎的影响、运动学和弹性学的影响等。

(1)轮胎影响,包括了轮胎载荷变化和纵向力变化对可传递的侧向力的影响。

(2)运动学影响,它是由于弹簧压缩与伸张时外倾角和前束角的变化引起的。

(3)弹性运动学影响,是指由于悬架橡胶支承的弹性引起的车轮转角变化,实质上它是因为驱动轮上的纵向力变化引起的。

5.9.2 轮胎的影响

最大的影响是垂直力的变化,当脚从加速踏板移开时,便在驱动轮上产生了制动力,并在汽车质心上出现了一个向前的反作用力,这一对力使前轴的垂直力增大,后轴的减小,因而可传递的侧向力分配产生了变化。图 5-71 表示了在轮胎特性曲线族中,前轴的侧向力只增加一点,而后轴的侧向力下降很多,这一侧向力的改变将产生横摆力矩,后轴的侧偏角增大,汽车驶入弯道。

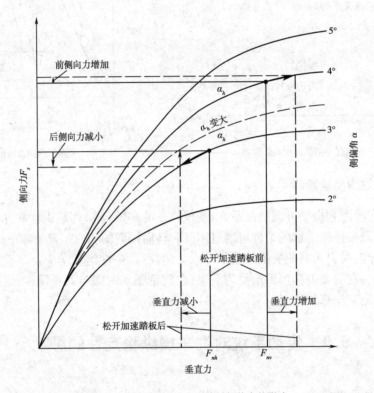

图 5-71 转弯时垂直力对前后侧偏力的影响

纵向牵引力的改变影响侧向力的传递,但它的影响比垂直力的影响要弱一些。

5.9.3 驱动力矩的影响

1)后轮驱动时

图 5-72 表示了后轮驱动的汽车在载荷变换时万向节轴力矩的典型变化过程,由于放松加速踏板后发动机制动力矩的突然上升,制动滑动率提高,因而降低了可传递的侧向力,转入弯道更加剧烈。图 5-73 表示了某一轮胎特性曲线族中的这一影响,即放松加速踏板时,纵向力的改变对侧向力传递的影响,由于发动机制动力矩的突然上升,后轴可传递的侧向力减少了 ΔF_y。

此外,由于在侧向力作用下轮胎支承面产生侧向变形,使纵向力作用在车轮中心平面之外,因此,驱动轮上的轮胎回正力矩增大(图 5-74)。后轴驱动时,对称作用在汽车纵向轴上的后轴驱动力产生不足转向效应。驱动力变为制动后,由于这一力矩变向出现了过多转向效应,故在松开加速踏板后加剧了汽车的转向。

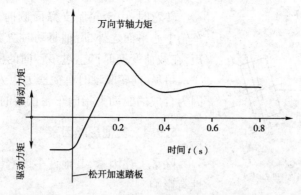

图 5-72 突然放松加速踏板时,后轮驱动汽车万向节轴力矩的时间历程(载荷变换效应)

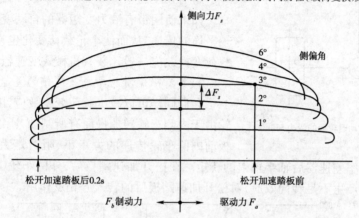

图 5-73 纵向力与侧向力的附着椭圆关系

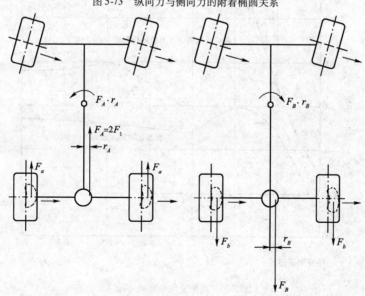

图 5-74 后轮驱动时轮胎的受力与变形

2) 前轮驱动时

此时,矢量合成驱动力作用在车轮偏转的方向上,对汽车质心有一力臂(图 5-75),在驱动过程中产生一过多转向的横摆力矩,如力方向变换,则出现不足转向的横摆力矩,它很快通过车轮载荷影响得到补偿。

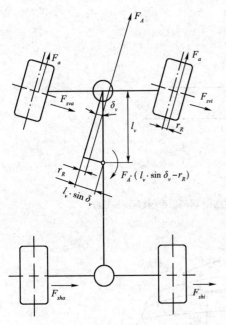

转弯时,由于轮胎支撑面侧向变形,纵向力作用在车轮中心平面之外,后轴驱动时产生不足转向的横摆力矩,在载荷变换时产生过多转向的横摆力矩。

可见,前轮驱动时有横摆力矩 $F_A \cdot (l_f \cdot \sin\delta_v - r_R)$,因为合成的驱动力指向车轮偏转的方向。

5.9.4 其他影响因素

除了上述因素,其他许多因素也对汽车的操纵稳定性有影响。

1)自动变速器

如果使用带有液力变矩器的自动变速器,可使力矩较平稳的传递,从而使车轮载荷变化也慢一些,因此,其载荷变换效应一般比装有机械式变速器的要弱。

2)具有限制滑转率或差速锁的差速器

它们同样可以减少载荷变换效应,因为弯道外侧车轮由于内侧车轮转速慢而有所制动,所以在松开加速踏板前内侧车轮传递的力矩小、阻力矩大。图 5-76 表示

图 5-75 前轮驱动时轮胎的受力与变形

了具有限制滑转率差速器后轴半轴上的转矩。在松开加速踏板后,外侧车轮上的转矩大于内侧车轮,于是,将产生不足转向效应,对松开加速踏板后的转入起相反作用。

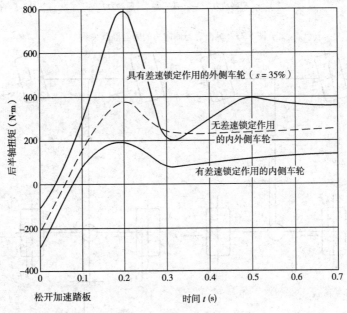

图 5-76 载荷变化的时间历程

该图表示了转弯时,具有差速器(滑转率限制为 35%)和没有闭锁作用的后半轴力矩在载荷变换时的时间历程。

3)使用大功率和转矩发动机

此时,汽车对载荷变化比小功率的汽车要敏感,因此在装有大功率发动机的汽车上,为抵制载荷变化效应要采取一些措施,如装用自动变速器、具有限制滑转率的差速器以及相应的弹

性运动学设计。

4）驾驶员的操作

尤其是在松开加速踏板的第一秒内，驾驶员的行为对汽车的操纵性很重要。除了描述载荷变化特性的运动量，如横向摆角速度的时间历程外，也常用1s后的转矩响应来评价。在转向盘固定的情况下，汽车将以相应于缓慢行驶时的转向角对应的半径进一步行驶，因此一般情况下，不足转向大的汽车比不足转向小的汽车其前轮偏转更大，在松开加速踏板后更多地向弯道内侧转动，其原因之一就是附着率高的前轴驱动的汽车，比后轴驱动的汽车对载荷变换更为敏感。在前轴驱动的汽车上，可通过相应的结构措施，如子午线轮胎代替斜交轮胎得以解决。

5.10 侧风对汽车稳定性的影响

高速行驶的车辆常常在行驶中受到侧风作用而产生侧向运动，特别是当汽车在通过桥梁或森林中通道时，更容易出现严重的情况。因此，下面研究直行中的车辆受到侧风的侧向力和横摆力矩作用时的运动特性。

5.10.1 由侧风引起的力

如图 5-77 所示，在侧向风的作用下，直线行驶的汽车受到由行驶车速 v 产生的行驶风和侧风 w 的影响，行驶车速与风速的矢量和就是对行驶动力学极为重要的合成流入速度 v'。可参见1.2.6 的内容。

$$v' = \sqrt{v^2 + w^2} \quad (5\text{-}193)$$

根据第一章的内容，气动侧向力和气动横摆力矩通过下述方程表示：

$$Y_w = C_y \frac{\rho}{2} A (v^2 + w^2) \quad (5\text{-}194)$$

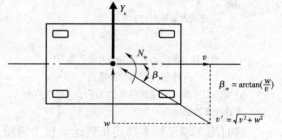

图 5-77 侧风给车辆的力

$$N_w = C_{MZ} \frac{\rho}{2} l A (v^2 + w^2) \quad (5\text{-}195)$$

式中：C_y——侧向力系数；

C_{MZ}——横摆力矩系数，取逆时针方向为正，两者均为来流侧偏角 β_w 的函数；

l——车辆的特征尺寸，一般取轴距。

图 5-78 为普通轿车的侧向力系数和横摆力矩系数与来流侧偏角的关系。

由图可知，C_y、C_{MZ} 随 β_w 的增加而增大。同时，随车身外部的形状不同而变化很大。气动侧向力 Y_w 的作用点被称为车辆相对于侧风的空气力学中心（Aerodynamic Center，AC）。设 AC 和车辆质心间的距离为 l_w，则由于侧风而作用于车辆的横摆力矩 N_w 可用下式表示：

$$N_w = -l_w Y_w \quad (5\text{-}196)$$

式中，l_w 取 AC 位于车辆质心后方时为正。

因此，研究由侧风所引起的车辆运动，相当于研究如图 5-79 所示在偏离车辆质心 l_w 处作用了力 Y_w 时的车辆运动。

严格地讲，C_y、C_{MZ} 随 β_w 而变，β_w 随车辆运动而变，即使受到一定的侧风，N_w、l_w 也不是一定值。

5.10.2 受到一定速度侧风作用时的运动

首先研究车辆受到如图 5-80 所示的一定风速的侧风作用时的运动。设车辆的 AC 处作用着阶跃侧向力 Y_w。

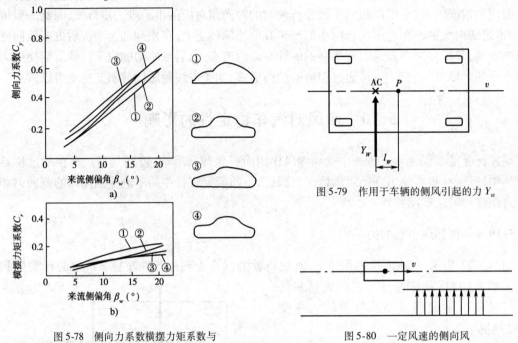

图 5-79 作用于车辆的侧风引起的力 Y_w

图 5-78 侧向力系数横摆力矩系数与来流侧偏角的关系
a) 侧向力系数与来流侧偏角的关系；b) 横摆力矩系数与来流侧偏角的关系

图 5-80 一定风速的侧向风

这时用车辆坐标系描述车辆运动较为简便，由式(5-32)、(5-33)车辆运动方程式为：

$$mu\frac{d\beta}{dt} - (k_f + k_r)\beta + \left[mv - \frac{1}{v}(l_f k_f - l_r k_r)\right]\omega_r = Y_w \quad (5-197)$$

$$(l_f k_f - l_r k_r)\beta - I_z\frac{d\omega_r}{dt} + \frac{l_f^2 k_f + l_r^2 k_r}{v}\omega_r = -l_w Y_w \quad (5-198)$$

同样对式(5-197)、(5-198)进行拉氏变换，并求解 $\beta(s)$、$w_r(s)$，得到车辆相应于 Y_w 的响应为：

$$\beta(s) = \frac{Y_{w0}}{mvs}\cdot\frac{s + b_\beta}{s^2 + 2\xi\omega_n s + \omega_n^2} \quad (5-199)$$

$$\omega_r(s) = \frac{-l_w Y_{w0}}{I_z}\cdot\frac{s + b_r}{s(s^2 + 2\xi\omega_n s + \omega_n^2)} \quad (5-200)$$

式中：$b_\beta = -\frac{1}{I_z v}[l_f^2 k_f + l_r^2 k_r - l_w l_N(k_f + k_r)] + \frac{ml_w v}{I_z}$；

$b_r = -\frac{l_w - l_N}{ml_w v}(k_f + k_r)$；

$l_N = -\frac{l_f k_f - l_r k_r}{k_f + k_r}$；

l_N 表示车辆的中性转向点(Neutral-Steer Point, NSP)和质心的距离，Y_{w0} 为阶跃侧向力的大小。因此，稳态下的 β,ω_r 值为：

$$\beta = \frac{[-(l_f^2 k_f + l_r^2 k_r) + l_w l_N (k_f + k_r)] + m l_w v^2}{l^2 k_f k_r \left[1 + \dfrac{m(l_f k_f - l_r k_r)}{l^2 k_f k_r} v^2\right]} Y_{w0} \tag{5-201}$$

$$\omega_r = \frac{-(l_N - l_w)(k_f + k_r) v}{l^2 k_f k_r \left[1 + \dfrac{m(l_f k_f - l_r k_r)}{l^2 k_f k_r} v^2\right]} Y_{w0} \tag{5-202}$$

由式（5-202）可知，$l_N > l_w$ 时，$\omega_r > 0$；$l_N = l_w$ 时，$\omega_r = 0$；$l_N < l_w$ 时，$\omega_r < 0$。其中，l_N 和 l_w 在 NSP 和 AC 位于车辆质心后方时为正，并假定 $l_f k_f - l_r k_r < 0$ 时 $v < v_c$。

这表示直行中的车辆受到一定风速的侧风时，若其空气动力学中心 AC 位于 NSP 前方，则车辆进入逆时针方向的旋转；若 AC 和 NSP 重合，则不作回转运动；若 AC 位于 NSP 后方，则作顺时针方向的旋转，且此时车辆质心相对于 AC 和 NSP 的位置关系并无直接的影响。以普通的中型客车为例，通过计算机仿真得到了受一定风速的侧风作用时车辆的运动，如图 5-81 所示。

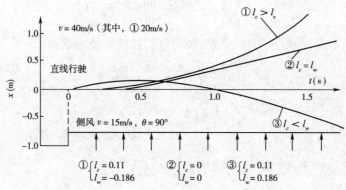

图 5-81 受到一定风速的侧风作用时的车辆运动

注：图中 $l_c = l_N/l, l_w = l_w/l$，为无量纲量；x-车辆质心在垂直于原直线行驶方向上的侧向位移；θ-侧风方向与垂直于 x 轴的方向所成之角

因为侧向加速度的稳态值为 $a_{ys} = v\omega_r$，故由式（5-202），单位侧向力的侧向加速度稳态值可用下式表示：

$$S_w = \frac{a_{ys}}{Y_{w0}} = \frac{-(l_N - l_w)(k_f + k_r) v^2}{l^2 k_f k_r \left[1 + \dfrac{m(l_f k_f - l_r k_r)}{l^2 k_f k_r} v^2\right]} \tag{5-203}$$

可称之为侧风敏感系数，用于表示车辆对侧风的敏感程度。

5.10.3 受到瞬时性急风时的运动

下面考虑车辆受到短时间急风时的情形。此时，设想车辆的 AC 处等效地作用着图 5-82 所示侧向力 Y_w。

如取绝对空间的固定坐标系，即惯性坐标系描述运动，如图 5-83 所示。

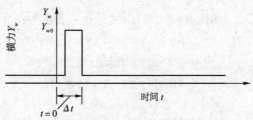

图 5-82 急风引起的侧向力 F_w

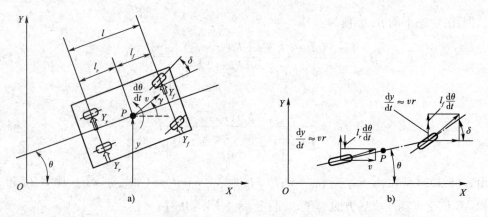

图 5-83 在惯性坐标系中的描述

则可求得车辆的运动方程式为:

$$m\frac{d^2y}{dt^2} - \frac{k_f+k_r}{v}\frac{dy}{dt} - \frac{l_fk_f-l_rk_r}{v}\frac{d\theta}{dt} + (k_f+k_r)\theta = Y_w \quad (5\text{-}204)$$

$$-\frac{l_fk_f-l_rk_r}{v}\frac{dy}{dt} + I_z\frac{d^2\theta}{dt^2} - \frac{l_f^2k_f+l_r^2k_r}{v}\frac{d\theta}{dt} + (l_fk_f-l_rk_r)\theta = -l_wY_w \quad (5\text{-}205)$$

设 Δt 足够小,则可对式(5-204)、式(5-205)进行拉氏变换而求得:

$$y(s) = \frac{Y_{w0}\Delta t}{m}\frac{s^2+b_{y1}s+b_{y2}}{s^2(s^2+2\xi\omega_n s+\omega_n^2)} \quad (5\text{-}206)$$

$$\theta(s) = \frac{-l_wY_{w0}\Delta t}{I_z}\frac{s+b_r}{s(s^2+2\xi\omega_n s+\omega_n^2)} \quad (5\text{-}207)$$

式中: $b_{y1} = -\frac{1}{I_zv}[l_f^2k_f+l_r^2k_r+l_wl_N(k_f+k_r)]$;

$b_{y2} = -\frac{l_N-l_w}{I_z}(k_f+k_r)$。

由此可求得稳态下的 y、θ 值为:

$$y = \begin{cases} \pm\infty & (l_N-l_w\neq 0 \text{ 时}) \\ \dfrac{l_f^2k_f+l_r^2k_r}{l^2k_fk_r}vY_{w0}\Delta t & (l_N-l_w=0 \text{ 时}) \end{cases} \quad (5\text{-}208)$$

$$\theta = \frac{-(l_N-l_w)(k_f+k_r)v}{l^2k_fk_r\left[1+\dfrac{m(l_fk_f-l_rk_r)}{l^2k_fk_r}v^2\right]}Y_{w0}\Delta t \quad (5\text{-}209)$$

因此,稳态下的车辆运动可表示为:

$l_N-l_w>0$ 时, $y=+\infty$, $\theta=$ 正的一定值;

$l_N-l_w=0$ 时, $y=$ 正的一定值, $\theta=0$;

$l_N-l_w<0$ 时, $y=-\infty$, $\theta=$ 负的一定值。

其中,假定 $l_fk_f-l_rk_r<0$ 时, $v<v_c$ 。

这表示直行中的车辆受到侧向的瞬时风后,若 AC 位于 NSP 的前方,则车辆方向被改变为背风方向,并背风直行;若 AC 和 NSP 重合,则车辆在一刹那间被带至下风处,但并不改变其方向,而沿原行驶方向直行;若 AC 位于 NSP 的后方,则车辆被带至下风处后,其方向改变为迎风方向,并迎风而行。

如前所述,车辆质心作用有侧向力后的车辆运动与质心 C 及 NSP 的前后有很大关系;侧风引起的外力作用于车辆后的运动,与 AC 和 NSP 的前后有很大关系,见表 5-6。

受到外力后车辆的运动　　　　　　　　表 5-6

状态	受到外力后车辆的运动		
作用于质心的阶跃状外力	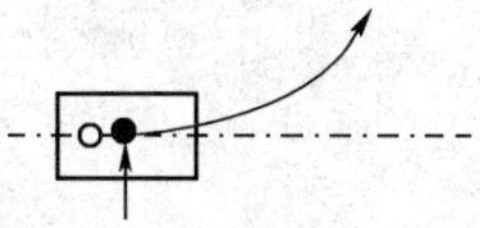	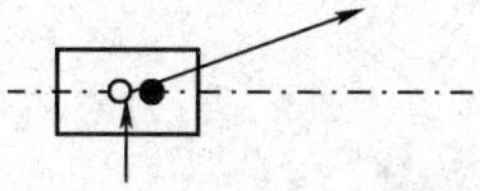	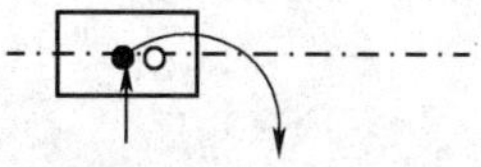
作用于质心的脉冲状外力	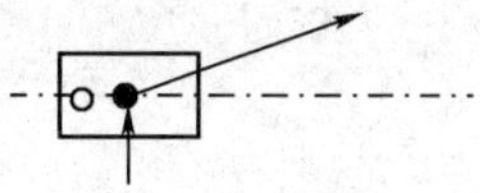	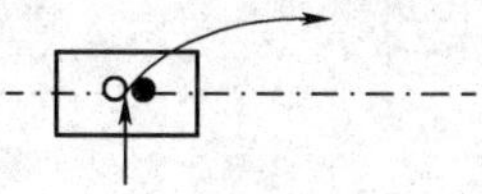	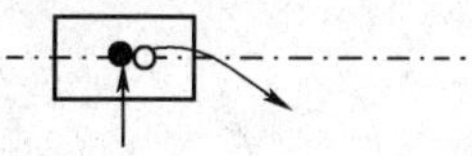
速度一定的侧风	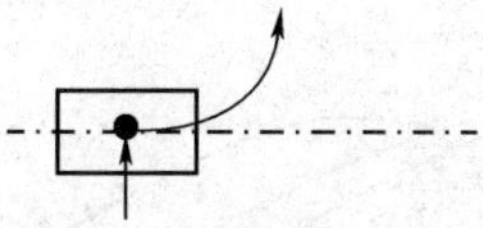	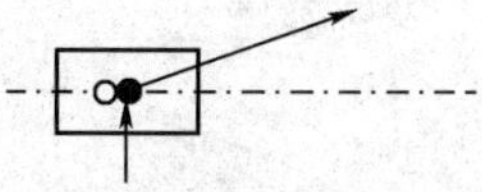	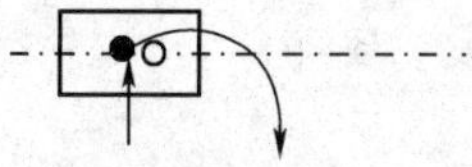
短时间的急风	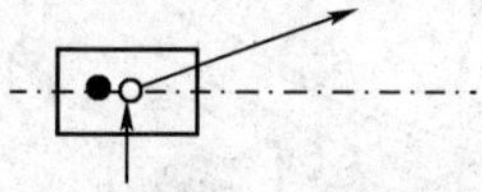	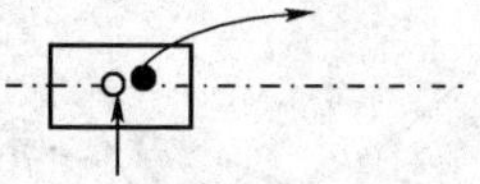	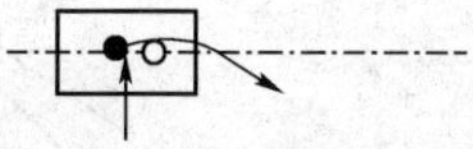

车辆被施加某种外部干扰后所产生的横摆角速度和横摆角变化,不论哪种情形,都与 $2/(l^2 k_f k_r)$ 或 $-(k_f+k_r)/(l^2 k_f k_r)$ 成正比。因此,一般地,车辆后轮的侧偏刚度和轮距越大,其对外部干扰就越迟钝,即这样的车辆难于受外部干扰的影响,稳定性好。

5.11　汽车电子稳定性程序(ESP)

基于 ABS 技术的电子稳定性程序(Electronic Stability Program,ESP)或称车辆动力学控制(Vehicle Dynamics Control,VDC)能够在各种情况下,所有驾驶操作下都按照驾驶员意愿,是一种在危急的驾驶状况下帮助驾驶员的汽车动力学控制系统,ESP 系统能够在诸如过度转向和不足转向的紧急情况下控制汽车的运动,并使汽车跟踪驾驶员期望的路线。它受益于此前各种先进系统的发展,如电子制动力分配系统(Electronic Brake Force Distribution,EBD)、发动机牵引转矩控制系统(Engine Drag Torque Control,EDC),还包括如牵引力控制系统(Traction Control System,TCS)等的系统功能,具体控制原理如图 5-84 所示。

5.11.1　ESP 系统的组成以及工作原理

如图 5-85 所示,ESP 系统由制动器 1、真空助力 6、ABS、TCS、转向盘转角传感器 5、侧向加速度传感器及横摆角速度传感器 8、轮速传感器 2、制动主缸压力传感器 4、监视器/警示灯、ESP 开关、含 ECU3(电子控制单元)的液压泵模块 7、手制动开关、制动液位开关及用于故障诊断和 CAN 连接的串口组成。图 5-86 为 ESP 液压控制系统原理图。

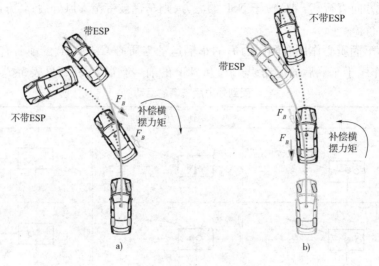

图 5-84 ESP 基本控制原理图
a) 过度转向状态；b) 转向不足状态

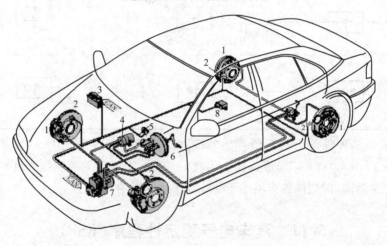

图 5-85 ESP 系统的组成与布置

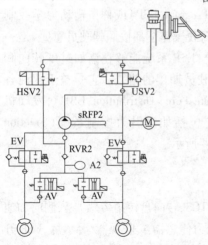

图 5-86 ESP 液压控制系统原理示意图

汽车稳定控制系统的 ECU 根据转向盘转角传感器和制动主缸压力传感器的信号判断驾驶员的驾驶意图，计算出理想的车辆运行状态值。ECU 根据检测得到的实际车辆状态与理想车辆状态的误差，通过一定的控制逻辑计算出可以使车辆恢复稳定的汽车横摆力矩，然后通过控制液压调节器的电磁阀开关动作调节制动系统各制动轮缸的压力来实现所需要的汽车横摆力矩，与此同时，根据需要与发动机管理系统（Engine Management System, EMS）进行通信，由发动机管理系统改变驱动轮的驱动力，使车辆改变运行状态。改变后的车辆运行状态由传感器测量到 ECU，然后再进行下一循环的控制，从而使汽车保持稳定。这就是汽车稳定控制的一般工作原理。

可见,汽车稳定控制在保障汽车稳定方面具有很大的优势。一般认为,安装汽车稳定控制系统相对于没有安装在以下几种情况下具有明显效果:紧急移线或在低附着系数路面上移线;移线过程中突然制动;在幅值很大的转向盘转角下连续躲避障碍;转向时伴随着加速或制动。

如上所述,当汽车行驶在路面附着系数较低,或者紧急转向时是汽车最容易发生交通事故的工况,汽车稳定控制系统在这些比较极端的工况下具有明显的控制效果,因而可以大大提高汽车的主动安全性。

5.11.2 控制系统的组成方案

图 5-87 中示出了模块化的 ESP 控制系统结构,它为分级组织的失效安全系统,保证故障情况下最大可能地维持系统功能。例如,当车辆在低的或变化的附着系数路面上时,由于车轮抱死而变得不可控或打滑,或者存在驱动轮急转危险的状况下加速,此系统便可帮助制动,还可以在车辆很可能进入过多或不足转向情况的拐角处辅助转向。

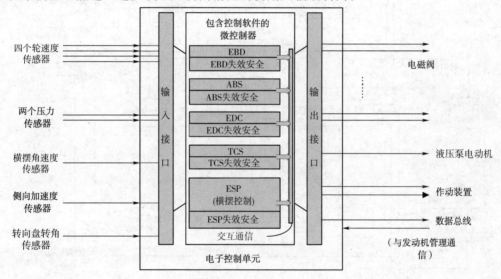

图 5-87 模块化 ESP 控制概念

如图 5-88 所示,汽车动力学稳定性控制系统的核心是引入由 ESP 模块代表的内反馈控制

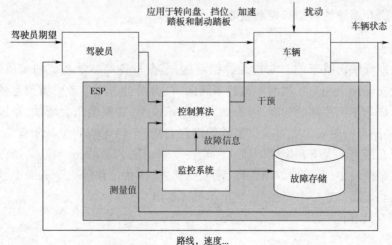

图 5-88 车辆动态性控制系统方案

回路。ESP 的主要任务包括:执行典型的驱动控制任务和确保各种极端情况下车辆的稳定性。作为控制回路的一部分,传感器为控制器提供了实际的系统状态、车辆动力学和行为。如果需要,控制器可使车辆在极端条件下保持稳定,此外,在线传感器监控和预警系统是集成于 ESP 系统中的一个基本部分,它主要用于尽快检测传感器故障以防止错误控制的发生。

图 5-89 表示了 ESP 系统的结构及其系统布置,它主要包括:

(1)制动防抱死系统(ABS);

(2)牵引力控制系统(TCS);

(3)主动横摆力矩控制(Active Yawing Control,AYC)。

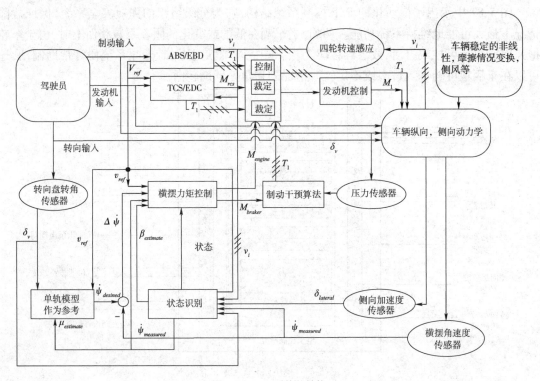

图 5-89 ESP 系统的结构

5.11.3 ESP 系统的模型和控制策略

1)整车模型

整车模型能反映出整车的驱动特性和稳定性,是衡量各控制子系统的响应效果的工具。当转向盘在低 μ 路面上相对于当前车速过多转向时,由两自由度参考模型预定的期望横摆角速度并不足以作为车辆控制的标准,因为如果按照该模型,其侧偏角会增加,车辆进入强的不足转向,只有当路面的附着力能够提供足够的横摆力矩,车辆运动的控制才有意义。因此,该模型不能用于在所有工况下预定期望值。四轮独立制动是 ESP 的一个核心,所以避免使用简单的二自由度车辆模型,而是取纵向位移、侧向位移、横摆角位移等三个方向上的整车运动和四个车轮的回转运动来建立整车模型,这里不具体给出。

2)参考模型的确定

(1)查询表。

由于ESP 系统能够在诸如过多和不足转向的紧急情况下控制汽车的运动,并使汽车跟踪驾驶员期望的路线。因此,确定期望路线非常重要,而期望路线则是由参考模型确定的。由于车辆的运动是高度非线性的,所以简单的线性方程并不足以描述各种工况下车辆的运动,特别是在轮胎附着极限工况下的非稳定运动。对于非线性系统的设计,查询表是很有效的,车辆参考模型的表格应该通过汽车在高和低附着路面上试验确定,一般根据转向盘转角和车辆速度由 20×20 的矩阵组成。

所查表格里拥有较精确的汽车目标横摆角速度,它是在汽车的全部转向盘转角及汽车行驶速度的操控范围内试验获得的。车轮滑移率控制被应用于横摆角速度的补偿,目标的滑移率由目标与实际横摆角速度间的差值确定。最大横摆角速度应由轮胎与路面间的附着系数及车速限定。因此,查询表应当是通过实际车辆的试验来确定横摆角速度极限的输入条件,图 5-90 所示为查询表的内容,其中的 a_y 为侧向加速度。

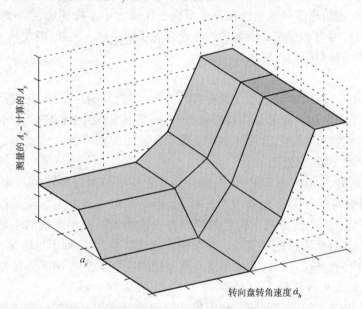

图 5-90 车轮横摆运动的极限值

(2)两自由度模型的完善。

有一特殊情况,即遇到"U"形转弯时,两自由度的参考模型和横摆运动的极限值不能提供足够的信息以控制车辆的不足转向,所以需要使用另外一个有关侧偏角速度的参考模型。这样,使用该三个参考模型,在所有驱动工况下使下述性能指标最小化,用符号 J 表示。

$$J = \int \left[K_p(\dot{\beta}_{measured} - \dot{\beta}_{desired}) + K_D \frac{d(\dot{\beta}_{measured} - \dot{\beta}_{desired})}{dt} \right] dt \qquad (5\text{-}210)$$

(3)车轮滑移率的控制。

方程(5-134)的 PD 增益 K_p 和 K_D 值取决于车速和驱动工况(不足转向和过多转向)。当达到最大侧向加速度时,对于不足转向车辆,其前轴轮胎先超出附着极限,而对于过多转向车辆则为后轴,这意味着各自的轮胎侧偏角不可控的增加。对于不足转向汽车,这会导致侧偏角的减小和后轮侧偏角的相对减小。后轮侧向反作用力相应的减小,使车辆能以较小的侧向加速度、在大的转弯半径下稳定运行;相反地,对于过多转向的汽车,这会导致侧偏角的增加,以及前轮侧偏角的相对增大,从而导致汽车危险的甩出。于是,性能指标 J 中的 PD 增益应小些,因在不足转向情况下,该不足转向补偿可使车辆获得更大的过多转向。为了使性能指标 J

最小化,需要进行制动与发动机的干预。在制动干预时,如果制动压力增加太多,车轮趋于抱死,驱动舒适性降低,操控性变差,尤其是在冰雪路面上。因此,在整车控制时,必须监控车轮的滑移率。为了获得从性能指标 J 中确定的目标滑移率,需使用电磁阀对轮缸压力进行控制,且应用比例阀代替开关阀以减小噪声,并改善驾驶员制动时的踏板感觉。

由于横摆力矩补偿的大小应根据路面附着系数的变化而定,所以估计路面附着系数是必需的,可在车辆刚刚出现不稳定之后确定出来。因在车辆侧滑前估算的附着系数都是可用的,所以首先令附着系数 $\mu=1$,通过参考模型与所测横摆角速度的差值确定不稳定的出现。

(4)汽车参考速度。

仅由车轮转速传感器信号计算得到的参考车速对于 ABS、TCS 的控制效果非常好,但在转弯行驶情况下,并不足以用于精确控制整车,这是因为 ESP 使用整车的横摆角速度作为参考量,所以,实际横摆速角速度应该包含在参考车速的计算之中。特别地,四轮驱动汽车参考车速的确定更加困难,因为不存在自由滚动的车轮。为了解决这一问题,需使用一纵向加速传感器,在坡路上需要一种专门的策略。

(5)发动机干预。

为了提高车辆稳定性,制动干预是最有效的方法,尽管其响应很慢,但发动机的干预也能帮助降低车辆的不稳定性。尤其是在稳态运行中,如在圆形轨道上稳定运行时,发动机转矩的降低首先会防止汽车冲出轨道,这可使制动干预程度减小或不需要。

(6)ABS 和 ESP 的集成控制。

如果车辆同时处于 ABS 与 ESP 模式,前外侧车轮用于控制过多转向,后内侧车轮用于控制不足转向的思想与仅有 ESP 的情况是一样的,但是其对角线方向车轮的控制策略应该改变,即对于 ESP 控制,对角线方向车轮上的侧向力应该增加以减小车辆的不足转向和过多转向,且是通过减小其目标滑移速率实现。在变换车道时制动,会出现不足转向,在这种情况下,ESP 通过增加后内侧车轮的压力,并减小前外侧车轮的压力来帮助 ABS 进行控制。

3)横摆力矩的产生与控制

ESP 在 ABS 和 TCS 的硬件基础上利用程序主动控制实现汽车的纵向及侧向稳定。汽车在行驶过程中由于横摆和侧偏运动产生侧向失稳。横摆控制力矩通过对作用在车轮上的制动力或牵引力进行有效的分配,就会产生一个作用在整车上的横摆力矩——横摆控制力矩,通过控制该横摆力矩,汽车的横摆和侧偏运动就能得到有效的控制。当轮胎产生极限侧偏力时,其制动力或牵引力相对于车辆质心所产生的横摆力矩来源于以下三方面:

(1)制动力或牵引力本身产生的横摆力矩 T_1。

(2)载荷转移使得由于制动力或牵引力的侧偏力变化所造成的附加横摆力矩变化 T_2。

(3)制动力或牵引力的变化而造成的侧偏力变化所形成的附加横摆力矩变化 T_3。

一个车轮所产生的总横摆力矩是上面三者之和,即:

$$T = T_1 + T_2 + T_2 \qquad (5-211)$$

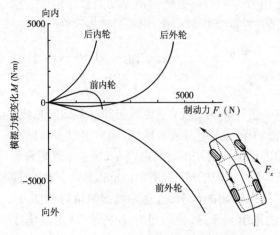

图 5-91 不同车轮施加制动力时车轮的运动

图 5-91 给出各车轮分别在其制动力的作

用下所能产生的横摆力矩变化。可见,由于车轮位置的不同,它通过制动力所产生的横摆力矩的能力也不一样。一般来说,前外轮最能提供外向的横摆力矩对控制过度转向比较有效,而后内轮能最有效地给予内向的横摆力矩,对控制不足转向比较敏感。当然,在控制系统中,最有效的办法是对四个车轮的制动力或牵引力进行优化分配,从而达到车辆所要的减(加)速度横摆角速度和车身侧偏角。

与4WS及主动悬架角刚度分配控制系统相比较,在极限工况下对每一个车轮都进行主动的制动力控制效果是最好的。这是由于一方面它可以利用左右侧车轮制动力之差直接构成横摆力矩,另外就是还可以利用制动力之和控制汽车纵向减速度。

在实际应用中,由于受很多因素的影响,实现汽车稳定控制的具体方法有很多变形,但基本控制原理和方法是一致的,都是控制器的最终输出是对作用在整车上的横摆力矩的控制,以达到消除汽车运动误差和不稳定目的。在实际控制器中通常通过控制以下几个状态变量实现车辆稳定控制:

(1) 仅控制汽车的横摆角速度。
(2) 仅控制汽车的质心侧偏角。
(3) 控制汽车的横摆角速度和质心侧偏角。
(4) 通过控制前后轮的侧偏角来实现汽车稳定控制。

上述4种方式中通过控制汽车的横摆角速度和质心侧偏角实现汽车稳定控制应用最多,BOSCH的ESP系统采用的就是这种控制方式。

汽车横摆和侧向稳定性控制可以通过下面三种方法之一得以实现:

(1) 控制车轮转向角。
(2) 控制作用在车轮上的垂直载荷分配,即主动悬架。
(3) 控制驱动力和制动力。

受汽车本身的限制,前两种控制方法不普遍。要通过控制车轮转向角来实现控制汽车的横摆稳定性,汽车必须具有四轮转向系统(其中后轮的转向是可以通过软件得到独立控制的),或者汽车具有电控转向系统(Steer By Wire),不过最近国内外开始对前轮主动转向系统(Active Front Steering,AFS)进行研究与开发。若控制作用在车轮上的垂直载荷分配,汽车必须具备可控悬架系统,即主动悬架系统。

汽车稳定性控制是随着ABS和TCS发展而成熟的,比较容易的方法是控制汽车的牵引力和制动力。而且,牵引力和制动力的控制对汽车的具体设计也没有特殊要求,所以通过对牵引力和制动力的控制来实现汽车稳定性的控制是目前最通用的控制方法。目前,汽车制造厂和配套厂(如Continental Teves)已经开始联手研究和开发整体式底盘控制系统(Integrated Chassis Control System,ICCS)。随着底盘控制一体化(Global Control System,GCS)的实现,在硬件具备的条件下,以上三种控制法可以联合应用。

5.11.4 仿真和实验结果

图5-92所示为汽车在冰雪路面上双移线行驶时的仿真结果,其中应用了线性驾驶员预测模型。没有ESP的情况下,横摆速角速度和侧偏角都变得很大,以至于驾驶员必须急剧转向以弥补过多的车辆运动,巨大的反向转向引起了另一个反向转向,转向轮转角越来越大并最终使汽车发生急转。图5-92c)所示为有、无ESP的车辆行驶轨迹,有ESP的车辆能够很好地跟踪期望轨迹,可用于ESP性能的评估。

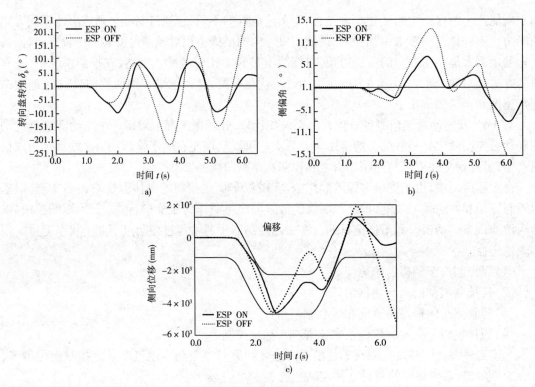

图 5-92 雪路面双移线行驶仿真结果
a) 转向盘转角；b) 侧偏角；c) 车辆行驶轨迹

图 5-93 为车速 25m/s 时蛇形工况下汽车行驶的仿真结果，在没有 ESP 的情况下，汽车在 7s 后出现了失稳情况，其相轨迹曲线也偏离了稳定边界范围内，而在有 ESP 的情况下，汽车稳定性得到了较好的保持。

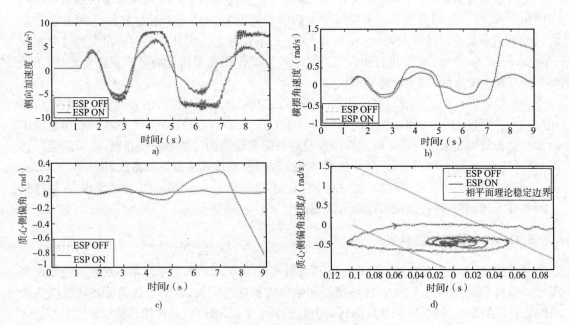

图 5-93 蛇形工况行驶仿真结果
a) 侧向加速度；b) 横摆角速度；c) 质心侧偏角；d) 相平面分析

5.11.5 ESP 系统应用与发展

近年来,伴随着电子技术、传感器技术和车载网络技术的进步,除了标准的功能配置 ABS、TCS 和 ESP 外,许多基于 ESP 系统硬件及新传感器技术的 ESP 扩展功能和网络互联功能,如自适应巡航(ACCS)、主动驱动转矩分配系统(ATD)、电子机械制动系统(EMB)、线控制动系统(BBW)等,通过采用复合控制策略正不断地得到应用开发和批量应用,使车辆的安全或舒适性不断提高。

参 考 文 献

[1] 郭孔辉. 汽车操纵动力学[M]. 长春:吉林科学技术出版社,1991.

[2] 余志生. 汽车理论[M]. 3 版. 北京:机械工业出版社,1997.

[3] M. 米奇克. 陈荫三译. 汽车动力学[M]. 北京:人民交通出版社,1992.

[4] Peter Lugner and Manfred Plochl. Modeling in vehicle dynamics of automobiles,ZAMM. . Z. Angew. Math. Mech. 84. No. 4 219 – 236(2004)/DOI 10. 1002/zamm. 200310108.

[5] Akinori Ozaki. Basic study of vehicle roll motion and possibility of inward roll:examination by a mechanical model of rigid axle suspension,JSAE Review 23(2002)465 – 471.

[6] Michael Sayers. Standard Terminology for Vehicle Dynamics Simulations,The University of Michigan Transportation Research Institute(UMTRI),February 22,1996.

[7] Matthew R. Stone Michael A. Demetriou. Modeling and simulation of vehicle ride and handling performance,Proceedings of the 15th lEEE lnternational Symposium on intelligent Control(ISIC 2000),Rio,Patras,GREECE,17 – 19 July 2000.

[8] (日)安部正人. 陈辛波译. 汽车的运动和操纵[M]. 北京:机械工业出版社,1998.

[9] 阿达姆·措莫托. 黄锡朋,解春阳译. 汽车行驶性能[M]. 北京:科学普及出版社,1992.

[10] H. Fennel and E. L. Ding. A Model – Based Failsafe System for the Continental TEVESElectronic – Stability – Program(ESP),SAE2000 – 01 – 1635.

[11] Dongshin Kim,Kwangil Kim. Development of Mando ESP(Electronic Stability Program),SAE2003 – 01 – 0101.

[12] 汪东明,陈南. 电控电动式回转转向系统的研究与发展[J]. 汽车电路,2004,4.

[13] 林逸,旋国标. 汽车电动助力转向技术的发展现状和趋势[J]. 公路交通科技,2001. 18(3).

[14] Thomas D. Gillespie. 赵六奇译. 车辆动力学基础[M]. 北京:清华大学出版社,2006.

第6章 汽车噪声与振动性能

6.1 概述

汽车噪声与振动性能是汽车正常运行时,作用于汽车的噪声与振动激励源经过汽车固体传递及空气传播,使乘员通过身体接触感受到了汽车振动,通过人耳接听到了汽车噪声,从而引起不舒适和疲劳感觉的一种综合评价性能;是客户购置和使用汽车过程中乘坐舒适性能评价的核心内容。

汽车噪声与振动性能分析主要包括三大类:噪声与振动源、噪声与振动的传递路径、噪声与振动响应及评价。汽车上噪声与振动源及传递路径分布如图6-1所示。

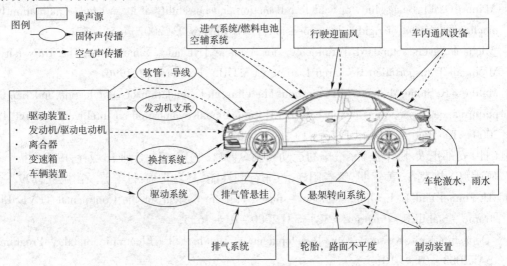

图6-1 汽车噪声与振动源的传递分布

汽车的主要噪声与振动源可分为外界激励源和内部激励源两类。汽车内部激励源主要是驱动汽车动力源的噪声与振动。对于传统汽车,主要是发动机的振动与噪声,以及进排气系统的噪声与振动;对于纯电动汽车,主要是驱动电动机总成的振动与噪声;对于油电混合动力汽车,发动机、排气系统及驱动电动机三种噪声与振动源兼而有之;对于燃料电池汽车,除电动机总成的振动与噪声外,还有燃料电池发动机的主要部件——风机的振动与噪声。第一个主要外界激励源是路面不平度引起的振动激励源,以及轮胎与路面滚动接触引发的噪声源;第二个主要外界激励源是汽车行驶时空气作用于车身及附件表面,引发的风激励噪声源。图6-1中的其他噪声与振动源相对不突出,本章节不做介绍。

汽车噪声与振动源有两个特点:一是汽车噪声与振动激励源特性大都与动力源的转速或汽车行驶速度等因素有关;二是不同的噪声源有不同的频率范围。与汽车行驶速度关系表现在:急速和低速时,动力源是主要的噪声源与振动源;中速时,轮胎与路面的摩擦是主要的噪声与振动源;而高速时,车身与空气之间的摩擦和动力源共同成为主要的噪声与振动源。

汽车上噪声与振动传递路径分为固体传递和空气传递两种。通常汽车的乘员舱通过声学材料处理后,在门窗密闭的情况下通过空气传递的噪声与振动相对较弱,此时汽车噪声与振动主要以固体传递为主。图6-1中多条传递路径分布中,汽车噪声与振动的关键固体传递路径有三条:第一条是汽车动力源的噪声与振动经过动力总成悬置传递到车身上;第二条是路面与轮胎相互作用产生的噪声与振动通过悬架系统传递到车身上;第三条是将激励源传递到车身上的噪声与振动通过车身板件的结构振动传递,辐射噪声给乘员。所以,汽车结构振动与噪声传递的关键路径中悬置及衬套等支撑零件、悬架及车身等结构是传递路径中的关键部件,通过优化设计,可降低汽车噪声与振动传递,以显著提高汽车的噪声与振动性能。

汽车噪声与振动评价主要分三个方面:车内噪声和振动评价、系统及零部件的噪声与振动评价、车外噪声评价。车内噪声与振动的评价最关心的是乘员使用汽车时坐在车里对噪声与振动的感觉,所以车内噪声与振动的评价取决于乘员。系统和零部件噪声与振动评价反映在汽车开发过程中,车内噪声与振动指标确定后,噪声与振动分解到各零部件所需达到的要求,所以,系统和零部件噪声与振动评价取决于汽车设计与制造公司;车外噪声评价是通过相关法规实现的,所以车外噪声评价取决于政府。

汽车噪声与振动的评价指标取决于三个因素:第一是顾客需求,来源于市场调查;第二是竞争对手车辆噪声与振动水平测试对比确定;第三是汽车公司的技术水平。汽车噪声与振动的客观评价指标主要有:车内乘员耳边的噪声量级和声品质、汽车地板的振动、转向盘的振动、座椅和人体的振动等。

本章主要讲述噪声与振动性能的评价指标及方法、噪声与振动源产生原理及影响因素、传递路径特性及车内振动噪声的综合评价。

6.2　汽车噪声与振动性能的评价

6.2.1　汽车噪声的评价

1)噪声的评价指标

从环境保护的角度来说,噪声是指妨碍到人们正常休息、学习和工作的杂音,以及对人们要听的声音产生干扰的声音。声音来源于物体的振动,通过媒介(空气、结构材料等)质点在平衡位置附近振动,以声波的形式传播到人耳,引起耳膜相应振动而感受到声音,所以,声波是一种能量的传播形式。描述声波的三个重要物理量为:波长 $\lambda(m)$、频率 $f(Hz)$ 和声速 $c(m/s)$,三者的关系为:

$$c = \lambda f \tag{6-1}$$

空气中的声波是一种纵波,也就是气体分子平衡位置的振动方向与声波传播的方向一致。在常温下,空气中声波的传播速度可取常数 340m/s,人能听到的声波频率为 20~20000Hz,相应的声波波长为 0.017~17m。人对声音的频率和声压幅值非常敏感。评价噪声的指标有客观评价指标和主观评价指标两种。

(1)噪声的客观评价指标。

噪声客观评价指标是指采用实际描述噪声大小的物理参量描述的指标。如声压及声压级、声强及声强级、声功率及声功率级。

①声压及声压级。

声压是指声波传播时,媒质中一点的瞬时压强与平均大气压强的差值,是声音传播中的压力脉动,其单位为 Pa(帕)。一般声压采用有效值描述。

人能听到1000Hz声音的最小声压是 2×10^{-5} Pa。由于声压值 2×10^{-5} Pa 的声音刚能被人听到,其值被称为人耳的听阈,也叫基准声压 p_0。使人耳有疼痛感的声压是 20Pa,该值称为人耳的痛阈,也叫极限声压。由于痛阈声压与听阈声压相差 100 万倍,为描述方便,引入声压级 L_p(dB)的概念。其计算公式为:

$$L_p = 20 \cdot \lg\left(\frac{p}{p_0}\right) \tag{6-2}$$

p_0 是基准声压。听阈对应的声压级为 0dB;痛阈对应的声压级为 120dB。

②声功率及声功率级。

声功率是指噪声源单位时间内向外辐射出的声能量,其单位为瓦(W)。声功率 $\overline{W}$ 与声压 p 之间的关系为:

$$\overline{W} = sp_e v_e = S\frac{p_e^2}{\rho c} = S\rho c v_e^2 \tag{6-3}$$

其中,S 是噪声源的辐射面积,p_e 是声压的有效值,v_e 是媒介质点的振动速度的有效值。ρc 是空气中的声阻抗,其大小为 412.3kg/sm²。

基准声功率为 10^{-12} W,极限声功率为 1W。

对应声压级下有对应声功率级 $L_{\overline{W}}$(dB),其计算公式为:

$$L_{\overline{W}} = 10 \cdot \lg\left(\frac{\overline{W}}{\overline{W}_0}\right) \tag{6-4}$$

式中,$\overline{W}$ 是声功率(W);$\overline{W}_0$ 是基准声功率(10^{-12} W)。

对应听阈的声功率级为 0dB,对应痛阈的声功率级为 120dB。

③声强及声强级。

声强是指单位时间在垂直于声波传播方向上单位面积上通过的声能量。常用 I 表述,其单位为 W/m²。声强与声功率和声压之间的关系式为:

$$I = \frac{\overline{W}}{S} = \frac{p_e^2}{\rho c} = \rho c v_e^2 = p_e v_e \tag{6-5}$$

刚刚使人能听到的声音声强称为基准声强 $I_0 = 10^{-12}$ W/m²。使人耳产生疼痛感的声音声强称为极限声强 $I_0 = 1$ W/m²。

对应声强下的声强级 l_I(dB)的计算公式为:

$$L_I = 10 \cdot \lg(I/I_0) \tag{6-6}$$

式中,I 是声强(W/m²);I_0 是基准声强。

对应听阈的声强级为 0dB,对应痛阈的声音声强级为 120dB。

(2)噪声的主观评价指标。

噪声主观评价指标是指通过人耳听觉的主观感觉来进行描述的指标。如响度及响度级、计权声压级、语音清晰度等。

①响度及响度级。

人耳对声音强弱的主观感觉为声音的响亮程度,声音越强听起来感觉越响亮。不同频率下,客观评价指标描述的同等声音强度,人耳的主观感觉是不一样的,说明声音的响亮程度由声音强度及频率两个因素决定。

响度级 L_N 是将声压级和声音频率综合折算为一个量度的主观评价指标之一,单位是方(phon)。响度级定义为:选取 1000Hz 纯音为基准声音,凡是听起来和这个纯音一样响的声音的响度级(phon)就等于该纯音的声压级(dB)。响度级是一个相对量,它只表明研究噪声与基准音相比较是否一样响,但响度级不能反映一个声音比另一个声音响多少。

定量反映声音响亮程度的主观量叫响度。它与正常听力者对该声音的主观感觉成正比。响度用 N 表示,单位为宋(sone)。规定:响度级为 40phon 时响度为 1sone。根据心理声学实验:响度级每增加 10phon,响度约增加一倍,即响度增加 1sone。

响度 N 和响度级 L_N 的关系式为:

$$N = 2^{0.1(L_N - 40)} \tag{6-7}$$

②计权声压级。

人耳对于高频声音,特别是对于 1000~5000Hz 的声音比较敏感,而对于低频声音,特别是 100Hz 以下的可听声不敏感,且频率越低越不敏感,即声压级相同的声音由于频率不同所产生的主观感觉不一样。为了使声音的客观量度和人耳听觉主观感觉近似取得一致,在测量仪器中设置对频率的计权网络,即滤波器,经过计权网络滤波后的声压级,称为计权声压级。

如图 6-2 所示,A、B、C 三种计权网络,分别代表人耳对低、中、高频率声压的响度感觉。实验证明,用 A 计权最能反映人耳对噪声响度的感觉特性。常称为 A 声级,记为"dB(A)"。

2)汽车噪声的评价方法

汽车噪声的评价方法主要包括车外噪声评价和车内噪声评价。

(1)车外噪声评价。

汽车噪声是环境噪声的主要噪声源之一,其测量主要反映汽车通过街道时噪声的大小,通常在专门的试验道路两边安放传声器来测量汽车通过传声器时的噪声。所以,汽车车外测量的噪声

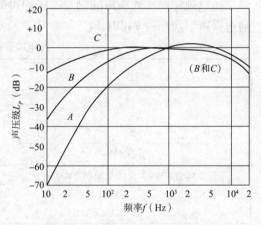

图 6-2　计权网络的衰减曲线

叫通过噪声(Pass – by Noise),其传声器测量到的最大声压 dB(A)噪声就是通过噪声的量值。车外噪声大小是由国家政府制度的法规要求和评价的。目前,我国汽车车外噪声测量及评价采用的标准为《汽车加速行驶车外噪声限值及测量方法》(GB 1495—2002)。具体测量方法及允许标准如下:

①汽车车外噪声的标准测量方法。

汽车通过噪声大多数是在露天试验场测试,试验设备安装及场地要求如图 6-3 所示。详细的测量条件请参阅《汽车加速行驶车外噪声限值及测量方法》(GB 1495—2002)。

具体测量测试过程为:汽车达到试验场 $B - B'$ 线时的速度应该为 50km/h,同时将加速踏板踩到底并保持全负荷工作,汽车直到行驶到离开 $A - A'$ 线,这时迅速松开加速踏板。直接测量汽车从 $A - A'$ 线到 $B - B'$ 线区间段内传声器的 A 计权最大声压值。汽车两边的噪声都需要测量,试验测量每边最少需四次,每两次测量最大噪声的差值需达到不能超过 2dB 的要求。

②汽车车外噪声允许标准。

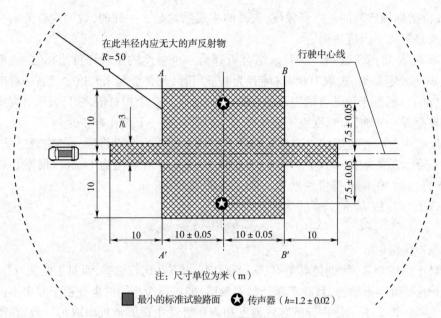

图 6-3 测试场地和测量区及传声器的布置

通过规定的车外噪声的测量方法测得的 A 计权声压级必满足见表 6-1 的要求。乘用车的通过噪声不应超过 74dB(A)。

汽车加速行驶车外噪声限值　　表 6-1

汽车分类	噪声限值 dB(A)	
	第一阶段 2002.10.1—2004.12.30 期间生产的汽车	第二阶段 2005.1.1 以后生产的汽车
M_1	77	74
M_2(GVM≤3.5t),或 N_1(GVM≤3.5t):		
GVM≤2t	78	76
2t<GVM≤3.5t	79	77
M_2(3.5t<GVM≤5t),或 M_3(GVM>5t):		
P<150kW	82	80
P≥150kW	85	83
N_2(3.5t<GVM≤12t),或 N_3(GVM>12t):		
P<75kW	83	81
75kW≤P<150kW	86	83
P≥150kW	88	84

说明:
(1) M_1、M_2(GVM≤3.5t) 和 N_1 类汽车装用直喷式柴油机时,其限值增加 1dB(A)。
(2) 对于越野汽车,其 GVM>2t 时:
　　如果 P<150kW,其限值增加 1dB(A);
　　如果 P≥150kW,其限值增加 2dB(A)。
(3) M_1 类汽车,若其变速器前进挡多于四个,P>140kW,P/GVM 之比大于 75kW/t,并且用第三挡测试时其尾端出线的速度大于 61km/h,则其限值增加 1dB(A)。

注:GVM 为汽车总质量;P 为发动机的额定功率(kW)。

(2)车内噪声评价。

车内噪声评价主要包括汽车发动机怠速工况下的噪声声压级评价、不同发动机转速下噪声变化的线性度、发动机的阶次噪声评价等方面。

①怠速车内噪声评价。

发动机怠速时,当转速稳定后,车内噪声声压或声功率随发动机噪声频率发生变化,计算出所有频率下噪声声压的均方根值,然后得到总声压级,作为怠速车内噪声的评价值。

②车内噪声线性度评价。

汽车噪声线性度评价是指车内噪声 A 计权声压级随发动机转速变化的曲线接近一条直线的程度。噪声曲线越接近直线,说明线性度越好。实践证明,噪声线性度越好,说明随发动机转速增加,声音变化越平缓,人的主观感觉越好。噪声线性度实例如图 6-4 所示。相比较而言,噪声 1 比噪声 2 的线性度好,其噪声品质感觉也好。

③汽车噪声的阶次噪声评价。

汽车噪声与发动机的发火阶次相关,还与半阶次的声音相关。对于运动型汽车的声音节奏强烈,给人带来动感,该声音不仅发火阶次声音强烈,而且半阶次声音也强烈。如图 6-5 所示。而对于轿车或豪华车而言,人们喜欢和谐悦耳的声音,这时半阶次的声音越小越好。如图 6-6 所

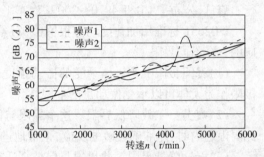

图 6-4　两部车的车内噪声曲线

示。半阶次的声音主要受发动机的进排气支管中各分管长度影响大。各分管越对称,长度越接近相等,半阶声音就越小。V 型发动机的两支排气分岔管的长度越大,半阶声音成分越多。在运动型汽车中排气分岔管的长度设计应不等,而轿车的排气分岔管的长度设计应相等,以改善车内噪声品质。

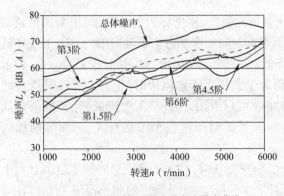

图 6-5　六缸发动机运动车的车内噪声曲线

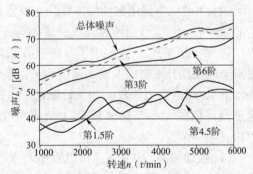

图 6-6　轿车的车内噪声曲线

6.2.2　汽车振动的评价

1)人体对振动的反应

机械振动对人体的影响,既取决于振动频率与强度、振动作用方向和暴露时间,也取决于人的心理、生理状态,而且心理品质和身体素质不同的人,对振动敏感程度有很大差异。因此,人体对振动作用的反应是一个十分复杂的过程。

为了评价振动对人体的影响,在振动心理学试验中,一般是将人对振动的感受分为数个不同的感觉等级,如"无感觉"、"稍有感觉"、"感觉"、"强烈感觉"、"非常强烈感觉"等。取某一频率的正弦振动作为基准,其振动加速度有效值和振动持续时间是一定的,并规定在此条件下的人体承受振动的感觉。然后,在相同持续时间下,改变振动频率和振动加速度有效值,与基准振动比较,当感觉相同时,记录振动频率与振动有效值。如果把产生同样感觉的各点连接起来,即可绘制出人体对振动反应的等感度曲线。

20世纪70年代,国际标准化组织(ISO)在综合大量有关人体全身振动的研究成果的基础上,制定了国际标准 ISO2631《人体承受全身振动的评价指南》,后来对它进行过修订、补充。从1985年开始进行全面修订,于1997年公布了 ISO2631-1:1997(E)《人体承受全身振动评价——第一部分:一般要求》,许多国家都参照它进行汽车平顺性的评价。我国对相应标准进行了修订,公布了 CB/T 4970—2009《汽车平顺性试验方法》。

ISO2631 标准用加速度均方根值(rms)给出了在 1~80Hz 振动频率范围内人体对振动反应的三个不同界限。

(1)暴露极限。当人体承受的振动强度在这个极限之内,将保持健康或安全。通常把此极限作为人体可以承受振动量的上限。

(2)疲劳—工效降低界限。这个界限与保持工作效能有关。当驾驶员承受的振动强度在此界限之内时,能准确灵敏的反应,正常地进行驾驶。

(3)舒适降低界限。此界限与保持舒适有关,在这个界限之内,人体对所暴露的振动环境主观感觉良好,能顺利完成吃、读、写等动作。

图 6-7 是 ISO2631 给出的用双对数坐标绘制的"疲劳-工效降低界限"。另外,两个不同反应界限的振动允许值随频率变化趋势与图 6-7 曲线形状完全相同,只是振动的允许值不同。"暴露极限"的值为"疲劳-工效降低界限"的 2 倍,"舒适降低界限"为"疲劳-工效降低界限"的 1/3.15 倍。从振动心理学角度来看,这三个反应界限相当于人体对振动的感觉的三个等级,三个界限曲线实际上就是三种等感度曲线。

图 6-7 的纵坐标用振动加速度均方根值代表振动强度,横坐标为振动频率,用 1/3 倍频带中心频率表示。实线曲线和虚线曲线分别表示垂直方向和水平方向振动时的"疲劳-工效降低界限"。曲线上的任一点代表了"疲劳-工效降低"的一个时间限值,如 4h 曲线上的一点,表示对应于该振动频率时的振动加速度均方根值若等于或稍小于该限值时,将容许人体暴露在此振动下 4h 而不会出现疲劳和工效降低。由图 6-7 可以看出,"疲劳-工效降低界限"的振动加速度允许值的大小与振动频率、振动作用方向和暴露时间这三个因素有关,下面分别加以讨论。

(1)振动频率。从图 6-7 可以看出人体承受全身振动时,有一个最敏感的频率范围。对于垂直振动,乘员敏感的频率范围为 4~8Hz,而对于水平振动,乘员敏感的频率范围为 1~2Hz。

(2)振动作用方向。从图 6-7 可以看出,垂直振动与水平振动的"疲劳-工效降低界限"是不一样的。在同一暴露时间下,频率在 3.15Hz 以下时容易感受到水平振动;高于此频率时,对垂直振动更敏感。达到 8Hz 以上的频率范围时,垂直振动允许值只是水平振动允许值的 1/2.8。比较各自最敏感频率范围内同一暴露时间的振动允许值,垂直方向却是水平方向的 3.4 倍。

(3)暴露时间。人体达到一定反应的界限,如"疲劳"、"不舒适"等,都是由人体感觉到的振动强度大小和暴露时间长短二者综合的结果。它们之间的关系可由图 6-7 看出,在一定频率下,随暴露时间加长,"疲劳-工效降低界限"曲线向下平移,即振动加速度允许值减小。

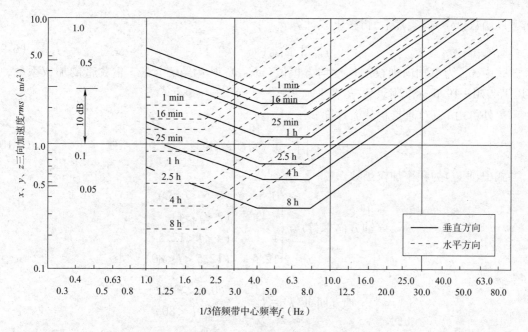

图 6-7 疲劳-工效降低界限(ISO2631)

2) 汽车振动的主要评价指标

ISO2631-I:2010(E)标准规定了图 6-8 所示的人体坐姿受振模型。在进行舒适性评价时,它除了考虑座椅支承面处输入点 3 个方向的线振动,还考虑该点 3 个方向的角振动,以及座椅靠背和脚支承面两个输入点各 3 个方向的线振动,共 3 个输入点 12 个轴向的振动。椅面输入点三个线振动是 12 个轴向中人体最敏感的,当评价振动对人体健康的影响时,就考虑这三个轴向,且两个水平轴向比垂直轴向更敏感。我国 GB/T 4970—2009 标准在评价汽车平顺性时只考虑椅面这三个轴向。

对于人体振动的评价是加权加速度均方根值 a_w,并分别用 a_{zw}、a_{yw}、a_{xw} 表示垂直方向、左右方向和前后方向振动的加权加速度均方根值。或用三轴向加权加速度均方根值的矢量和即总加权加速度均方根值表示 a_{wo}。对于货车车厢振动的评价用加速度均方根值 a_{rms} 和加速度功率谱密度函数。这一方法适用于正常行驶工况下的各种汽车,包括越野汽车。

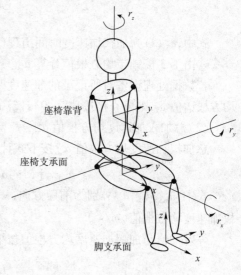

图 6-8 人体坐姿受振模型

(1)单轴向加权加速度均方根值 a_w 的计算。

① 由等带宽频谱分析得到的加速度自功率谱密度函数 $G_a(f)$ 计算 a_w。

先计算 1/3 倍频带加速度均方根值谱:

$$a_j = \left[\int_{f_{lj}}^{f_{uj}} G_a(f) df\right]^{\frac{1}{2}} \tag{6-8}$$

式中,a_j 为中心频率为上的第 $j(j=1,2,3\cdots20)$ 个 1/3 倍频带加速度均方根谱值(m/s²);f_{uj},f_{lj} 分别为 1/3 倍频带的中心频率为 f_j 的上、下限截止频率(Hz);$G_a(f)$ 为等带宽加速度自功率谱密度函数(m^2/s^3)。然后,再按下式计算a_w。

$$a_w = [\sum_{i=1}^{20}(w_j \cdot a_j)^2]^{\frac{1}{2}} \tag{6-9}$$

式中,a_w为单轴向加权加速度均方根值(m/s^2);w_j为第j个1/3倍频带的加权系数,见GB/T 4970—1996标准附录A表A2。

另外可由$G_a(f)$直接积分而计算a_w:

$$a_w = [\int_{0.9}^{90} W^2(f) G_a(f) df]^{\frac{1}{2}} \tag{6-10}$$

式中,$W(f)$为频率加权函数。

$$z \text{轴方向 } W(f) = \begin{cases} 0.5 & (0.5 < f < 2) \\ f/4 & (2 < f < 4) \\ 1 & (4 < f < 12.5) \\ 12.5 & (12.5 < f < 80) \end{cases}$$

$$x, y \text{轴方向 } W(f) = \begin{cases} 1 & (0.5 < F < 2) \\ 2/f & (2 < F < 80) \end{cases}$$

②对记录的加速度时间历程,通过符合频率加权函数$W(f)$或GB/T 4970—1996标准附录A表A2规定的频率加权滤波网络得到加权加速度时间函数$a_w(t)$,按下式计算:

$$a_w = [\frac{1}{T}\int_0^T a_w^2(t) dt]^{\frac{1}{2}} \tag{6-11}$$

式中,$a_w(t)$为加权加速度时间历程(m/s^2);T为统计持续时间(s)。

③由1/3倍频带均方根值计算a_w。

若数据处理设备对所记录的加速度时间历程经过处理后,能直接得到1/3倍频带加速度均方根谱值a_j,则可直接按式(6-9)计算a_w。

(2)总加权加速度均方根值a_{u0}。

总加权加速度均方根值a_{u0}按下式计算:

$$a_{u0} = [(1.4a_{xw})^2 + (1.4a_{yw})^2 + a_{zw}^2]^{\frac{1}{2}} \tag{6-12}$$

式中,a_{xw},a_{yw},a_{zw}分别为前后方向(x轴向)、左右方向(y轴向)和垂直方向(z轴向)的加权加速度均方根值(m/s^2)。

等效均值与加权加速度均方根值按下式换算:

$$L_{eq} = 20 \cdot \lg \frac{a_w}{a_0} \tag{6-13}$$

式中,L_{eq}为一定测量时间内的加权加速度均方根对数值,即等效均值(dB);a_0为参考速度均方根值,国外一般取值$10^{-6} m/s^2$,国内一般取值$10^{-5} m/s^2$。

表6-2给出了等效均值L_{eq}和加权加速度均方根值与人的主观感觉之间的关系。

L_{eq}和a_w与人的主观感觉之间的关系　　　　　表6-2

加权加速度均方根值a_w(m/s^2)	等效均值L_{eq}(dB)	人的主观感受
<0.315	110	舒适
0.315~0.63	110~116	稍微不舒适
0.5~1.0	114~120	比较不舒适

续上表

加权加速度均方根值 a_w(m/s²)	等效均值 L_{eq}(dB)	人的主观感受
0.8~1.6	118~124	不舒适
1.25~2.5	122~128	很不舒适
>2.0	126	非常不舒适

ISO2631-1:1997(E)标准规定,当振动波形峰值系数大于9时,用均4次方根值的方法来评价,比加权加速度均方根值能更好地估计偶尔遇到过大的脉冲引起的高峰值系数振动对人体的影响,此时采用辅助评价方法——振动剂量值,为:

$$VDV = \left[\int_0^T a_w^4(t)dt\right]^{\frac{1}{4}} \quad (\text{ms}^{-1.75}) \tag{6-14}$$

6.3 动力源的噪声与振动

6.3.1 内燃机的噪声与振动

1) 内燃机的噪声及影响因素

(1) 内燃机噪声的估计和分类。

内燃机热力过程的周期性和运动部件的往复运动构成了汽车最主要的噪声源。内燃机的总声压级与发动机的类型、转速、功率和缸径等参数有关。内燃机的总声压级可以用统计经验公式进行估计。比如,距四冲程柴油机1m处的声压级可以近似为:

$$L_A = 10\lg n_b + 5.5\lg(1.36P) - 30\lg\left(\frac{n_b}{n}\right) + 55 \tag{6-15}$$

其中,n_b 为额定转速(r/min),n 为工作转速,P 是标定功率(kW)。又如,距涡轮增压四冲程柴油机1m处的声压级可以近似为:

$$L_A = 40\lg n + 50\lg B - 136.7 \tag{6-16}$$

其中,B 为缸径。由上述经验公式可知,柴油机的声压级与工作转速和缸径成正比。

图6-9给出了不同内燃机在不同转速下总声压级的大致范围。图中可以看到,汽油机由于其功率和缸径比柴油机小,转速比柴油机高,一般往复质量比较小,热力工作过程较为柔和平稳、汽缸气体爆发压力低。因此,相同转速下汽油机的总声压级较相同功率的柴油机大约低10dB左右。但由于汽油机最高转速较高,在最高转速下的声压级与柴油机几乎是相同的。

内燃机的噪声主要有三种类型:燃烧噪声、机械噪声和空气动力噪声。燃烧噪声是由于汽缸内混合器燃烧产生气体压力,通过缸盖—活塞—连杆—曲轴—机体向外辐射的噪声。机械噪声是在气体压力和惯性力作用下,使运动部件产生冲击和振动而引发的噪声。空气动力噪声是内燃机进排气过程中,气体流动与进排气结构产生撞击,引起气体的涡流,或由于气体压力突变形成气体扰动和膨胀所产生的噪声。机械噪声与燃烧噪声通过内燃机的外表面向外辐射,空气动力噪声主要在进排气过程中产生,直接向大气辐射。各类噪声的噪声源、频率范围和影响因素见表6-3。各噪声源的相关部件如图6-10所示。

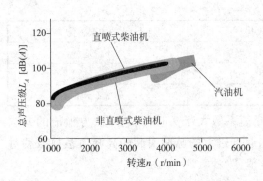

图6-9 不同类型内燃机整体总声压级与转速关系

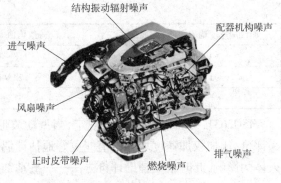

图6-10 内燃机噪声源

汽车内燃机各主要噪声源噪声的频率范围和影响因素 表6-3

噪声类型	噪声源	频率范围	影响因素
燃烧噪声	燃烧	500~8000Hz（汽油机集中在500~4000Hz，柴油机范围更广）	内燃机结构形式、混合器工作温度和压力、供油参数、转速、负荷等
机械噪声	活塞敲击	2000~8000Hz	转速、汽缸数、活塞连杆结构等
	配气机构	500~2000Hz	转速、气门、配气机构等
	喷油泵	>2000Hz	转速、分泵数等
	齿轮	<4000Hz	转速、齿数等
	辅助系统皮带	>4000Hz	转速、机构几何精度、皮带摩擦系数等
	正时皮带	>4000Hz	转速、正时齿轮齿数等
空气动力噪声	进排气	50~5000Hz，周期进气噪声>200Hz，进气涡流噪声<1000Hz，排气涡流噪声>1000Hz	转速、消声容积、进排气管道截面积、歧管结构等
	冷却风扇	200~2000Hz	转速、叶片数等

（2）内燃机的燃烧噪声及其影响因素。

内燃机的燃烧噪声是由于燃烧过程中气体压力的变化引起的。如下式，燃烧噪声的声强和缸内气体的最高压力及最大压力升高率的平方成正比。

$$I \propto \left[p_{max} \left(\frac{dp}{dt} \right)_{max} \right]^2 \tag{6-17}$$

其中，I为燃烧噪声声强，p_{max}是缸内最高气体压力，$(dp/dt)_{max}$是缸内气体压力升高率的最大值。

燃烧噪声本质上是缸内燃料着火与传播引起局部气体压力急剧升高，引起气体的压力波，到达汽缸壁面之后多次反射，形成气体的高频振动引发噪声。其噪声频率可以用下式估算：

$$f_g = \frac{C_c}{2D} \tag{6-18}$$

其中，C_c是冲击波的传播速度（单位为m/s），D为缸径（单位为m）。

柴油机的缸内气体压力和压力升高率都较高，一般燃烧噪声在柴油机的总声压级中占比最大。燃烧噪声与燃烧过程（分为滞燃期、速燃期、缓燃期、后燃期）密切相关。在燃烧过程中的缸内气体压力变化曲线如图 6-11 所示。滞燃期过程中缸内气体温度和压力变化很小，本身不产生很大噪声，但由于这个阶段对后续燃烧过程有很大影响，会影响后续的燃烧噪声。

速燃期中缸内气体压力急剧上升，燃烧噪声主要在这个阶段产生。在这个阶段影响缸内气体压力升高率的主要是供油规律和着火延迟期。着火延迟期越长，此阶段喷入的燃料越多，燃烧时压力升高率就越高。

缓燃期中缸内气体压力继续小幅度升高，主要使内燃机机体产生高频振动，主要对高频噪声有影响。后燃期过程中，活塞下行，燃料基本已经完成燃烧，产生的燃烧噪声很小。

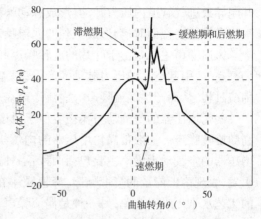

图 6-11　缸内气体压强与曲轴转角的关系

汽油机正常燃烧过程中的燃烧噪声很小，在汽油机总声压级中占比很小，只有发生爆震时会产生高频爆震噪声。

对于直喷式柴油机和增压直喷式柴油机，负荷和工作温度对燃烧噪声有较大影响。当负荷增加时，每个热力循环的放热量增加，最大燃烧压力及压力升高率增高，使燃烧噪声增强；当负荷继续增加时，燃烧室壁面温度升高，汽缸与活塞间隙减小，又使燃烧噪声有所下降。对于非直喷高速柴油机和汽油机，负荷对燃烧噪声的影响不大（小于 2dB）。

(3) 内燃机的机械噪声及其影响因素。

内燃机的机械噪声运动部件产生冲击和振动引发噪声。在内燃机中存在着几百对运动副，运动副之间由于冲击、摩擦、不平衡力等因素产生振动和噪声，运动副之间的间隙会产生敲击噪声。内燃机的机械噪声随着转速的提高而迅速增加，随着内燃机的高速化和轻型化，高速运转时机械噪声是主要内燃机的另一个主要噪声源。

机械噪声的产生原因和产生部件很多，包括活塞敲击噪声、配气机构噪声、齿轮啮合噪声、供油系统噪声、正时系统噪声等。其中活塞敲击噪声和配气机构噪声是其中所占比例最大的两种。

活塞敲击噪声是活塞在往复运动过程中与汽缸壁反复敲击造成的。在气体压力作用下，活塞在不同工作行程中侧向力会发生突变；加之活塞与汽缸壁之间存在间隙，从而形成了活塞对汽缸壁的强烈撞击。特别是在压缩行程终了和膨胀行程开始的时候，敲击情况尤为严重。在内燃机冷态怠速时，活塞和汽缸壁之间间隙较大；高转速时，活塞以很高的横向速度撞击汽缸壁，敲击噪声也非常明显。这两种工况下的敲击噪声都比较突出。

配气机构的机械噪声主要来自气门开闭过程中各部件的撞击和摩擦振动。在中低速时，噪声主要来自于气门开关时部件的摩擦和碰撞。噪声主要发生在凸轮顶部上推从动杆的时刻、气门开启和关闭的时刻。气门开闭时刻的噪声是气门机构与缸盖的撞击作用产生的，频率与气门机构缸盖系统的固有频率有关。气门开启时的噪声级则和气门运动速度成正比。

(4) 内燃机的空气动力噪声及其影响因素。

内燃机的空气动力噪声包括进排气噪声、风扇噪声和涡轮增压器噪声。在不安装消声器的情况下，排气噪声是内燃机空气动力噪声中最大的一部分，其次是进气噪声和风扇噪声（包括涡轮增压器噪声）。关于排气噪声和消声器在下一节进行详细讨论，本节将简要介绍进气噪声、风扇噪声和涡轮增压器噪声。

进气噪声的成因主要有两种：一是进气管道内的脉动噪声；二是涡流噪声。进气门周期性开闭导致进气管道内压力脉动，形成脉动噪声，一般表现为低频。进气过程中气流高速经过进气门和管道变截面时，会形成强烈的涡流噪声，其主要频率分布在 1000Hz 以下。

风扇噪声主要是由叶片的旋转噪声和涡流噪声组成。旋转噪声是由于风扇叶片周期性切割空气，引起空气的压力脉动而产生；涡流的产生和分裂过程使空气发生扰动，产生压缩和稀疏过程，从而产生涡流噪声。涡流噪声在一定频率范围上连续分布。

涡轮增压器的空气动力噪声类似于风扇噪声。由于涡轮增压器转速很高，其噪声主要是高频旋转噪声。一般带涡轮增压器的内燃机比自然进气内燃机的总声压级高 2~3dB。涡轮增压器的空气动力噪声主要包括两种：一种是压力脉动噪声，与转速同步，由叶片的几何细节引发，表现为低能量的窄带噪声，峰值频率在听阈敏感频率带中，约为 1200~4500Hz，在现有的工艺水平下难以避免；另一种是涡流噪声，峰值频率约为 1500~3000Hz，表现为连续宽频噪声。两者都由压缩机出口辐射。

有关风扇噪声产生的详细机理和噪声频率计算在 6.3.5 章节的风机噪声中加以详细讨论。

2）内燃机的振动及影响因素

（1）单缸内燃机的振动激励源。

内燃机在运行过程中受到各种冲击和周期激振力的作用。其中，冲击的持续时间短，所引发的振动响应由于阻尼作用很快衰减。各种周期性激励力或力矩是引起内燃机外部振动的主要原因：包括作用在汽缸上的气体压力，作用在活塞、连杆、曲柄等运动部件上的惯性力及惯性力矩和各部件重力作用在轴、曲柄销上的力等。

在各种周期性激励力中，最主要的是汽缸内气体压力（用 F_g 表示）和运动部件惯性力（往复惯性力用 F_i 表示，旋转惯性力用 F_r 表示）。二者通过活塞作用在曲柄连杆机构上，最终将周期性的激励力传导到支承曲柄连杆机构的轴承处，引起内燃机机壳的外部振动，进而通过内燃机与车身之间的弹性支承连接元件将振动传递到车架或车身上。

图 6-12b)所示为对活塞、连杆和曲柄机构分别进行受力分析的受力简图。其中，活塞受到气体压力 F_g、往复运动部件惯性力 F_i、连杆对活塞的轴向力 F_c 和汽缸壁对活塞的侧向推力 F_n 作用。曲柄受到连杆的轴向力 F_c 和汽缸底座的反作用力 F'_{Nx} 和 F'_{Ny}。单缸内燃机整体受力情况如图 6-12c)所示。

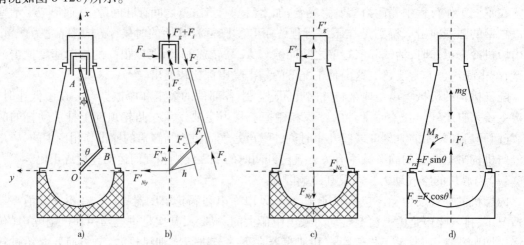

图 6-12 单缸内燃机受力简图

根据理论力学的原理可以分析得,汽缸底座的受力如下式:

$$F'_{Nx} = F_{Nx} = F_c\cos\phi - F_r\cos\theta$$
$$= F_g + F_i - F_r\cos\theta \tag{6-19}$$

$$F'_{Ny} = F_{Ny} = F_c\sin\phi + F_r\sin\theta$$
$$= F_g\tan\phi + F_i\tan\phi + F_r\sin\theta \tag{6-20}$$

$$M_R = F'_n\overline{OA} = (F_g + F_i)r\frac{\sin(\theta+\phi)}{\cos\phi} \tag{6-21}$$

其中 θ 为曲轴转角,ϕ 为连杆摆角。

由式(6-19)可知,底座上受到的竖直方向上作用力由三个部分构成:其中气体压力部分 F_g 与作用在汽缸顶部的气体压力反作用力 F'_g[图6-12c)]等值反向,不会产生内燃机的外部振动;而往复惯性力 F_i 和离心惯性力 F_r 沿竖直方向上的分量会传递到车架上,引起整车在竖直方向上的振动。

由式(6-20)可知,底座上受到的水平方向上作用力也由三个部分构成:其中气体压力部分 $F_g\tan\phi + F_i\tan\phi$ 与活塞作用在汽缸壁上的反作用力 F'_n[图6-12c)]构成一对反转力偶 M_R,其力偶矩大小可由式(6-21)确定,这一反转力矩通过动力总成的弹性支承传到车架上,会引起车身横向摆动;而往复惯性力 F_i 和离心惯性力 F_r 沿水平方向上的分量会传递到车架上,引起整车在水平方向上的振动。

综上所述,可作出如图6-12d)所示的单缸内燃机的受力图,其主要受到的周期变化的激励为气体压力(F_g,包含在 M_R 中)、运动部件的惯性力(包括往复惯性力 F_i 和离心惯性力的两个分量 F_{rx}、F_{ry})以及运动部件的惯性力矩(包含在反转力矩 M_R 中)。

(2)内燃机的气体压力激振力。

内燃机在工作过程中是间歇做功的,汽缸内的气体压力在每一个工作循环内剧烈变化。气体压力可由下式计算:

$$F_g(\theta) = [p_g(\theta) - p_0]\frac{\pi D^2}{4} = \bar{p}_g(\theta)A_p \tag{6-22}$$

其中,$p_g(\theta)$ 是汽缸内气体压强,随曲轴转角 θ 变化,p_0 为大气压,$\bar{p}(\theta)$ 为等效的汽缸内气体压强,D 是缸径,A_p 是活塞面积。对于四冲程内燃机,汽缸等效气体压强变化的循环周期是曲轴旋转720°。

如前所述,气体压力 F_g 和运动部件的往复惯性力 F_i 通过活塞作用到连杆上产生连杆轴向力 F_c。如图6-13所示,连杆轴向力 F_c 可以分解为曲柄的切向力 F_t 和径向力 F_r。二者可以由下式近似计算:

$$F_c(\theta) = \frac{F_g(\theta) + F_i(\theta)}{\cos\phi} \tag{6-23}$$

$$F_t(\theta) = F_c(\theta)\sin\theta \tag{6-24}$$

如图6-13所示,根据曲柄连杆机构的几何关系,连杆摆角 ϕ 为:

$$\phi = \arcsin\left(\frac{r}{l}\sin\theta\right) \tag{6-25}$$

其中,r 是曲柄半径,l 是连杆长度,$\theta = \omega t$ 为曲轴转角,ω 为曲轴角速度,即曲轴角频率。

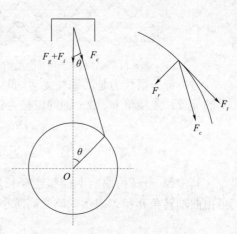

图6-13 曲柄连杆机构的受力

在内燃机稳定运转时(例如汽车怠速或者匀速行驶工况),等效气体压力 $\bar{p}_g(\theta)$ 可以近似为一个周期函数,则由此激励产生的曲柄径向力和切向力也可以视为与气体压力同周期变化的周期函数。对其进行傅里叶展开,可以用多个简谐振动的叠加近似表达。

对于四冲程内燃机,切向力和径向力可以表达为:

$$F_t = F_{t0} + \sum_{n=1}^{\infty} F_{tn} \sin\left(\frac{n}{2}\omega t + \psi_t\right) \tag{6-26}$$

$$F_r = F_{r0} + \sum_{n=1}^{\infty} F_{rn} \sin\left(\frac{n}{2}\omega t + \psi_r\right) \tag{6-27}$$

其中,n 取 1、2、3、…;ψ_t、ψ_r 分别是各阶次切向力分量和径向力分量的初相位角。

由式(6-26)至式(6-27)可知,以曲轴转动角频率为基本频率时,气体压力作为激振力在四冲程内燃机上产生的频率成分是 1/2 阶、1 阶、3/2 阶、2 阶…。

对于实际内燃机,分析其气体压力激振力首先需要确定主要的阶次成分和初始相位角,然后根据实际测量的发动机示功图进行傅里叶展开,获得前几阶的简谐振动分量。图 6-14 所示为某内燃机的示功图和前几阶简谐振动分量示意。

(3)运动部件的惯性力产生的激振力。

如图 6-15 所示,内燃机运动部件的惯性力由两部分产生,一部分是曲轴旋转时产生的离心惯性力 F_r。内燃机匀速运转时,在其表达式如下:

$$F_r = m_1 r \omega^2 \tag{6-28}$$

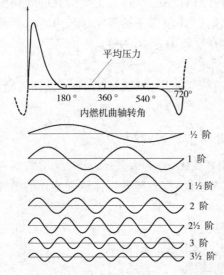

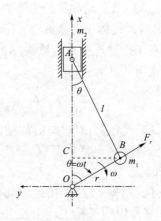

图 6-14 发动机示功图和前几阶波形　　　图 6-15 内燃机运动部件简图

另一部分惯性力是活塞往复运动时产生的往复惯性力 F_i。如图 6-15 所示,集中在活塞销上的等效往复质量 m_2 沿 x 轴的位移为:

$$x = \overline{OC} + \overline{CA} = \overline{OB}\cos\theta + \overline{AB}\cos\phi$$

$$= r\cos\theta + l\cos\phi = r\left(\cos\theta + \frac{1}{\lambda}\cos\phi\right) \tag{6-29}$$

其中,$\lambda = r/l$ 为曲柄半径和连杆长度之比。根据曲柄连杆机构的几何关系,连杆摆角 ϕ 可由曲轴转角 θ 和 λ 表示。略去高阶小项后,式(6-29)可以改写如下:

$$x = l\left(1 - \frac{1}{4}\lambda_2\right) + r\left(\cos\theta + \frac{\lambda}{4}\cos 2\theta\right)$$

$$= l\left(1 - \frac{1}{4}\lambda^2\right) + r\left(\cos\omega t + \frac{\lambda}{4}\cos 2\omega t\right) \tag{6-30}$$

由此可得活塞的加速度为：

$$\ddot{x} = -r\omega^2(\cos\omega t + \lambda\cos 2\omega t) \tag{6-31}$$

则往复惯性力可以表达为：

$$F_i = m_2\ddot{x} = -m_2 r\omega^2(\cos\omega t + \lambda\cos 2\omega t)$$
$$= -m_2 r\omega^2\cos\omega t - m_2\lambda r\omega^2\cos 2\omega t \tag{6-32}$$

其中，m_2 是往复运动部件等效质量，包括活塞组件、活塞杆、十字头和连杆小段的质量。

由式(6-32)可见，往复惯性力中有两个分量，其中一分量的幅值是 $m_2 r\omega^2$，变化频率等于曲轴旋转角速度 ω，即曲轴每旋转一周变化一次，称为一次惯性力；另一分量的幅值是 $m_2\lambda r\omega^2$，变化频率为 2ω，即曲轴每旋转一周变化两次，称为二次惯性力。显然二次惯性力的幅值要小于一次惯性力。

(4) 多缸内燃机的振动激励源。

多缸直列内燃机可以视为由曲轴连接起来的多个单缸发动机，其主要激振力和受力分析方法同单缸内燃机，整体受力情况如图6-16所示。

在竖直方向上多缸内燃机受到的外力包括每个汽缸回转离心力的合力在竖直方向上的分量 $\sum F_{rx}$ 和往复惯性力合力 $\sum F_i$。对于 n 缸内燃机，设 φ_i 为第 i 个汽缸曲柄相对于第一个汽缸的转角，竖直方向上的外力可以表达如下：

$$F_x = \sum F_{rx} + \sum F_i$$
$$= (m_1 + m_2)r\omega^2\sum_{i=1}^{n}\cos(\omega t + \varphi_i) +$$
$$m_2\lambda r\omega^2\sum_{i=1}^{n}\cos 2(\omega t + \varphi_i) \tag{6-33}$$

水平方向上的外力仅与离心惯性力合力的水平分量有关：

$$F_y = \sum F_{ty} = m_1 r\omega^2\sum_{i=1}^{n}\sin(\omega t + \varphi_i) \tag{6-34}$$

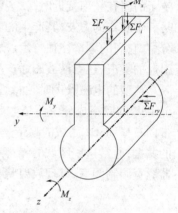

图6-16 直列多缸内燃机整体受力情况

绕水平 y 轴的外力矩 M_y 等于各汽缸竖直方向外力对 y 轴的力矩，即：

$$M_y = (m_1 - m_2)r\omega^2\sum_{i=1}^{n}L_i\cos(\omega t + \varphi_i) - m_2\lambda r\omega^2\sum_{i=1}^{n}L_i\cos 2(\omega t + \varphi_i) \tag{6-35}$$

其中 L_i 是第 i 个曲柄到曲轴简化中心的距离。

绕竖直 x 轴的外力矩 M_x 等于各汽缸水平外力对 x 轴的力矩，仅与离心惯性力 F_r 有关，其表达式为：

$$M_x = m_1 r\omega^2\sum_{i=1}^{n}L_i\sin(\omega t + \varphi_i) \tag{6-36}$$

绕曲轴轴线 z 轴的外力矩 M_z，即各个汽缸所受反转力矩的合力矩 $\sum \dot{M}_R$，其与各个汽缸的气体压力 F_g 和往复惯性力 F_i 有关，表达式为：

$$M_z = \sum M_R = \sum_{i=1}^{n}(F_g + F_i)\frac{\sin(\theta_i + \varphi_i)}{\cos\varphi_i}r \tag{6-37}$$

其中，θ_i 表示第 i 个汽缸的曲轴转角，φ_i 表示第 i 个汽缸的连杆摆角。

若要分析其主要频率分量及其对应的幅值大小，可以对式(6-33)至式(6-37)进行傅里叶级数展开。从上述分析可见,直列多缸内燃机的外力和外力矩均为曲轴转角的周期函数。常见的直列布置发动机中,直列3缸发动机的主要阶次是1.5阶(发动机转速频率的1.5倍),直列4缸发动机的主要阶次是2阶。从内燃机设计制造的角度,可以通过合理布置曲柄间的相互位置,调整点火顺序和采取有效的平衡方法来减小或消除这些外激振力。

V型汽缸排列的内燃机可以看作两排直列汽缸内燃机的组合。由于两排汽缸之间的布置存在汽缸夹角,在计算整体外激振力时需要考虑V型汽缸排列的合成系数。如果汽缸夹角选择得当可以自动平衡部分外激励力的简谐振动分量,使内燃机的振动特性有所改善。

6.3.2 驱动电动机的噪声与振动

1) 驱动电动机噪声与振动的来源

驱动电动机的噪声根据其来源可分为三类:电磁噪声、机械噪声和气动噪声。

(1) 电磁噪声。

电磁噪声是电动汽车电驱动噪声的主要成分,它通过磁轭向外传播,电磁力波作用在定子铁芯齿上,产生径向和切向两个分量,使定子铁芯产生的振动变形的径向分量是电磁噪声的主要来源,使齿根部弯曲产生局部变形的切向分量是电磁噪声的次要来源。当径向电磁力波与定子的固有频率接近时,就会引起共振,使振动与噪声大大增强。电动机在运行时,电磁力波是一个旋转的力波,其产生的电磁力是交变的。气隙磁场中除了主磁通外,还有很多次的谐波分量,它们的频率往往与齿、槽成倍数关系。因此电磁噪声中不但有2倍于电源频率的电磁力引起的噪声,还有谐波磁通产生的频率较高的噪声。

典型的电磁噪声时频特性如图6-17所示,噪声频谱可以划分为三个部分:S1、S2和S3。S1区域的频率成分主要是电流频率的$2k$(k为正整数)倍,随着激励电流频率的上升,噪声带向右移动;S2区域的频带是固定的,主要来源于电磁激励的频率靠近结构固有频率所引起的共振,通常这一区域的噪声对总声压级的贡献量最大;S3区域的频率成分主要来源于控制器脉宽调制频率,呈现放射状,而且随着激励电流频率的上升,频带向两侧发散。

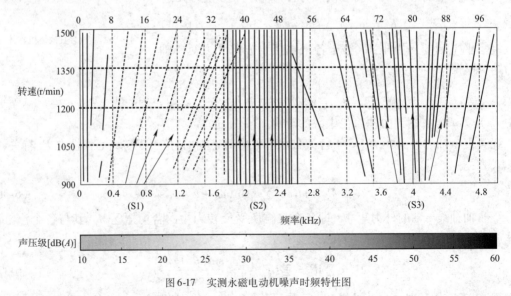

图6-17 实测永磁电动机噪声时频特性图

(2) 机械噪声。

机械噪声主要是电动机运转时产生的轴承噪声,转子系统不平衡力产生的振动及噪声。

机械噪声是任何运动件无法避免的噪声,在车用电动机中,它与电磁噪声紧密相关。因为一旦有结构振动,就会影响电磁场,从而影响电磁力的幅值和频率,而电磁力的改变又会影响结构的振动特性。机械噪声一般随转速和负载电流的增大而增大,在高速情况下为电动机噪声的主要部分,包括轴承、电刷和结构共振引起的噪声。

电动机中采用的轴承有滚动轴承和滑动轴承两种。滑动轴承一般用于微型电动机和大型电动机,噪声相对较低;滚动轴承可靠性高,维护简单,承载大,但其运行噪声大,常成为电动机的主要噪声源。转子动不平衡是产生机械噪声最常见的原因,其频率和旋转频率相同,是低频噪声。转子的振动和轴承的振动往往是通过端盖传递到底座和支承上,但当端盖的轴向刚性较差时,端盖受激而产生轴向振动和噪声。

(3)气动噪声。

电动机的气动噪声有涡流噪声和笛鸣噪声两种。涡流噪声主要是由转子和风扇引起冷却空气湍流在旋转表面交替出现涡流引起的,其频谱范围较广。笛鸣噪声是通过压缩空气,或空气在固定障碍物上擦过而产生的,即"口哨效应"。电动机内的笛鸣噪声主要是径向通风沟引起的。旋转电动机的空气动力噪声是不可避免的,它与转子表面圆周速度、表面形状、风扇空气动力特性和突起的零部件形状有关。空气动力噪声是由随轴一起旋转的冷却风扇造成空气流动形成的噪声。它与转速、风扇以及转子的形状、表面粗糙度、不平衡量及气流的风道截面的变化和风道形状有关,分为宽频噪声和离散噪声。

电动机产生的噪声通过结构和空气传递到人耳,引起人的烦躁,电动机噪声的产生和传递过程如图6-18所示。

一般而言,气动噪声在无外部风扇和转速不是很高的情况下,产生的噪声十分小,通常可以忽略。机械振动和噪声主要与轴承或电刷等机械安装工艺有关,可以通过提高加工精度和工艺水平加以改善。而电磁振动和噪声主要由电动机内部的电磁力引起,这些电磁力一方面产生使电动机旋转的力矩,另一方面会引起电动机的定转子变形和振动,从而引起电动机的振动和噪声,该种类型的振动和噪声是电动机的一个寄生效应,只要电动机发生旋转和产生转矩,就会带来相关的电磁振动和噪声,与电动机的电磁参数和控制方式有密切关系。因而研究电磁振动和噪声对电动机噪声的削弱具有重要意义。下面将对电动机的电磁振动和噪声产生的机理和影响因素进行阐述。

定子铁芯的内表面在电动机运行过程中将受到分布径向电磁力的作用,从而引起铁芯表面以及壳体表面振动,直接向外辐射电磁噪声,如图6-19所示,它是产生电磁噪声的主要原因。

由于电磁力分布在定子内表面并且随时间发生变化,因而电磁力是空间和时间的函数,磁场谐波产生的电磁力为一系列不同空间分布、不同频率的旋转力波的叠加,可由下式表示:

$$P_r(\theta,t) = \sum_n P_n \cdot \cos(\omega_n t - n\theta + \varphi_n) \tag{6-38}$$

t 和 θ 分别表示时间和空间角度。式中,n 称为力波阶数(n 为非负整数),对应某一 n 值时的力波称为第 n 阶力波,它是行波(旋转波),径向力波可以看成各阶力波叠加而成。对应某一时刻 t 可得到各阶力波的分布形状,如图6-20所示。

通常借用力波的形状和阶次来定义对应形状的定子圆周方向模态振型和固有频率的阶数 m,如图6-21所示。一般而言,电动机的振动和噪声与空间力波阶数的四次方成反比,由此可知,电动机的振动和噪声主要来源于低阶力波的贡献,尤其是当低阶力波成分的频率与定子对应阶数模态频率接近或一致时,将发生共振,此时,电动机的振动和噪声特别大,这种现象在电动机设计以及电动机噪声和振动控制中是必须避免的。

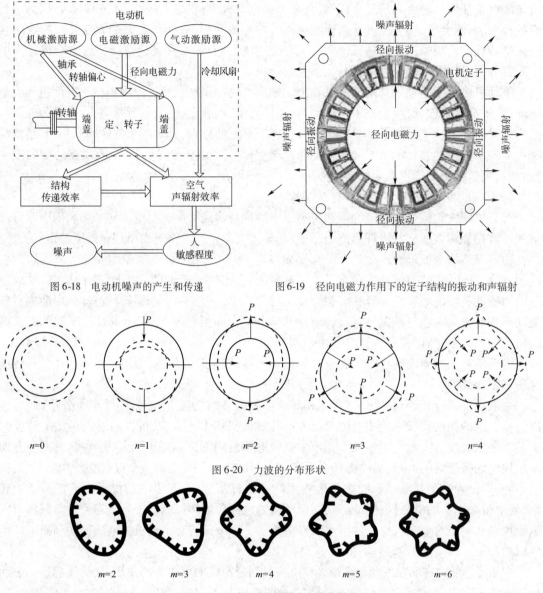

图 6-18　电动机噪声的产生和传递

图 6-19　径向电磁力作用下的定子结构的振动和声辐射

图 6-20　力波的分布形状

图 6-21　电动机定子圆周方向模态振型

2) 驱动电动机噪声与振动的影响因素

根据电磁场中的麦克斯韦张量法,径向力波可表示为:

$$P_r(\theta,t) \approx \frac{b_r^2(\theta,t)}{2\mu_0} \tag{6-39}$$

式中,$b_r(\theta,t)$为径向气隙磁密,μ_0为真空磁导率,由式可知任何影响气隙磁场分布的因素都会影响径向力波的阶数、幅值和频率,如开槽、定转子偏心、极槽选取、磁路饱和、控制器引入的电流谐波等因素。

定转子偏心:加工误差、转子动不平衡和轴承磨损引起电动机定转子轴线不重合,使得电磁力沿空间的分布更加不均匀,尤其是定转子偏心容易引起径向力波沿空间圆周积分不为0,此时电动机中存在不平衡磁拉力,将大大加剧电动机的振动和噪声。此外,不平衡磁拉力使得电动机的偏心更加剧烈,进一步增加不平衡磁拉力,形成恶性循环,在增加电动机振动与噪声的同时还使得轴承磨损加剧,影响电动机的使用寿命。

极槽选取:径向力波的空间阶数与电动机的极数和槽数的选取密切相关,两者的关系可由下式表示:

$$n \approx k \times \mathrm{GCM}(2p, Q_s) \tag{6-40}$$

式中,p 表示极对数,Q_s 表示定子槽数,k 为正整数,GCM 表示最大公约数。由于低阶径向力波对振动噪声的贡献是主要的,因而在电动机设计阶段,选取极数和槽数公约数大的电动机有利于降低电动机的振动和噪声。图 6-22 为实测输出功率、转矩特性与电动机尺寸基本相同的 8 极 12 槽电动机和 8 极 12 槽电动机同一工况同一位置测得振动加速度,由于 8 极 9 槽电动机极数和槽数的最大公约数为 1,它的振动比 8 极 12 槽剧烈的多。

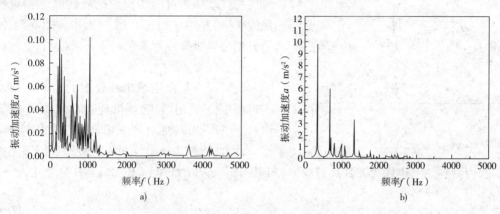

图 6-22 极槽选取对电动机振动的影响
a) 8 极 12 槽电动机;b) 8 极 9 槽电动机

电流谐波:电动机控制提供的电流除了基波电流之外通常还包含大量的谐波电流成分,这使得电动机的电磁力的频率成分更加丰富,更容易引发电动机定子结构的共振,图 6-23 所示为实测正弦波供电和实际变频器供电时噪声的对比,采用变频器供电后总声压级增加将近 10dB(A)。

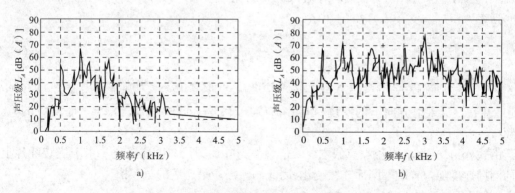

图 6-23 实测同一电动机正弦波供电和变频器供电噪声频谱
a) 正弦波供电;b) 变频器供电

6.3.3 燃料电池发动机用风机的噪声和振动

燃料电池车的动力总成区别于传统内燃机汽车的动力总成,因此其 NVH 特性有自己的特点,其最主要噪声源是空辅系统中风机产生的高频噪声。本节将对燃料电池发动机用风机的噪声和振动以及影响因素进行介绍。

1) 风机的气动噪声及影响因素

(1) 风机的气动噪声。

风机的噪声源可分为气动噪声、气体和固体弹性系统相互作用产生的噪声(即气固耦合噪声)、转子不平衡和轴承产生的机械结构噪声、驱动电动机产生的电磁噪声等。其中,气动噪声是最主要的噪声源,其他噪声与气动噪声相比一般较小,可不考虑。因此,本节重点分析和讨论的是气动噪声。

气动噪声属于流体激发声,是由于运动物体对气体的作用以及气体自身的紊流作用而产生的。风机的气动噪声可分为离散的旋转噪声和宽频的涡流噪声,其中又以旋转噪声为主。图6-24所示为典型的风机噪声频谱图。

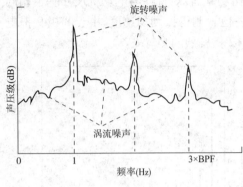

图 6-24 风机的典型噪声频谱图

① 旋转噪声。

旋转噪声是由于风机叶轮上的叶片周期性地击打周围空气,引起气体的压力脉动而产生的噪声,是一种与叶片通过频率相关的各阶次离散频率噪声,因此也称为离散噪声。旋转噪声的频率和转速以及叶片数有关,也称为叶片通过频率(Blade Passing Frequency, BPF),其计算公式为:

$$f_{BP} = \frac{nZ}{60}i \tag{6-41}$$

式中,n 为叶轮的转速,单位 r/min;Z 是叶片数;$i = 1,2,3\cdots$,谐波序号,当 $i = 1$ 时对应的 f_{BP} 为基频。基频的噪声强度最强,相应谐频的强度依次减弱。

② 涡流噪声。

涡流噪声是由于叶片上的紊流附面层流动所致的随机脉动力作用于周围流体,形成涡脱落现象,进而产生的噪声,是一种频率连续分布的宽频带噪声,因此也称为宽频噪声。宽频噪声的频率为:

$$f_{BN} = S_r \frac{v}{d} i \tag{6-42}$$

式中,S_r 为斯特劳哈尔系数,$S_r \in (0.14, 0.20)$,一般取 0.185;v 为叶片圆周速度,单位 m/s;d 是叶片在气流入射方向上的厚度,单位 m;$i = 1,2,3\cdots$,谐波序号,当 $i = 1$ 时对应的 f_{BN} 为基频。

由式(6-42)可知,涡流噪声的主要峰值频率与叶片圆周速度成正比。由于旋转叶片上各点的圆周速度随位置的不同而连续变化,因此涡流噪声呈连续的宽频谱。

(2) 风机气动噪声的影响因素。

气动噪声的产生机理很复杂,影响气动噪声强度的因素也多种多样,其中最主要的有风机的压力、转速、叶顶间隙与风机叶片数。

风机的压力和转速对气动噪声影响很大,图6-25为试验测试得到的某燃料电池车用旋涡风机声功率级随转速和出口压力变化的关系。由试验结果可以得出,旋涡风机气动噪声随着转速和出口压力的增大而增大,并且与它们的对数成正比。

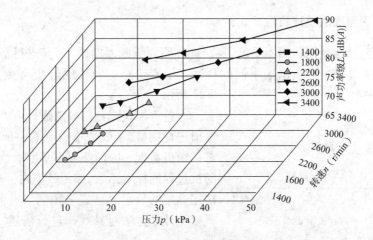

图 6-25 压力和转速对噪声的影响

风机的蜗舌、隔板作为高压区和低压区的界限,是叶片—静子动静干涉最强烈的区域,也是气动噪声的主要噪声源。但由于叶顶间隙的存在,高压区和低压区总会存在泄漏,并形成叶尖涡,因此叶顶间隙也会对气动噪声产生影响。图 6-26 所示为某漩涡风机叶顶间隙对气动噪声的影响。总体来看,总声压级随叶顶间隙减小而减小。当叶顶间隙减小到一定程度时,声压级变化幅度不大。考虑到加工精度,叶顶间隙也不宜过小。

由式(6-41)可以看出,旋转噪声频率和叶片数相关。一般随叶片数的增加,旋转噪声的频率向高频移动,且幅值下降。

2) 风机的振动及影响因素

燃料电池发动机用风机广泛采用的漩涡风机和离心风机都属于旋转机械,常见的振动原因有转子不平衡和共振。

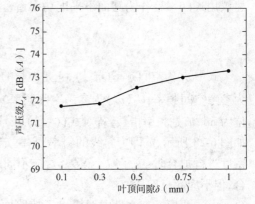

图 6-26 叶顶间隙对噪声的影响

当转子(即叶轮)的质心与回转中心不重合时,在旋转状态下就会产生不平衡力。高转速下,即使很小的质量偏心也会产生很大的不平衡力,引发很大振动。偏心率越大,风机的振动越剧烈。引起转子不平衡的因素有很多,如转子结构不对称、原材料缺陷、制造安装误差及热变形等。要减小此类振动,需要进行动平衡试验,即通过在转子适当部位加重或去重的方式,调整转子质心位置,使不平衡力减小到能够满足风机稳定运行为止。

风机的叶轮和壳体在运转时处在复杂的气动力、声激励作用下,当高能量激振力的频率与风机零部件的固有频率重合时,会引起结构共振。另外,当转轴的工作频率恰好处于其临界转速时,会引起转轴共振,造成系统失稳。解决此类振动,一般需要改进设计,提高刚度,通过调整结构固有频率的方法避开共振区。

6.4 路面激励下的轮胎噪声与振动

道路与汽车轮胎相互作用所导致的振动和噪声是汽车的外部激励之一,因此道路和汽车轮胎是对汽车的噪声与振动性能进行评价时不可或缺的研究对象。

6.4.1 路面激励的统计特性

对道路而言,通常使用路面不平度函数(亦称路面纵断面曲线)对其进行描述。所谓路面不平度函数是指路面相对于基准平面的高度 q 沿着道路走向长度的变化,记作 $q(l)$,如图 6-27 所示。

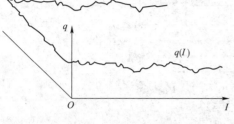

图 6-27 路面纵断面曲线

通过水准仪或专门的路面计可以对路面的不平度值进行测量,一般测量得到的路面不平度值通常都是随机数据。因而路面不平度函数可看作是平稳随机过程的样本函数,该函数不同于确定性函数,无法用确定的数字表达式来预测瞬时值,但可以通过概率统计的方法对其规律进行描述,从而得到路面不平度的功率谱密度或方差等统计特征参数。

1)路面不平度的空间频率功率谱密度描述

国际标准化组织制定的文件 ISO/TC108/SC2N67 和我国国家标准 GB/T 7031—2005 中均建议用式(6-43)作为路面不平度功率谱密度函数的拟合表达式:

$$G_q(n) = G_q(n_0)\left(\frac{n}{n_0}\right)^{-w} \tag{6-43}$$

式中,n 为空间频率(m^{-1}),它是波长的倒数,表示每米长度中包含 n 个波长 λ;$n_0 = 0.1 m^{-1}$,为参考空间频率;$G_q(n_0)$ 为参考空间频率 n_0 下的道路功率谱密度值,称为路面不平度系数,单位为 m^3;w 是频率指数,若对式(6-43)等号两边取对数,该式在双对数坐标上则为一条斜线,如图 6-28 所示,w 即为斜线的斜率,它决定路面功率谱密度的频率结构。对实测路面功率谱密度进行拟合时,为了减小误差,对应不同的空间频率范围可采用不同的拟合系数进行分段拟合,但不应超过四段。

上述两项标准文件中还提出了按路面功率谱密度把路面的不平程度分为 A - H 八个等级,见表 6-4。表中规定了各级路面不平度系数 $G_q(n_0)$ 的几何平均值,分级路面谱的频率指数 $W = 2$,同时还列出了 $0.011 m^{-1} < n < 2.83 m^{-1}$ 范围路面不平度相应的均方根值 $q_{rms}(\sigma_q)$ 的几何平均值。

路面不平度八级分类标准   表 6-4

路面等级	$G_q(n_0)/(10^{-6} m^3)$ ($n_0 = 0.1 m^{-1}$)	$\sigma_q/(10^{-3} m)$ ($0.011 m^{-1} < n < 2.83 m^{-1}$)
	几何平均值	几何平均值
A	16	3.81
B	64	7.61
C	256	15.23
D	1024	30.45
E	4096	60.90
F	16384	121.80
G	65536	243.61
H	262144	487.22

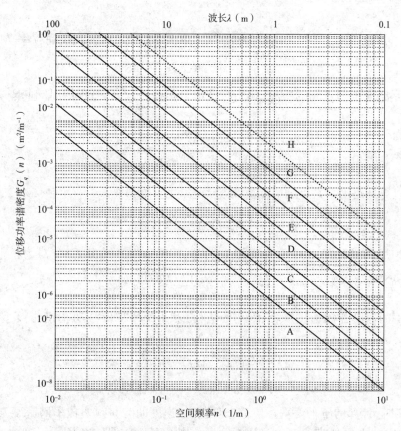

图 6-28 路面不平度分级图

图 6-28 为路面不平度分级图,可以看出路面功率谱密度随空间频率 n 的提高或波长的减小而变小。当 $W=2$ 时,$G_q(n)$ 与 λ^2 成正比,$G_q(n)$ 是不平度幅值的均方值谱密度,故 $G_q(n)$ 又与不平度幅值的平方成正比,所以不平度幅值 q_0 大致与波长 λ 成正比。

上述的 $G_q(n)$ 指的是路面不平度 $q(l)$ 的功率谱密度,是位移功率谱密度,有时还会使用路面不平度 $q(l)$ 对纵向长度 l 的一阶导数 $\dot{q}(l)$ 和二阶导数 $\ddot{q}(l)$ 所对应的功率谱密度,即速度功率谱密度 $G_{\dot{q}}(n)$ 和加速度功率谱密度 $G_{\ddot{q}}(n)$ 来补充描述路面不平度的统计特征。$G_{\dot{q}}(n)$ (m) 和 $G_{\ddot{q}}(n)$ (m^{-1}) 与 $G_q(n)$ (m^3) 的关系如下:

$$G_{\dot{q}}(n) = (2\pi n)^2 G_q(n) \tag{6-44}$$

$$G_{\ddot{q}}(n) = (2\pi n)^4 G_q(n) \tag{6-45}$$

当频率指数 $W=2$ 时,将式(6-43)代入式(6-44)中可得:

$$G_{\dot{q}}(n) = (2\pi n_0)^2 G_q(n_0) \tag{6-46}$$

由式(6-46)可以看出此时的路面速度功率谱密度幅值在整个频率范围内为一常数,即通常所称的"白噪声",其幅值大小只与不平度系数有关。这在分析计算中会提供一定的便利。

2) 路面不平度的时间频率功率谱密度描述

对行驶的车辆而言所涉及的可以是时间路面谱,即其频率是由时间变换而来,而空间路面谱的频率是从空间变换而来的。当然,这两者之间存在着一定的联系,将空间路面谱向时间路面谱进行转换时,汽车行驶的速度起到了建立两者联系的桥梁作用,同样的空间路面谱下汽车以不同车速行驶时将得到不同的时间路面谱。

当汽车以速度 v(m/s)行驶时,则时间频率 f 是空间频率 n 与车速 v 的乘积,即:

$$f = vn \tag{6-47}$$

又根据自功率谱密度与相关函数为傅里叶变换对的关系,可得到空间频率功率谱密度为:

$$G_q(n) = \int_{-\infty}^{+\infty} R(\xi) e^{-i2\pi n\xi} \mathrm{d}\xi \tag{6-48}$$

其中,ξ 是路面上两点间的距离,相当时域中自相关函数 $R(\tau)$ 中的时间间隔 τ,因而:

$$\xi = v\tau \tag{6-49}$$

将式(6-46)、式(6-48)代入式(6-47),当车速 u 为一定值,可得

$$G_q(n) = v \int_{-\infty}^{+\infty} R(\tau) e^{-i2\pi f\tau} \mathrm{d}\tau = vG_q(f) \tag{6-50}$$

因而可以得到路面不平度的时间频率功率谱密度 $G_q(f)$:

$$G_q(f) = \frac{G_q(n)}{v} \tag{6-51}$$

当 $W = 2$ 时,将式代(6-43)入式(6-51)中得时间频率功率谱密度 $G_q(f)$ 为:

$$G_q(f) = \frac{G_q(n_0) n_0^2 v}{f^2} \tag{6-52}$$

时间频率的速度和加速度功率谱密度 $G_{\dot q}(f)$ 和 $G_{\ddot q}(f)$ 与位移功率谱密度 $G_q(n)$ 的关系式为:

$$G_{\dot q}(f) = (2\pi f)^2 G_q(f) = 4\pi^2 n_0^2 G_q(n_0) v \tag{6-53}$$

$$G_{\ddot q}(f) = (2\pi f)^4 G_q(f) = 16\pi^4 n_0^2 f^2 G_q(n_0) v \tag{6-54}$$

取 $W = 2$ 时,计算的不平度垂直位移、速度和加速度的时间频率功率谱密度表示在双对数坐标上时,它们分别是斜率为 $-2:1$、$0:1$、$+2:1$ 的直线,如图 6-29 所示。通过式(6-52)、式(6-53)和式(6-54)可以看出,$G_q(f)$、$G_{\dot q}(f)$、$G_{\ddot q}(f)$ 都与不平度系数 $G_q(n_0)$ 以及车速 v 成正比,在双对数坐标图上则表现为随着 $G_q(n_0)$ 与 u 的提高,图 6-29 中的三条谱密度曲线向上平移。

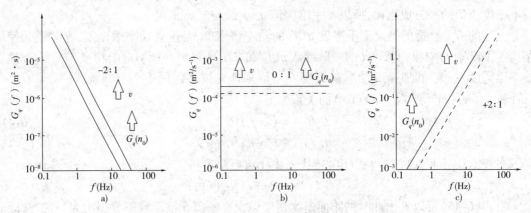

图 6-29 路面不平度的位移、速度、加速度功率谱密度
a) 位移功率谱密度;b) 速度功率谱密度;c) 加速度功率谱密度

6.4.2 轮胎噪声的分类及产生机理

滚动的轮胎在路面激励的作用下,与接触地面和周围的空气相互作用,从而导致轮胎本身及周边空气的振动所形成的噪声,一般称为轮胎噪声。从噪声传递的角度来说,轮胎噪声通常分为两类:一类是由轮胎直接辐射出来的噪声,可称为直接噪声或者车外噪声;另一种是轮胎

直接或间接地成为激励源,其振动通过悬架和车架传至车身,形成车厢内的噪声,可称为间接噪声或者车内噪声。直接噪声在轮胎噪声中占有较大的比重,因此通常所指的轮胎噪声就是直接噪声。本节主要讨论轮胎的直接噪声,通过车身结构进行传递的间接噪声将在第七节中与车内噪声一同讨论。

根据轮胎噪声的产生机理,直接噪声主要分为三类:轮胎花纹噪声、弹性振动噪声、空气紊流噪声。

1)轮胎花纹噪声

滚动轮胎行驶于路面时,由于胎面与路面接触时相互作用使得胎面花纹沟槽与地面间形成的容积发生变化,从而导致空气被压缩和排挤而产生的空气流入、流出的噪声称为排气噪声。胎面与地面间形成的容积变化主要取决于胎面花纹和路面的凹凸情况,一般沥青和水泥铺装的路面表面凹凸小,由此产生的噪声也较小,因而排气噪声又称为轮胎花纹噪声,主要由泵吸噪声和气柱共鸣噪声组成。

泵吸噪声,指的是当轮胎旋转到与地面接触时,胎面的花纹块受到路面的挤压,花纹块向两端延伸致使花纹沟槽被压缩,而沟槽内的空气则因沟槽形状被压缩而导致其体积减小,压力增大,进而被挤出沟槽;当轮胎旋转到与地面分开时,沟槽因为橡胶弹性的原因,又需要恢复原状而致使体积增大,槽内空气压力迅速变小,周围的空气又被吸入花纹沟槽内。如此,在从接触地面到离开地面这一短暂的过程中,沟槽内的空气挤出、吸入就形成了泵吸噪声。

气柱共鸣噪声,指的是当轮胎与地面接触时,胎面花纹沟槽与路面组成一个类似管子形状的结构。由于花纹块是以一定的顺序排列,其产生的噪声自然就会出现在某些特定的频率上。而当花纹沟槽的固有频率与花纹间距频率及其他花纹噪声频率一致时,就会产生气柱共鸣现象,出现噪声峰值。

胎面沟槽内气压的变化受轮胎花纹的形状影响很大,因此轮胎花纹的形状是影响泵吸噪声的主要因素。一般轮胎花纹主要有横沟花纹、纵沟花纹、纵横沟并用花纹、块形花纹等,花纹种类不同,噪声的频率及大小就不同。实用起见,学者 R. E. Hayden 提出了用于轮胎花纹噪声远场声压计算的经验公式:

$$\mathrm{SPL}(r) = 68.5 + 20\lg\left(\frac{gw}{s}\right) + 10\lg(n) + 20\lg(fc) + 40\lg(v) - 20\lg(r) \qquad (6\text{-}55)$$

式中,$\mathrm{SPL}(r)$ 为从声源(轮胎)到距离为 r 处远场观测点的声压水平;g、w、s、n 分别为胎面花纹的沟深、沟宽、圆周方向的宽度和沟数,如图 6-30 所示;fc 为由变形引起的沟体积变化;v 为轮胎的滚动速度,即轮胎滚动角速度与滚动半径的乘积。该式对横沟花纹和纵沟花纹的预测结果与试验结果比较一致。

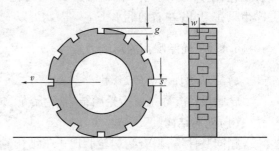

图 6-30 轮胎参数定义示意图

一般来说,当车速大于 50km/h 时,轮胎噪声就显得突出了,其中以轮胎花纹噪声为主。试验表明,这是一种频率在 800~5000Hz 的高频噪声。

2)弹性振动噪声

轮胎的弹性振动噪声包括胎面和胎侧的振动噪声、胎面打击路面发生的振动噪声以及胎面相对于路面滑动所发生的强制振动噪声等。

当运动的轮胎与路面开始接触时,一方面,不连续的胎面花纹块撞击路面和不规则的路面撞击胎面,都会引起胎面花纹块及胎体中低频段的法向振动。由于法向振动与周围声场耦合较好,因此在接地前沿法向振动起了主要作用,这是产生轮胎噪声最主要的原因;另一方面,当胎面元素离开地时,在接地后缘会产生切向力,部分切向力导致轮胎在路面上产生滑移,引起胎面的切向振动,从而产生高频噪声。

当轮胎滚动时,由于轮胎的周向不均匀性使其每滚动一圈对垂向产生一次扰动,且单位时间内的扰动次数与车速成正比,称为轮胎的滚动频率,表示为:

$$f = \frac{v}{7.2\pi r_r} \tag{6-56}$$

式中,n 为车轮的转速(r/min);v 为车轮的滚动速度(km/h);r_r 为车轮的滚动半径(m);作为转动部件,滚动频率是轮胎转频的基频,往往在实测结果中总是伴随着基频整数倍的频率成分,称为倍频。

发生倍频的原因有很多,例如左右两侧车轮的不同轴度会引起 2 倍频,一般通过较准确的车轮定位可以规避或大大削弱 2 倍频的能量;同样大小花纹块的周向分布也会引起滚动轮胎的倍频出现,因此在轮胎的胎面花纹设计中往往采用几种不同尺寸的花纹块混合排列,在周向上随机分布,如此既可以使得单独轮胎上的振动能量分散,也可以避免同轴的左右两个轮胎产生共振或倍频。

从轮胎力学的分析中我们知道,由于轮胎橡胶的迟滞特性,使得滚动轮胎接地胎面的加载区和卸载区的压力分布不均,此时胎面接地后沿的法向载荷较小,因而可利用的地面附着力较小,导致在一定的切向力作用下胎面接地后沿会发生滑移并引起切向振动,进而产生噪声;另一种振动噪声是由胎面自激振动引起的尖叫噪声,这种噪声只有在某些特殊工况下会发生。

3) 空气紊流噪声

由于轮胎滚动时,轮胎周围空气变成紊流而引发的噪声。观察整个轮胎的行进过程,空气在轮胎的行进方向被分开,而在后方被吸入,因而在轮胎的行进方向产生正弦波的压力脉动,从而产生噪声。

日本学者曾在消声室中对有代表性的横沟花纹和纵沟花纹轮胎,在不接地的情况下高速转动,测定其噪声水平。测试结果表明:有花纹的空气紊流噪声与没有花纹的光滑轮胎相比,噪声只在 10dB 左右的低水平上。因此可以说紊流噪声对整个轮胎的噪声几乎没有影响。

6.4.3 轮胎噪声的影响因素

1) 轮胎设计参数的影响

轮胎设计参数主要指轮胎结构、轮胎花纹、帘线材料和橡胶属性等。

(1) 轮胎结构。

相同条件下,斜交结构轮胎比子午结构轮胎噪声大 0~3dB,对于有些车辆甚至可以达到 5~7dB。因此,采用子午结构轮胎可以降低轮胎噪声。

(2) 胎面花纹。

根据实测结果发现:胎面花纹结构对轮胎噪声的影响按横沟、纵沟、光滑胎面顺序依次递减,见表 6-5。此外,沟的形状、尺寸、数目对轮胎噪声也有影响。试验表明:对于横沟花纹,当沟槽的尺寸不变时,噪声随着沟槽数目的增加近似成线性增加;当沟槽数目不变时,噪声与沟槽的容积变化率近似成对数关系。对于纵沟花纹,噪声与沟数×沟宽×沟深成近似对数关系。

不同轮胎花纹的平均噪声水平　　　　　　　　　　表 6-5

花 纹 种 类	斜交结构轮胎	子午线结构轮胎
横沟	86	84
纵沟	81	78
块形	86	80~85
平面纵沟	77	77
光滑胎面	76	76

(3) 帘线材料。

轮胎的帘线材料有人造丝、尼龙、聚酯、钢丝等。由于轮胎第一性能要求是安全性,所以从强度、黏着力、耐热性等方面考虑,载重车用的斜交轮胎采用尼龙最合适。此外,帘线层刚度增大,轮胎的噪声会降低,如图 6-31 所示。因此采用钢丝作为帘线材料时轮胎噪声将降低 1.5~3dB。

(4) 胎面橡胶。

不同类型的橡胶,一般用橡胶硬度和损耗角正切来描述橡胶的物理特性,两者的改变均会对噪声水平产生影响。随着这两种特性值的改变,轮胎噪声也反映出不同的水平,如图 6-32 所示。从结果可以看出,橡胶特性中硬度的影响比较大,大幅度变更橡胶硬度可以达到降低噪声 2~3dB 的效果。

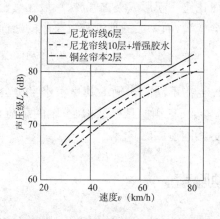

图 6-31　帘线材料对轮胎噪声的影响

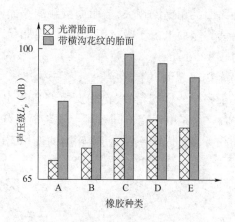

图 6-32　橡胶种类对轮胎噪声的影响

2) 使用条件的影响

使用条件主要指速度、载荷、气压、磨损等。

(1) 速度。

轮胎噪声与速度的依赖关系虽因轮胎种类、车辆不同而不同,但一般说来,存在着噪声与速度对数成比例增加的关系。通常轮胎噪声 S_{dB} 与速度 v 的关系可用下式表达:

$$S_{dB} = A\lg v + B \tag{6-57}$$

式中,A 对斜交轮胎和子午线轮胎几乎没有差别,而对不同的轮胎花纹 A 的取值差别较大:直角横沟花纹 $A=63$;普通横沟花纹 $A=42$;雪地横沟花纹 $A=36$;纵沟花纹 $A=31$;光滑或平面纵沟花纹 $A=29$。

(2) 载荷。

若车辆过载,对横沟、纵沟并用花纹,噪声水平将有增大倾向;而纵沟花纹则没有这种倾向。试验表明:横沟花纹斜交轮胎从空载到额定载荷,噪声将增大 5~6dB,从额定载荷增加到 1.5 倍过载,噪声还将逐渐增大。

(3)气压。

充气压力的变化与载荷变化一样,都使轮胎变形量发生变化。因此,对噪声也有与载荷变化类似的影响。若降低充气压力,则横沟花纹轮胎的噪声水平升高。另外轮胎内充气压力的变化还会改变轮胎自身的固有频率及刚度特性,这就将对车辆的振动特性产生影响。

(4)磨损。

由于轮胎的磨损,胎面沟的深度变浅,沟的吸排气量减少,花纹噪声降低。一般来说,新出厂的横沟花纹轮胎在断面方向的表面曲率半径比较小,正常磨损的情况下,曲率半径变大,特别在磨损加大时,部分沟的吸排气量不足,噪声降低。对于纵沟花纹,尽管磨损对噪声影响较小,但噪声也随着磨损增加而降低。

上述噪声变化趋势是在一般正常磨损的情况下发生的。若发生非正常磨损,比如隔花磨或者多边形磨损等,这些在轮胎周向上产生的规律性分布的磨损会导致轮胎转动过程中受到径向的受迫振动,增加轮胎振动的能量,从而导致轮胎异常振动噪声的增加。

3)路面种类的影响

路面种类对轮胎噪声的影响主要在两个方面,一种是不同道路的路谱对轮胎的激励使得轮胎与地面间产生花纹撞击噪声及胎面振动噪声,一般路况越差的道路此类噪声越明显;另一种则与路面的粗糙度相关,与胎面接触的路面同胎面花纹一起形成吸排气腔,一般在气密性高的光滑铺装路面上由于吸排气作用大,轮胎噪声也会变大,而一般的沥青和混凝土的路面则噪声相对较小。

4)车辆的影响

对于完全一样的轮胎,轮胎安装的数目也相同,装在不同的车辆上其噪声水平也会相差 2dB 左右。这是由于在不同车辆上安装时车轮定位参数、车辆的悬架结构、车轴的载荷分配、车身动载等多种因素不同,使得轮胎的使用工况不尽相同造成的。

6.5 风激励噪声

风激励噪声(Wind Noise)是指汽车行驶时空气与车身的相互作用而产生的噪声,俗称风噪,属于空气动力噪声。一般在车速低于 50km/h 情况下,风噪会被发动机和轮胎噪声掩盖。但当车速达到 80km/h 或者更高时,风噪将成为主要噪声源,显著影响乘员舒适性。本节将对汽车风噪的产生机理、影响因素与评价方法展开说明。

6.5.1 汽车风激励噪声的产生

汽车在路面行驶时会产生非常复杂的流场,流场内存在相当多的气流分离区域。有侧风时,气流分离更为严重。产生汽车风噪的基本原因就是局域气流分离,具体包括密封不良、二维分离流动以及三维分离流动,见表 6-6。

由于密封较差或车外空气负压造成密封条变形时,车内和车外会形成直接的空气流动,泄露噪声(Leak Noise)随之产生。泄露噪声一旦存在,几乎总是汽车风噪的最主要成分,因此降低汽车风噪的前提是尽量消除泄露噪声。

汽车风激励噪声声源分类　　　　　　　　　表 6-6

	产生原因	名　　称	主要位置
风激励噪声 （Wind Noise）	密封不良	泄漏噪声 （Leak Noise）	车门、车窗的密封位置
	二维分离流动	边缘噪声 （Edge Tone）	发动机罩前缘
		风鸣噪声 （Aeolian Tone）	收音机天线和车顶行李架
		空腔共鸣噪声 （Cavity Noise）	天窗或侧窗的开启
	三维分离流动	风激流噪声 （Wind Rush Noise）	A 柱与后视镜

边缘噪声（Edge Tone）是由于车身表面存在尖锐棱角，进而引发了气动分离或重附着区而产生的，在低频范围内存在噪声峰值和特定频率。不过当前汽车造型力求在发动机罩前缘与前格栅、前大灯之间的过渡平滑，基本消除了边缘噪声。

风鸣噪声（Aeolian Tone）是由气流流经汽车表面突出杆状物时（如天线或行李架），在其尾流产生周期性的涡旋脱落（卡门涡街）而产生的单频噪声。该噪声在低频区很明显，会显著影响车内噪声水平。将天线设计成螺旋状或改变行李架截面形状可降低风鸣噪声。

空腔共鸣噪声（Cavity Noise）是由于气流脉动直接通过顶窗或侧窗开口与车内空气空腔相互作用而产生。当外部气流脉动频率与车内空腔体积形成的固有频率一致时，就会产生亥姆霍兹共鸣（Helmholtz Resonance）现象，从而产生空腔共鸣噪声，也被称为风振噪声（Flutter 或 Buffeting），是一种频率低（20Hz 左右）但强度很高（100dB）的气动噪声。其共振频率取决于车速、开口形状、车厢空间大小等。

风激流噪声（Wind Rush Noise）是由汽车外部气流的压力脉动激励车窗和车身板件振动，进而引发噪声向车内辐射。这种脉动压力具有时间上的随机性和空间分布的统计特性，因此风激流噪声属于宽频带噪声。一般来说最严重的风激流噪声发生在后视镜、侧窗与 A 柱区域，并且此处产生的分离流动会不断击打侧窗和顶盖的部分区域，产生强烈的压力脉动和噪声。

综上所述，本节汽车风激励噪声声源的主要位置如图 6-33 所示。

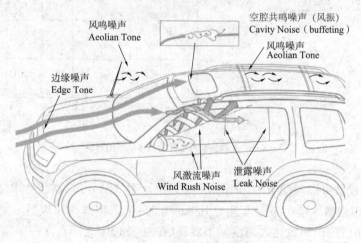

图 6-33　汽车风激励噪声声源主要位置示意图

6.5.2 汽车风噪声的影响因素

在概念设计和初期设计阶段,就要考虑如何降低风噪。汽车的外形设计对风噪有直接影响,图6-34表明了在车身各表面,对车内声场影响最大的是A立柱后的通气窗,其次是前侧窗。其主要原因有二:一是A立柱后存在着强烈的涡旋,侧窗表面脉动压力较强;二是侧窗玻璃的隔音能力较差。从图中我们还可以发现,在频率非常低的情况下(约100Hz以下),车内声场的声能主要来自后窗,这主要是受尾涡的影响。另外汽车底盘也有一定量较低频率的声能传入。下面做具体分析。

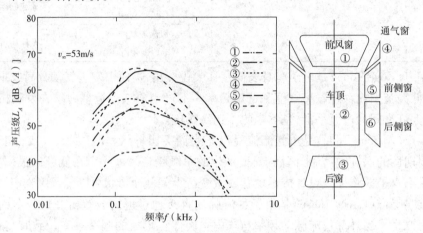

图6-34 车身各部位对汽车风噪的影响

1) 发动机前罩

前方气流流过发动机前罩上部和侧部时,会产生分离,进而在其后部再附着,由此产生边缘噪声。图6-35显示了通过改进发动机前罩形状以减小来流分离,使得2000~4000Hz频段噪声显著降低。

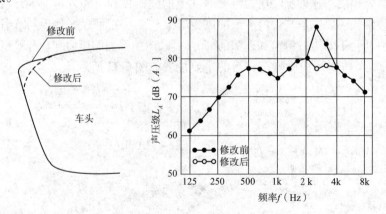

图6-35 发动机前罩形状对汽车风噪的影响

2) A柱倾斜角度

流线型车身设计可以避免A柱和顶棚前梁过早产生气动分离,这就要求A柱和顶棚前梁附近结构几何平滑过渡。图6-36是车速为100km/h时,某车型总声压级随A柱倾斜角度的变化,可以看出小角度的声压级比大角度低得多,且在40°和50°之间存在一个临界角,设计时需要对A柱倾角进行优化。

3) A柱台阶高度

A柱和前风窗玻璃之间通常有个台阶,可以避免雨刷把雨水刷到侧窗。台阶高度会直接影响车内风噪,尤其是侧风风噪。图6-37显示了A柱台阶高度对汽车风噪的影响,可以看出对于两个不同的车型,其风噪均随台阶的增高而增大。

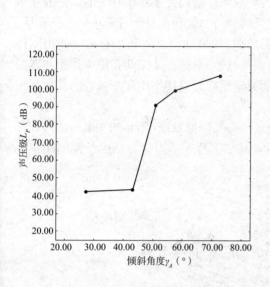

图6-36 A柱倾斜角度对汽车风噪的影响

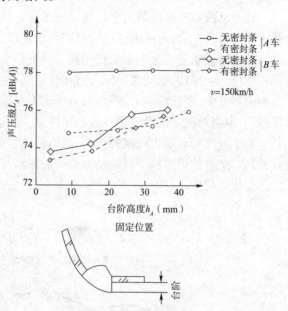

图6-37 A柱台阶高度对汽车风噪的影响

4) 雨水槽高度

图6-38显示了雨水槽高度对汽车风噪的影响。可以看出,随着雨水槽高度的增加,声压的变化呈非线性。当流水槽处于某一特定高度时,声压出现峰值;但高度继续增加时,声压却降低。

5) 前阻风板

装置前阻风板,可以截断来自地板下部的部分气流,驾驶室前座中心噪声在频率63~500Hz范围内可降低3~5dB。另外由于前阻风板使气流速度减缓,风噪总体可降低0.5~1.5dB。

6) 后视镜

表面光滑的后视镜罩以及离开车窗一定距离的悬臂式设计后视镜均有利于降低风噪。另外,后视镜与车身的结合处需要专门设计的模压胶垫密封以降低泄漏噪声。

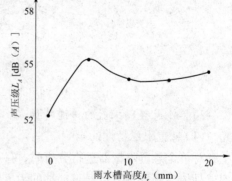

图6-38 雨水槽高度对汽车风噪的影响

6.6 汽车振动的传递及评价

6.6.1 动力总成的振动传递特性及评价

1) 动力总成振动的传递路径

现代汽车的动力总成主要有内燃机和电动机两种。在之前的相关章节中已经指出,内燃机的外部振动主要是由于内燃机运动部件的往复惯性力、离心惯性力以及汽缸内燃烧气体压力形成的整体反转转矩引起的。电驱动动力总成的外部激励主要有转子不平衡振动、转矩波动和输出转矩的反作用转矩等。这些外力和外力矩的共同作用所引起的动力总成振动最终传递到车身上,会引起车身的纵向、侧向、垂向和横摆方向上振动。

动力总成的外部振动主要是通过与车身之间的承载连接结构传递到车身上的。一般在承载式车身的汽车上,内燃机或电动机和传动系统组成的动力总成和车身通过副车架进行连接。动力总成的振动会通过副车架传递到车身上和乘员舱内;如果动力总成和车身之间使用刚性结构连接,内燃机的振动激励源会直接作用到车身和乘员舱,最终产生振动和噪声作用在驾驶员和乘客身上,降低汽车的舒适度;另外动力总成的振动激励源直接作用在车身等的其他系统部件上,也会对汽车的系统部件造成损坏。

为了有效隔离动力总成的振动,动力总成一般通过悬置隔振系统(图6-39和图6-40)和车身或副车架等结构连接。讨论动力总成的振动传递特性,主要就是指动力总成悬置隔振系统的振动传递特性。

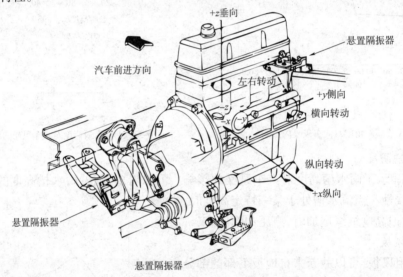

图6-39 内燃机动力总成的悬置隔振器布置和坐标系定义

2)单个悬置隔振器的传递特性

(1)悬置阻尼特性的影响。

对单个悬置隔振器进行分析时,可以将其简化一个单自由度弹簧阻尼振动系统。其传递率就是传递到悬置隔振器被动端的力 F_b 与主动端激励力 F 的幅值之比,即:

$$T = \left| \frac{F_b}{F} \right| = \sqrt{\frac{1 + (2\xi\lambda)^2}{(1-\lambda^2)^2 - (2\xi\lambda)^2}} \qquad (6-58)$$

其中,ξ 为阻尼比,λ 为激振力频率与系统固有频率之比。

由式(6-58)可得不同阻尼比下,传递率 T 随频率比 λ 的变化(如图6-41所示)。若要使隔振器传递的振动减小,即 $T<1$,频率比必须满足 $\lambda > \sqrt{2}$。由图6-41可见,在 $\lambda < \sqrt{2}$ 的区域内,振动被放大。这个区域上,阻尼比越大,振动放大的幅度越小。尤其是在 $\lambda=1$ 时,系统发生共振,大阻尼能很好地抑制共振。在 $\lambda < \sqrt{2}$ 的区域上,振动被衰减。这时阻尼越大,传递率越大,阻尼起反作用。即低频大振幅下要求悬置隔振器阻尼越大越好,而高频小振幅下要求阻

尼越小越好。隔振器悬置的理想阻尼特性曲线如图6-42所示。

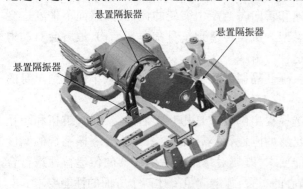

图6-40 电驱动动力总成的悬置隔振器布置

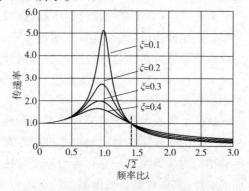

图6-41 单自由度隔振系统传递率曲线

（2）悬置刚度特性的影响。

悬置隔振器要承受来自动力总成的质量、惯性力和反作用转矩等外力和冲击。这些激励的频率较低、幅值很大，如果隔振器的刚度不足，动力总成在这些激励的影响下会产生较大的位移，与其他结构产生干涉。而对于隔振来说，频率比 λ 越大隔振效果越好。高频下，刚度越小，系统固有频率越低，频率比越大，隔振效果就越好。因此理想的隔振器刚度特性应为低频大振幅下刚度高，高频小振幅下刚度低，如图6-43所示。

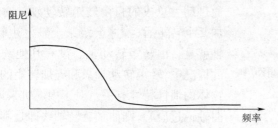

图6-42 理想隔振器的阻尼特性

图6-43 理想隔振器的刚度特性

（3）连接支架刚度特性的影响。

悬置两边各有一个支架，一个与动力总成相连，另一个与车身或者车架相连。支架—悬置—支架组成了悬置隔振器。支架的刚度对悬置隔振器的刚度也有一定的影响，如下式所示：

$$\frac{1}{K} = \frac{1}{K_1} + \frac{1}{k_i} + \frac{1}{K_2} \tag{6-59}$$

式中，K 为悬置隔振器的刚度；K_1、K_2 是支架的刚度；k_i 是悬置弹性元件的刚度。

如果这两个支架刚度非常硬，即 $K_1 \to \infty$ 和 $K_2 \to \infty$，则 $K \approx k_i$。但当支架的刚度比较低时，悬置隔振器的刚度就会受支架刚度的影响，可能达不到隔振的效果。

为了达到良好的效果，通常应遵循两个标准：一个标准是支架刚度应该是悬置弹性元件刚度的6~10倍，另一个标准是支架的最低频率应该在500Hz以上。

3）悬置隔振系统的性能要求

对悬置隔振系统的性能要求可以归纳支承、抗扭、防止冲击和隔振四个方面。

支承：悬置隔振系统要能支承动力总成的质量。质量要尽可能均匀地分配在每一个悬置隔振器上。动力总成装置的质心应该分布在几个悬置隔振器之间。

抗扭：当动力总成将转矩通过轴系传递给车轮时，会有反作用转矩作用到悬置隔振系统上,悬置隔振系统须有效抵抗这个反作用转矩,避免支撑系统发生过大的变形。

防止冲击:汽车在行驶过程中加速、减速和转向时会产生突变的惯性力,路面不平度也会对车轮产生冲击,这些冲击和力通过车轮、悬架等机构传递到车身和车架结构,最后会对动力总成系统产生冲击。悬置隔振系统须缓和这种冲击。

隔振:这是悬置隔振系统最主要的功能,降低隔振系统被动端的振动,减小传递到车身的振动和噪声。

这四个方面的性能要求对悬置的参数选择提出的要求是相互矛盾的。比如,抗扭和防止冲击方面的要求需要悬置隔振系统必须有足够的刚性,而隔振的要求又需要隔振系统的刚度足够小。为了满足这种互有矛盾的复杂性能要求,既要对单个悬置隔振器的传递特性进行合理的设计,也要对悬置隔振器的位置进行精心的布置,才能满足上述四个方面的性能要求。

4) 布置对悬置隔振系统性能的影响

乘用车的悬置隔振系统一般由三或四个悬置隔振器组成。悬置数量不宜过多,否则在车架发生变形时,悬置隔振器相对位置变化过大,容易使悬置隔振器的安装支架发生破坏。其中三点悬置由于对车架变形的适应性好,相对位置不易变化而广为采用。一些动力总成较大的商用车采用五点悬置布置,一般第五个悬置采用刚度很小的隔振器对变速器进行辅助支承,避免车架发生较大变形时,变速器壳体发生破裂。

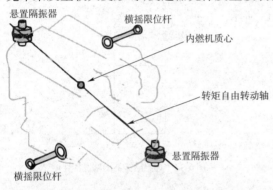

图 6-44 转矩自由转动轴和悬吊布置隔振器

悬置隔振器的最佳安放位置是使隔振器通过动力总成的自由转矩转动轴。对物体施加某个转矩后,物体会绕某个轴发生转动,该轴就是自由转矩转动轴。没有其他约束条件的情况下,转矩转动轴只和施加转矩的位置和物体的惯性特性有关。对于内燃机来说,如果曲轴通过质心,则曲轴旋转轴线即是其自由转矩转动轴,如图 6-44 所示。

当悬置隔振器布置在自由转矩转动轴时,隔振器只承受动力总成的惯性力和气体压力,不会承受额外的转矩。有利于隔振器有针对性地进行布置和设计。

悬置隔振器布置时应考虑的其他因素有:

(1) 尽可能安装在动力总成上振动最小的地方,使得传递到隔振器被动的振动也最小。

(2) 尽可能安装在振动传递率最小的位置,使到达车身或车架振动响应最小。

(3) 尽可能使动力总成的六个刚体振动振型解耦,使动力总成六个方向上的振动相互独立。当振动解耦时,对其中某一种特定振型进行控制的时候不会对其他振型产生影响。

三点悬置布置中常采用两类布置:底部布置和悬吊布置。

底部布置中两个前悬置隔振器多采用 V 型布置(如图 6-45),其轴线交点通过自由转动轴;后悬置隔振器布置在自由转动轴。在这种布置条件下,橡胶悬置既受到压缩变形也受到剪切变形,利用橡胶较高的剪切刚度特性,可以使动力总成具有较大的横向刚度,提高抗扭转的能力,同时又能较好地隔离垂向振动和纵向转动。

悬吊布置中前后悬置高低布置在自由转动轴上,通常还在侧面布置一个悬置(图 6-46)或设置横摇限位杆(图 6-44)抑制横向摇摆。高位悬吊的隔振器直接和车身相连,低位隔振器则与副车架连接。这种悬置布置的隔振效果较好,但往往受到安装空间的限制。

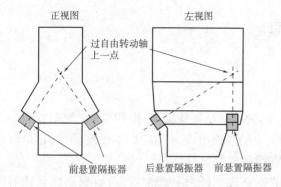 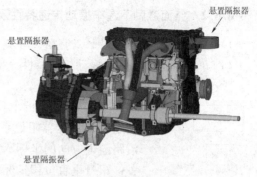

图 6-45　V 型悬置隔振器布置示意图　　图 6-46　高悬吊布置的动力总成悬置隔振系统

5）悬置隔振系统性能的评价

悬置隔振系统的评价指标主要包括隔振器的衰减率、动力总成的振型解耦度和横向转动频率等。

(1) 悬置隔振器的衰减率。

隔振器的衰减率 T 是以主被动端振动加速度来表征的，单位 dB，如下式：

$$T = 20\lg\left|\frac{a_a}{a_p}\right| \tag{6-60}$$

式中，a_a 为悬置隔振器主动端的振动加速度，a_p 为悬置隔振器被动端的振动加速度。一般认为衰减率达到 20dB 的悬置隔振器具有较好的隔振效果，即 $a_p \leq 0.1 a_a$。

(2) 动力总成的解耦度。

动力总成在三个坐标轴方向上存在三个平动和三个转动（图 6-39）共六个振型。动力总成振型的解耦度反映了各振型之间互不影响的程度，可用某一阶振型能量在所有振型总能量中的占比来表征：

$$\varepsilon_{ij} = \frac{E_{ij}}{\sum_{i=1}^{6} E_{ij}} \tag{6-61}$$

式中，$i = 1, 2, \cdots, 6$；f_j 为某一阶振型对应的频率；E_{ij} 为 f_j 频率下，第 i 阶振型能量。

理想的动力总成的各阶振型在对应频率下的解耦度应达到 100%，表明在该频率下的运动完全由某一个振型主导，不受其他振型影响。实际动力总成上，解耦度达到 90% 就认为振型基本解耦。解耦度不高时，特定激振频率下会动力总成产生两种以上的运动模式，使悬置隔振器振动传递特性的设计问题变得复杂，不利于达到最好的隔振效果。

(3) 横向转动频率。

对于内燃机动力总成，横向转动频率是另一个评价动力总成振动传递特性的指标。在讨论理想阻尼特性时已经指出，只有当频率比 $\lambda > \sqrt{2}$，才能衰减振动。因此要衰减振动，必须满足：

$$f_{rn} < \frac{f_e}{\sqrt{2}} \tag{6-62}$$

式中，f_e 为激励频率。对于内燃机动力总成，激励频率一般取怠速工况下最低发火频率，f_{rn} 是横向转动振型特振型频率。横向转动方向上的振动是曲轴转动引发的，一般是内燃机主要振型频率中最低的。当横向转动方向上的振型频率满足式(6-62)，一般其他各阶振型频率也能满足这个隔振条件。

6.6.2 路面激励下汽车振动传递特性及评价

1)车身垂向振动传递特性及评价

(1)车身单自由度垂向振动传递特性分析。

①运动微分方程及频率响应特性。

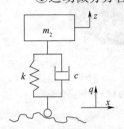

图6-47 车身单质量垂直振动模型

图6-47是分析车身振动的单质量系统模型,由质量m_2的车身和弹簧刚度k、减振器阻尼系数为c的悬架组成,q为路面不平度函数,它是以沿路前进方向的坐标x为参数的随机过程。

车身垂直位移坐标z的原点选在静力平衡位置,可得到系统运动的微分方程:

$$m_2\ddot{z} + c\dot{z} + kz = c\dot{q} + kq \tag{6-63}$$

对式(6-63)通常关心稳态随机响应,它取决于路面不平度函数$q(x)$和系统的频率响应特性函数$H(\omega)$。

系统频率响应特性函数定义为系统的响应z及激励q的傅里叶变换之比,在此记为$H(\omega)_{z/q}$。由定义知:

$$H(\omega)_{z/q} = \frac{Z(\omega)}{Q(w)} \tag{6-64}$$

式中,$Z(\omega) = F(z(t))$,$Q(\omega) = F(q(t))$。

对式(6-64)进行傅立叶变换可得频响函数为:

$$H(\omega)_{z/q} = \frac{1 + 2j\zeta\lambda}{1 - \lambda^2 + 2j\zeta\lambda} \tag{6-65}$$

式中,$\zeta = c/2\sqrt{km_2}$为阻尼比;$\omega_n = \sqrt{k/m_2}$为系统无阻尼固有频率;$\lambda = \omega/w_n$为频率比。

在平顺性分析中主要关心响应幅值与激励频率的关系,式(6-65)的模即为幅频特性。

$$|H(\omega)_{z/q}| = \sqrt{\frac{1 + (2\zeta\lambda)^2}{(1-\lambda^2)^2 + (2\zeta\lambda)^2}} \tag{6-66}$$

$|H(\omega)_{z/q}|$的图形如图6-48,它和谐波激励幅频特性是相同的。

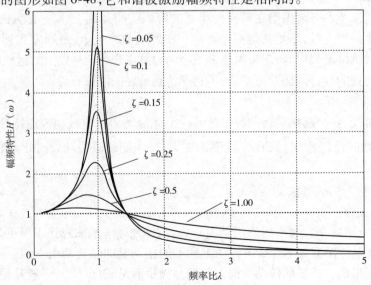

图6-48 单质量系统的幅频特性

对于这里考虑的汽车悬架系统,阻尼比的数值通常在 0.25 左右,属于小阻尼。

②汽车平顺性分析。

车身加速度 $\ddot{z}$ 是评价汽车平顺性的主要指标。另外悬架的动挠度 δ_d 与其限位行程 $[\delta_d]$ 配合不当时,会经常撞击限位块,使平顺性变坏。车轮与路面间的动载 F_d 影响车轮与路面的附着效果,影响操纵稳定性。在进行平顺性分析时,要在路面随机输入下对汽车振动系统的这三个振动响应量进行分析计算,以综合选择悬架系统的设计参数。

对于所有讨论的汽车振动系统,路面只经过车轮对系统输入并假设路面不平度函数为平稳随机过程,由线性系统平稳随机激励下的振动响应得到,响应的功率谱密度 $G_z(f)$ 与路面输入量的功率谱密度 $G_q(f)$ 的关系应为:

$$G_z(f) = |H(f)_{z/q}|^2 G_q(f) \tag{6-67}$$

式中, $f = \dfrac{\omega}{2\pi}$ 为频率(Hz); $|H(f)_{z/q}|$ 即为幅频特性。

由于振动响应量 $\ddot{z}$、δ_d、F_d 取正、负值的概率相同,所以其均值近似为零。因此,这些量的统计特征为方差等于均方值,并可由其功率谱密度对频率积分求得:

$$\sigma_z^2 = \int_0^\infty G_z(f)\mathrm{d}f = \int_0^\infty |H(f)_{z/q}|^2 G_q(f)\mathrm{d}f \tag{6-68}$$

式中, σ_z 为标准差,均值为零时,它就等于均方根值。

进行平顺性分析时,通常根据路面不平度系数与车速共同确定的路面输入谱 $G_q(f)$ 和由汽车悬架系统参数确定的频率响应函数 $H(f)_{z/q}$,按式(6-67)、式(6-68)计算振动响应量的功率谱 $G_z(f)$ 和均方根值 σ_z。由此可以分析悬架系统参数对振动响应的影响,反过来也可根据汽车平顺性评价指标来优化悬架系统设计参数。

路面输入除了利用位移谱 $G_q(f)$,还可以用速度谱 $G_{\dot{q}}(f)$ 或加速度谱 $G_{\ddot{q}}(f)$ 与相应的幅频特性 $H(f)_{z/\dot{q}}$ 或 $H(f)_{z/\ddot{q}}$ 的平方相乘,同样可以得到振动响应量的功率 $G_z(f)$。

路面统计分析结果表明,路面速度功率谱在整个频率范围内为一常数,即为"白噪声",且常数只与路面不平度系数和车速有关,而与频率无关。即 $G_{\dot{q}}(f)$ 恒为某个常数,这给平顺性分析带来极大方便。用 $G_{\dot{q}}(f)$ 作为输入谱代入式(6-67)并两边开方,得到输入输出均方根值谱之间的关系。

$$\sqrt{G_z(f)} = |H(f)_{z/\dot{q}}|\sqrt{G_{\dot{q}}(f)} \tag{6-69}$$

由式(6-69)可知,响应量 z 的均方根值谱与响应量 z 对速度输入 $\dot{q}$ 的幅频特性 $H(f)_{z/\dot{q}}$ 的图形完全相同,只差某常数倍。可以用响应量对速度输入的幅频特性来定性分析响应量的均方根值谱。讨论悬架系统参数对平顺性的影响。

a. 车身加速度 $\ddot{z}$ 对 $\dot{q}$ 的幅频特性 $|H_{\ddot{z}/\dot{q}}|$。

由定义可知:

$$|H(\omega)_{\ddot{z}/\dot{q}}| = \left|\dfrac{\omega^2 Z}{w Q}\right| = |\omega H(\omega)_{z/q}| = \omega\sqrt{\dfrac{1+(2\zeta\lambda)^2}{(1-\lambda^2)^2+(2\zeta\lambda)^2}} \tag{6-70}$$

图6-49 为两种不同固有频率 ω_n 和阻尼比 ζ 情况下的车身加速度 $\ddot{z}$ 对 $\dot{q}$ 的幅频特性曲线,由曲线可以看出,随固有频率 ω_n 的提高, $|H_{\ddot{z}/\dot{q}}|$ 在共振段和高频段都成比例提高。在共振时,将 $\omega = \omega_n$ 代入式(6-70)得:

$$|H(\omega)_{\ddot{z}/\dot{q}}|_{w=w_n} = \omega_n\sqrt{1+\dfrac{1}{4\zeta^2}} \tag{6-71}$$

即在共振点, $\ddot{z}$ 的均方根值谱与固有圆频率 ω_n 成正比。在共振段,阻尼比 ζ 增大, $|H_{\ddot{z}/\dot{q}}|$

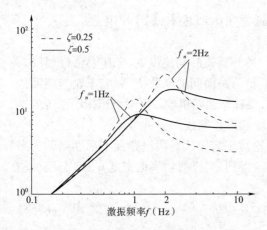

减小;在高频段,ζ 增大,$|H_{\ddot{z}/q}|$ 也增大,故 ζ 对共振段与高频段的效果相反,综合考虑,取 ζ 在 0.2 ~ 0.4 之间比较合适。

b. 车轮与路面间相对动载 F_d/G 对 $\dot{q}$ 的幅频特性 $|H_{F_d}/G_q|$。

车轮与路面间的动载 F_d 与车轮作用于路面的静载 G 之比值 F_d/G 称为相对动载。$F_d/G > 1$ 时,车轮会跳离地面完全失去附着,影响汽车操纵稳定性。

对于单质量系统:

图 6-49 单质量系统的 $\ddot{z}$ 对 $\dot{q}$ 幅频特性曲线

$$\frac{F_d}{G} = \frac{m_2 \ddot{z}}{m_2 g} = \frac{\ddot{z}}{g} \tag{6-72}$$

可见 F_d/G 对 $\dot{q}$ 的幅频特性与 $|H_{\ddot{z}/q}|$ 只相差系数 $1/g$,g 为重力加速度。则振动系统固有频率 ω_n 和阻尼比 ζ 对幅频特性的影响与上面讨论 $|H_{\ddot{z}/q}|$ 完全一样,不再重复。

c. 悬架动挠度 δ_d 对 $\dot{q}$ 的幅频特性 $|H_{\delta_d/\dot{q}}|$。

如图 6-50 所示,由车身平衡位置起,悬架允许的最大压缩行程就是其限位行程 $[\delta_d]$。动挠度 δ_d 与限位行程 $[\delta_d]$ 应适当配合,否则会增加行驶中撞击限位的概率,使平顺性变坏。

由图 6-47 知,$\delta_d = z - q$,所以 δ_d 对 q 的频率响应函数为:

$$H_{\delta_d/q} = \frac{Z-Q}{Q} = \frac{Z}{Q} - 1 \tag{6-73}$$

将式(6-66)代入得:

$$H_{\delta_d/q} = \frac{\lambda^2}{1 - \lambda^2 + 2j\zeta\lambda} \tag{6-74}$$

图 6-50 限位行程示意

于是,δ_d 对 q 的幅频特性为:

$$|H_{\delta_d/q}| = \frac{\lambda^2}{\sqrt{(1-\lambda^2)^2 + (2\zeta\lambda)^2}} \tag{6-75}$$

其图形如图 6-51 所示。由式(6-75)知,在低频段,当 $\lambda \ll 1$ 时,$|H_{\delta_d/q}| \to \lambda^2$ 对输入为位移衰减作用;在高频段,当 $\lambda \gg 1$ 时,$|H_{\delta_d/q}| \to 1$,此时悬架位移与路面输入趋于相等,车身位移 $z \to 0$;在共振段,当 $\lambda \to 1$ 时,$|H_{\delta_d/q}|_{\lambda=1} \to \frac{1}{2\zeta}$。阻尼比 ζ 对 $|H_{\delta_d/q}|$ 只在共振段起作用,而且当 $\zeta = 0.5$ 时已不呈现峰值。

因为 $F(\dot{q}) = \omega Q(\omega)$,则 δ_d 对 $\dot{q}$ 的幅频特性应为:

$$|H_{\delta_d/\dot{q}}| = \frac{1}{\omega} |H_{\delta_d/q}| \tag{6-76}$$

图 6-52 为两种不同固有频率 ω_n 和阻尼比 ζ 情况下的 $|H_{\delta_d/\dot{q}}|$ 曲线,由该曲线可以看出,随固有频率 ω_n 的提高,$|H_{\delta_d/\dot{q}}|$ 在共振段和低频段与 ω_n 成比例下降。在共振时:

$$|H_{\delta_d/\dot{q}}|_{\omega=\omega_n} = \frac{1}{2\zeta\omega_n} \tag{6-77}$$

所以,共振点上 δ_d 的均方根值谱与固有频率 ω_n 和阻尼比 ζ 成反比。

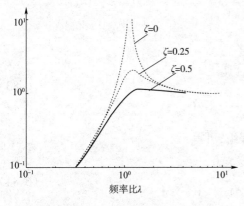

图 6-51 δ_d 对 q 的幅频特性曲线

图 6-52 δ_d 对 $\dot{q}$ 的幅频特性曲线

(2) 车轮-车身二自由度的垂向振动传递特性。

① 运动方程与振型分析。

对于双轴汽车振动模型,当悬挂质量分配系数 $\varepsilon = \rho_{y2}/ab$ 的数值接近 1 时,前后悬挂系统的垂直振动几乎是独立的。于是可以简化为图 6-53 所示的双质量系统平顺性分析模型,这就是两自由度振动系统。这个系统除了具有单自由度振动系统能反映的车身部分的动态特性外,还能反映车轮部分在 10~15Hz 范围产生高频共振时的动态特性,它对平顺性和车轮的接地性有较大影响。此模型更接近汽车悬挂系统的实际情况。

设车轮与车身垂直位移坐标为 z_1、z_2,坐标原点选在各自的平衡位置,其运动微分方程为:

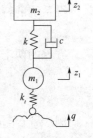

图 6-53 车轮—车身系统振动模型

$$\begin{cases} m_2\ddot{z}_2 + c(\dot{z}_2 - \dot{z}_1) + k(z_2 - z_1) = 0 \\ m_1\ddot{z}_1 + c(\dot{z}_1 - \dot{z}_2) + k(z_1 - z_2) + k_t(z_1 - q) = 0 \end{cases} \quad (6-78)$$

式中,m_2 为悬挂质量(簧上质量,包括车身等);m_1 为非悬挂质量(簧下质量,包括车轮、车轴等);k,k_t 分别为弹簧和轮胎刚度;c 为减震器阻尼系数。

无阻尼自由振动时,运动方程变成:

$$\begin{cases} m_2\ddot{z}_2 + k(z_2 - z_1) = 0 \\ m_1\ddot{z}_1 + k(z_1 - z_2) + k_t z_1 = 0 \end{cases} \quad (6-79)$$

由运动方程可以看出,m_2 与 m_1 的振动是相互耦合的。若 m_1 不动 $(z_1 = 0)$,则得:

$$m_2\ddot{z}_2 + kz_2 = 0 \quad (6-80)$$

这相当于只有车身质量 m_2 的单自由度无阻尼自由振动。其固有圆频率 $\omega_n = \sqrt{k/m_2}$。同样,若 m_2 不动 $(z_2 = 0)$,相当于车轮质量 m_1 作单自由度无阻尼自由振动,于是可得:

$$m_1\ddot{z}_1 + (k + k_t)z_1 = 0 \quad (6-81)$$

车轮部分固有圆频率:

$$\omega_t = \sqrt{\frac{(k + k_t)}{m_1}} \quad (6-82)$$

ω_n 与 ω_t 是只有单独一个质量振动时的部分频率,称为偏频。

在无阻尼自由振动时,设两个质量以相同的圆频率 ω 和相角 φ 作简谐振动,振幅为 z_{10}、

z_{20},则其解为 $z_1 = z_{10}e^{j(\omega t+k)}, z_2 = z_{20}e^{j(\omega t+k)}$

将上面两个解代入微分方程组(6-79)得：

$$-z_{20}\omega^2 + \frac{k}{m_2}z_{20} - \frac{k}{m_2}z_{10} = 0$$
$$-z_{10}\omega^2 + \frac{k}{m_1}z_{20} - \frac{k+k_t}{m_1}z_{10} = 0$$
(6-83)

将 $\omega_n^2 = k/m_2$、$\omega_t^2 = (k+k_t)/m_1$ 代入(6-83)方程组，可得：

$$(\omega_n^2 - \omega^2)z_{20} - \omega_n^2 z_{10} = 0$$
$$-\frac{k}{m_1}z_{20} + (\omega_t^2 - \omega^2)z_{10} = 0$$
(6-84)

此方程组有非零解的条件是系数行列式为零，即：

$$\begin{vmatrix} (\omega_n - \omega^2) & -\omega_n^2 \\ -\dfrac{k}{m_1} & (\omega_t^2 - \omega^2) \end{vmatrix} = 0$$
(6-85)

得系统的特征方程：

$$\omega^4 - (\omega_t^2 + \omega_n^2)\omega^2 + \omega_n^2\omega_t^2 - \omega_n^2 k/m_1 = 0$$
(6-86)

方程的两个根为二自由度系统的两个频率 ω_1 和 ω_2 的平方：

$$\omega_{1,2}^1 = \frac{1}{2}(\omega_t^2 + \omega_n^2) \mp \sqrt{\frac{1}{4}(\omega_t^2 + \omega_n^2)^2 - \frac{kk_t}{m_2 m_1}}$$
(6-87)

例：某汽车，$\omega_n = 2\pi \text{rad/s}$，质量比 $\mu = m_2/m_1 = 10$，刚度比 $\gamma = k_t/k = 9$，求系统的固有频率。

解：由式(6-82)得

$$\omega_t = \sqrt{(k+k_t)/m_2} = \sqrt{(k+9k)/(m_2/10)} = \sqrt{\frac{100k}{m_2}} = 10\omega_n$$

由式(6-84)得 $\omega_1 = 0.95\omega_n, \omega_2 = 10.01\omega_n$

由此可见，低的主频率 ω_1 与 ω_n 接近，高的主频率 ω_2 与 ω_t 接近，且有 $\omega_1 < \omega_n < \omega_t < \omega_2$。

将 ω_1、ω_2 代入式(6-83)，可确定两个主振型，即 z_{10} 与 z_{20} 的振幅比：

一阶主振型：$\left(\dfrac{z_{10}}{z_{20}}\right)_1 = \dfrac{\omega_n^2 - \omega_1^2}{\omega_n^2} = 0.1$

二阶主振型：$\left(\dfrac{z_{10}}{z_{20}}\right)_2 = \dfrac{\omega_n^2 - \omega_1^2}{\omega_n^2} = -99.2$

车身与车轮两个自由度的主振型如图6-54所示。在强迫振动情况下，激振频率 ω 接近 ω_1 时产生低频共振，按一阶主振型振动，车身质量 m_2 的振幅比车轮质量 m_1 的振幅大将近10倍。所以主要是车身质量 m_2 在振动，称为车身型振动。当激振频率 ω 接近 ω_2 时，产生高频共振，按二阶主振型振动，此时车轮质量 m_1 的振幅比车身质量 m_2 的振幅大将近100倍(实际由于阻尼存在不会相差这么多)，称为车轮型振动。

对车轮型振动，由于车身基本不动，所以可将二自由度系统简化为图6-55所示车轮部分的单质量系统，来分析车轮部分在高频共振区的振动。

此时，质量 m_1 的运动方程为：

$$m_1\ddot{z}_1 + c\dot{z}_1 + (k+k_t)z_1 = k_t q$$
(6-88)

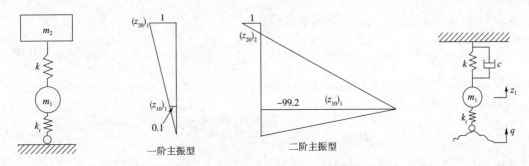

图 6-54　车轮—车身振动系统主振型　　图 6-55　车轮部分单质量系统

利用对单自由度系统一般解法,可求得车轮位移 z_1 对 q 的频率响应函数为:

$$H(\omega)_{z_1/q} = \frac{k_t}{k + k_t - \omega^2 m_1 + j\omega c} \tag{6-89}$$

将上式分子、分母除以 $k + k_t$,并把车轮部分固有频率 $\omega_t = \sqrt{(k + k_t)/m_1}$,车轮部分阻尼比 $\zeta_t = c/2\sqrt{(k + k_t)m_1}$ 以及 $\lambda_t = \omega/\omega_t$ 代入上式,得:

$$H(\omega)_{z_1/q} = \frac{\dfrac{k_t}{(k + k_t)}}{1 - \lambda_t^2 + j2\zeta_t\lambda_t} \tag{6-90}$$

其幅频特性为:

$$|H(\omega)_{z_1/q}| = \frac{\dfrac{k_t}{(k + k_t)}}{\sqrt{(1 - \lambda_t^2)^2 + (2\zeta_t\lambda_t)^2}} \tag{6-91}$$

在高频共振 $\omega = \omega_t$ 时,车轮的加速度均方根值谱 $\sqrt{G_{\ddot{z}_1}(\omega_t)}$ 正比于 $\ddot{z}_1$ 对 $\dot{q}$ 的幅频特性,有:

$$|H(\omega)_{\ddot{z}_1/\dot{q}}|_{\omega = \omega_t} = \left|\omega\frac{Z_1}{Q}\right|_{\omega = \omega_t} = |\omega H(\omega)_{z_1/q}|_{\omega = \omega_t} = \frac{\dfrac{\omega_t k_t}{(k + k_t)}}{2\zeta_t} \tag{6-92}$$

可见,降低轮胎刚度 k_t 能使 ω_t 下降和 ζ_t 加大,这是减小车轮部分高频共振时加速度的有效方法;降低非悬挂质量 m_1 使 ω_t 和 ζ_t 都加大,车轮部分高频共振时的加速度基本不变,但车轮部分动载 $m_1\ddot{z}_1$ 下降,对降低相对动载 F_d/G 有利。

②传递特性。

先求双质量系统的频率响应函数,将有关各复振幅代入方程(6-79),得

$$\begin{aligned} z_2(-\omega^2 m_2 + j\omega c + k) &= z_1(j\omega c + k) \\ z_1(-\omega^2 m_1 + j\omega c + k + k_t) &= z_2(j\omega c + k) + \zeta k_t \end{aligned} \tag{6-93}$$

由式(6-93)的第一式可得 z_2 对 z_1 的频率响应函数:

$$H(\omega)_{z_2/z_1} = \frac{j\omega c + k}{k - \omega^2 m_2 + j\omega c} = \frac{A_1}{A_2} = \frac{1 + 2j\zeta\lambda}{1 - \lambda^2 + 2j\zeta\lambda} \tag{6-94}$$

式中,$A_1 = j\omega c + k = k(1 + 2j\zeta\lambda)$;$A_2 = k - \omega^2 m_2 + j\omega c = k(1 - \lambda^2 + 2j\zeta\lambda)$;$\lambda = \omega/\omega_n$;$\zeta = c/2\sqrt{km_2}$。

式(6-94)的幅频特性 $|H(\omega)_{z_2/z_1}|$ 与式(6-66)所示单质量系统幅频特性 $H(j\omega)_{z/q}$ 完全一样。

由方程组(6-93)可得 z_1 对 q 的频率响应函数：

$$H(\omega)_{z_1/q} = \frac{A_2 k_t}{A_3 A_2 - A_1^2} = \frac{A_2 k_t}{N} \tag{6-95}$$

式中，$N = A_3 A_2 - A_1^2$；$A_3 = k + k_t - \omega^2 m_1 + j\omega c$。

对 $H(\omega)_{z_1/q}$ 取模：

$$|H(\omega)_{z_1/q}| = \gamma \sqrt{\frac{(1-\lambda^2)^2 + 4\zeta^2 \lambda^2}{\Delta}} \tag{6-96}$$

式中，$\Delta = [(1-\lambda^2)(1+\gamma-1/\mu\lambda^2) - 1]^2 + 4\zeta^2\lambda^2[\gamma - (1/\mu + 1)\lambda^2]^2$；$\lambda = \omega/\omega_n$；$\gamma = k_t/k$ 为刚度比；$\mu = m_2/m_1$ 为质量比。

车身位移 z_2 对路面位移 q 的频率响应函数，由式(6-96)及式(6-95)两个环节的频率响应函数相乘得到：

$$H(\omega)_{z_2/q} = \frac{z_2(\omega)}{Q_2(\omega)} = \frac{Z_2(\omega) Z_1(\omega)}{Z_1(\omega) Q(\omega)}$$

$$= H(\omega)_{z_2/z_1} H(\omega)_{z_1/q} = \frac{A_1}{A_2} \frac{A_2 k_t}{N} = \frac{A_1 k_t}{N} \tag{6-97}$$

z_2 对 q 的幅频特性就为两个环节幅频特性相乘而得：

$$|H(\omega)_{z_2/q}| = |H(\omega)_{z_2/z_1}||H(\omega)_{z_1/q}|$$

$$= \sqrt{\frac{1 + 4\zeta^2 \lambda^2}{(1-\lambda^2)^2 + 4\zeta^2 \lambda^2}} \cdot \gamma \sqrt{\frac{(1-\lambda^2)^2 + 4\zeta^2 \lambda^2}{\Delta}} = \gamma \sqrt{\frac{1 + 4\zeta^2 \lambda^2}{\Delta}} \tag{6-98}$$

图 6-56、图 6-57 是分别对应式(6-96)和式(6-98)的幅频特性曲线。

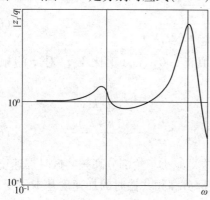

图 6-56　对 q 的幅频特性曲线　　　　　图 6-57　对 q 的幅频特性曲线

从曲线可看出，对于这个车身车轮二自由度模型，当激振频率接近系统两阶固有频率 ω_1 和 ω_2 时，都会发生共振，车身位移 z_2 对 q 的幅频特性和车轮位移 z_1 对 q 的幅频特性，有低频、高频两个共振峰。

③平顺性分析。

a. 车身加速度 $\ddot{z}_2$ 对 q 的幅频特性应为：

$$|H(\omega)_{\ddot{z}_2/q}| = \left|\frac{\ddot{z}_2(\omega)}{q(\omega)}\right| = \left|\frac{\omega^2 z_2(\omega)}{\omega q(\omega)}\right| = |\omega H(\omega)_{z_2/q}| \tag{6-99}$$

将式(6-98)代入上式，得：

$$|H(\omega)_{\ddot{z}_2/q}| = \omega\gamma \sqrt{\frac{1 + 4\zeta_t^2 \lambda^2}{\Delta}} \tag{6-100}$$

b. 相对动载 F_d/G 对 $\dot{q}$ 的幅频特性。

车轮动载 $F_d = k_t(z_1 - q)$；静载 $G = (m_1 + m_2)g = m_1(\mu+1)g$；$F_d/G$ 对 q 的频率响应函数：

$$H(\omega)_{F_d/G_q} = \frac{F_d}{G_q} = \left(\frac{z_1(\omega)}{Q(\omega)} - 1\right)\frac{k_t}{m_1(\mu+1)g} \tag{6-101}$$

将式(6-95)代入上式,得：

$$H(\omega)_{F_d/G_q} = \left(\frac{A_2 k_t}{N} - 1\right)\frac{k_t}{m_1(\mu+1)g} \tag{6-102}$$

而 F_d/G 对 $\dot{q}$ 的频率响应函数应为：

$$|H(\omega)_{F_d/G_{\dot{q}}}| = \left|\frac{1}{\omega}H(\omega)_{F_d/G_q}\right| = \frac{\gamma\omega}{g}\sqrt{\frac{\left(\frac{\lambda^2}{\mu+1} - 1\right)^2 + 4\zeta_t^2\lambda^2}{\Delta}} \tag{6-103}$$

c. 悬架动挠度 δ_d 对 $\dot{q}$ 的幅频特性。

δ_d 对 q 的频率响应函数为：

$$H(\omega)_{\delta_d/q} = \frac{\delta_d(\omega)}{q(\omega)} = \frac{z_2 - z_1}{Q} = \frac{z_2}{Q} - \frac{z_1}{Q} \tag{6-104}$$

将式(6-95)、式(6-97)代入上式,得：

$$H(\omega)_{\delta_d/q} = \frac{A_1 k_c}{N} - \frac{A_2 k_t}{N} = \frac{k_t(A_1 - A_2)}{N} = \gamma\lambda^2\sqrt{\frac{1}{\Delta}} \tag{6-105}$$

而 δ_d 对 $\dot{q}$ 的频率响应函数应为：

$$|H(\omega)_{\delta_d/\dot{q}}| = \left|\frac{1}{\omega}H(\omega)_{\delta_d/q}\right| = \frac{\gamma}{\omega}\lambda^2\sqrt{\frac{1}{\Delta}} \tag{6-106}$$

当确定了路面不平度系数 $G_q(n_0)$ 和车速之后,可计算路面速度功率谱密度 $G_{\dot{q}}(f)$,并按式(6-100)、式(6-103)、式(6-106)和悬挂系统具体参数,求出振动响应量 $\ddot{z}$、F_d/G 和 δ_d 对 $\dot{q}$ 的幅频特性,然后就可以求出响应量的功率谱密度。

由于这三个振动响应量的均值为零,所以这几个量的方差等于均方值,此值可由功率谱密度对频率积分求得,以车身加速度为例,其均方值为：

$$\sigma_{\ddot{z}_2}^2 = \int_0^\infty |H(\omega)_{\ddot{z}_2/\dot{q}}|^2 G_{\dot{q}}(f)\mathrm{d}f \tag{6-107}$$

式中, $\sigma_{\ddot{z}_2}$ 为车身加速度 $\ddot{z}_2$ 的标准差(等于均方根值)。

将路面功率谱密度代入式(6-107),得：

$$\sigma_{\ddot{z}_2}^2 = 4\pi^2 G_q(n_0) n_0^2 v \int_0^\infty |H(\omega)_{\ddot{z}_2/\dot{q}}|^2 \mathrm{d}f \tag{6-108}$$

由上式可以看出,当由系统参数确定的幅频特性 $|H(\omega)_{\ddot{z}_2/\dot{q}}|$ 一定时,车身加速度的均方值 $\sigma_{\ddot{z}_2}^2$ 与路面不平度系数 $G_q(n_0)$ 以及车速 v 成正比。因此,不同路面的不平度系数和车速下的均方值 $\sigma_{\ddot{z}_2}^2$ 可以按 $G_q(n_0)$ 和 v 数值变化的比例推算出。

式(6-107)中幅频特性的表达式相当复杂,一般难以用解析的方法直接进行积分,在工程上采用数值积分的方法。等间隔取 N 个离散频率值,频带宽度为 Δf,式(6-107)变为：

$$\sigma_{\ddot{z}_2}^2 = \sum_{n=1}^N |H(n\Delta f)_{\ddot{z}_2/\dot{q}}|^2 \cdot G_{\dot{q}}(n\Delta f)\Delta f \quad (n=1,2,\cdots,N) \tag{6-109}$$

(3)车轮—车身—人体—座椅三自由度的垂向振动传递特性。

①"人体—座椅"系统运动方程及幅频特性。

为了计算座椅传至人体的振动,要在车身与车轮二自由度的汽车振动模型上再附加一个"人体—座椅"系统,这样就成图 6-58 所示的考虑车轮—车身—人体—座椅三自由度的振动系统。

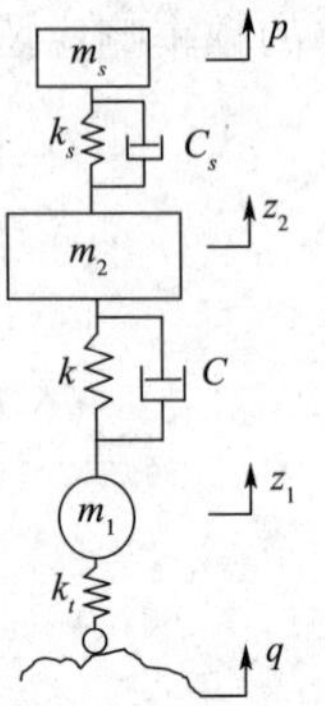

附加"人体—座椅"后振动系统的微分方程为:

$$m_s\ddot{p} + C_s(\dot{p} - \dot{z}_2) + K_s(p - z_2) = 0 \tag{6-110}$$

$$m_2\ddot{z}_2 + C(\dot{z}_2 - \dot{z}_1) + C_s(\dot{z}_2 - \dot{p}) + K(z_2 - z_1) + K_g(z_2 - p) = 0 \tag{6-111}$$

$$m_1\ddot{z}_1 + C(\dot{z}_1 - \dot{z}_2) + K(z_1 - z_2) + K_t(z_1 - q) = 0 \tag{6-112}$$

图 6-58 "车轮—车身—人体—座椅"系统的振动模型

由于人体的质量比车身质量小很多,故可忽略人体对车身运动的影响,即不考虑式(6-111)中 $C_s(\dot{z}_2 - \dot{p})$ 和 $K_s(z_2 - p)$ 这两项,这样运动方程变为:

$$m_s\ddot{p} + C_s(\dot{p} - \dot{z}_2) + K_s(p - z_2) = 0 \tag{6-113}$$

$$m_2\ddot{z}_2 + C(\dot{z}_2 - \dot{z}_1) + K(z_2 - z_1) = 0 \tag{6-114}$$

$$m_1\ddot{z}_1 + C(\dot{z}_1 - \dot{z}_2) + K(z_1 - z_2) + K_t(z_1 - q) = 0 \tag{6-115}$$

这样三个自由度可分为两个环节:一个是式(6-113)表示的"人体—座椅"单质量振动系统,它的运动方程与单质量运动方程式相同。另一个是式(6-114)和式(6-115)表示的双质量系统,与车身车轮双质量系统相同,而车身垂直振动 z_2 是"人体—座椅"子系统的输入,于是传至人体的加速度 $\ddot{p}$ 对路面输入速度 $\dot{q}$ 的幅频特性可表示为:

$$\left|\frac{\ddot{p}}{\dot{q}}\right| = \left|\frac{\ddot{p}}{\ddot{z}_2}\right| \cdot \left|\frac{\ddot{z}_2}{\dot{q}}\right| = \left|\frac{p}{z_2}\right| \cdot \left|\frac{\ddot{z}_2}{\dot{q}}\right| \tag{6-116}$$

$\left|\dfrac{\ddot{z}_2}{\dot{q}}\right|$ 在前面已讨论过, $\left|\dfrac{p}{z_2}\right|$ 是"人体—座椅"单自由度系统各幅频特性,与车身单质量系统的幅频特性相同,具体表达式为:

$$\left|\frac{p}{z_2}\right| = \sqrt{\frac{1 + (2\zeta_s\lambda_s)^2}{(1 - \lambda_s^2)^2 + (2\zeta_s\lambda_s)^2}} \tag{6-117}$$

式中,λ_s 为频率比,$\lambda_s = \omega/w_s$;ω_s 为"人体—座椅"系统的固有频率 $\omega_s = \sqrt{k_s/m_s}$;$\zeta_s$ 为"人体—座椅"系统的阻尼比,$\zeta_s = C_s/(2\sqrt{k_sm_s})$。

由图 6-59 可以看出,"人体—座椅"系统在其固有频率 f_s 附近,对车身底板的振动输入有一定放大,在激振频率超过 $\sqrt{2}f_s$ 后,对底板振动输入起衰减作用。图中虚线是把人体简化为图 6-59c) 右上角所示两个自由度系统时,得到的"人体—座椅"系统幅频特性。

② "人体—座椅"系统参数的选择。

由图 6-59 可知,为了提高平顺性,降低传至人体的总价全加速度均方根值,在选择"人体—座椅"参数时,首先要保证人体最敏感的频率范围 4~12Hz 处于减振区。按"人体—座椅"单自由度系统来考虑,其固有频率 $f_s = 4/\sqrt{2}$Hz ≈ 2Hz,同时在选择 f_s 时,还要避开与车身部分固有频率 f_0 重合,以防 p 的响应谱出现突出的尖峰。f_0 一般在 1.2~2Hz 范围,所以 f_s 一般在 2~3Hz 范围,一般不使 f_s 低于 f_0,只有在 f_0 较高的场合,可以考虑 f_s 低于 f_0,在 2Hz 左右,但要有足够大的阻尼。

为了减少共振振幅,座椅系统选择适当的阻尼也很重要,一般来说座椅的阻尼比 $\zeta_s = 0.25$

左右较合适,选择共振振幅不会太大,而高频区又能保持良好的减振效果。

若考虑人体自身的减振效果实际衰减的频率范围向低频扩展,因此值可以选得高一些,目前泡沫成型座椅的值有的达到 5~6Hz,在适当配合下,仍可保证处于 4~8Hz 的减振区。

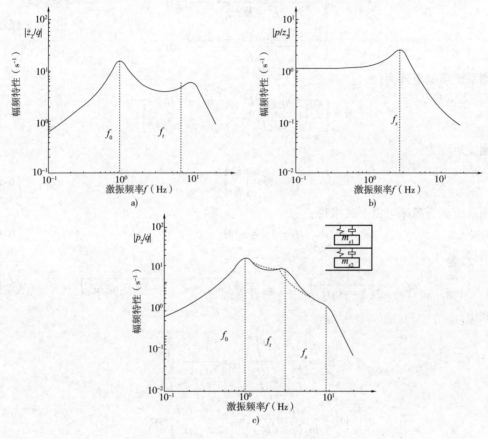

图 6-59 "人体—座椅"系统传递特性

2) 车身俯仰振动传递特性及评价

前面分析了轮胎—车身—座椅的垂向振动,现在分析考虑垂向和俯仰两个自由度的车身模型,讨论路面输入下车身垂向和俯仰振动传递特性。

车身俯仰振动模型如图 6-60 所示,前后轴与地面接触作用简化为弹簧阻尼器并联的作用单元,代表悬架、轮胎部分的刚度、阻尼。

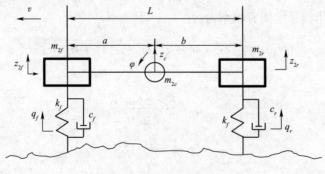

图 6-60 车身振动模型

(1) 系统动力学方程。

① 采用前后轮垂向坐标 z_{2f}、z_{2r} 时的无阻尼振动方程。

根据车身力矩平衡可得:

$$\begin{cases} \dfrac{m_{2f}\ddot{z}_{2f} + m_{2c}b(\ddot{z}_{2r}a + \ddot{z}_{2f}b)}{L^2} + K_f z_{2f} = 0 \\ \dfrac{m_{2r}\ddot{z}_{2r} + m_{2c}a(\ddot{z}_{2r}a + \ddot{z}_{2f}b)}{L^2} + K_r z_{2r} = 0 \end{cases} \quad (6\text{-}118)$$

则系统质量矩阵为:

$$M = \begin{bmatrix} m_{2f} + m_{2c}b^2/L^2 & m_{2c}ab/L^2 \\ m_{2c}ab/L & m_{2r} + m_{2c}a^2/L^2 \end{bmatrix} \quad (6\text{-}119)$$

刚度矩阵为:

$$K = \begin{bmatrix} K_f & \\ & K_r \end{bmatrix} \quad (6\text{-}120)$$

则系统固有频率可由下式求得:

$$H = |K - \omega^2 M| = 0 \quad (6\text{-}121)$$

解得:

$$\omega_{1,2}^2 = \frac{1}{2(1-\beta_1\beta_2)}\left[\omega_{0f}^2 + \omega_{0r}^2 \mp \sqrt{(\omega_{0f}^2 - \omega_{0r}^2)^2 + 4\beta_1\beta_2\omega_{0f}^2\omega_{0r}^2}\right] \quad (6\text{-}122)$$

式中:

$$\beta_1 = \frac{(1-\varepsilon)\dfrac{a}{L}}{\dfrac{b}{L} + \varepsilon\dfrac{a}{L}},\ \beta_2 = \frac{(1-\varepsilon)\dfrac{b}{L}}{\dfrac{a}{L} + \varepsilon\dfrac{b}{L}}$$

$$\omega_{0f}^2 = \frac{K_f l^2}{m_2(\rho_y^2 + b^2)},\ \omega_{0r}^2 = \frac{K_r L^2}{m_2(\rho_y^2 + a^2)}$$

两个固有频率 ω_1、ω_2 代表了车身振动有两个不同的主阵型,表征车身垂向振动和俯仰振动的两种运动形态。

② 采用质心垂向 z_c 和车身俯仰 φ 坐标系时的无阻尼振动方程。

根据车身力、力矩平衡可得:

$$\begin{cases} m_2\ddot{z}_c + (K_f + K_r)z_c + (K_r b - K_f a)\varphi = 0 \\ I_y\ddot{\varphi} + (K_f a^2 + K_r b^2)\varphi + (K_r b - K_f a)z_c = 0 \end{cases} \quad (6\text{-}123)$$

按照上述方法求得系统固有频率为:

$$\omega_{1,2}^2 = \frac{1}{2}\left[\omega_z^2 + \omega_\varphi^2 \mp \sqrt{(\omega_z^2 - \omega_\varphi^2)^2 + 4\eta_1\eta_2}\right] \quad (6\text{-}124)$$

式中:

$$\eta_1 = \frac{K_r b - K_f a}{m_2}$$

$$\eta_2 = \frac{\eta_1}{\rho_y^2}$$

$$\omega_z^2 = \frac{K_f + K_r}{m_2}$$

$$\omega_\varphi^2 = \frac{K_f a^2 + K_r b^2}{I_y}$$

在质心垂向 z_c 和车身俯仰 φ 坐标系表示下,计算得到的两阶频率 ω_1、ω_2 分别代表了车身垂向、俯仰运动的固有频率。下面讨论前后轮输入下系统振动响应的幅频特性。

（2）前后轮双输入时系统振动响应。

在分析前后轮双输入系统的振动响应时,取图6-60中质量分配系数 $\varepsilon=1$ 的特殊情况下的双轴等效模型,用长度为 L 的无质量杠杆将前后两个"车身—车轮"双质量系统连接,如图6-61所示。

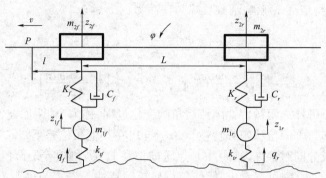

图6-61 时等效双轴模型

由于前后轮走在同一车辙上,前后轮处的路面输入相差一个时间滞后量 $\Delta t = L/v$,取决于轴距 L 和车速 v,则前后轮路面输入关系为：

$$q_r(t) = q_f(t - \Delta t) \tag{6-125}$$

利用公式(6-125),可将前后轮双输入等效为前轮处的 q_f 单输入的情况,则分析模型可简化为只有前轮单输入下的系统响应。

图6-61中,车身上一点 P 离前轴的距离为 l(P 点位于前轴之前时,l 取正值),则 P 点垂向位移可表示为：

$$z_{2p} = \frac{z_{2f} + l(z_{2f} - z_{2r})}{L} \tag{6-126}$$

路面输入与车身上任一点 P 的垂向加速度 $\ddot{z}_{2p}$ 和俯仰角加速度 $\ddot{\varphi}$ 传递函数的幅频特性可表示为：

$$\begin{cases} |\ddot{z}_{2p}/\dot{q}_f| = |\ddot{z}_{2p}/\ddot{z}_{2f}||\ddot{z}_{2f}/\dot{q}_f| = |z_{2p}/z_{2f}||\ddot{z}_{2f}/\dot{q}_f| \\ |\ddot{\varphi}/\dot{q}_f| = |\ddot{\varphi}/\ddot{z}_{2f}||\ddot{z}_{2f}/\dot{q}_f| = |\varphi/z_{2f}||\ddot{z}_{2f}/\dot{q}_f| \end{cases} \tag{6-127}$$

上式中 $|\ddot{z}_{2f}/\dot{q}_f|$ 表示前轴车身垂向加速度对路面速度输入的幅频特性,在上节车身—车轮双质量系统中已经讨论过。因此,计算车身上一点垂向加速度和俯仰角加速度对路面输入的幅频特性就归结为计算车身上一点垂向位移、俯仰角对前轴位移输入的幅频特性。

① 轴距中心垂向位移 z_c 和车身俯仰角位移 φ 对前轴车身位移 z_{2f} 幅频特性。

轴距中心处垂向位移和俯仰角位移分别表示为：

$$z_c(t) = \frac{1}{2}[z_{2f}(t) + z_{2r}(t)] \tag{6-128}$$

$$\varphi(t) = \frac{1}{L}[z_{2r}(t) - z_{2f}(t)] \tag{6-129}$$

现假设前后轮双质量系统参数一致,则具有相同的频响函数,由式(6-128)可推出前后轴

上方车身位移 z_{2f} 和 z_{2r} 的关系：

$$z_{2r}(t) = z_{2r}(t - \Delta t) \tag{6-130}$$

将式(6-130)代入式(6-128)、(6-129)，用复振幅表示为：

$$\begin{cases} z_c = \dfrac{1}{2}(z_{2f} + z_{2f}e^{-j\omega\Delta t}) \\ \varphi = \dfrac{1}{L}(z_{2f}e^{-j\omega\Delta t} - z_{2f}) \end{cases} \tag{6-131}$$

式中 $\omega\Delta t$ 表示 z_{2r} 比 z_{2f} 的频率域滞后角，由式(6-131)可得中心点垂向位移 z_c 和车身俯仰角位移 φ 对前轴车身位移 z_{2f} 频响函数及幅频特性为：

$$\frac{z_c}{z_{2f}} = \frac{1}{2}[1 + e^{-j\omega\Delta t}], \quad \frac{\varphi}{z_{2f}} = \frac{1}{L}[e^{-j\omega\Delta t} - 1] \tag{6-132}$$

$$\left|\frac{z_c}{z_{2f}}\right| = \left[\frac{1 + \cos\omega\Delta t}{2}\right]^{\frac{1}{2}}, \quad \left|\frac{\varphi}{z_{2f}}\right| = \frac{2}{L}\left[\frac{1 - \cos\omega\Delta t}{2}\right]^{\frac{1}{2}} \tag{6-133}$$

根据式(6-133)可计算幅频特性随滞后角的变化过程，称为"轴距滤波特性"，如图6-62所示。在纯垂直振动时，垂向位移幅频特性 $|z_c/z_{2f}| = 1$，在其他相位差下，$|z_c/z_{2f}| < 1$。在路面谱激励下，不同频率成分同时存在，轴距中心点垂向位移 z_c 振动响应要小于前轴上方的车身位移响应 z_{2f}。从图6-62b)中可以看出，俯仰角位移幅频特性 $|\varphi/z_{2f}|$ 与轴距 L 成反比，加长轴距可以减小车身俯仰角振动。

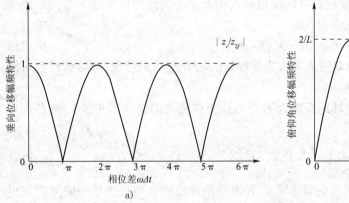
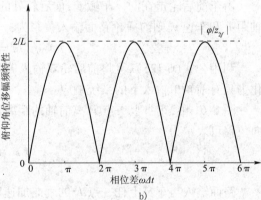

a)　　　　　　　　　　　　　　b)

图6-62 轴距滤波特性

②车身上任一点垂向位移 z_{2p} 对前轴车身位移 z_{2f} 幅频特性。

由式(6-126)、(6-130)可得车身上任一点 P 垂向位移对前轴车身位移频响函数为：

$$\frac{z_{2p}}{z_{2f}} = \left(1 + \frac{1}{L} - \frac{1}{L}e^{-j\omega\Delta t}\right) \tag{6-134}$$

其幅频特性为：

$$\left|\frac{z_{2p}}{z_{2f}}\right| = \left[1 + 2\left(\frac{1}{L} + \left(\frac{1}{L}\right)^2\right)(1 - \cos\omega\Delta t)\right]^{\frac{1}{2}} \tag{6-135}$$

由式(6-135)，可计算 P 点位于不同位置时垂向位移对前轴车身位移的幅频特性曲线，如图6-63所示。$l/L = 0$ 时，P 点位于前轴正上方，其与前轴上方车身位移相等；$-1 < l/L < 0$ 时，P 点位于前后轴之间，由于轴距滤波作用，其与前轴上方车身位移幅频特性小于1，在轴距中心点($l/L = -0.5$)，幅频特性会出现0点，说明在一定的相位差下，车身出现纯俯仰振动状态；

$l/L>0$ 时，P 点位于前轴之前，幅频特性大于 1，说明前轴前端部分振动响应会加剧。

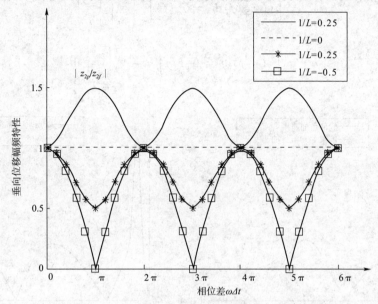

图 6-63 车身上任一点不同位置时幅频特性曲线

③ $\ddot{z}_{2p}$ 与 $\ddot{\varphi}$ 功率谱密度和均方根值计算。

由式(6-127)可得功率谱密度计算公式为：

$$\begin{cases} G\ddot{z}_{2P}(f) = \left|\dfrac{\ddot{z}_{2P}}{\dot{q}_f}\right| G_{\dot{q}f}(f) = \left|\dfrac{z_{2P}}{z_{2f}}\right|^2 \left|\dfrac{\ddot{z}_{2f}}{\dot{q}_f}\right|^2 G_{\dot{q}f}(f) \\ G\ddot{\varphi}(f) = \left|\dfrac{\ddot{\varphi}}{\dot{q}_f}\right|^2 G_{\dot{q}f}(f) = \left|\dfrac{\varphi}{z_{2f}}\right|^2 \left|\dfrac{\ddot{z}_{2f}}{\dot{q}_f}\right|^2 G_{\dot{q}f}(f) \end{cases} \quad (6-136)$$

式中：

$$\left|\dfrac{\ddot{z}_{2f}}{\dot{q}_f}\right| = \omega \gamma \left|\dfrac{1+4\zeta^2 \lambda_2}{\Delta}\right| \quad (6-137)$$

$$\Delta = \left[\left(1-\left(\dfrac{\omega}{\omega_0}\right)^2\right)\left(1+\gamma-\dfrac{1}{\mu}\left(\dfrac{\omega}{\omega_0}\right)^2\right)-1\right]^2 + 4\zeta^2\left(\dfrac{\omega}{\omega_0}\right)^2\left[\gamma-\left(\dfrac{1}{\mu}+1\right)\left(\dfrac{\omega}{\omega_0}\right)^2\right]^2 \quad (6-138)$$

由于路面速度谱 $G_{\dot{q}f}(f)$ 为一白噪声，由式(6-136)中幅频特性即可分析 P 垂向加速度 $\ddot{z}_{2p}$ 和车身俯仰角加速度 $\ddot{\varphi}$ 功率谱密度。其幅频特性可表示为：

$$\left|\dfrac{\ddot{z}_{2p}}{\dot{q}_f}\right| = \left|\dfrac{\ddot{z}_{2p}}{\ddot{z}_{2f}}\right|\left|\dfrac{\ddot{z}_{2f}}{\dot{q}_f}\right| = \left|\dfrac{z_{2p}}{z_{2f}}\right|\left|\dfrac{\ddot{z}_{2f}}{\dot{q}_f}\right| \quad (6-139)$$

$$\left|\dfrac{\ddot{\varphi}}{\dot{q}_f}\right| = \left|\dfrac{\ddot{\varphi}}{\ddot{z}_{2f}}\right|\left|\dfrac{\ddot{z}_{2f}}{\dot{q}_f}\right| = \left|\dfrac{\varphi}{z_{2f}}\right|\left|\dfrac{\ddot{z}_{2f}}{\dot{q}_f}\right| \quad (6-140)$$

$l/L=-0.5$ 时，P 点位于轴距中心点，$\ddot{z}_c$、$\ddot{\varphi}$ 与前轴上方加速度对路面速度幅频特性对比如图 6-64 所示。

由图 6-64 可知，$|z_c/z_{2f}| \leqslant 1$，$|\varphi/z_{2f}| \leqslant 2/L$ 因此 $|\ddot{z}_c/\dot{q}_f|$ 曲线包络于 $|\ddot{z}_{2f}/\dot{q}_f|$ 曲线之内，$|\ddot{\varphi}/\dot{q}_f|$ 曲线包络于 $2/L|\ddot{z}_{2f}/\dot{q}_f|$ 曲线之内，由于轴距滤波作用，减小了车身垂向加速度、俯仰加速度响应。

由幅频特性，可计算得到加速度均方值，如下式：

$$\sigma_{\ddot{z}_{2p}}^2 = \int_0^\infty G\ddot{z}_{2p}(f)\,df = G_{qf}(f)\int_0^\infty \left|\frac{z_{2p}}{z_{2f}}\right|^2 \left|\frac{\ddot{z}_{2f}}{\dot{q}_f}\right|^2 df \quad (6\text{-}141)$$

$$\sigma_{\ddot{\varphi}}^2 = \int_0^\infty G_{\ddot{\varphi}}(f)\,df = G_{qf}(f)\int_0^\infty \left|\frac{\varphi}{z_{2f}}\right|^2 \left|\frac{\ddot{z}_{2f}}{\dot{q}_f}\right|^2 df \quad (6\text{-}142)$$

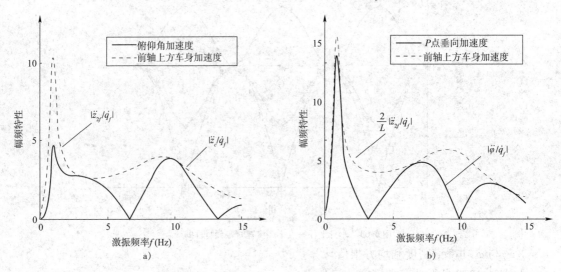

图 6-64　$\ddot{z}_0$、$\ddot{\varphi}$ 与前轴上方加速度对路面速度幅频特性对比

图 6-65 给出了由式(6-141)、(6-142)计算所得的车速、轴距对车身垂向加速度、俯仰角加速度均方根值 $\sigma_{\ddot{z}_{2p}}$，$\sigma_{\ddot{\varphi}}$ 的影响。随着轴距增大，$\sigma_{\ddot{\varphi}}$ 下降，与俯仰角位移幅频特性 $|\varphi/z_{2f}|$ 与轴距 L 成反比相一致；对于垂向振动，随着轴距增大，轴距外点（如 $l/L=0.25$）$\sigma_{\ddot{z}_{2p}}$ 增大，前后轴上方点($l/L=0$，-1)$\sigma_{\ddot{z}_{2p}}$ 不变，轴距内点($l/L=-0.25$，-0.5)$\sigma_{\ddot{z}_{2p}}$ 值下降。随着车速增大，$\sigma_{\ddot{\varphi}}$ 逐渐增大，车身上不同位置点垂向振动均方根值 $\sigma_{\ddot{z}_{2p}}$ 均增大，这是由于路面速度功率谱与 $\sqrt{v}$ 成正比。同时从图 6-65 中还可以看出，在 $l/L=-0.25$ 处与轴距中心点的加速度均方根值 $\sigma_{\ddot{z}_{2p}}$、$\sigma_{\ddot{\varphi}}$ 较为接近，说明轴距中心附近振动响应变化较小。

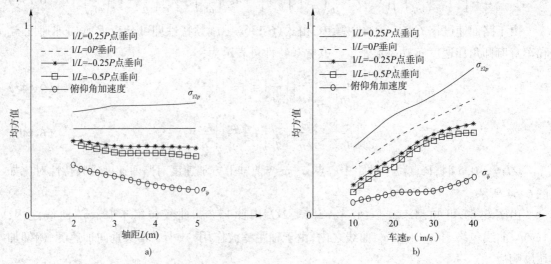

图 6-65　轴距、车速对车身垂向加速度、俯仰角加速度均方根值 $\sigma_{\ddot{z}_{2p}}$，$\sigma_{\ddot{\varphi}}$ 影响

6.7 汽车车内噪声的产生及传播途径

6.7.1 汽车车内噪声的产生

本章前文中所介绍的汽车噪声与振动的各激励源所辐射的噪声,会在车身周围空间形成一个不均匀声场。当车外噪声向车内传播时,主要有两个途径:一是通过车身壁板上的孔、缝直接传入车内;二是车外噪声声波作用于车身壁板,激发壁板振动,形成振动噪声。这种辐射声场的强度与壁板的隔声能力有关,也就是说它服从质量定律的规律。

一般来说,乘员舱密封性相对良好的汽车,其车内噪声的主要贡献量来自于汽车结构噪声。所谓汽车结构噪声是指各激励源通过声波作用于车身结构引起振动并向车内辐射和传递的噪声。

汽车结构噪声主要来自两个方面:空气动力噪声和车身结构振动噪声。

1) 空气动力噪声

这种噪声主要产生于汽车行驶过程空气与车身冲击和摩擦,受车身外形结构和车速的影响。其产生原理及影响在 6.5 节中已作详细介绍,此处不再赘述。

2) 车身结构振动噪声

车身结构振动噪声的分析内容主要包括三部分:车身结构的振动、空腔声学模态、车身结构振动模态与声学模态的耦合。

(1) 车身结构的振动。

车身是由骨架和壁板组成的复杂结构体,在动力源和路面的激励下,车身振动状态十分复杂。研究表明,车身结构振动噪声的频率范围大致在 5~300Hz,其中车身骨架结构振动噪声频率为 5~30Hz,壁板的振动噪声频率为 30~300Hz。

从车身结构形式来看,由于无骨架车身直接承受路面的冲击,所以较有骨架的车身更容易产生振动噪声。对于一些大型车辆,由于车身较长,相应的车身质量增加,使得车身整体刚度下降;而对于一些小型车辆,由于车身轻量化的设计,也同样使得车身整体刚度下降。若车身刚度不足,则固有频率降低,行驶中车身容易产生共振,引起较大的噪声。

绝大多数汽车车身的壁板都是由多块薄钢板冲压后焊接而成的,板厚一般在范围 0.7~1mm 内,这些钢板的局部模态(固有频率、振型、阻尼等)对汽车车内噪声有很大影响。当然,由于不同模态的声辐射效率不同,并不是所有模态的影响都一样大,对车内噪声的影响也不同;而对于同样大小的壁板,由于与周边物体的联接状态(即边界条件)的不同,表现出来的模态也是有差异的。

(2) 空腔声学模态。

轿车车内空间是由车身壁板围成的一个封闭空腔,内部充满空气。同任何结构系统一样,它同样拥有模态频率和模态振型,即所谓的声学模态,也称声腔模态。结构系统的振动模态是以具体的位移分布为特征的,而声学模态是以具体的压力分布为特征的。为了理解车内声学响应,重要的是了解车内声学模态频率和声学模态振型。声学模态频率是声学共鸣频率,在该频率处车内空腔产生声学共鸣,使得声压放大。声波在某一声模态频率下,在轿车车内空腔传播时,入射波与空腔边界反射而成的反射波相互叠加或相互消减而在不同位置处产生不同的声压分布,称之为声学模态振型。

车内的第一阶声学模态频率一般在 40~80Hz 之间,轿车的第一阶声学模态频率高于微型乘用厢型车 MPV(Mini Passenger Van)和运动型多用途车 SUV(Sports Utility Vehicle)的第一阶声学模态频率。与结构梁和板不同,声学模态密度与频率立方成正比,模态密度随着频率的增加急剧上升。因此,一般对于低频的其他阶次的声学模态,频率和振型可以用有限元方法进行计算;当模态密度高到一定程度,有限元方法的计算量过大,且此时的振动与噪声问题已不再是确定性问题,而带有统计特征,需要用统计方法进行分析表述。

(3)车身结构振动模态与声学模态的耦合。

在上面的声学模态分析中,空腔的壁板被假设为刚性,即没有考虑车身结构板的振动。但实际过程中,在低阶的声学模态频率范围内,声学模态与车身结构板件振动模态存在着强耦合,此时声场响应和车身结构振动的计算不能当作相互没有影响独立计算,必须要考虑两者之间的相互作用,这时车身结构振动和声学模态应该作为耦合系统同时分析和计算。

空腔中的空气对车身结构在低频的强耦合来源于空腔密闭性。密闭空腔内的空气,如果受到压缩,就会产生纯体积变化,展现出很高的阻抗,与车身结构振动产生强烈的耦合作用。

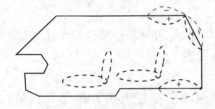

图 6-66 车身结构顶棚和后地板振型反相变化

如图 6-66 所示为车身结构顶棚和后地板振型反相变化,产生纯体积变化,因而与密闭空腔内的空气紧密耦合。这个耦合系统的模态频率可能出现在第一阶声学模态频率附近,也可能出现在明显低于第一阶声学模态频率的地方。汽车这种低频耦合模态在激励下响应如果过高,会在车内产生很强的压力脉动,引起人耳不适,甚至头晕、恶心等。这就是常说的轰鸣现象,有时也称鼓振。

经验表明,通过打开车窗可以明显减轻轰鸣声。这是因为车窗打开后破坏了空腔的密闭性,减小了空气阻抗,削弱车身结构振动和声学模态的耦合。但在高速行驶时,打开车窗车室就相当于一个亥姆赫兹共振腔,当汽车行驶所产生的涡流与窗框相冲击所产生的压力脉动频率与该共振腔的共振频率相近或相等时,车室内就会产生空气共振,称为风振。不仅如此,打开车窗也破坏了车身壁板对车外噪声的隔绝作用,因此这并不能作为解决问题的方法。

在汽车的设计阶段,解决轰鸣声问题的着重点应放在找到激励源并减小激励力。目前主要通过改变车身结构和噪声主动控制两种途径来降低轰鸣声。

6.7.2 汽车车内噪声的传播途径

车内噪声的传播途径可分为空气传声和固体传声。其中经由空气传播的噪声主要是动力源表面辐射噪声和空气动力噪声,经固体传播的噪声主要是动力源、底盘、路面及气流引起车身振动而向车内辐射的噪声。车内噪声的主要来源及传播途径如图 6-67 所示。

由各振动源产生的振动通过车身各支点激励车身壁板强烈振动,并向车内辐射强烈的噪声,此即所谓的固体传声。必须指出,由动力源和底盘传给车身的振动,与上述车外噪声源激发车身壁板的振动,实际上是叠加在一起的,用一般的测试方法很难将它们区别开来。但它们的传播途径不同,所服从的规律不同,频率特性也不尽相同,所采取降噪措施也不同。车身壁板主要由金属和玻璃构成。这些材料都具有很强的声反射性能。在车室门窗都关闭的情况下,上述传入室内的空气声和壁板振动辐射的固体声,都会在密闭空间内多次反射,所以车内噪声实际是直达声与混响声叠加的结果。

空气传播和固体传播的能量比例因车型结构和噪声的不同频率成分而有差别。一般情况下,500Hz 以上,空气声传播占主导地位;400Hz 以下,固体传声占主导地位。表 6-7 说明不同行驶状态下空气传声和固体传声所占的比例。由表可见,匀速时空气传声和固体传声所占的比例大致相同,加速时固体传声比例超过空气传声。

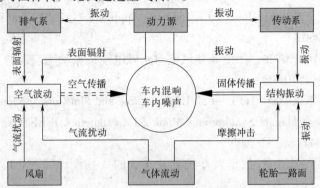

图 6-67 车内噪声的主要来源及传播途径

不同行驶状态下空气传声和固体传声所占的比例　　表 6-7

工况	匀速		加速		减速	
形式状态	空气声	固体声	空气声	固体声	空气声	固体声
所占比例	51%	49%	42.5%	57.5%	40.5%	59.5%

参 考 文 献

[1] 陈南,张建润,孙蓓蓓,等.汽车振动与噪声控制[M].北京:人民交通出版社,2005.
[2] 庞剑,谌刚,何华.汽车噪声与振动——理论与应用[M].北京:北京理工大学出版社,2006.
[3] 谭达明.内燃机振动控制[M].成都:西南交通大学出版社,1993.
[4] 王建.汽车电驱动动力总成悬置系统瞬态振动研究[D].上海:同济大学,2009.
[5] 陈家瑞.汽车构造(上册)[M].北京:机械工业出版社,2005.
[6] 艾纳基.汽车排气消声系统振动与模态分析[D].武汉:华中科技大学,2011.
[7] 张萍.排气系统 NVH 性能的分析与改进[D].长沙:湖南大学,2012.
[8] 余志生.汽车理论[M].3 版.北京:机械工业出版社,2006.
[9] 中华人民共和国国家质量监督检验检疫总局.GB/T 4970—1996　汽车平顺性输入行驶试验方法[S].//中国国家标准化管理委员会.北京:中国标准出版社,1996.
[10] 靳晓雄,张立军.汽车噪声的预测与控制[M].上海:同济大学出版社,2004.
[11] 靳晓雄,张立军.汽车振动分析[M].上海:同济大学出版社,2002.
[12] 谷正气.汽车空气动力学[M].北京:人民交通出版社,2005.
[13] 傅立敏.汽车空气动力学[M].北京:机械工业出版社,1998.
[14] 成心德.离心通风机[M].北京:化学工业出版社,2007.
[15] 张强.气动声学基础[M].北京:国防工业出版社,2012.
[16] 晏砺堂.高速旋转机械振动[M].北京:国防工业出版社,1994.
[17] 陈永校.电动机噪声的分析和控制[M].杭州:浙江大学出版社,1987.
[18] Gieras J F,Lai J C,Wang C. Noise of polyphase electric motors [M]. Boca Raton,FL:CRC/

Taylor & Francis,2006.

[19] 王志福,张承宁.电动汽车电驱动理论与设计[M].北京:机械工业出版社,2012.

[20] Sang – Ho L,Jung – Pyo H,Sang – Moon H,et al. Optimal Design for Noise Reduction in Interior Permanent – Magnet Motor[J]. Industry Applications, IEEE Transactions on. 2009,45(6):1954 – 1960.

[21] 唐任远,宋志环,于慎波,等.变频器供电对永磁电动机振动噪声源的影响研究[J].电动机与控制学报.2010(03):12 – 17.

[22] Tao S,Ji – Min K,Geun – Ho L,et al. Effect of Pole and Slot Combination on Noise and Vibration in Permanent Magnet Synchronous Motor[J]. magnetics, IEEE Transactions on. 2011,47(5):1038 – 1041.

[23] 陈继红,沈密群,严济宽.汽车发动机悬置系统的一些设计问题[J].噪声与振动控制,1992,(1):5 – 11.

[24] 王欲峰.燃料电池车瞬态工况下动力总成悬置振动系统的分析与优化[D].上海:同济大学,2008.

[25] 王珣,张立军,王建.燃料电池轿车电动动力总成悬置系统动态特性分析[J].汽车技术,2009,(2):29 – 33.

[26] 马琮淦,左曙光,何吕昌,等.分布式驱动用永磁同步电动机电磁转矩的解析计算[J].振动与冲击,2013,32(6):38 – 42.

[27] 马琮淦,左曙光,何吕昌,等.电动车用永磁同步电动机电磁转矩的解析计算[J].振动、测试与诊断,2012,32(5):756 – 761.

[28] 马琮淦,左曙光,杨德良,等.电动车用永磁同步电动机转矩波动的阶次特征分析[J].振动与冲击,2013,32(13):81 – 87.

[29] 王建,张立军,余卓平,等.燃料电池轿车电动机总成的振动阶次特征分析[J].汽车工程,2009,31(3):219 – 223.

[30] 王成,张立军.燃料电池轿车动力总成分段线性的悬置系统非线性振动特性[J].机械工程学报,2010,46(6):27 – 33.

[31] 徐石安.汽车发动机弹性支承隔振的解耦方法[J].汽车工程,1995,17(4):198 – 204.

第7章 汽车的通过性

汽车的通过性是指汽车在一定的载重下,通过各种路面情况的能力。根据地面对汽车通过性(越野性)的影响因素,可将其分为支承通过性和几何通过性。支承通过性是指汽车能以足够高的平均车速通过各种坏路和无路地带(如松软地面、凹凸不平地面等)的能力;几何通过性是指汽车能以足够高的平均车速通过各种障碍(如陡坡、侧坡、壕沟、台阶、灌木丛、水障等)的能力。汽车的通过性主要取决于地面的物理性质及汽车的结构和几何参数。同时,它还与汽车的其他性能,诸如动力性、平顺性、机动性、稳定性、视野性等密切相关。研究汽车通过性不仅能够预测汽车对未知地面的通过能力,而且还可根据已知地面特性选择最佳方案,从而提高运输效率。

本章主要涉及汽车通过性的各项评价指标,针对各个指标进行分析、计算,改善各项指标的措施等有关内容。严格地说,履带车辆不属于汽车的范畴,故本章主要对轮式车辆的通过性及其分析、计算等方面进行介绍。

7.1 汽车通过性评价指标及几何参数

7.1.1 汽车支承通过性评价指标

汽车的支承通过性主要通过牵引系数、牵引效率、燃料利用指数、附着质量、附着质量系数及轮胎接地比压等各项指标来评价。

(1)牵引系数 TC。

它是指单位车重的挂钩牵引力。它表明汽车在松软地面上加速、爬坡及牵引其他汽车的能力。其表达式为:

$$TC = \frac{F_d}{G} \tag{7-1}$$

式中:F_d——汽车的挂钩牵引力;
　　　G——汽车重力。

(2)牵引效率(驱动效率)TE。

它是指驱动轮输出功率与输入功率之比。它反映了车轮功率传递过程中的能量损失,这部分损失主要是由于轮胎橡胶与帘布层间摩擦生热及轮胎下土壤的压实和流动造成的。简而言之,它主要反映了汽车消耗于路面变形及轮胎变形的能量。其表达式为:

$$TE = \frac{F_d v_a}{T \omega} = \frac{F_d r_d (1 - s_r)}{T} \tag{7-2}$$

式中:v_a——汽车行驶速度;
　　　T——驱动轮输入转矩;
　　　ω——驱动轮角速度;

r_d——驱动轮动力半径;

s——滑转率。

(3)燃料利用指数 E_f。

它是指单位燃料消耗所输出的功。其表达式为:

$$E_f = \frac{F_d v_a}{Q_t} \tag{7-3}$$

(4)附着质量 m_φ。

它是指轮式汽车的驱动轴载质量。

(5)附着质量系数 K_φ。

它是指汽车附着质量与总质量之比。其表达式为:

$$K_\varphi = \frac{m_\varphi}{m} \tag{7-4}$$

式中:m——汽车总质量。

(6)轮胎接地比压 p。

它是指车轮对地面的单位面积压力,反映了轮辙深度、车轮行驶阻力以及车轮沉陷失效的概率。其表达式为

$$p = k_w p_a \tag{7-5}$$

式中:k_w——与轮胎垂向刚度有关的系数,一般 $k_w = 1.05 \sim 1.20$;

p_a——轮胎气压。

此外,附着系数 φ 和滚动阻力系数 f 也可以作为汽车支承通过性的评价指标,均与轮胎接地比压有关。关于二者的内容可以参考前面有关章节。

7.1.2 汽车通过性几何参数

由于汽车与地面的间隙不足而被地面托住、无法通过的情况,称为间隙失效。间隙失效主要有"顶起失效"、"触头失效"、"托尾失效"。当汽车底部的零件碰到地面而被顶住时,称为"顶起失效";当汽车前端或尾部触及地面而不能通过时,则分别称为"触头失效"和"托尾失效"。

与间隙失效有关的汽车整车几何尺寸,称为汽车通过性的几何参数。这些参数包括最小离地间隙、纵向通过角、接近角、离去角、最小转弯直径等,如图7-1至图7-3所示。

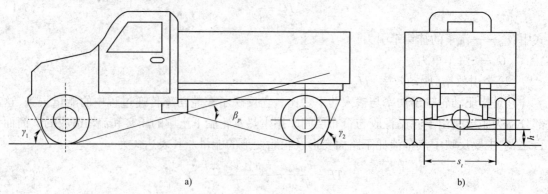

图7-1 汽车的通过性参数

h-最小离地间隙;s_t-两侧轮胎内缘间距;γ_1-接近角;γ_2-离去角;β_p-纵向通过角

(1)最小离地间隙 h。

汽车满载、静止时，支承平面与汽车上的中间区域（$0.8s$ 范围内）最低点之间的距离。它表征汽车无碰撞地通过地面凸起的能力。汽车的最低点多位于后桥的主减速器外壳、飞轮壳、变速器壳、消声器和前桥的下边缘处。一般来说，前桥的离地间隙比飞轮壳的要小，以便利用前桥保护较弱的飞轮壳免受冲撞；后桥内由于装有直径较大的主传动齿轮，离地间隙最小。

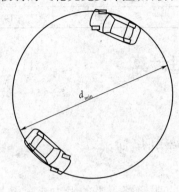

图7-2 汽车的最小转弯直径

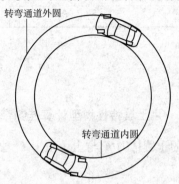

图7-3 汽车的转弯通道圆

(2) 纵向通过角 β_p。

汽车满载、静止时，分别通过前、后车轮外圆作垂直于汽车纵向对称面的切平面，当两切平面交于车体下部较低部位时所夹的最小锐角。它表示汽车能够无碰撞地通过小丘、拱桥等障碍物的轮廓尺寸。β_p 越大，顶起失效的可能性越小，汽车的通过性越好。

(3) 接近角 γ_1。

汽车满载、静止时，前端突出点向前轮所引切线与地面间的夹角。它表征汽车接近障碍物（如小丘、沟洼地等）时，不发生碰撞的能力。γ_1 越大，越不易发生触头失效。

(4) 离去角 γ_2。

汽车满载、静止时，后端突出点向后轮所引切线与地面间的夹角。它表征汽车离去障碍物（如小丘、沟洼地等）时，不发生碰撞的能力。γ_2 越大，越不易发生托尾失效。

(5) 最小转弯直径 d_{min}。

当转向盘转到极限位置时、汽车以最低稳定车速转向行驶时，外侧转向轮的中心平面在支承平面上滚过的轨迹圆直径，如图7-2所示。它表征汽车在最小面积内的回转能力和通过狭窄弯曲地带或绕过障碍物的能力。d_{min} 越小，汽车的机动性越好。

(6) 转弯通道圆。

当转向盘转到极限位置时，汽车以最低稳定车速转向行驶时，车体上所有点在支承平面上的投影均位于圆周以外的最大内圆，称为转弯通道内圆；车体上所有点在支承平面上的投影均位于圆周以内的最小外圆，称为转弯通道外圆，如图7-3所示。转弯通道内、外圆半径的差值为汽车极限转弯时所占空间的宽度，此值决定了汽车转弯时所需的最小空间。转弯通道圆越小，汽车的机动性越好。

现代各种汽车通过性几何参数的数值范围见表7-1。

汽车通过性的几何参数　　表7-1

汽车类型	最小离地间隙 h(mm)	接近角 γ_1(°)	离去角 γ_2(°)	最小转弯直径(m)
4×2 轿车	120～200	20～30	15～22	7～13
4×4 轿车、吉普车	210～370	45～50	35～40	10～15

续上表

汽车类型	最小离地间隙 h(mm)	接近角 γ_1/(°)	离去角 γ_2/(°)	最小转弯直径(m)
4×2 货车	250~300	25~60	25~45	8~14
4×4、6×6 货车	260~350	45~60	35~45	11~21
6×4、4×2 客车	220~370	10~40	6~20	14~22

7.2 牵引通过性计算

7.2.1 用土壤特性模型计算挂钩牵引力

汽车的土壤推力 F_p 与土壤阻力 F_r 之差,称为挂钩牵引力,即:

$$F_d = F_p - F_r \tag{7-6}$$

它表示土壤的强度储备,用来使车辆加速、上坡、克服道路不平的阻力或牵引其他车辆。从式(7-1)和式(7-2)中可以看出,挂钩牵引力 F_d 与支承通过性的两项评价指标牵引系数和牵引效率密切相关。

不考虑轮胎接地面上切应力对土壤阻力的影响,对于在塑性土壤上滚动的单个刚性车轮来说,其挂钩牵引力 F_d 的数值可以通过半经验公式(7-7)求得:

$$F_d = (cA + W_t\tan\psi)\left[1 - \frac{j_0}{ls_r}(1 - e^{-ls_r/j_0})\right] - \frac{1}{(3-n)^{\frac{2n+2}{2n+1}}(n+1)(Kw)^{\frac{1}{2n+1}}}\left(\frac{3W_t}{\sqrt{D}}\right)^{\frac{2n+2}{2n+1}} \tag{7-7}$$

式中:c——土壤黏聚系数;
A——轮胎与土壤接触面积;
W_t——轮胎垂直载荷;
ψ——沙土内摩擦角;
j——土壤位移;
j_0——土壤的切应力—位移曲线模量;
l——接地面积长度;
s_r——滑转率;
n——沙土变形指数;
K——沙土变形模量;
w——压板宽度;
D——滚动状态轮胎直径。

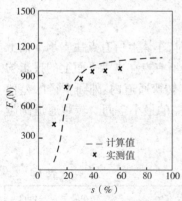

图 7-4 挂钩牵引力的计算和实测结果

图 7-4 为由式(7-7)求出的挂钩牵引力与实测结果的比较。原吉林工业大学汽车地面力学研究室进行的不同滑转率下的牵引实验表明:由式(7-7)算出的挂钩牵引力 F_d 值与实测值存在一定偏差,这可能是由于没有考虑滑转下陷造成附加阻力的结果。因此,为了计算汽车在不同土壤条件的通过性能,准确选择土壤特性模型并测定其参数,对提高计算精度十分重要。

式(7-7)的相关参数物理意义及其推导涉及土壤力学的相关知识,限于篇幅,本书不作介绍,有兴趣的读者可以查阅参考文献[5]的相关章节。

7.2.2 轮胎在土壤上的挂钩牵引力的计算

前述为挂钩牵引力近似算法,由于不考虑轮胎接地面上切应力对土壤阻力的影响,因此对驱动轮并不适用。为了对挂钩牵引力进行较为准确的计算,将挂钩牵引力的定义作一详细的说明。

如图7-5所示,在驱动轮上作用有力和力矩,F为土壤的合反力。这时水平力的平衡方程为:

$$F_T = F_q - F_f \tag{7-8}$$

其中,F_T为推力;F_q为牵引力;F_f为滚动阻力。

轮胎的运动能力取决于F_T。例如,当$F_T<0$时,必须从外界给轮胎以推力,才能使车轮维持等速运动(图7-5a);当$F_T=0$时,车轮没有牵引能力(图7-5b);当$F_T>0$时,车轴向外提供推力(图7-5c)。

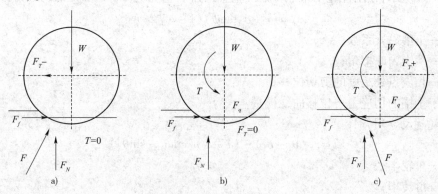

图7-5 挂钩牵引力的定义
$F_T<0$;$F_T=0$;$F_T>0$

若地面有足够的抗切强度,则传递至驱动车轮的驱动转矩T增加时,牵引力F_T也增大,并直至地面附着能力所允许的值F_a。这时,F_T就变为$F_a - F_f$。通常,F_T这个值是直接在牵引钩上测量的,故称之为"挂钩牵引力"。因此,对于驱动轮,可以将其挂钩牵引力表示为:

$$F_{dw} = F_a - F_f \tag{7-9}$$

附着力F_a值是随着滑转率s而变化的,而阻力F_f也与s有关,因此,挂钩牵引力F_d也是滑转率s的函数,如图7-6所示。图中曲线为原吉林工业大学汽车地面力学研究室对子午线轮胎在沙地上的试验结果。

从图7-6中可以看出,当充气压力较低时,随着滑转率的增加,挂钩牵引力也增大;当滑转率达到30%~40%时,挂钩牵引力达到最大值;滑转率继续增大时,挂钩牵引力基本不变。在充气压力较高的情况下,当滑转率达到20%~30%时,挂钩牵引力即达到最大值;滑转率继续增大时,挂钩牵引力却迅速减小。

这样,在一定的s值下,F_a达到最大值,此最大值即为附着力F_φ,$F_\varphi - F_f$之值即为附着力后备,或称为最大挂钩牵引力。

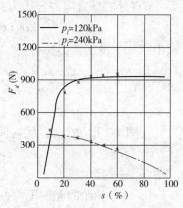

图7-6 挂钩牵引力随滑转率的变化
p_1-轮胎充气压力

计算预测轮胎在土壤上的挂钩牵引力时,采用图 7-7 所示的轮胎与土壤相互作用的模型。这里,轮胎与土壤界面由两部分组成:一部分是圆弧面 AB,另一部分是平面 BC。在图中的 B 点,垂直(径向)应力最大;在 AB 部分的$[\theta_2,\theta_1]$区间内,应力分布规律同刚性车轮一样(图 7-8)。

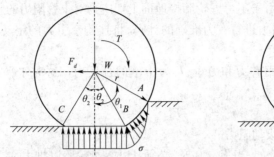 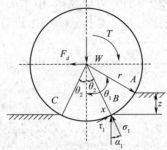

图 7-7　轮胎与土壤相互作用　　　　图 7-8　刚性轮与土壤的相互作用

如图 7-8 所示,在刚性轮下某点 x 处的垂直(径向)应力为 σ_1,该点处的切应力公式为

$$\tau_1 = (c + \sigma_1 \tan\psi)(1 - e^{-j/j_0}) \tag{7-10}$$

式中:c——土壤黏聚系数;
　　　ψ——沙土内摩擦角;
　　　j——相应点处土壤的剪切位移;
　　　j_0——土壤的切应力—位移曲线模量。

由车轮运动学可知:

$$j = r[(\theta_2 - \theta_1) - (1 - s_r)(\sin\theta_1 - \sin\theta)] \tag{7-11}$$

式中:r——车轮半径;
　　　s_r——滑转率;
　　　θ_1——接近角,rad。

图 7-8 中,x 点的下陷量表示为:

$$z = r(\cos\theta - \cos\theta_1) \tag{7-12}$$

因此,在图 7-8 中的 AB 区,垂直应力 σ_1 和切应力 τ_1 的合力的夹角为:

$$\tan\alpha_1 = \frac{\tau_1}{\sigma_1} = \left(\frac{c}{\sigma_1} + \tan\psi\right)\left\{1 - \exp\left[-\frac{r}{j_0}(\theta_1 - \theta) - (1 - s_r)(\sin\theta_1 - \sin\theta)\right]\right\} \tag{7-13}$$

x 点处的垂直应力公式为:

$$\sigma_1(\theta) = (1 - 0.0157\alpha_1) K r^n (\cos\theta - \cos\theta_1) \tag{7-14}$$

式中:K——沙土变形模量,N/m^{n+2};
　　　n——沙土变形指数。

于是:

$$\tau_1(\theta) = \sigma_1(\theta)\tan\alpha_1 \tag{7-15}$$

在图 7-7 中 BC 部分的区间$[-\theta_2, \theta_2]$内,近似认为轮胎下垂直应力均匀分布,可表示为:

$$\sigma_2(\theta) = p_g = p_i + \alpha W_t \tag{7-16}$$

式中:p_g——接地压力;
　　　p_i——轮胎的充气压力;
　　　W_t——车轮载荷;
　　　α——转换系数。

由车轮运动学可推出界面 BC 上一点处的土壤位移 j_2 为：

$$j_2 = r[\cos\theta_2 - (1-s_r)](\theta_2 - \theta) + r[(\theta_1 - \theta_2) - (1-s_r)(\sin\theta_1 - \sin\theta_2)]\cos\theta_2 \quad (7\text{-}17)$$

于是：

$$\tau_2(\theta) = [c + \sigma_2(\theta)\tan\psi]\left[1 - \exp\left(-\frac{j_2}{j_0}\right)\right] \quad (7\text{-}18)$$

在图 7-7 中，对弹性轮胎列出平衡方程得：

$$W_t = wr\left[\int_{\theta_2}^{\theta_1}\sigma_1(\theta)\cos\theta d\theta + \int_{\theta_2}^{\theta_1}\tau_1(\theta)\sin\theta d\theta + 2wr\sigma_2(\theta)\sin\theta_2\right] \quad (7\text{-}19)$$

$$F_d = wr\left[\int_{\theta_2}^{\theta_1}\tau_1(\theta)\cos\theta d\theta - \int_{\theta_2}^{\theta_1}\sigma_1(\theta)\sin\theta d\theta + \cos\theta_2\int_{-\theta_2}^{\theta_1}\tau_2(\theta)(1+\tan^2\theta)d\theta\right] \quad (7\text{-}20)$$

$$T = wr^2\left[\int_{\theta_2}^{\theta_1}\tau_1(\theta)d\theta + \cos^2\theta_2\int_{-\theta_2}^{\theta_1}(1+\tan^2\theta)d\theta\right] \quad (7\text{-}21)$$

已知轮胎载荷 W_t，由式(7-14)至式(7-19)可算出 θ_1 和 θ_2，再代入式(7-20)，即可求出挂钩牵引力 F_d。

图 7-9 给出了弹性轮胎在沙土上挂钩牵引力的预测和实测结果。根据半经验公式(7-8)计算的挂钩牵引力预测值也示于图中。由图可见，按式(7-20)的计算值与实测值比较接近。

根据式(7-20)也可预测不同滑转率下的驱动转矩值。图 7-10 表示驱动转矩的预测与实测结果比较。

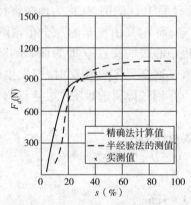
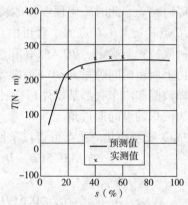

图 7-9　挂钩牵引力的预测和实测结果　　图 7-10　驱动转矩的预测和实测结果

知道了挂钩牵引力 F_d 和驱动转矩 T 之值，也就能预测驱动轮胎在软土壤上滚动时的牵引效率。

7.2.3　在松软土壤上的驱动轮牵引效率的计算

驱动轮在松软土壤上滚动时产生滑转，主要由以下三种方式组成：
（1）轮胎的切向变形；
（2）土壤的切向变形；
（3）车轮在接地面积内的滑移，或者黏附在轮胎上的土壤层与邻近土壤层的相对位移。
试验表明，由土壤切向变形产生的车轮滑转是主要部分。
考虑式(7-2)，将其分子、分母各除以车轮载荷 W_t，于是：

$$TE = \frac{F_d u_a}{T\omega} = \left[\frac{F_d/W_t}{T/(Wr_d)}\right](1-s) \quad (7\text{-}22)$$

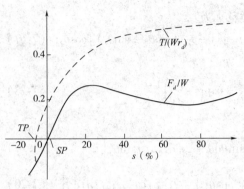

式中：F_d/W_t——该轮胎的牵引力系数；
$T/(W r_d)$——该轮胎的力矩系数。

对在沙土上滚动的车轮来说，图 7-11 所示为具有代表性的 F_d/W_t 和 $T/(W r_d)$ 与滑转率 s 的关系曲线。图中曲线给出了车轮的三种典型工况：

(1) 被牵引点 (TP)。这时驱动转矩为零，车轮必须由外力牵引，而所需克服的阻力也在图中示出。

图 7-11 F_d/W_t 和 $T/(W r_d)$ 与滑转率 s 的关系曲线

(2) 自力推进点 (SP)。这时挂钩牵引力为零，图上也表明必要的输入转矩。

(3) 滑转率 20% 点。它表示挂钩牵引力为最大时的车轮工况。

7.3 间隙失效的障碍条件

7.3.1 顶起失效的障碍条件

图 7-12 表示汽车通过凸起障碍时，汽车与障碍间的相对位置改变情况。该图也可看成是车辆不动而障碍在动。此时障碍顶点 A 的轨迹为直径等于 D_r 的圆，D_r 称为地隙直径。该圆与两车轮在 B、C 点相切。B、C 点的位置可由角 α_0 决定，而 α_0 又由汽车的一个车轮刚好滚过障碍顶点时的极限位置所确定。BO 与 CO 和汽车轴距中心线的交点 O 即为该圆的圆心。当障碍的尺寸使图上所示的间隙量 $h<0$ 时，即该圆和汽车底部某零件相交时，则发生顶起失效。当 $h=0$ 时，即该圆和汽车底部某零件相切时，则是汽车通过障碍的极限尺寸。这时，BAC 所对的圆周角即为汽车的纵向通过角。

由如图 7-13 所示的几何关系可得汽车顶起失效条件为：

$$h_m + 0.5(D + D_r)\sin\alpha_0 - 0.5D \leqslant 0.5D_r \tag{7-23}$$

或

$$h_m \leqslant 0.5(D + D_r)(1 - \sin\alpha_0) \tag{7-24}$$

式中：h_m——汽车中部地隙；
D、D_r——分别为车轮直径和地隙直径。

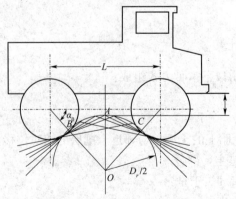

图 7-12 汽车的纵向地隙

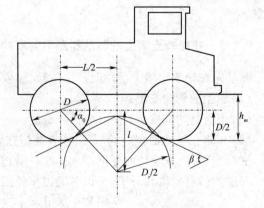

图 7-13 汽车顶起失效的几何关系

因
$$(D + D_r)\cos\alpha_0 = L \tag{7-25}$$

将式(7-25)代入上述不等式,得顶起失效条件为:
$$h_m \leq 0.5\left[(D + D_r) - \sqrt{(D + D_r)^2 - L^2}\right] \tag{7-26}$$

由图 7-14 可知,若 β_0 为障碍的上升平面与下降平面之夹角,而 $\beta_0 = 180° - \beta$; $\delta = \alpha_0 - (90° - \beta)$,则有:

$$\frac{\cos\delta - \sin\alpha_0}{2L/D - \cos\alpha_0 - \sin\delta} = \tan\delta \tag{7-27}$$

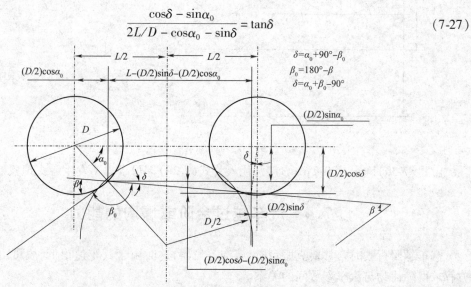

图 7-14 地隙直径的几何关系

将上式与式(7-25)联立求解,可得以 β 为参数的 D_r 值:

$$D + D_r = \frac{2L^2 D(\cos\beta - \cos^2\beta)}{4L^2\sin^2\beta - D^2(1-\cos\beta)^2} + \sqrt{\left[\frac{2L^2 D(\cos\beta - \cos^2\beta)}{4L^2\sin^2\beta - D^2(1-\cos\beta)^2}\right]^2 + \frac{4L^4}{4L^2\sin^2\beta - D^2(1-\cos\beta)^2}} \tag{7-28}$$

将式(7-28)代入式(7-26),可得在顶起失效条件下,汽车中部地隙 h_m 与轴距 L、车轮直径 D 及角 $\beta(\beta_0 = 180° - \beta)$ 之间的关系。

7.3.2 触头失效的障碍条件

图 7-15 表示一辆前悬长为 L_f 的汽车,通过平面障碍并驶进深 h、沟底坡角为 β_1 的沟内的情形。为了简化计算,假定汽车前端底部位于前、后车轮的中心平面上,如图中小圆圈位置。由图中几何关系可知,发生触头失效的条件是:

$$\frac{D}{2\sin(\beta_1 + \alpha)} \leq L_f \tag{7-29}$$

式中:α ——汽车失效时纵轴线的倾角;
　　　D ——车轮直径。

式(7-29)中的 α 角可由图 7-15 中的几何关系求得:

$$\sin\alpha = \frac{h}{L} + \frac{D}{2L}\left(1 - \frac{\cos\dfrac{\beta - \beta_1}{2}}{\cos\dfrac{\beta + \beta_1}{2}}\right) \tag{7-30}$$

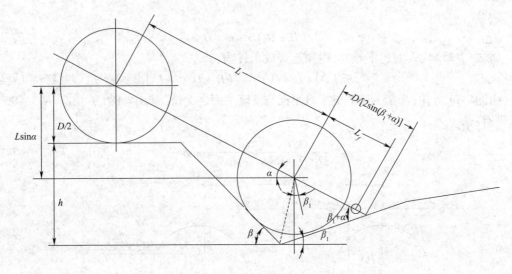

图 7-15 触头失效的几何关系

由式(7-30)确定 $\alpha(0<\alpha<\beta)$ 后,代入公式(7-29)即可求得不发生触头现象的 L_f 极限值。

7.4 汽车越过台阶或壕沟的能力

汽车越野行驶时常常要克服台阶、壕沟等障碍,这时由于其车速很低,故可由静力学平衡方程求得障碍物与汽车参数间的关系。

图 7-16 表示后轮驱动的四轮汽车越过硬地面台阶时的受力情况。由图可知,前轮(从动轮)碰到台阶时有下列平衡方程:

$$\begin{cases} F_1\cos\alpha + fF_1\sin\alpha - \varphi F_2 = 0 \\ F_1\sin\alpha + F_2 - fF_1\cos\alpha - G = 0 \\ fF_1D/2 + F_2l - Ga - \varphi F_2 D/2 = 0 \end{cases} \tag{7-31}$$

式中:F_1——台阶作用于前(从动)轮的反作用力;

F_2——后轴负荷;

φ——附着系数;

f——滚动阻力系数。

将式(7-31)中的 G、F_1、F_2 消去,可得如下无因次方程式:

$$\left(\frac{\varphi+fl_f}{\varphi}\cdot\frac{1}{l}-\frac{f}{\varphi}+\frac{fD}{2l}\right)\sin\alpha - \left(\frac{1}{\varphi}-\frac{1-f\varphi}{\varphi}\cdot\frac{l_f}{l}-\frac{D}{2l}\right)\cos\alpha = \frac{fD}{2l} \tag{7-32}$$

由图 7-16 中的几何关系可知:

$$\sin\alpha = \frac{0.5D - h_b}{0.5D} = 1 - 2\frac{h_b}{D} \tag{7-33}$$

代入式(7-32)并设硬路面上 $f\approx 0$,则得:

$$\left(\frac{h_b}{D}\right)_1 = \frac{1}{2}\left\{1 - \left[1 + \left(\frac{\varphi l_f/l}{1 - l_f/l - \varphi D/2l}\right)^2\right]^{-1/2}\right\} \tag{7-34}$$

式中,$(h_b/D)_1$ 为前轮单位车轮直径可克服的台阶高,它表示了汽车前轮越过台阶的能力。

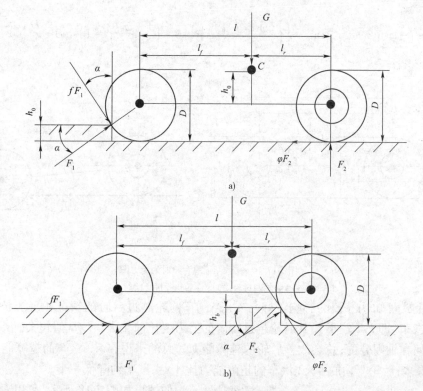

图 7-16 4×2 汽车通过台阶时的情况

由式(7-33)可知,l/D 越小及 l_f/l 越大,$(h_b/D)_1$ 就越大,即汽车前轮越容易越过较高的台阶。

当后轮(驱动轮)碰到台阶时(图 7-16b),其平衡方程式为:

$$\begin{cases} fF_1 + F_2\cos\alpha - \varphi F_2\sin\alpha = 0 \\ F_1 + F_2\sin\alpha + \varphi F_2\cos\alpha - G = 0 \\ \varphi F_2 D/2 + F_1 l - Gb - fF_1 D/2 = 0 \end{cases} \qquad (7\text{-}35)$$

将 $\sin\alpha = 1 - 2h_b/D$ 及 $f = 0$ 代入式(7-35),得:

$$\left(\frac{h_b}{D}\right)_2 = \frac{1}{2}\left(1 - \frac{1}{\sqrt{1+\varphi^2}}\right) \qquad (7\text{-}36)$$

式中,$(h_b/D)_2$ 为后驱动轮单位车轮直径可克服的台阶高,它表示了汽车后轮越过台阶的能力。

由式(7-36)可见,后轮越过台阶的能力与汽车参数无关,且由于通常 $a > b$,比较式(7-34)、式(7-36)可知,后轮是影响汽车越过台阶的主要因素。

图 7-17 是 4×4 汽车在硬路面上越过台阶时的受力情况。按上述同样的方法,当前轮与台阶相碰时,有:

$$\left(\frac{1}{\varphi} - \frac{1+\varphi^2}{\varphi}\frac{l_f}{l} - \frac{D}{2L}\right)\cos\alpha - \left(1 - \frac{\varphi D}{2l}\right)\sin\alpha - \frac{\varphi D}{2l} = 0 \qquad (7\text{-}37)$$

同样以 $\sin\alpha = 1 - 2h_b/D$ 代入,可求出 $(h_b/D)_1$,经分析计算后可知,$(h_b/D)_1$ 是随着 l/D 的增加而降低的;另外,增加 l_f/l 的值时,可以使 4×4 汽车前轮越过台阶的能力显著提高,甚至可使车轮爬上高度大于其半径的台阶。

当后轮碰到台阶时(图 7-17b),有:

$$\left(\cos\beta - \varphi\sin\beta + \frac{\varphi D}{2l}\right)\sin\alpha - \left[\left(\frac{1+\varphi^2}{\varphi}\frac{l_f}{l} - \varphi\right)\cos\beta + \left(\frac{1+\varphi^2}{\varphi}\frac{h_0}{l} - 1\right)\sin\beta + \frac{D}{2l}\right]\cos\alpha = 0$$

(7-38)

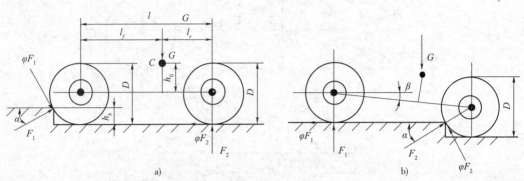

图 7-17 4×4 汽车通过台阶时的受力图
a) 前轮通过台阶时；b) 后轮通过台阶时

分析上式可知，l_f/l 值的影响正好与 4×4 汽车前轮越过台阶的情况相反。长轴距、前轴负荷大的汽车（即 l_f/l 较小），其后轮越过台阶的能力要比前轮大。L/D 值较大时，不论汽车的总质量如何在轴间分配，总会改善后轮的越障能力。总的来说，4×2 汽车的越障能力要比 4×4 汽车差得多，后轮驱动的 4×2 汽车的越障能力比 4×4 汽车约降低一半。

汽车越过壕沟的情形如图 7-18 所示，可以看出，它与越过台阶时情况相似，故可用同样方法求解汽车越过壕沟的问题。沟宽 l_d 与车轮直径 D 之比值与上面求得的 h_b/D 值只有一个换算系数的差别，它们之间的关系为

$$\frac{l_d}{D} = 2\sqrt{\frac{h_b}{D} - \left(\frac{h_b}{D}\right)^2}$$

(7-39)

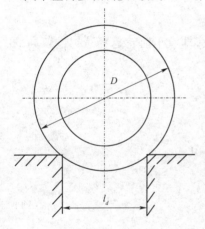

图 7-18 汽车越过壕沟示意图

因此，只要知道车轮越过垂直障碍的能力 h_b/D，即可由式 (7-39) 求得越过壕沟的宽度与车轮直径的比值 l_d/D，从而求得越过壕沟的宽度。

如上所述，对 4×4 汽车，就 D/l 与 l_f/l 值的变化而言，前、后轮在越障能力方面有不同的表现。设计时应考虑这两方面的折衷，可通过将前、后轮对不同的 l_f/l 值绘制 $h_b/D = F(\varphi)$ 曲线，找出它们的理想交点。初步设计时，若结果不够理想，可适当改变参数，以获得较好的通过性。

7.5 汽车通过性的影响因素

本节从汽车结构、车轮、最大单位驱动力、行驶速度等方面说明汽车通过性的影响因素。

7.5.1 汽车结构

为了保证汽车的通过性，除了要减小行驶阻力外，还必须提高汽车的驱动力和附着力，可采用副变速器或分动器、液力传动、高摩擦式差速器和驱动防滑系统等来实现。

(1)副变速器和分动器。

降低行驶车速,可以提高附着系数。用低速去克服附着条件差的地段,可以改善通过性。在汽车的传动系中增设副变速器或,可以增加传动系总传动比,使汽车能在极低的车速下稳定行驶,以获得足够大的驱动力,提高汽车的通过性。

(2)液力传动。

当汽车装有液力耦合器或液力变矩器时,可以长时间稳定地以低速行驶,能保证汽车起步时驱动轮转矩逐渐增大,防止土壤破坏和车轮滑转,从而改善汽车的通过性。

液力传动还能消除机械传动系经常发生的扭振现象,这种扭振现象会引起驱动力产生周期性冲击,减少土壤颗粒间的摩擦,增加轮辙深度,并减少轮胎与土壤间的附着力,因而使车轮滑转的可能性大为增加。转矩脉动所引起的土壤内摩擦力的减小,还会使汽车前轮所造成的轮辙立即展成平面,使后轮滚动阻力增加。

装有普通机械传动系的汽车,在松软地面行驶时常因换挡而失去通过性,这是因为换挡时需分离离合器,使功率传递中断,而在坏路上行驶速度一般较低,汽车惯性不足以克服较大的行驶阻力,故常导致停车。采用液力传动可以消除动力中断,则能避免这种现象。

与机械传动系统相比,液力耦合器或液力变矩器等液力传动装置的主要缺点是传动效率较低。

(3)差速器。

为了保证汽车各驱动轮能以不同角速度旋转,在传动系中常装有差速器。但采用普通锥齿轮差速器时,由于差速器的内摩擦力矩很小,可以忽略不计,故差速器左右半轴的转矩近似相等。当一侧驱动轮与路面的附着较差(例如陷入泥泞或在冰面上)产生滑转时,另一侧驱动轮只能产生与滑转车轮近似相等的驱动力,使总的驱动力受限于较小的附着力,致使汽车因驱动力过小而失去通过性。

越野汽车常采用高摩擦式差速器(或称防滑式差速器),由于这类差速器的内摩擦力矩较大,使驱动转矩并非平均分配到各驱动轮上。这样,当一侧驱动轮因路面附着较差而开始滑转时,其转矩受附着力限制,而另一侧路面附着良好的驱动轮,则因较大的差速器内摩擦力矩而仍能获得一定的驱动转矩,从而使汽车保持一定的路面通过能力。

某些越野汽车装有差速锁,必要时可将差速器锁住,使差速器失去差速作用,以充分利用两侧驱动轮与地面之间的附着力,尤其是与良好路面之间的附着力,提高通过性。当然,汽车在良好路面上行驶时,不应使用差速锁。这是因为差速器失去作用会使转向困难,产生功率循环,导致半轴过载,加剧轮胎磨损及恶化汽车燃油经济性。

(4)悬架。

6×6 型和 8×8 型多轴驱动的越野汽车在异常坎坷不平的地面上行驶时,常会因为独立悬架的结构引起某个驱动轮垂直载荷大幅减小,甚至出现脱离地面而悬空的现象,使驱动轮失去与地面的附着力而影响动力性和通过性。采用独立悬架和平衡式悬架,允许车轮与车架间有较大的相对位移,并使驱动轮与地面经常保持接触,以保证有较好的附着性能,同时独立悬架有利于提高汽车的最小离地间隙,从而提高汽车通过性。

如果车辆的悬架高度调节可以使车身高度可调,也将大大提高汽车的通过性。

(5)驱动防滑调节系统(ASR)。

汽车在泥泞路段或冰雪路面上行驶时,因路面附着系数较小,常出现驱动轮滑转(甚至空转)的现象。另外,汽车在起步、加速过程中以及汽车在非均匀路面(左右轮不同附着系数的路面)上行驶或转弯时也容易产生驱动轮滑转的现象。当驱动轮有较大的滑转时,从路面获得的纵向驱动力很小,同时轮胎侧向力也大幅下降,当遇有侧向风或横向斜坡时,极易使汽车发生侧滑,严重影响汽车行驶的稳定性、安全性和通过性。

(6)车身结构。

车身结构按照受力情况可分为非承载式、半承载式和承载式三种。非承载式车身的汽车有一刚性车架,又称底盘大梁架。车架与车身的连接通过弹簧或橡胶垫作柔性连接。发动机、传动系的一部分、车身等总成部件用悬架装置固定在车架上。一般用在货车、客车和越野吉普车上。承载式车身的汽车没有刚性车架,只是加强了车头,侧围,车尾,底板等部位,发动机、前后悬架、传动系的一部分等总成部件装配在车身上设计要求的位置。大部分的轿车采用了这种车身结构。半承载式车身就是车身与车架用螺钉连接、铆接或焊接等方法刚性的连接。在此种情况下,汽车车身除了承受上述各项载荷外,还在一定程度上有助于加固车架,分担车架的部分载荷。车体结构直接决定着汽车在复杂路面行驶时车体的受力状况,能受的力越强,汽车的通过性就越强。在业界一般认为,具有三种不同车体结构的汽车的通过性:非承载式 > 半承载式 > 承载式。

(7)底盘保护。

底盘保护分为底盘封塑、底盘防护钢板等几类,它可以适当保护底盘部件不受损害,但是不能从根本上改善汽车的通过性。汽车行驶在崎岖路面上时,会发生底盘托底现象,这时候适当的底盘保护有助于汽车顺利通过。

(8)新能源汽车的分布式独立驱动结构。

作为新能源汽车技术的前沿方向,可省略传统机械差速器的分布式独立驱动电动汽车成为近年世界各国研究开发的热点。电动汽车采用如图 7-19 所示的轮毂电动机直接驱动或轮边减速式独立电驱动结构,各驱动轮之间无机械差速器和分动器等复杂结构,传动链简短、高效,且各驱动轮独立控制,故障对策的冗余性强;各独立电驱动结构分散布置于驱动轮内或驱动轮附近,几乎不占用汽车车身(车架)空间,且没有传统汽车发动机和影响离地间隙的主减速器,有利于提高车身(车架)空间利用率和几何通过性,也为各种个性化车身

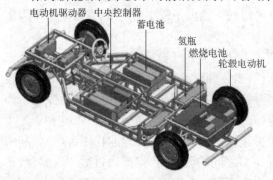

图 7-19　新能源汽车分布式独立电驱动结构

造型、低风阻空气动力学性能以及低地板底盘技术的实现提供了更多的优化设计空间。通过基于路面状态辨识和汽车系统动力学控制,对各驱动轮进行转矩分配和控制,将大幅提升汽车在各种坏路和无路地带(如松软地面、凹凸不平地面等)的行驶稳定性、主动安全性和通过性。

7.5.2　车轮

车轮对汽车通过性有着决定性的影响,为了提高汽车通过性,必须正确地选择轮胎的花纹、结构参数、气压等,使汽车行驶滚动阻力较小,附着能力较大。

(1)轮胎花纹。

轮胎花纹对附着系数有很大影响。轮胎花纹可分成三类:通用花纹、混合花纹及越野花纹。

通用花纹有纵向肋,花纹细而浅,适用于较好路面,有较好的附着性和较小的滚动阻力。轿车、货车均可选用此种轮胎。但是通用花纹轮胎自动脱泥性很差,当轮胎打滑时,泥土陷入槽中不能脱出,使轮胎胎面变成光滑表面,附着系数降低,通过性变坏。

越野花纹宽而深,当在松软的路面上行驶时,嵌入土壤的花纹增加了土壤的剪切面积,从而提高了附着系数。在潮湿的硬路面上行驶时,由于只有花纹的凸起部分与地面接触,使轮胎对地面有较高的压强,足以挤出水层,以保持足够的附着系数。此外,越野花纹脱泥性较好。越野车均选用越野花纹轮胎。

混合花纹介于通用花纹和越野花纹之间,适用于城市与乡村之间路面上行驶的汽车。

高通过性汽车采用拱形、椭圆形等特殊结构的轮胎,能从根本上改善轮胎与土壤的接触情况,提高汽车的通过性。

在表面为泥泞或因冰冻而下层坚硬的道路上,提高通过性的最简单方法是在驱动轮上装防滑链,使链条直接与地面坚实部分接触,提高附着力。

(2) 轮胎直径与宽度。

增大轮胎直径和宽度都能降低轮胎的接地比压。用增加车轮直径的方法来减小接地比压,增加接触面积以减小土壤阻力和减小滑转,要比增加车轮宽度更为有效。但增大轮胎直径会使惯性增大,汽车质心升高,轮胎成本增加,并要采用大传动比的传动系。因此,大直径轮胎的推广使用受到了限制。

加大轮胎宽度不仅直接降低了轮胎的接地比压,而且因为轮胎较宽,允许胎体有较大的变形,而不降低其使用寿命,因而可使轮胎气压低些。若将后轮的双胎换为一个断面比普通轮胎大 2~2.5 倍、充气气压很低(29.4~83.3 kPa)、断面具有拱形的"拱形轮胎"时,接地面积增大 1.3~3 倍以上,则能大幅度地减小接地比压,使汽车在沙漠、雪地、沼泽地面上行驶时,具有特别良好的通过性。但这种专用于松软地面的特种轮胎,花纹较大,气压较低,不适合在硬路面上工作,否则将过早使轮胎损坏和迅速磨损。

(3) 轮胎气压。

汽车在松软地面上行驶时,降低轮胎气压,可以增加轮胎与地面的接触面积,降低接地比压,从而减小轮胎在松软地面上的沉陷量及滚动阻力,提高土壤推力。轮胎气压降低时,虽然土壤的压实阻力减小,但却使轮胎本身的迟滞损失增加,所以,在一定的地面上有一个最小地面阻力的轮胎气压。实际上,轮胎气压应比该气压略高 19.2~29.4 kPa。此时,地面阻力虽稍有增加,但由于在潮湿地面上的附着系数的提高,从而使汽车通过性得以改善。

为了提高汽车通过松软地面的能力,而在硬路面上行驶时又不致引起大的滚动阻力而影响轮胎使用寿命,可装用轮胎中央充气系统,使驾驶员能根据道路情况,随时调节轮胎气压。通常,越野车的超低轮胎气压可以在 49~393 kPa 范围内变化。

在低压条件下工作的超低压越野轮胎,其帘布层数较少,具有薄而坚固,又富有弹性的胎体,以减少由于轮胎变形引起的迟滞损失,并保证其使用寿命。

(4) 前后轮距。

当汽车在松软地面上行驶时,各车轮都需克服轮辙阻力(滚动阻力)。如果汽车前后轮距相等,并且轮胎宽度相同,则前后轮辙重合,后轮就可沿已被前轮压实的轮辙行驶,使汽车总的滚动阻力减小,提高汽车的通过性。所以,多数越野车前后轮距相等。

(5) 前后轮胎的接地比压。

试验表明,前后轮距相等的汽车行驶于松软地面时,如果前轮的接地比压比后轮小 20%~

30%,汽车的滚动阻力最小。为此,设计时将整车载荷按此要求分配于前后轮,或使前后轮胎具有不同的气压。

（6）从动轮和驱动轮。

在7.4节中已讨论过汽车越过台阶、壕沟的能力问题。可以看到,L/D 及 a/L 的值影响汽车前后轮的越障能力,从动轮和驱动轮具有不同的越过台阶、壕沟的能力。

驱动轮在汽车上的部位及其数目对通过性的影响还可从克服坡度能力方面加以论述。汽车上坡行驶时,其行驶能力所克服的坡度大小与此密切相关。

当汽车在坏路面上行驶时,其行驶车速较低,故可略去空气阻力和加速阻力,因前轮驱动汽车附着利用率最低,汽车的加速和上坡通过性最差,全轮驱动车辆的附着利用率和爬坡能力最大。此外,增加汽车的驱动轮数,还可提高汽车的附着质量,增加驱动轮与松软地面的接触面积,是改善汽车通过性的最有效方法。因此,越野车都采用全轮驱动。

7.5.3 最大单位驱动力

由于汽车越野行驶时的阻力很大,为保证汽车通过性,除了减少行驶阻力外,还必须增加汽车的最大单位驱动力。汽车的最大单位驱动力为:

$$\frac{F_{q\max}}{G} = \left(\frac{T_{tq}i_g i_0 i'_R \eta_T}{Gr}\right) \tag{7-40}$$

式中：i'_R——分动器传动比。

若忽略汽车低速行驶时的空气阻力,最大单位驱动力等于最大动力因数。为了获得足够的单位驱动力,要求越野车有较大的比功率以及较大的传动比。这些要求可通过提高发动机功率,在传动系中增加副变速器或使分动器具有低挡,以增加传动系的总传动比来实现。在困难的形式条件下,限制越野车的额定载质量可提高单位驱动力,同时也能降低在松软地面上的滚动阻力。

7.5.4 行驶速度

为了避免在松软路面上行驶时土壤受冲击剪切破坏而损坏地面附着力,汽车应能保证在极低速度下稳定行驶。因此,用低速行驶克服困难地段,土壤剪切和车轮滑转的倾向减弱,可改善汽车通过性。为此,越野车传动系最大传动比一般较大。越野车最低稳定车速可按表7-2选取,其值随汽车总质量而定,也可由发动机的最低稳定转速求得汽车的最低稳定行驶速度 $v_{a\min}$,即：

$$v_{a\min} = 0.377 \frac{n_{e\min} r}{i_g i'_R i_0} \tag{7-41}$$

式中,$n_{e\min}$ 为发动机的最低稳定转速,r/min。

越野车的最低稳定车速　　　　　表7-2

汽车总质量(1000 kg)	<19.6	<63.7	<77.4	≥77.4
最低稳定车速(km/h)	≤5	≤2~3	≤1.5~2.5	≤0.5~1

7.5.5 拖带挂车

汽车拖带挂车后,由于总质量增加,动力性将有所降低,即汽车列车的最大动力因数将比单车的最大动力因数小。因而,汽车列车通过性也随之变差。

为了保证汽车列车有足够高的通过性,对汽车列车的牵引汽车,应该有较大的动力因数。增大传动系的总传动比可以增大动力因数,但与此同时,汽车的最大行驶速度将会降低;加大发动机功率也会增大动力因数,但汽车在一般道路上行驶时,由于功率利用率低,将使汽车燃料经济性变坏。

汽车拖带挂车后的相对附着质量随之减少。在汽车列车总质量相同的条件下,因为半挂车的部分质量作用在牵引车上,则拖带半挂车时的相对附着质量比拖带全挂车时的大,因而半挂车汽车列车的通过性较好。

将汽车列车做成全轮驱动是提高相对附着质量的最有效方法。这可通过在挂车上也装用动力装置(动力挂车),或将牵引车的动力性通过传动轴或液压管路传输到挂车的车轮上(驱动力挂车)。

全轮驱动汽车列车的通过性较高,这不仅因其相对附着质量较大,同时,由于道路上各轮的附着系数一般是不同的(如道路上有积水小坑),驱动轮数目增多后,各驱动轮均遇到附着系数小的支承路面的可能性大为减小,因而对汽车列车的通过性有利。此外,与相同质量的重型载货车相比,全轮驱动汽车列车的车轮数一般较多,因而车轮接地比压较小。另外,还将把各轴轮距做成相等,以减少滚动阻力,提高通过性。此外,汽车列车克服障碍的能力与挂钩和牵引杆的结构参数也有关。

7.5.6 驾驶技术

驾驶技术对汽车通过性有很大影响。在通过沙地、泥泞、雪地等松软地面时,应用低速挡以保证车辆有较大的驱动力和较低的行驶速度。在行驶中应该避免换挡和加速,因为换挡、加速容易产生冲击载荷,使土壤的表面破坏;同时应该尽量保持直线行驶,因为转弯时将引起前后轮辙不重合而使滚动阻力增加。

后轮双胎的汽车,常会在两胎间夹杂泥石,或使车轮表面黏附一层很厚的泥,因而使附着系数降低,增加车轮滑转趋势。遇到这种情况,驾驶员可以适当提高车速,以甩掉夹泥。

当汽车传动系装有差速锁时,驾驶员应在有可能使车轮滑转的地区前就将差速器锁住。因为车轮一旦滑移后,土壤表面就会被破坏,附着系数下降,再锁住差速锁也不会起到显著作用。当汽车离开坏路地段后,驾驶员应将差速锁脱开,避免由于功率循环现象而使发动机、传动系和轮胎磨损增加,燃料经济性和动力性变坏,以及通过性降低等不良后果。

此外,为了提高越野车的涉水能力,应注意发动机的分电器总成、火花塞、曲轴箱通气口等的密封性问题,并提高空气滤清器的位置,不得侵入水中。普通汽车一般能通过的深度为 $0.5\sim0.6$ m 的硬底浅水滩。

7.6 汽车通过性试验

7.6.1 通过性试验的主要内容

汽车通过性试验的目的是测定或比较汽车的通过性能。汽车的通过性主要取决于它的几何参数与挂钩牵引性能,因此通过性试验的内容应包括对这两类参数的测定。

汽车通过性的几何参数是在满载的情况下测定的。有些亦可在按比例画出并经实践校正的汽车外形图上用作图法求得。

汽车越野行驶的挂钩牵引性能应在各种典型的坏路下,尤其是应在各种典型的无路地区(如陡坡、沼泽、水田、松软土壤、沙漠、草原、雪地等)进行测定。所测定的参数一般包括土壤阻力、汽车的挂钩牵引力、汽车行驶的滑转率以及轮胎在给定胎压下的接地面积与接地比压、驱动车轮上的转矩等。

测定最小转弯直径时,在前外轮胎面中心装置喷水针。汽车转向轮转到最大转角时低速行驶,用喷水针对地面喷水,然后对轨迹进行测量。

还应进行越障性能的试验,以检验汽车通过某些典型障碍(如陡坡、侧坡、凸岭、路沟、壕沟、弹坑、灌木丛、河流、土坎、田埂及台阶等)的能力。

试验前应详细测定地面及障碍的物理状态,例如有关土壤参数(c、ψ、K、n 等)和几何尺寸(如坡度、垂直障碍高度、壕沟宽、泥泞及雪层厚度及河水深度等)。

在通过性试验中,常常采用比较试验的方法,将一定数量(一般不少于两辆)的被试汽车,与同吨位、同类型的一些样车的各项通过性指标作比较。这类整车比较性试验常常选在几种典型地区(如寒带、热带、高原地区及水网地区等)进行。在试验的基础上,对汽车的通过性进行全面的评价。汽车通过性的好坏,最终表现在越野行驶条件下的运输生产率的高低。可以根据汽车在各种越野地带行驶和水平且干燥的硬路面上行驶时最大的运输生产率之比值,来综合评价该车的通过性。

下面简要介绍在汽车通过性试验场地进行汽车地形通过性试验的方法。其中,试验的地形设施有垂直障碍物、凸岭、水平壕沟、路沟、弹坑和水池共六种。被试验车辆的轮胎花纹磨损量不得超过原始高度的1/5。汽车地形通过性试验主要的试验仪器和设备有:远程温度计、皮尺(或钢卷尺)、秒表、照相机和录像设备。试验主要针对越野车进行。试验前,将变速器置于Ⅰ挡,分动器置于低挡(涉水试验除外),汽车全轮驱动。观察并记录在试验过程中汽车的运动状况及其部件与地形设施有无接触、碰撞或其部件间有无干涉等现象。

7.6.2 通过垂直障碍物试验

垂直障碍物如图 7-20 所示,高度 $h = (2/3 \sim 4/3)r_d$。选择三种垂直障碍物,其宽度不小于 4m,长度 L 不小于被试验车辆的轴距,也可用试验场的固定设施进行。汽车低速驶近垂直障碍物,加速踏板踩到底,爬越垂直障碍物。试验后,检查汽车各部件和连接件有无损坏或松动,判断各总成工作情况有无异常,并记录障碍高度及通过情况等。

7.6.3 通过凸岭试验

凸岭如图 7-21 所示,其尺寸见表 7-3。从坡度小的凸岭开始试验,汽车低速驶过凸岭。记录凸岭尺寸及通过情况等。

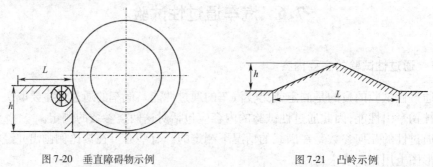

图 7-20 垂直障碍物示例　　　　图 7-21 凸岭示例

凸 岭 尺 寸　　　　　　　　　表 7-3

长 L(m)	6	6	6
高 h(m)	0.6	1.3	2

7.6.4 通过水平壕沟试验

水平壕沟如图 7-22 所示,其宽度 $B=(1\sim 4/3)r_d$。选择三种水平壕沟,长度都不小于 3m,深度比 r_d 稍大;沟前后均为平整地面(也可按各试验场的固定设施进行)。汽车低速驶进壕沟,加速踏板踩到底,驶过壕沟。记录水平壕沟尺寸及通过情况等。

7.6.5 通过路沟试验

路沟如图 7-23 所示,其尺寸见表 7-4。试验车辆以与路沟成 45°和 90°角两个方向,低速通过路沟后,检查汽车各部件和连接件有无松动,判断各总成工作情况有无异常。记录路沟尺寸及通过情况等。

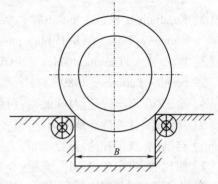

图 7-22 水平壕沟示例

7.6.6 通过弹坑试验

弹坑如图 7-24 所示,其尺寸见表 7-5。汽车低速驶过弹坑。记录弹坑尺寸及通过情况等。

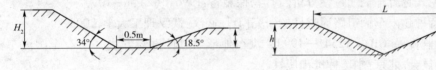

图 7-23 路沟示例　　　　　　图 7-24 弹坑示例

路 沟 尺 寸　　　　　　　　　表 7-4

H_1(m)	0.3	0.5	0.75
H_2(m)	1	1.5	2

弹 坑 尺 寸　　　　　　　　　表 7-5

L(m)	4	10	14
h(m)	1.75	2	3

7.6.7 涉水试验

按照对车辆涉水的技术要求,检查车辆的技术状况。

人工涉水池如图 7-25 所示,要求总长 L 不小于 80m,总深 h 不小于 1.5m,总宽不小于 5m,

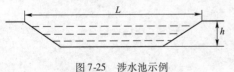

图 7-25 涉水池示例

出、入池坡度为 10%～15%(具体尺寸按各试验场的规定)。汽车全轮驱动,低速通过符合设计任务书要求水深的水池。测定通过时间和发动机出水温度、机油温度,观察驾驶室等处进水及密封情况,试验往返各一次,同时用摄像机拍摄通过情况。试验结束后,立即停车熄火,检查涉水后的密封状况,5～15min 后,再起动车辆观察各部件工作是否正常。记录以下数据:试验起始、终了时间;起始终了时刻发动机冷却液温度、油温;车辆通过距离;涉水前后部件工作情况(起动机、离合器、电器附件、制动系)以及涉水后密封情况(驾驶室、驱动桥、分动器、前后轮毂)。

参 考 文 献

[1] Bekker M. G. Introduction to Terrain – Vehicle Systems [M]. Michigan:The University of Michigan Press,1969.

[2] Karafiath L. L. and Nowatzki E. A. Soil Mechanics for Off – Road Vehicle Engineering [M]. Germany:Trans. Tech. Publications,1978.

[3] Wong J. Y. Terramechanics and Off – Road Vehicles [M]. Amsterdam,the Netherland:Elsevier Science Publisher,1989.

[4] 余志生. 汽车理论[M]. 北京:机械工业出版社,2011.

[5] 庄继德. 计算汽车地面力学[M]. 北京:机械工业出版社,2002.

[6] 许洪国. 汽车理论[M]. 北京:人民交通出版社,2009.

[7] 张代胜. 汽车理论[M]. 合肥:合肥工业大学出版社,2011.

[8] 杨万福. 汽车理论[M]. 广州:华南理工大学出版社,2010.

[9] 吴克棋. 汽车理论[M]. 北京:冶金工业出版社,1991.

[10] 曹红兵. 汽车理论[M]. 北京:机械工业出版社,2007.

[11] 季学武. 轮式越野车辆通过性分析[J]. 物探装备,1996,6(2):1 – 10.

[12] 陈思杨. 特种超限车辆道路通过性的研究[D]. 武汉:武汉理工大学,2008.

[13] 国家技术监督局. GB/T 12541—1990 汽车地形通过性试验方法[S].//全国汽车标准化技术委员会. 北京:中国标准出版社.

复 习 题

第 1 章

1. 使用本章的轮胎模型,进行编程计算,并根据其输入与输出绘制相关的曲线,分析各种因素对其性能的影响。
2. 请分析轮胎滑水现象的产生原理及特点。
3. 请分析轮胎驻波现象的产生原理及特点。
4. 请结合有关公式分析说明汽车曲线行驶时阻力大的原因。
5. 气动侧向力系数与来流角之间有怎样的关系?
6. 气动阻力系数,气动升力系数之间有怎样的关系?
7. 加装扰流板之后对气动阻力系数、气动升力系数会产生什么影响?

第 2 章

1. 计算某一车辆加速上坡行驶时的附着率及高速行驶时的附着率随车速的变化曲线。
2. 根据某一使用自动变速器的车辆(如 PASSAT B5,BUICK 等),画出其牵引力与行驶阻力的平衡图,并确定其在某一道路上行驶时的动力性指标。
3. 根据某一使用机械式变速器的车辆(如 SANTANA2000、SANTANA3000、JETA、BORA 或 PASSAT B5 等),画出其牵引力与行驶阻力的平衡图,或功率的平衡图、动力特性图,并确定其在某一道路(可自己设定)上行驶时的动力性指标。
4. 简述混合动力汽车、燃料电池汽车动力系统的基本构型及其特点。
5. 串联式混合动力汽车的能量管理策略主要包括哪几类,并简要叙述它们的原理。
6. 已知 Prius THSIII 系统,前排行星齿轮的齿圈 72 个轮齿,太阳轮有 30 个轮齿,后排行星齿轮传动比为 2.636,主减速比为 3.7865,车轮半径为 0.283m。假设系统工作在油电混合驱动模式,发动机(行星架)转速为 2000r/min,输出功率为 100kW。对于速度为 20.6m/s 的车辆,在此速度下急加速所需的功率为 130kW。忽略功率损失,试求电机 1、电机 2 的功率和转速,以及蓄电池的功率。
7. 简述传统燃油车与弱混合动力汽车动力性换挡的相同之处与不同之处。
8. 简述弱混合动力汽车动力性换挡的基本步骤。

第 3 章

1. 什么是汽车燃料经济性? 主要有哪些评价指标?
2. 影响汽车经济性和排放性的因素有哪些?
3. 结合某一汽车的参数,计算其在四工况、六工况、十五工况和 UDDS 工况下运行时,燃油经济性(可以用机械传动机使用自动变速器两种工况)。
4. 请简述等效油耗和等效氢耗的概念。

5. 请简述混合动力经济型换挡规律的制定步骤。

6. 请简述电动汽车能量经济性测试方法和步骤。

7. 在一款装有两挡变速箱的燃料电池轿车中，燃料电池和蓄电池额定功率的选择要考虑哪些因素。

8. 简述弱混合动力汽车发动机的起停过程及原理。

第 4 章

1. 根据4.6的单轮汽车模型，分析在某一设定的轮缸压力作用下，某一路面条件下（即制动力系数与滑动率的关系），计算出车轮转速的时间历程。

2. 电动汽车制动系统分为哪几类？它们的区别是什么？

3. 制动力分配策略主要分为哪几类？简述其工作原理。

4. 绘出使用限压阀（感载限压阀）的汽车，空载和满载时，前后轴的利用附着系数和附着系数利用率曲线。

5. 绘出使用比例阀（感载比例阀）的汽车，空载和满载时，前后轴的利用附着系数和附着系数利用率曲线。

第 5 章

1. 试写出用式(5-32)、(5-33)的参数 β、ω_r 表示的车辆质心点轨迹坐标。

2. 设汽车质量 $m=1400\text{kg}$，前后轮的侧偏刚度 (k_f,k_r) 为 25000N/rad，前后车轮至质心的距离 (l_f,l_r) 为 1.35m，转向系绕主销的等效弹性系数为 9000N·m/rad，轮胎拖距 $\xi=50\text{mm}$，并假定汽车横摆转动量 $I=ml_fl_r$。试求：

（1）不考虑转向系刚度影响时汽车稳定性因数 K；

（2）考虑转向系刚性影响时的汽车稳定性因数 K；

（3）不考虑转向系刚度影响时（$e=1$），若定义静态储备系数为 $SM = -\dfrac{l_fk_f - l_rk_r}{l(k_f+k_r)}$，则 SM 的大小与汽车转向特性（US、NS、OS）有什么关系？

$SM = -0.03$ 时的理论稳定极限速度是多少？

（4）等效换算到转向主销的转向盘转动惯量 I_h 应如何取值，才能保证即便驾驶员撒手，汽车也能始终保持行驶稳定性而不受行驶速度的影响？

3. 试结合某一汽车参数，画出图 5-28、图 5-29 的曲线。

4. 根据书中公式(5-53)，求出横摆角速度 $\omega_r(t)$ 的响应表达式，并给出响应曲线。

5. 基于 2 自由度的操纵稳定性模型，推导出用质心侧偏角、横摆角速度、侧向加速度等表示的稳态特性评价与瞬态特性的评价指标及动力学方程，并：

（1）在时域内给出其响应，分析汽车的使用与结构等因素对汽车操纵稳定性的影响；

（2）在频域内给出其响应，分析汽车的使用与结构等因素对汽车操纵稳定性的影响。

可利用书中的有关参数，或自己选取其他车型的参数。

6. 根据书中所用的参数（也可选择其他车型的参数），基于 3 自由度的操纵稳定性模型，计算操纵稳定性的瞬态响应，并分析各种设计与使用因数对其特性的影响。

7. 根据5.14节的六自由度的整车模型，试推导其质量矩阵 $[M]$、阻尼矩阵 $[C]$ 和刚度矩阵 $[K]$ 等的具体形式。

第 6 章

1. 比较新能源汽车和传统内燃机汽车在噪声源分布和噪声传递路径上的异同。
2. 对汽车噪声的评价指标和评价方法分别有哪些?
3. 如何利用"疲劳—工效降低界限"图来描述人体对振动的反应?
4. 对汽车振动的评价指标有哪些?说明其物理意义。
5. 设车速 $v = 20\text{m/s}$,路面不平度系数 $G_q(n_0) = 2.56 \times 10^{-8} \text{m}^3$,参考空间频率 $n_0 = 0.1 \text{m}^{-1}$。画出路面垂直位移 $G_q(f)$、速度 $G_{\dot{q}}(f)$ 和加速度 $G_{\ddot{q}}(f)$ 的谱图。(要求:采用双对数坐标)
6. 比较内燃机与驱动电动机的噪声与振动在频率特性上的异同。
7. 说出排气系统噪声和风激励噪声在产生机理上有何异同。

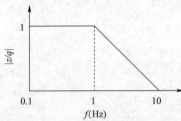

图 A-1 车身单质量系统的幅频特性

8. 设车身单质量系统的幅频 $|z/q|$ 用双对数坐标表示时如图 A-1 所示。路面不平度系数 $G_q(n_0) = 2.56 \times 10^{-8}\text{m}^3$,参考空间频率 $n_0 = 0.1 \text{m}^{-1}$。求车身加速度的谱密度 $G_{\ddot{z}}(f)$,画出其谱图,并计算 $0.1 \sim 10\text{Hz}$ 频率范围车身加速度的均方根值。
9. 设前、后车轮两个输入的双轴汽车模型行驶在随机输入的路面上,其质量分配系数 $\varepsilon = 1$,前、后车身局部系统的固有频率均为 $f_0 = 2\text{Hz}$,轴距 $L = 2.5\text{m}$。请问引起车身俯仰角共振时的车速是多少?相应随机路面输入的波长是多少?
10. 汽车车内噪声的形成主要有哪些影响因素?

第 7 章

1. 汽车通过性的评价指标及含义。
2. 如何计算汽车的挂钩牵引力?
3. 汽车间隙失效的类型及条件。
4. 分析 F. F. 与 F. R. 汽车越过台阶、壕沟能力。
5. 影响汽车通过性的因素有哪些?
6. 试提出改善汽车通过性的方法。